培文·媒介与文化译丛

TEXTUAL POACHERS
Television Fans and Participatory Culture

文本盗猎者

电视粉丝与参与式文化

[美] 亨利·詹金斯（Henry Jenkins）著

郑熙青 译

北京大学出版社
PEKING UNIVERSITY PRESS

著作权合同登记号　图字：01-2013-7240

图书在版编目(CIP)数据

文本盗猎者：电视粉丝与参与式文化 /（美）亨利·詹金斯著；郑熙青译 . — 北京：北京大学出版社，2016.11

（培文·媒介与文化译丛）

ISBN 978-7-301-27577-1

Ⅰ.①文…　Ⅱ.①亨…　②郑…　Ⅲ.①电视文化—文化研究　Ⅳ.① G220

中国版本图书馆 CIP 数据核字 (2016) 第 232586 号

本书中文简体字翻译版由北京大学出版社独家出版并限在中国地区销售。未经出版者许可，不得以任何方式复制或发行本书的任何部分。

本书封面贴有 Taylor & Francis 公司防伪标签，无标签者不得销售。

书　　　名	文本盗猎者：电视粉丝与参与式文化 Wenben Daoliezhe
著作责任者	［美］亨利·詹金斯 著　郑熙青 译
责 任 编 辑	梁　勇
标 准 书 号	ISBN 978-7-301-27577-1
出 版 发 行	北京大学出版社
地　　　址	北京市海淀区成府路 205 号　100871
网　　　址	http://www.pup.cn　新浪微博：@北京大学出版社　@阅读培文
电 子 邮 箱	编辑部 pkupw@pup.cn　总编室 zpup@pup.cn
电　　　话	邮购部 62752015　发行部 62750672　编辑部 62750883
印 刷 者	河北吉祥印务有限公司
经 销 者	新华书店
	720 毫米 ×1000 毫米　16 开本　26 印张　422 千字
	2016 年 11 月第 1 版　2024 年 8 月第 8 次印刷
定　　　价	60.00 元

未经许可，不得以任何方式复制或抄袭本书之部分或全部内容。

版权所有，侵权必究

举报电话：010-62752024　　电子邮箱：fd@pup.cn

图书如有印装质量问题，请与出版部联系，电话：010-62756370

目　录

TEXTUAL POACHERS

TELEVISION FANS & PARTICIPATORY CULTURE

HENRY JENKINS

1992 年原版封面

《文本盗猎者》在中国：亨利·詹金斯采访

张琳 [1]（以下简写为 LZ）：趁着《文本盗猎者》中文译本的出版，能和亨利·詹金斯博士就他这本经典著作进行对谈，我深感荣幸。2007 年，我在关于文化研究和电子媒体的讨论班上第一次读到这本书。作为一名留学生，互联网是我了解中国现状最重要的媒介。当时中国正处在向所谓 Web 2.0 时代转化的过程中，随着个人博客和微博的兴起，视频网站以及网游等媒体形式的发展，草根文化生产呈爆炸趋势。我对中国兴起的恶搞文化大有兴趣，因为恶搞现象使平常人能够应用新兴电子工具，挪用大众文化内容来进行文化上的个人表达或者草根社会批评。

在詹金斯博士的著作中我找到了所需要的学术语言。尽管《文本盗猎者》写于 20 多年之前，主要侧重欧美文化经验，然而"文本盗猎者"的比喻，消费者利用大众文化实现文化表述和社群连结，进而构建出的文化生产者形象，仍然有力地回应着中国 Web 2.0 时代的草根文化生产经验。同时，詹金斯博士在书中也强调了文化特殊性和历史特殊性，他指出就具体文化接受、文化挪用以及流行文化中的乐趣这些问题，我们必须谨慎对待个例的特殊性，包括特殊历史语境，具体的社会和文化环境（pp.35—36）。

那么在对话的开始，能不能请您简单描述一下《文本盗猎者》写作时的社会文化背景？并谈一谈这本书的哪些方面会和中国读者特别相关？

---

[1]　张琳，美国南加州大学安能堡新闻传播学院博士候选人。她的研究方向是全球化背景下电子技术和文化产业相关的文化和政策。

亨利·詹金斯（以下简写为 **HJ**）：首先，能和中国读者分享这本书我感到非常高兴，出版者认为这本书在出版二十多年后还对理解当下有所裨益，我感到十分荣幸。你个人的经历和视角令我看到这本书在中国环境下也许有其特殊意义。

你强调了本书内容的历史和文化特殊性，这是正确的。一方面，《文本盗猎者》描述了在参与式文化发展过程中一个重要转折点美国粉丝（以及其他英语地区粉丝）身上所发生的故事。另一方面，这本书提供了一些较为普适的概念，有助我们从更广阔的意义上理解草根媒体制作和参与式文化。

我写这本书的时候，粉丝圈还隐藏在公众视野之外，只能在非正式渠道里活动。粉丝们用邮政系统共享自己的作品。同人小说是复印机印出来的。同人视频是用录像机一盘一盘翻录下来的。他们的活动带着极大的社会污名，无论是媒体还是学术圈都不理解他们。他们还害怕掌握着知识产权的媒体公司会对他们的混剪和二次创作提出法律诉讼。这本书是粉丝社群重塑群体身份、开始向公众发声、并对外进行自我辩护过程的一部分。

在书中你可以发觉电子时代开始的迹象，很快这变革就将以极快的速度和极大的规模通过互联网扩散开：网络为内容共享提供了新平台，随着更多了解他们的行为，发现他们的价值，粉丝人群也会大量增加。如果你够仔细的话，还能在书中看见全球化粉丝文化的蛛丝马迹：粉丝们发现了日本的动画和漫画，还有香港的动作片，并随之寻找与这些地区粉丝们沟通的方式。

我从我的中国学生那里了解到，现在中国正处于一个相似的过程中：粉丝积极接受日本、韩国、英国和美国的节目，利用网络和世界各地的粉丝沟通，探索他们已经成型的粉丝生产，并改造为适应中国背景的形式，例如将这些形式应用于中国媒体作品之上。每个国家的粉丝都在用自己的方式重新定义粉丝圈，但是他们也发现了粉丝圈提供了与其他地区进行文化和知识交流的便捷公共平台。如今在中国读这本书时，粉丝圈的本地化和全球化的意义都很重要。

因此，我希望美国粉丝圈发生的改变，其细节能让中国读者觉得饶有兴味，而我提出的大概念框架能够成为思考影响自己文化变迁的工具。但是需要翻译——不仅是一字一句的翻译，而是梳理全文，看哪些在中国背景下有用，哪些不然。

LZ：你在书中提到了粉丝劳动的商品化，以及粉丝文化生产中粉丝社群价值与娱乐产业的商业利益之间的矛盾。例如第五章与第七章中提及的同人志与同人视频的盗版翻版，第八章中的同人音乐职业化问题。但是如果这些都是娱乐产业收编粉丝生产的早期信号，那么随着 Web 2.0 时代的到来，"产消者劳动"（prosumer labor）就成了最大的价值增长点。在中国的背景下，过去三五年中，我们一方面看到了业余文化生产者（有些是未来的从业人员）不断上升的创业热情，将自己针对支流观众（niche audience）的文化生产积极变现，比如优酷和土豆上的"自媒体"；另一方面，文化产业出现越发策略性应用粉丝和粉丝文化生产模式的商品化趋势。那么你认为社群基础的"礼物经济"（gift economy）框架对于理解当今粉丝文化是否依然有效？在面对如今变化的时候又在多大程度上有效？

HJ：把粉丝圈叫作"礼物经济"需要一些细节限制。至少，作为礼物经济，它是和消费经济相关联的。传统的礼物经济中，通过礼物赠送，社交货币（social currency）因而创生。粉丝圈的礼物却是从别人的知识资本中诞生：它们由资本主义经济中创造产品以谋利的人制造而来。粉丝利用这些文化产品作为原材料，创造出自己的文化。他们挪用或混剪流行文化，以此为基础，创造出同人小说、视频、角色扮演和音乐。消费经济中，将商品变为礼物的现象非常常见，每次我们买礼物，剪去价签，送给别人以表达自己的情感时都是如此。但我们对接下来的事有道德约束。如果转头就将别人送的礼物卖掉是很伤人的。（Jenkins, Ford and Green，2013）

因此，粉丝圈历史上对于从其他粉丝身上赚钱一事也有道德约束，所以对 Web 2.0 企业企图将粉丝的礼物商品化以谋取利益的行为有很强抵触。粉丝不一定希望从自己的创作中获利，但是他们绝不希望看到自己爱的劳动被出卖，让不相干的人获利。

同时，也存在安吉拉·麦克罗比（1994）所谓的亚文化创业传统：在所需产品和设施不能从其他文化生产者处获得时，由亚文化内部的成员来创造产品，或者为社群提供重要的基础设施。比如说，早期亚文化创业为美国日漫宅引进和翻译漫画和动画起到了重要的作用。在此过程中，他们为产品建立了市场。即使是更专业的企业开始购买并在美国市场上发行同样的剧集，粉丝们对粉丝经营的企业也一直保持忠诚。

　　粉丝圈作为亚文化的礼物经济价值以及让他们开始创业的商业动机之间永远存在紧张关系。无论是亚文化创业者还是向或不向他们购买商品的其他粉丝，粉丝圈中对此一直积极讨论。由于在粉丝圈的参与史，创业者在很多方面受到了更高的道德约束；但同时，他们也备受信任，除非粉丝发现信任受到了违背，不然会一直持续下去。粉丝圈的礼物经济特性这一简单概念因为这些情况而大大复杂化，但是粉丝圈的资本主义背景从开始就令任何简单的礼物经济概念都不再简单。我仍然坚持礼物经济的概念对于理解粉丝圈的理想和道德准则很有帮助，并且当这种理想没有达到的时候，也提供了有效的批评基础。

　　LZ：第一代粉丝研究学者基于粉丝被大众（错误地）看作消极消费者这一假设，提出了粉丝反抗（resistance）这一概念。然而，尽管粉丝和企业之间仍然存在权力差异，粉丝是积极的文化生产者这一观念在现在的社会已经广受承认。至少现在的文化产业已经成了粉丝生产的最热情的支持者，不断推动、疏导甚至剥削粉丝劳动。你认为"反抗"概念如今对于文化研究仍然是有用的分析方式吗？如此，您认为后 Web 2.0 时代的反抗是怎样的形式？

　　HJ：没错，媒体产业正在寻求以自己的生产和发布逻辑纳入、反馈并包容粉丝圈的某些方面。部分粉丝在这种新经济中获益，有些人因此对媒体产业的决策极为高兴。另外一些人则被系统性地排除在外，声音无法传达，意见被忽略。因此他们必须继续积极反抗并质疑产业决策。粉丝圈就成了共同公共领域中集体行为的基础，表达共同的不满，产生另类愿景。粉丝质疑一切：从社会性别、种族和性相（sexuality）的表达，到知识产权管理的政策决定。因此，我确实认为描述现在粉丝圈的某些方面时，反抗概念依旧是有效的。

　　同时，我越来越后悔在关于粉丝圈的早期学术写作中没有对它是一个协商的空间（a space of negotiation）多用笔墨，这个概念可以追溯到斯图尔特·霍尔（1980）、克里斯汀·葛兰希尔（1986）、杰奎琳·波波（1995）等人的论著。重点是粉丝们确实热爱流行媒体商品的许多方面：粉丝们以媒体商品中他们觉得有意义的材料为起点构造自己的文化身份，但是挪用和混剪也让我们看到，粉丝们常常需要尽力把故事按照自己的经验扭转。即使文本创造时并未为粉丝考虑，粉丝的行为也使得他们能将这些文本视作己有，这就将粉丝变为协商的读者。

在此意义上，协商并非固定的立场，而是在粉丝个人或社群与媒体产品互动的过程中不断进行的过程。就像我在《侠胆雄狮》那一章中所言，粉丝会爱上也会抛弃一部剧集，因为有时它满足了他们的兴趣，有时则背叛他们的心意。因此我们需要一个更加动态的模型来描述粉丝接受和转变的过程，远非单纯的合作和反抗所能概括。现下我倾向于回到协商这个概念来描述此类过程。

LZ：我们的对谈中经常出现当代社会文化、政治、经济融合的概念。这种转变的一大推动力是全球范围内电子文化产业的迅速扩张。《文本盗猎者》是20世纪80年代这种趋势刚刚在美国出现时写下的，而在中国，这种趋势是从20世纪90年代后期个人电脑在日益增长的城市中产阶级中普及时开始的。就像您所言，新技术工具和平台让自我表达和社群形成更为便利。"参与"的重要性模糊了文化、政治和商业之间的界限。这迫使我们重新检视和更新理论和分析工具，因为之前的许多理论是建立在文化、政治和商业彼此独立的假设基础上的。

你在论作中强调了消费者/公民/生产者和主导势力之间的斗争，生产出拥有另类价值系统的社群，引发正面的社会变革，但是很多学者却更强调消费者参与的条件和机制早已被新自由主义权力秩序 (neoliberal regime of power) 所限定。这种分歧仅仅是由学者的学术训练和个人身份认同所决定的吗？据我所知，你一直鼓励这些不同的观念开展直接对话，因此依你看来，我们应当如何从这种学术争论中获益，来理解我们所经历的这一变革？

HJ：当然，这区别往往都归因于重点不同。我认为我的作品平衡了盛行的批判研究和文化研究著作——强调草根权力受到的结构性限制，而我则一次又一次地指向粉丝和其他草根社群的集体主动性 (collective agency)。我也努力地指出其中的限制，但是已经有那么多人在做这件事了，我并不觉得我在这方面能做出重要贡献。如果完全只关注结构性限制，就会因其悲观主义而止步不前，也会忽视文化参与的斗争中所赢得的新领地。

当代媒体理论中有一个趋势，过度强调学术批判的批评性一面，而掩盖了其他可能的功用，其中之一我称为倡导。做倡导者，看到人们对不同文化、经济和社会结构进行的试验，想象当下情境的另类选择，发展不同种类的社群和身份时，我想要放大这些努力。专注于批判可能会让我们在无法看到未来的发展，无法权衡得失的时候，就提前关闭了很多可能性。

因此，我在文化景象中寻找希望和可能性的瞬间。这样做让我时常受到太过乐观的批评。我接受这种批评，因为确实如此。但我认为明晰我们奋斗的目标而不止是我们斗争的对象是非常重要的。对我来说，最有效的做法就是找到探索另类选择的群体，并从他们的角度来观看世界。在《文本盗猎者》中，媒体粉丝圈给了我这样的出发点。对我来说，以粉丝的身份写作可以成为对既定做法的批判。但是粉丝身份的部分意义在于重新塑造或想象你不满意的内容，而不是直接拒绝它们，而学术批判则往往毁灭他们所批判的，在身体政治层面上直接啃肉蚀骨。

LZ：按书中的理解，粉丝圈是女性为主角的性别化文化。在中国，粉丝圈性别相关的一面通常是在近年来兴起的耽美文化相关话题中讨论的。你对耽美文化的理解是正面的，是对女性的赋权，给女性一个空间表述性欲望，并实验另类性别身份。但在中国，对耽美的评价并不一致，有些人认为耽美是女性掌握主动权将凝视调转到男性的身体上，并显示了中国社会对同性恋的日渐宽容；有些人则哀叹耽美中女性缺失就是强化女性驯服。后者认为压倒性的女性禁欲主义和卑微地位使耽美在中国流行。你认为《文本盗猎者》如何帮助中国读者更好地理解耽美在当代中国的流行？

HJ：在美国也一直有类似的反调：将男性人物作为全部注意力的中心就抹消了女性的生活和身份。如果要回应这个论调，女性角色罕见部分是缘于大量商业媒体中女性早已被边缘化：女性角色不够丰满，不够令人信服，她们的人际关系表现粗糙，粉丝们也就无从改编起。当然，我书中也写到，有些类别的同人小说会将女性角色发掘出丰满复杂的形象。但是，考虑到需要多大的改写才能让她们获得新生，在此基础上的一大挑战其实在于让女性角色不走形，在粉丝眼中仍然还是原剧里的人物。

当然有公然厌女的耽美同人，贬抑女性来创造男人相爱的机会，粉丝们自己也在积极地批评这类表达。长期以来，这些作品已经越来越少见，就像耽美同人中不假思索的恐同内容也随着粉丝圈内部有关人类性相的讨论而减少一样。

美国的媒体界在过去几十年变化极大，媒体作品中出现了越来越多有力的丰满的女性人物，尽管在多样性和包容性上仍要继续努力。这些变化出现后，我们看到了更多这类人物的同人小说，其中包括男女之间以平等身份相爱的故事。然而耽美同人仍然流行，原因很多。

有一点需要说明，《文本盗猎者》和其他关注异性恋女性写作男男性爱的早期学术著作其实只有部分正确。我们今天普遍承认的是，耽美同人是各种不同性相的女人（和一些男人，虽然主要还是女人）互相共享情色故事，表达自我性相的文类，但都围绕着一群共享的男性人物身体展开。共享的身体在此处指这些女人将自己的幻想定位于同一群人物之上，因此她们之间存在某种主体间互动。共享故事创造了一个情色的亲密空间，让美国和中国文化中的女性（她们从小都被告知不能公开地表达性感受）能够开放地谈论欲望。事实证明，这是粉丝文化中最进步的方面之一。

LZ：读到第二章中粉丝们在前互联网时代互相帮助，尝试"解码"非英语内容的时候实在是很有趣，比如说在集体观影时"大声喊出"听懂了的外语内容。这让我想起了中国已经多有讨论的字幕组现象。在过去十年，我们见证了中国字幕组文化的兴起，而如今字幕组在政府审查和以营利为目的的视频网站之间挣扎求生。随着中国几大视频网站成功在国际市场上市，依靠订阅的外国影视观看模式正在形成固定制度。然而字幕组文化仍然在产业的边缘生存，面向小众节目以及主流商业网站上没有翻译的非中文文化作品。您认为字幕组对中国年轻人为什么有这样长期的吸引力？如今在全球科技和媒体图景下，作为共享经济的字幕组会面临怎样的挑战？

HJ：我无法对这种特定形式为何在中国出现做出评论，因为粉丝圈在不同背景下演化的轨迹不尽相同。我能说的是美国粉丝中出现了极为相近的现象，至今字幕组仍然是他们获得特定文化产品（尤其是亚洲产品）的重要手段。在美国，粉丝也陷在制作"专业"粉丝字幕的商业利益以及各种政府限制的夹缝之中，当然这些限制一般是知识产权上的。

那么，为什么字幕组一直存在？首先，也许绕过双方政府和市场的限制，创立并维持一个地下传播渠道本身就具有反抗性的浪漫色彩。没错，粉丝很乐于把自己看作海盗和叛逆者。但同时也出于参与的意识，成为重视你技能和专长的大社区的一员，向他人传播你所珍视的媒体作品，这是字幕组工作过程中十分社会化的一面。在美国，很多人学习日语、汉语或者韩语，就是为了在美国观众中推广他们所喜爱的亚洲电视剧或者动画；他们因此训练出的文化专业能力超越了简单粗糙的语言翻译，并提供商业翻译中不存在的文化注解。粉丝的翻译一般细节周备，因为粉丝们在乎这些细节。

粉丝翻译一般比商业翻译快得多。粉丝更乐意冒险将新文类引进新的文化背景，而商业制作者则只追求有固定市场的内容。因此，很长一段时间内，美国粉丝只做没有商业引进版本的作品的字幕，一旦有商业引进便撤下粉丝字幕，以此为道德追求。但这个道德标准正在失效，因为粉丝们发现完全依赖商业翻译会丧失很多东西。

LZ：《文本盗猎者》中还有什么您认为二十年后需要更多关注的话题？或者您觉得对中国读者来说尤为相关的？

HJ：我来把问题掉个头吧。让我来提出一些问题，来理解粉丝文化在中国语境下扎根的方式。我希望有些读者能在自己的研究中触及这些问题，说不定还能把回应发给我。

在最基础的层面上，我们首先要理解粉丝圈在与美国不同的文化背景下是如何运转的，知识、文化、社会、政治和经济传统不同，体制规范和政策不同，对个人主义和个人表达的看法不同，私人产权政治体制等等。很难说哪种情况更耐人寻味，是粉丝圈自身的规则和行为无论文化差异地保持一致呢，还是进入新背景的时候会被重新定义和想象？

如果说粉丝文化可以理解为围绕他人生产的媒体作品而展开的协商，那么发生在中国的协商是怎样的？如果粉丝时常重新想象流行故事中的人物，以探讨自已对性别和性相的观点，那么在中国式性别和性相理解的基础上，这些被重新想象的共享人物会发生怎样的改变？如果粉丝圈是一种新的消费主义，那么中国粉丝圈的萌生和中国文化社会中更大规模的消费主义扩张有什么样的联系？如果粉丝圈促进了文化间的交流，那么中国粉丝与其他地区的粉丝建立联系的时候产生了怎样的交流？是怎样的社交流通促进了这些交流？如果粉丝文化中包含本地化过程，那么中国观众是怎样反向适应日本、韩国、英国和美国生产的文本的？考虑到这些国家跟中国都有复杂的历史渊源？

　　每个新的粉丝圈在回应流行媒体的不同文类和风格的时候，都提出新问题，发展新形式，那么中国粉丝关注到以他们为目标受众的文本时，出现了怎样的新活动？如果西方的媒体产业已经调整行为方式以应对 Web 2.0 时代更活跃、高调、组织化的观众群体，那么中国的制作方又是如何适应自己国内影响力日益增加的粉丝呢？

　　这些问题都仅仅触及了表面，但我希望我的意思已经表达清楚了。中国读者读这本书的时候，我希望他们能用自己的经验来检验书中的论点，将本书作为植根于其文化和历史特殊性的粉丝圈可能形式的一个范例，从中获取一些概念性工具或者问题，来探究当代中国或其他地方的粉丝圈。

　　LZ：鉴于电子文化产业在中国经济和人民日常生活中正变得越来越重要，粉丝文化也必然得到越来越多的学术关注。我相信《文本盗猎者》的出版能给中国学者、粉丝以及媒体产业从业者带来更多了解美国粉丝圈和粉丝文化研究的机会，也会成为跨文化对话、创意性挪用和争论的基础，最终为建立粉丝文化的跨国共同体做出贡献。

致　谢

　　如果没有无数粉丝们的协助，我是绝对写不出这本书的。我想特别感谢芭芭拉·坦尼森（Barbara Tennison）、西格尼·霍伍德（Signe Hovde）以及她在麦迪逊的朋友们，厄休拉·博伊尔（Ursula Boyle）、斯宾塞·拉弗（Spencer Love）、艾米莉·麦克尤恩（Emily McEwan）、玛丽·范·杜伊森（Mary Van Deusen）、维琪·博克（Vicki Burke）、李·海勒（Lee Heller）、萧珊娜·格林（Shoshanna Green）、琼·马丁（Joan Martin）、"遗忘"小组（the *Oblique* group）以及"香格里拉之北"（North of Shangri-La）小组的成员。他们和我分享他们的想法、资料、人际网络和经验，他们的观点在这本书上俯拾皆是。我想要感谢所有给我寄来私人信件的粉丝；他们的信封里塞满了过去来往信件的复印本、他们发表的文章、画作，他们用最为实体化的方式向我展示了所谓"社群"（community）的意义，而这也是本书的关注中心。我尤其想感谢梅格·盖雷特（Meg Garrett），她读了这本书，每一页上都写下了评论；她给我寄来数以小时计的磁带和视频；她向其他粉丝介绍并传播各种通信地址，同时为本书写了附录。我接到"混乱之庭"（The Court of Chaos）的新包裹时永远怀着兴奋的心情。

　　我同样想借此机会向这本书的学术读者和批评家表示感谢，他们对我的理论文字提出质疑，并协助我澄清粉丝文化中在俗世读者眼中神秘的方方面面。他们是：大卫·索伯恩（David Thorburn）、林恩·斯皮格尔（Lynn Spigel）、康斯坦斯·彭利（Constance Penley）、约翰·费斯克（John Fiske）、约翰·图洛克（John Tulloch）、路易·盖尔迪里（Louis Galdieri）、罗丽莎（Lisa Rofel）、玛丽·富勒

(Mary Fuller)、鲁斯·佩里 (Ruth Perry)、简·沙图克 (Jane Shattuc)、艾伦·德拉珀 (Ellen Draper)、苏珊·艾玛努埃尔 (Susan Emanuel)、丽莎·刘易斯 (Lisa Lewis)、彼得·克莱默 (Peter Kramer)、尼基安娜·穆迪 (Nickianne Moody)、勒·佩热尔曼 (Les Perelman)、布里欧尼·奇斯 (Briony Keith)，以及麻省理工学院"叙述 – 智慧和性相构建阅读小组"(Narrative-Intelligence and Construction of Sexuality Reading Group) 的成员。我同样想感谢我学生们的热心投入和大力支持，尤其是 1991 年初我在自由活动月 (IAP) 宣读本书内容的时候前来听讲的学生们。本书手稿的一部分曾经在《大众传播批判研究》(*Critical Studies in Mass Communication*)、《大学电影和视频协会学报》(*Journal of University Film and Video Association*)、《暗室》(*Camera Obscura*) 和《崇拜着的观众们》(*The Adoring Audience*，纽约 Routledge 出版社，1991) 中发表。

最重要的是，我想感谢辛西娅·詹金斯 (Cynthia Jenkins)，她帮我学会了自如地以粉丝身份阅读。她影响了这本书里的每一个字，这本书的观点中我几乎想不到哪一个结论是由我独立做出的，因为我对粉丝的理解是在和她长达十二年的对话中逐渐定型的。她为这本书做了很多研究，本书的成功得益于她坚实的付出。任何尚存的错误可能都是我不顾她再三反对而固执留下的结果。除了终身教职的理由以外，这本书完全属于她，本书销售的部分报酬将继续送她去同人展，给她买更多同人志。

引　言

　　《文本盗猎者》(*Textual Poachers*)是关于一个特殊媒体粉丝(media fan)群体的民族志(ethnography)研究，记录了其社会机构、文化行为及与大众媒体(mass media)和消费资本主义(consumer capitalism)之间复杂矛盾的关系。很显然，粉丝有各种不同的类型——摇滚乐粉丝、体育粉丝、电影迷、歌剧爱好者等等，"粉丝"这个词可以上溯很长一段历史，在小说的流行消费和读者对流行娱乐反馈的长期争论中也有一席之地。当文化研究将目光转向接受过程(reception)，当研究者试图更精确地描述历史的和当代的观众时，我们开始以更复杂的方式理解这个群体和大众媒体的关系，以及他们在日常生活中从大众媒体汲取资源的方式。我在书中只详细讨论一个粉丝群体，此群体形式多变，但仍大致可辨：他们是一群电影和电视剧的狂热爱好者，自称"媒体粉丝圈"(media fandom)。这一群体并不只爱某个单一的文本，甚至不止爱好一个类型，他们爱好多种文本——英美连续剧、好莱坞类型电影、漫画、日本动画、流行小说（尤其是科幻、奇幻和推理小说）——但同时又对特定文本持排斥态度，尤其是肥皂剧和大多数商业言情小说(commercial romance)。这个群体大部分是女性，大部分是白人，大部分是中产阶级，但对不符合这些描述的其他人也持开放欢迎的态度。这一亚文化(subculture)打破了传统的地理和年龄的壁垒，以特定消费风格和文化偏好的形式自我定义。我们这里讨论的粉丝遍及美国新英格兰地区、东北海岸、南部、中西部、西部、太平洋沿岸，一直能到达英格兰、澳大利亚、新西兰、冰岛和欧洲大陆。也许我此处真正的问题是：如此广泛而多样化的群体是否仍能构成独特且有辨识度的亚文化。

　　《文本盗猎者》指出这种文化里至少五个不同（但经常相关联）的维度：它与特定接受形式的关系；它鼓励观众参与社会活动的角色；它作为阐释共同体的功能；它特殊的文化生产传统；它另类社群的身份。第一章概述粉丝复杂的社会和文化身份，挑战传统的刻板印象，并简要介绍一些为本书提供理论背景的新近的文化研究著作。第二章指出粉丝接受模式的几个特点，提出文本近距、重读和将电视剧文本转化为对话和八卦来源等几个问题。第三章主要考察粉丝社群的批评和阐释行为，包括原文本的选择、经典化、评价和阐释，以及它们与性别化阅读方式的联系。第四章着重追溯《侠胆雄狮》（*Beauty and the Beast*）这部电视剧的接受历史，提出类型期待（generic expectation）在粉丝反馈中所起的重要作用，以及粉丝阐释套路（convention）如何成为粉丝集体行动反对制作人的基础。第五、第六和第七章主要检视两种特定的粉丝群体的文化产品——同人写作（fan writing）和同人视频制作（fan video-making）[1]，描述了产出的文本、类型传统以及评判它们的美学标准。第八章把粉丝圈视作一种新型的通过消费关系和品味范式结成的"社群"，并分析民间音乐在这一地理和社会上极为分散的群体中创造共同身份的作用。结语回到粉丝圈的定义问题，指出这本书能在哪些方面对理解媒体观众做出贡献，同时又有哪些不足。这种视角将粉丝文化视作复杂的多维度现象，邀请各种不同形式的参与和不同层面的结合。这种视角同样指出广播节目的瞬间接受是如何逻辑性地进展到另类文本和另类社会身份构建的。我对这一群体的描述大多都可以应用于其他粉丝文化，我的分析的一部分可以应用于流行阅读整体，但是，我做出的推论较为保守，一般只限于这个亚文化及其传统。

　　考虑到"文化"和"社群"这些词在社会科学中的地位日益问题化，本书对它们的使用比较谨慎。社会科学中，最新的趋势是解构"文化"这一经典人类学著作中统一的概念，而更关注传统文化群体中矛盾、边缘以及不同文化群体的交叉点。正如雷纳多·罗萨尔多（Renato Rosaldo, 1989）新近概述民族志相关的争论时所说，从前人类学视文化如陈列在"艺术博物馆"中的"圣像"，其"整体性和统一性"才使它们有资格分别成为独立考量的对象；对新晋学者而言，人类学更

---

[1] 本书遵照中国粉丝圈内部用语惯例，分别以"同人小说""同人视频""同人音乐"翻译 fan fiction, fan video 和 fan music。——译者注。本书页下注均为译注。

像是"车库旧货大甩卖"，其针对性转向了理解那些复杂的"流动的浸润着力量的田野上纵横交错的边界"（p.44）。和经典民族志不同，我研究的正是一个地位暧昧的亚文化，处于大众文化和日常生活的"边界"上，借用已经在流通中的文本来构造自我身份和文化产物。粉丝文化的表述从一开始就必然会显示其问题重重的身份，它与其他文化生产及社会身份无从逃避的联系。没有人能够纯粹地在粉丝文化中运作，粉丝文化也无法做出自给自足的宣言。这种文化没有永恒不变的质素，粉丝圈源于对特定历史情境的反馈（不仅是电视剧的特定构成形式，也包括女性主义发展、新技术的进步、当代美国文化的原子化和疏离化等等），也在不断地变迁和流动。由于其流动的边界、地理上的分散性及其地下文化的身份，这种文化拒绝任何数量化企图。我这里的任务并非强调此文化社群的流动性，而是从本质上质疑粉丝圈存在任何整体性和稳定性。在很多学者描述为后现代时期的背景下，《文本盗猎者》描述了一个还在努力定义自身文化、构建自身社群的社会群体；记录了一个不断将他人眼中无足轻重、毫无价值的文化材料构造出意义的社群。这本书提供的只是这一亚文化在 20 世纪 80 年代末和 90 年代初我所看到的片面景观。米歇尔·德塞杜（Michel de Certeau，1988）认为，读者的活动只能理论化，不能记录下来。我不同意这一观点，因为粉丝文化的生产活动中有很多是实体化的；当然，这种文化只能从局部细节窥探而不能从整体关照，这一点显然是真实的。

当代社会科学中同样问题重重的是民族志研究的权威（ethnographic authority）问题。罗萨尔多（1989）、詹姆斯·克利福德等人（Clifford，1983；Clifford and Marcus，1986）都对抽象、客观、冷漠的民族志传统提出了质疑，转而倡导关注民族志记录者设身处地的知识以及研究执行者和社群之间的权力关系。人类学和社会学已经进入了实验性阶段，民族志从事者开始寻找从自传性质的田野调查报告到各种对话记录等新方式。这一趋势的中心认识，是调查一种文化绝无任何优势位置可言。相反的是，每种视角都同时带来了优势和局限，一方面促进某种理解，同时又使我们对其他方面视而不见。最终使得对社会文化的总体性叙述走向了文化之中或之间那些片面、具体且植根于语境的特定际遇。这种新型的民族志权威在女性研究、同性恋研究和少数族裔研究中起到了核心作用，在这些领域中新型民族志参与重新构造社群的社会形象（Strathern，1987；Strathern，1987；McRobbie，1982；Chabram，1990；Paredes，1977；Goodwin，1989）。新型民族志的叙述中参与和观察同样重要，民族志调查者和社群之间的界限消弭了，社群成员能以自己的经验为例积极挑战民族志的叙述。

《文本盗猎者》从传统社会科学领域的运动中获得灵感。本书不仅有常规形式的田野调查内容，也有我自己作为粉丝积极投身亚文化社群十余年的经历。我一向自认为在某种程度上是粉丝，小时候长时间在电视上看老电影，阅读《电影地带的著名怪兽》(*Famous Monsters of Filmland*)，在后院里和朋友们扮演自己最喜欢的故事。最早引导我看到组织化粉丝圈的是我的堂兄小乔治，他的房间里满满的怪兽杂志和模型、漫画书、《疯狂》(*Mad*)杂志，还有大量手绘流行卡通人物形象，让少年时期的我非常着迷。我父母告诉我他在亚特兰大科幻和漫画粉丝圈里非常活跃，然而当时我对其中的意义只有极模糊的了解。我上大学的时候重新发现了粉丝圈的存在，带着沉迷于《星球大战》(*Star Wars*)的激动心情第一次参加了同人展。当时我完全没有想到会投身学术，更不用说写一本关于粉丝文化的书了。相反，我当时正读着政治学和新闻学的双学位，想成为政治新闻记者（水门事件刚结束时，这种野心相当普遍）。在遇到了伴我一生的女人后，我对粉丝圈的投入更加深入：通过她，我发现了同人志和粉丝批评。最初我对粉丝阅读和写作行为持怀疑态度，不能打破自己对作者权威意志的尊重，不明白长期耗费时间和精力于业余创作有何意义可言。然而，我逐渐了解了粉丝阐释的乐趣，就开始欣赏起它文化传统的价值来。我对电影的兴趣，我在校报的批评撰写者和娱乐版编辑的工作，以及我在社会科学上的学术兴趣（更不用提我正在萌芽的爱情生活），在某一天终于使我意识到我应该去读研究生，研究媒体。我对粉丝方面的热情，使我最终考虑在媒体研究上获得一个学位，并用所有时间在这个领域获得资历（我的学术好奇心在这个决定上并没有那么重要，虽然当时我没有区分二者的想法）。

我发现以粉丝的身份观看流行文化让我对媒体产生了很多深刻的见解，让我从学术批评狭隘局限的范畴和假设中解放出来，并让我能更自由地运用文本材料。我对粉丝文化的了解大大挑战了我在学校里学到的"观察主体的意识形态地位"理论。这种不满使我在多年前爱荷华大学约翰·费斯克教授的一堂课上接触到文化研究理论后立刻接受了它。

当我写作关于粉丝文化的文字时，我既是一个学术界人士（了解一定流行文化理论、一定批评和民族志文献），同时又是一个粉丝（了解粉丝圈这个社群的知识和传统）。我的叙述在两个不同层面的理解之间不断游移；虽然两个层面并不一定处于针锋相对的矛盾状态，却也并不一定和谐共处。如果说因为我时常退一步在社群内为整个粉丝社群代言，而非直接叙述我自己的经历，所以这本书中的叙述并非纯粹自传体的话，那么它依然是深切的个人书写。（更加实验性的自传性质媒体观众研究，请参见 Walkerdine，1986；Fiske，1990；McRobbie，1991）。

这会让我对粉丝圈的描述带有偏见色彩吗？这几乎是肯定的，这就是我开门见山承认这一点的原因。大卫·绍尔（David Sholle，1991）在最近一篇批评观众反抗相关民族志研究的文章中，提出过分认同研究对象的危险警告："民族志作者的立场……必须和被研究者保持相对的距离。完全以粉丝的视角看待问题会混淆自身和被研究者的立场。"（p.84）虽然我承认在粉丝群体内部写作民族志存在上述风险（媒体研究版的"本土化"［going native］），但我必须同时指出：在采用更传统的"客观"视角时，这一风险并不会显著降低。过去的学者对粉丝群体既无直接知识也无社群内的感情投入，却将他们心目中对大众文化危险的恐惧、不安和幻想投射在粉丝圈上。这种远距离视角并不能保证学者能理解这一复杂现象，只能让他们讨论一个按理无法反馈他们的再现（representation）的群体。在新近的对粉丝文化明显更为同情的著作中，同样的危险依然会出现，比如詹妮斯·拉德威（Janice Radway）的《阅读言情小说》（*Reading the Romance*，1984）本该成为一个极其出众的范例，却将作家刻画成了可以将粉丝和流行文化的关系引导向更加政治化方向的先锋知识分子。学术距离只能方便他们居高临下地做出道德评判和训诫，而不能使学者更好地和粉丝群体对话，因为这一过程需要更大的亲密度，并需要放弃一定知识分子的矜持和体制上的特权。

以粉丝的身份写粉丝文化，这对学术批评者提出了可能的风险，但同时也提供了其他立场不可能实现的理解和观察形式。我认识的很多粉丝都给我看过通俗媒体和学术文章中描述粉丝文化的极其"恐怖的故事"。很多人对他们的文化在学术观察下究竟作何表现深表疑虑，我只能以我自己在粉丝社群内的投入、参与和浸淫来获取他们的信任。

自居和粉丝一样的身份并不能抹消其他笼罩着所有民族志研究的权力关系；因为如果我是一个粉丝的话，我同时也是一个在女性占绝大多数的粉丝文化中的男性粉丝。虽说并非凤毛麟角，但男性媒体粉丝比起女性来说相对少见得多。我们学会了按照社群内部的阐释常规套路运作，尽管这种亚文化传统并非源自我们的兴趣和背景。我是一个男性参与者，虽然粉丝圈对我开放并欢迎我的参与，但也许仍存在对我关闭的角落。

以粉丝的身份写作同样也意味着我感到一份对整个群体的沉重责任和深厚依赖。在研究过程中我把我的粉丝同仁看作积极的合作者。我从最开始就把每一章都给我引用过的粉丝看，并鼓励他们对写作的内容提出批评。我收到无数份粉丝来信，信中提到他们自己对某些问题的见解。我个人从他们的反馈中获益匪浅。我和很多粉丝集体讨论过我的文字，并采用了他们的意见进行修改。有时我直接把他们的反馈写进书里；但即使我没有在行文中明显提到，我仍然必须强调此书是在和粉丝社群的积极对话中写就的。我在寻找粉丝的过程中并非一帆风顺，很多人也并不乐意回答我的问题。很多同人制品是在匿名状态下流通的，它们的来源是这个大社群，这使寻找原作者变得极为困难。我确实做出了努力（虽然我书桌上退回的信件堆积如山），但如若在我漫长而复杂的研究写作过程中有任何忽视，在此我请求您的原谅。我仍然欢迎粉丝们对我的工作做出评论，并希望此书付梓后这一对话仍能持续下去。

我写作此书的动机非常复杂，且严重受制于我粉丝和学者的双重身份。作为粉丝，我认为现有的关于粉丝文化的学术文献中大多数都有哗众取宠的倾向，并强化了对此亚文化的误解。和粉丝对话的过程中，我意识到这种误解在生活中留下了实体化后果，导致同事朋友和家人的敌意对待。我希望能参与重新定义粉丝圈在公共领域的身份的过程，以我的体制内权威来挑战这些刻板印象，并希望唤起更多公众意识到粉丝文化的丰富性。我也希望我的作品能在粉丝群体的不同分支之间起到知识沟通的作用，并为出色的同人作者、画手和表演者留下他们成就的记录。作为一个学者，我不满电视观众理论几乎不曾意识到我作为一个粉丝所经历的复杂精细的文化。我同样感到困扰的是，很多学术研究不能胜任关于流行文化的写作，尤其是不能在意识形态批评的同时承认能在流行文本中找到的乐趣。在如今媒体研究的发展过程中，我们作为学者从粉丝文化中能得到很多信息，而且可能学到很多知识。两组不同的兴趣和利益在这本书中交汇。这本书是为了粉丝、写给粉丝、关于粉丝的，但同时也是对学术界内部争论的回应。

第一章
"回到现实中来吧！"：粉丝、盗猎者、游牧者

当主演《星际迷航》(*Star Trek*)[1] 的明星威廉·夏特纳（William Shatner，饰演詹姆斯·T. 柯克 [James T. Kirk] 舰长）以客座主持人的身份出现在《周六夜现场》(*Saturday Night Live*)[2] 节目中的时候，该节目利用这一机会好好嘲讽了他出演的这部 60 年代电视剧的粉丝。这些"迷航粉 (Trekkies)"被刻画成戴着酒瓶底眼镜、套着橡胶瓦肯星人耳朵的怪人，书呆子气十足，绷在啤酒肚上的文化衫上写着"I Grok Spock"[3]。其中一人刻薄嘲笑着他刚遇到的一个年轻粉丝，因为他连兰德文书士 (Yeoman Rand) 的机舱号都不知道。另一个人则不停炫耀着他刚淘来的打折的德佛瑞斯特·凯利 (DeForest Kelly)[4] 写真集。夏特纳一出现在节目中，立刻就被粉丝的问题轰炸了。而他们所关心的无非是电视剧某集（粉丝们用

---

[1] 《星际迷航》是美国 1966—1969 年播出的一部科幻电视剧，在美国科幻粉丝圈享有经典地位，本书中将反复出现关于此剧的叙述和评论。

[2] 《周六夜现场》是一档每周六深夜播出的综艺节目，每期长约 90 分钟，从 1975 年起开始播出。节目在纽约录制，以现场直播的方式播出，每期有不同的客座主持和特邀嘉宾，和固定演职员一同表演。节目通常是喜剧，戏仿搞笑是其特点之一。

[3] "I Grok Spock"，可以粗略译为"我与斯波克心意相通"。Grok 一词并非英语，它来自罗伯特·海因莱因 (Robert Heinlein) 1961 年的小说《异乡异客》(*Stranger in a Strange Land*，该书也是海因莱因的代表作，1962 年获得雨果奖），指一种浓烈的友情，以及心灵共通的感觉。

[4] 德佛瑞斯特·凯利 (1920—1999) 是《星际迷航》中的三位主角之一——莱昂纳德·麦考伊 (Leonard McCoy) 的扮演者。

10　了集数和某集的题目两种方式来指代他们所提到的剧集）中出现的一些龙套角色，或者是柯克的保险柜密码之类的琐碎细节，而且这些粉丝似乎比这个演员自己还了解他的私人生活。最终，不胜其扰的夏特纳对这群粉丝光火道："回到现实中来吧，行不行啊你们？我说，我说，我说真的，这只是部电视剧而已！"夏特纳呼吁这些粉丝走出父母家的地下室，追求一点成人的正常生活（"你，就你，你这辈子跟姑娘亲过嘴么！"），把狂热的粉丝生涯抛诸脑后。这些粉丝一开始一副不解状，渐渐有些尴尬和委屈起来。最后，一个忍无可忍的粉丝问道："你是说我们需要更关注迷航的电影么？"夏特纳气急败坏地冲下舞台，却被一个同样气急败坏的同人展会组织者堵住了。经过一番推推搡搡并被迫重新阅读了他的合同条款后，夏特纳尴尬地回到舞台上，告诉终于释然的观众说，他们刚才只是在现场即兴表演"第27集《来自内部的敌人》（'The Enemy Within'）中出现的黑化柯克舰长"。

　　这部在粉丝圈里家喻户晓的短片浓缩了许多坊间流行的关于粉丝的刻板印象（stereotype）。节目中出现的"迷航粉"：

　　　　a. 是会掏钱购买一切与电视剧或者其中演员相关产品的无脑消费者（德佛瑞斯特·凯利的写真集）；

　　　　b. 会究其一生研究与电视剧相关的毫无意义的琐碎细节（柯克的保险箱密码，兰德文书士的机舱号码，电视剧集的序号等）；

　　　　c. 赋予一些低价值的文化产品以不恰当的重要意义（"这只是部电视剧"）；

　　　　d. 是社会的脱节者，将生活局限于一个领域，完全拒绝其他社会经验（"回到现实中来"）；

　　　　e. 在同大众文化的亲密互动中或者女性化、或者无性别化（"你这辈子和姑娘亲过嘴么？"）；

　　　　f. 幼稚，情感和智力上均不成熟（他们必须"走出父母家的地下室"；面对夏特纳的批评，他们只是撅着嘴，满脸迷惑的神情；他们是小孩子和肥胖成人的综合体）；

　　　　g. 无法区分现实与幻想（"你是说我们需要更关注迷航的电影么？"）。

图 1-1　《回到现实中来吧》:《周六夜现场》中的两个迷航粉。

　　如果有读者怀疑此类对粉丝文化的表述还不足以说明问题的话，你们大可 *11*
以看一看 1986 年 12 月 22 日《新闻周刊》(*Newsweek*) 的封面报道。这篇报道用
本质上类似的刻板印象描写了一个同人展会，虽然它自称是没有漫画式夸张成分
的 (Leerhsen, 1986)。(其实《周六夜现场》里的描述在真正的粉丝眼里也没有
太多漫画式夸张成分。这是因为夏特纳在很多公开采访中明确地表达过类似的观
点，他对他的粉丝说的话完全是真心的。)《周六夜现场》为观众提供的是笑料，
而《新闻周刊》则采访了"专家"以解释"《星际迷航》的持久吸引力"。《周六夜
现场》中，喜剧演员扮演被刻板印象化的粉丝，而《新闻周刊》则刊登了一张张
真实的《星际迷航》粉丝的照片：一个留着络腮胡子的男人站在一排《星际迷航》
的周边商业产品的前面 (照片题名为"手握相位枪 [phaser]"的迷航粉")，三个
体重超重的中年"迷航粉"穿着联邦制服和瓦肯人的民族服饰 (他们都来自"休
斯顿星际中心" [Starbase Houston] [5])，一个上了年纪的妇女化名"迷航奶奶"，
自豪地捧着一架进取号 (The Enterprise) 的模型。这篇报道的开篇第一句话完全
适用于《周六夜现场》中的模拟同人展会："慢着，你即将看到的是一个《星际迷

[5]　"休斯顿星际中心"成立于 1978 年，是一个以休斯顿为中心的以《星际迷航》为主的科幻 /
　　奇幻粉丝组织。

航》同人展，在这里，你能看到成人们互相以瓦肯星人的礼节致意，还会有人用极尊崇的语气让你付 100 块钱买一本伦纳德·尼莫伊（Leonard Nimoy）[6] 的自传。"（p.66）粉丝被定义为迷恋于细节、花边新闻和名人，且有收集癖的"怪人"，不适应社会者和"疯子"，"一大群超重的女性，一大群离婚女人和单身女人"（p.68）；或是幼稚的成年人；简而言之，在他们看来，粉丝就是除了对连续剧的热衷外完全不存在其他生活的人。休斯顿星际中心是"一群大约 100 个成年人组成的，有自己的旗帜、队服和队歌的组织"（p.68），阿默斯特的雪莉·麦尤斯基（Shirley Maiewski，"迷航奶奶"）"在她接待室的天花板上挂着一艘克林贡（Klingon）战舰，而且她能帮你弄明白柯克舰长打开保险箱的三种密码"（p.68）；有一个人是穿着联邦制服在迪士尼乐园结的婚，他那同样是迷航粉的新娘穿着反正是另一种什么东西，戴着橡胶制的瓦肯人耳朵。这些细节尽管无疑是精确的，却极端具有选择性，呈现出的粉丝群体也因此扭曲不堪，粉丝文化则被粉饰修改，直至合乎《新闻周刊》作者和读者固有的刻板印象。文本和题目的可信性来自照片和引语中想来"自然"中性的信息，但实际上却将"事实"嵌入了更广阔的粉丝身份的"神话"（mythology）语境中（Barthes，1973）。《新闻周刊》文中洋洋自得的权威语调，尤其是配合着数不胜数的报纸和电视新闻，可以直接拿来证实只稍微再夸张一点点的《周六夜现场》的短剧，直到所有人都得知"迷航粉"的本质，并都同意他们理所当然该受威廉·夏特纳斥责。我的学生和同事常用这些广受大众接受的再现形式质疑我对粉丝研究的兴趣。非粉丝群体对如此表现形式的高接受度正反映了这些形象极其贴合大众对粉丝及其狂热爱好的文化想象。

粉丝和"疯狂"

许多类似的刻板印象似乎都来自"粉丝"[7] 一词的语源。"粉丝"（fan）是"疯狂"（fanatic）的缩写形式，拉丁语词源为"fanaticus"。在拉丁语中，此词最字

---

[6]　伦纳德·尼莫伊（1931—2015），美国演员和导演，在《星际迷航》中扮演斯波克。

[7]　本书中用如今汉语（尤其是网络语言）中的音译词俗语"粉丝"一词来翻译"fan"及其复数形式"fans"。曾有学者以"迷文化"翻译"fan culture"，但由于"迷"字指代过于模糊，因而在此弃而不用。

面的含义是"属于一座教堂，教堂的仆人，热心的教众"，但很快带上了负面引申义，"被秘密性交祭神仪式所影响的极度热情狂热的人"（《牛津拉丁语词典》）。随着时间的推移，"fanatic"一词渐渐从描述过度无节制的宗教信仰狂热转移到普遍意义上的"过度且不合适的热情"，常用于批评政敌的立场，并更广泛地使用于"例如神灵或者魔鬼附身的"疯狂状态（《牛津英语词典》）。"粉丝"最早以一个缩略语的形式使用，是19世纪末新闻媒体描述专业体育队的追随者（最常见的是棒球），当时正是体育运动从倡导大众参与的活动转为观赏性活动的时期。很快这个词就广泛地应用于任何体育活动或者商业娱乐的忠实追随者。其最早使用场合之一，是男性批评家贬低女性剧迷，他们认为所谓的"日场女孩"（Matinee Girls）[8]，到剧院里更多是来崇拜演员而非欣赏戏剧的（Auster, 1989）。"粉丝"这个词最早是在半开玩笑的语境中使用出来的，而且在体育文章中这个词的形象都还比较正面，然而这个词在语源上附着的宗教和政治狂热、迷信、无节制的性狂欢、神魔附身甚至精神疯狂等引申含义，则似乎从未和"粉丝"一词划清界限，并且继续在当代粉丝文化的再现中起核心作用。

　　例如，罗伯特·朱伊特和约翰·谢尔顿·劳伦斯（Robert Jewett, John Shelton Lawrence, 1977）解读《星际迷航》和"迷航粉教"（Trekkie Religion）的神话性时，逐字逐句到了荒唐的地步，几乎追溯到了"fanaticus"一词的原始意义。朱伊特和劳伦斯引用约瑟夫·坎贝尔（Joseph Campbell）的著作，认为科幻电视剧及其粉丝群体构成了一种世俗信仰，"一种奇特的电子宗教……正在形成过程中"（p.24）。同人写作的夸张修辞直接以字面意义解读成"以宗教信仰式的虔诚写就"（p.26）；柯克和斯波克被理解为"救世主"，而粉丝们则是他们的"信徒"，而同人志则成为"经外书"（apocryphal literature）[9]、组成新型"神话系统"的根基（pp.27—31）。朱伊特和劳伦斯尤其关注这部连续剧的女性追随者：她们对片

13

---

[8] "日场女孩"指19世纪末期美国的女性戏剧爱好者，是美国最早的消费者群体形象之一。她们的共同特点是常光顾便宜的下午场戏剧，并常常联系演员的舞台下形象来理解戏剧，而不像其他"平常"观众一样通过戏剧本身的结构和故事理解。

[9] "经外书"指基督教新教教会从圣经中删除的部分经文，多数基督新教信徒认为此部分属天主教。

中角色产生的性幻想被比作维斯塔贞女（vestal virgins）的"神殿仪式"[10]。作者赞颂与虚构文字产生的热情亲密关系，却并不信任这一关系，视之为他们有关《星际迷航》的神话性判断的可能论据之一，同时，却也将这种神话关系和曼森家族（the Manson family）一类的邪教狂热追随者以及 19 世纪德国自杀性的"维特"（Werther）热潮联系起来。最终，朱伊特和劳伦斯并不能理解为何一部电视剧能引发如此极端的反响，并将对此事的费解转移到对粉丝的描述上；因此在他们笔下，粉丝就成了对电视剧的质量不能做出正确反应的人群。

新闻报道中对粉丝的描述也大半建立在"粉丝"一词和疯狂以及魔鬼附体的传统意义连接上，常常将粉丝描述为反社会者，详述他们在对名人的亲密关系幻想破灭或无法获得自己想要的知名度时会采取反社会的暴力行为。例如查尔斯·曼森（Charles Manson，披头士［The Beatles］的粉丝）、约翰·欣克利（John Hinkley，朱迪·福斯特［Jodie Foster］的粉丝）和马克·大卫·查普曼（Mark David Chapman，约翰·列侬［John Lennon］的粉丝）的谋杀行为[11]，还有些较少见诸报端的，如《警花拍档》（Cagney and Lacey）一片中的演员莎伦·格雷斯（Sharon Gless）遭到被小报中称作"女同性恋疯子"的人袭击的事件。在刻板印象所形成的概念中，这些行为都顺理成章地被理解为粉丝具有情绪不稳、社会不适、危险地与现实不合拍的特质。朱莉·伯奇尔（Julie Burchill，1986）在关于名人文化的破坏性性质的讨论中，也提到了同样的粉丝"不稳"的神话：

> 当周期过长时，无害的钟情有可能变成临床上的执迷。粉丝对艺人除了破坏能力以外毫无力量。……对于一个待在阁楼中的人，当他怀着自己不被承认、不被接受的爱意就如同一根尴尬地勃起的阳具无处可发泄时，爱与恨、

---

[10]　"维斯塔贞女"指古罗马炉灶和家庭女神维斯塔的女祭司，她们在青春期前（一般是六岁到十岁之间）加入神殿，必须守贞并侍奉神祇至少三十年。她们的日常工作包括守护维斯塔神殿的圣火不让其熄灭，以圣水打扫神殿，并为特定仪式准备食物等。

[11]　查尔斯·曼森（1934—　）曾以"曼森家族"为名建立犯罪组织。约翰·欣克利（1955—　）为引起偶像——女演员朱迪·福斯特的注意，于 1981 年 3 月 31 日行刺美国时任总统里根。马克·大卫·查普曼（1955—　）是披头士乐队粉丝，于 1980 年 12 月 8 日枪杀约翰·列侬。本书原文中此处误作"Dwight Chapman"（德怀特·查普曼），特此更正。

自由意志与宿命之间的一条细线逐渐消弭了；当他意识到除了用一颗子弹以 *14* 外他无法接触到自己心中所望之时，爱也就成为一种杀人的凶器。（p.143）

伯奇尔文中所描述的"阁楼中的粉丝"是悬疑电影、侦探小说和警匪电视剧中的典型角色，是罪案和频发的安全威胁中的"常规嫌疑犯"之一。这种刻板印象极具影响力，在最近的一部电影《夺命影迷》（*The Fan*，1981）中，导演仅靠开场戏就成功渲染了恐怖气氛：镜头中一个孤独的粉丝（迈克尔·宾姆［Michael Biem］饰演）坐在黑暗的房间里缓慢地打着一封寄给他最喜爱的百老汇女演员（劳伦·贝考［Lauren Bacall］饰演）的信，信中写道："亲爱的罗斯女士：我是您最大的粉丝，因为我和其他人不一样，从您那里，我不需要任何回报。"摄影机以缓慢的步调横摇过这间点缀着无数签名照、签名账单、戏剧和电影海报的房间，加上电影中人物的钥匙串不停磕响的恼人声音，对即将到来的可怕暴力场景给予足够的提示。由于持续不断的信件没有得到足够私人的回复，这个粉丝开始谋杀明星四周的人、闯入她的公寓进行暴力破坏、给她寄死亡威胁信并最终绑架了她，威胁要强奸并杀害她。类似的危险粉丝形象还可以在《消逝于黑暗中》（*Fade to Black*，1980）、《喜剧之王》（*King of Comedy*，1983）以及《危情十日》（*Misery*，1990）等电影中找到。它们都将粉丝刻画为离群索居、心理及社交方面不成熟、不能在社会中找到自我位置的人，并因此具有用鲜活富丽的媒体幻梦替换冷硬灰暗的现实生活的倾向。

如果说心理变态的"阁楼中的粉丝"已成为悬疑电影中一大典型角色的话，对粉丝群体的喜剧化表现则呈现出了并无刻意丑化但同样患有社会适应不良症状的形象：巴斯特·基顿（Buster Keaton）的《福尔摩斯二世》（*Sherlock Jr.*，1924）里为明星神魂颠倒的电影放映员，《七年之痒》（*The Seven Year Itch*，1955）和《沃尔特·米蒂的秘密生活》（*The Secret Life of Walter Mitty*，1947）里遁世主义的书商，《阿里巴巴进城》（*Ali Baba Goes to Town*，1937）和《差役》（*The Errand Boy*，1951）里的疯狂影迷龙套演员，《活宝有人爱》（*Stoogemania*，1985）里整天出事故的喜剧片狂热爱好者，还有《呆头鹅》（*Play It Again, Sam*，1972）里感情受挫的影评家。就像他们在剧情片中对应的人物一样，这些人过着没有成就感的生活，基本没有社会交往，感情生活受挫，从事忙碌而地位低微的、通常和演艺行业相关的工作。他们因丰富多姿的个人幻想而沉迷于内心世界，代替了他们在日常生活中所应采取的决断。这些人物形象无疑可以追根溯源到更早的文学作品中过度自我代入的读者形象再现中，比如《堂吉诃德》或者《包法利夫人》，并可参与到长达几个世纪之久的关于阅读小说的危险性的争论中去。

　　"性狂欢"式的粉丝或"骨肉皮"（groupie）[12] 神话是摇滚音乐文化相关新闻报道和批评中久经时间考验的经典幻想。这一想象在弗雷德和朱蒂·维莫雷尔（Fred and Judy Vermorel）的《星欲》（*Starlust*，1985）一书令人作呕的宣传造势中得到明显的体现。这本书许诺会带给读者"粉丝们的隐秘幻想"，性意味十足的幻想（比如一个女性承认她和丈夫做爱时脑中幻想的却是巴瑞·曼尼洛 [Barry Manilow] [13]）。这本书的编辑宣称他们编书的初衷是给粉丝们提供更正面温和的对待，他们"并非娱乐噱头下饱受资本主义压榨的消极受害者，而是真实的社会人，为我们所有人展示出粉丝文化的后果"（p.247）。然而，他们展现这些材料的方式，从封面上尖叫的女人到"占有""沉迷""快感"和"错乱"等章节标题都一再加深了固有的刻板印象。维莫雷尔笔下的粉丝不停诉说着他们想占有他们所钟爱的名人或者被名人占有的欲望。

　　值得关注的是，如果说喜剧中的粉丝和精神变态的粉丝一般都被刻画为男性（尽管常被处理为去男性化、无性欲或者性无能的形象），色情化的粉丝形象则几乎全是女性（比如维莫雷尔的书封面上尖叫的女人）；粉丝文化的女性方面往往固定在一些经典场面中，包括尖叫着的十多岁女孩试图从披头士身上扯下一两件衣服来，或者一摸到猫王被汗透的围巾就当场晕倒，或者摇滚纪录片或色情电影里一两个"骨肉皮"给巨星们进行色情服务。这些女性不仅不能与所面对的形象保持一定审美距离（critical distance），而且试图将此形象内化，获得一种"完全的亲密接触"。然而，这些对粉丝的视觉表现将此过程更向前推进了一步：女性观众自己成了俗世（mundane）男性观众的色情化视觉奇观（spectacle），而她们抛弃与所面对的形象之间的距离也就成了对观看她们的观众自身色情想象的邀约。

---

[12]　"骨肉皮"指代狂热的试图与明星发生性行为的粉丝。

[13]　巴瑞·曼尼洛（1943—　），美国著名歌手兼词曲作者，曲风主要是流行和抒情摇滚，多次获格莱美和艾美奖。

正如这些例子所展示的那样，粉丝依然是当代文化中见不得人的丑陋范畴，是嘲讽与不安、恐惧与欲望的多重对象。无论是被看作宗教狂热分子、精神变态的杀手、神经质的妄想狂或者情欲贲张的"骨肉皮"，粉丝一直被视为"疯子"或者崇拜错误对象的狂热者，他们的兴趣都从根本上迥异于"正常"人的文化体验，而他们的精神状态也危险地远离现实生活。

"见不得人的范畴"

为了理解粉丝的特殊话语构成背后的逻辑，我们必须首先重新思考"品味"（taste）的涵义。所谓的"好品味"、恰当的言行或者美学价值都既非天然也非普适，相反，它们都深深植根于社会经验中，并体现了特定的阶级利益。就像皮埃尔·布迪厄（Pierre Bourdieu，1979）所说，特定人群将特定品味视作理所当然，正是因为这些品味是他们作为特定文化群体中的一员，被最早接触的事实塑造、被社会交往加强，并从高等教育等社会机构的经验中合理化的（这些机构往往会奖励恰当的言行和品味）。品味成为维持社会分层和固化阶级身份的一种重要形式。"天生"就有好品味的人在体制内的社会等级中就"应得"更高的地位，并从教育体系中得到最多优惠，而其他人的品味则被视为"无教养的"或低下的。品味区别不仅决定了文化形式是否理想，更决定了人与文化产品产生联系的方式、解读文本的策略以及消费方式是否理想。比如莎士比亚的戏剧从流行语境转移到精英语境的过程中，需要的智力投入明显有层次变化，而语境的转移也导致了完全不同的读者反应（Levine，1988）。

虽然对特定品味的教化成功到了我们时常觉得自己的文化选择不仅自然而且普适、永久，但是品味依然总是处于危机状态。它永远不可能保持稳定，因为它一直受到他人眼中"自然"品味的挑战。"好品味"的界限必须一直处于人为监控状态下，合适的品味必须和不合适的严格区分开，而坏品味的人群必须和那些符合我们心目中好品味的人群区分开来。由于品味和我们其他的社会文化经验紧密相关，美学上的厌恶往往导致全盘道德交流障碍和社交阻隔。"坏品味"不但不理想，而且不可接受。因而美学上的选择和对作品的解读方式包含极为重要的社

17　会层面意义，并且时常需要社会和心理范畴的因素来支持其合法化验证。特定美学框架下被视为非理想的物品往往会受到批判，被指责为对消费者有害或有负面社会影响。美学偏好是通过立法和公众压力施加到个人身上的，例如以保护儿童免受某些文化产品的"腐蚀"为名而采取的各种方式。热爱这些文化产品的人往往被认为是智力低下、心理不正常或者情感上不成熟的人。

这些刻板印象虽说并非全无事实依据，但对粉丝的刻板印象更多地等同于主导文化等级秩序（dominant cultural hierarchies）受到侵犯时的恐惧心理的投射。粉丝对资产阶级品味的侵犯和对主导文化等级秩序的扰乱，注定了此等级秩序的维护者（也包括具有同样文化品味但表达方式完全不同的人）会将粉丝所爱定性为不正常且具威胁性。正如布迪厄（1980）所指出的："那些自认为合法文化卫道者的人最不可忍受的，是那些明令严格区分的优劣品味，却亵渎地合流到了一起。"（p.253）粉丝文化模糊了这些界限，将流行文本视作值得和经典文本同等关注和欣赏的文化产品。那些通常适用于"严肃高尚"作品的阅读方式，如文本细读、详细分析、多次及长时间重复阅读等，被毫无区分度地"滥用"于大众文化"快餐式一次性消费"的文本当中。粉丝眼中的"艺术家"在别人看来只是商业性的老调重弹，粉丝眼中的超越性意义在别人看来只是陈词滥调，而粉丝们眼中的"高质量和创新性"在别人眼中也只是陈规俗套。例如，一个《侠胆雄狮》的粉丝总结美国广播电视文化的历史叙述，他沿用 50 年代的黄金时代和 60 年代的荒芜岁月这一传统叙事，然而在此叙事下，他用粉丝最爱的一些电视剧（《迷离时空》[*Twilight Zone*]、《迷离档案》[*Outer Limits*]、《星际迷航》《复仇者》[*The Avengers*]、《囚徒》[*The Prisoner*] 等等）来划分历史的标志性分界点。这些电视剧的出类拔萃之处在于它们在智力上的吸引力和对接受者的区分度，这和一些"剧本低劣，不包含道德或伦理抉择的荒唐剧情冲突，流于俗套和平板化的人物塑造，整体拒绝创新和尝试"的"平庸的电视剧"，比如《迷失太空》（*Lost in Space*）、《金星探险者》（*Land of the Giants*）、《入侵者》（*The Invaders*）或者《最强美国英雄》（*The Greatest American Hero*），产生了强烈的反差（Formaini，1990，pp.9—11）。他的历史叙述很自然地以他最爱的电视剧《侠胆雄狮》的出

18　现为终点。这部电视剧在他看来达到了奇幻、科幻和经典文学的完美糅合，从而实现了他叙述中流行文化"扛鼎之作"的"伟大传统"的最高目标。如此叙

事不仅需要认可粉丝普遍赞誉的文本具有高质量，并且需要公开抵制粉丝经典（canon）[14] 以外的那些"哄小孩的傻玩意儿"。粉丝对于理想文本的呼吁构成了对传统文化等级制度的最直接最响亮的挑战。

　　然而粉丝对于文化等级制度的反抗远远超越了他们非正统的文本选择，直接深入到粉丝理解文化体验的整体逻辑中。与传统资产阶级文化喜爱并由教育体制支持的解读方式不同，粉丝解读文化产品时不仅选择了不同的解读对象和不同的解读密度，而且更进一步选择了别样的阅读及接触文本的方式。站在主导品味（dominant taste）的角度看来，粉丝明显骇人地失控，是无纪律且无廉耻的盗贼读者。粉丝完全拒绝布迪厄认为是资产阶级审美基石的审美距离，他们热情地拥抱所爱的文本，力图将媒体的呈现与自己的社会经验结合起来。粉丝不为体制上的权威与专家所动摇，而是强调自我解读、评价和创造经典的权利。粉丝不为传统意义上的文字与知识产权所恫吓，他们洗劫大众文化，从中攫取可运用的资源，并在此基础上二次创作，作为自己的文化创作与社会交流的一部分。粉丝似乎模糊了事实与虚构之间的界限，他们在谈论虚构人物时好像这些人物除了文字上的表现外还另有实体化的存在，他们进入虚构世界时的态度就像是进入一个真实可触的世界进行探索。粉丝文化体现了对主导文化等级秩序的公开挑战，对作者权威的拒绝和对知识产权的侵犯。而此现状尤惹人口舌的一点是，往往不能随便嘲笑粉丝为智力低下缺乏教育的人；他们一般受过很高教育，且具有相当表达能力，出身于中产阶级，是人们眼中除了花大量时间为电视剧写长篇详细读解之外还有更有意义的事情可做的人。他们热情接受电视文化可以解读为有意识地排斥高雅

---

[14]　"canon"一词，本书译作"经典"。虽然在语境中基本符合原意，但是此概念与中文的"经典"有明显的偏差。canon 本义是宗教经典，因此粉丝圈概念下的 canon 一词除了优秀作品集合而成的"经典"外，还有"官方正统"的含义。从一部电视剧或者其他媒体作品中拣选出相关内容以为"canon"的行为，除了认证作品中最优秀的内容外，也包含粉丝圈对原文本的一些元素进行"正统"认证的意义。一些不被认可的官方内容（比如说下文中说到的《星际迷航》电影中出现的斯波克的异母兄弟塞博克）也会因此被排除在"canon"之外。被粉丝社群公认为"canon"的种种要素便被认为是该叙事的宇宙观中真实存在的现实；这个词在如今英语粉丝圈中是和"fanon"（fan 粉丝和 canon 经典的缩写）对立的，表达受到粉丝认同的官方内容，一般认为同人创作必须尊重；fanon 则指的是传播较广、影响力较大的粉丝二次设定，但对其他同人作品不具备约束能力。

文化，或者至少是排斥高雅文化和流行文化之间存在已久的壁垒。这种不能被简单视作无知的行为其实必须解读为审美上的变态行为（aesthetic perversion）。当然，体育粉丝和媒体文化粉丝享受到的待遇是完全不同的，这也很说明问题：体育粉丝大多是男性，并且他们眼中的重要事物起码是"真实的"而非虚构的；媒体文化粉丝则大多是女性，她们有浓烈兴趣的事物是饱受歧视的虚构内容。于是权威们审判品味时不仅依据阶级，而且也将性别问题纳入考量。这很可能是《新闻周刊》和《周六夜现场》等大众媒体与学术界结成同盟共同唾弃媒体文化粉丝的重要原因，也导致了这些媒体眼中媒体粉丝的刻板形象不是过度肥胖的女人（详见《危情十日》），就是无性的书呆子男人（详见《消逝于黑暗中》）。

粉丝的文化爱好和解读方式与主导审美逻辑格格不入，必须被标识为"他者"（other），必须置于安全距离之外，才不至于污染受过批准的文化。对媒体文化粉丝的全民批判将所有其他观众置于同一阵营，也就使他们也会出于不适而拒绝采取粉丝解读流行文本的"不合适"方式，也拒绝以粉丝式的热情接纳美学价值存疑之物。如此表现粉丝文化，就将相同兴趣和阅读方式的人聚集了起来，孤立了潜在的粉丝，将粉丝文化和活动边缘化，置于主流之外。这就导致当众表达粉丝身份成了尴尬的事情，私下里自我认同于粉丝文化也会变得很困难。

甚至在粉丝群体内部，也存在严格区分等级高下的范畴，并成为粉丝们自我辩解自己比起其他人来说"没那么变态"的理由：近期的一个科幻同人展会上，一张广为传播的传单上将《星际迷航》粉丝们定义为"G. A. L."（"Get a Life"，回到现实中来吧）俱乐部成员，这是科幻文学迷和媒体文化粉丝之间长期斗争的一部分。在《双峰》（*Twin Peaks*）的一个网络讨论群上，一个持少数派观点的粉丝被直接贬称为"迷航粉"，要他去别处找同类。一个为针对科幻粉丝的商业出版物供稿的评论家直接蔑称一部《星际迷航》官方小说"实在太有粉丝味儿了"。永远存在一种更加极端的"他者"，可以证明自己文化选择的相对正常性。就像埃姆斯利（C. E. Amesley, 1989）所说："我仍在寻找一个自我认同为'迷航脑残粉'[15]的人。不管粉丝们是否每晚都盯着电视看这部剧，是否为了回家看电视而

---

[15] "Hardcore Trekkie"，直译为"硬核迷航粉"，为表意清晰，用汉语网络俗语的"脑残粉"翻译。当然，在如今使用中，中文"脑残粉"这个词并不含极其强烈的贬义色彩。

Are you a Star Trek fan? Do you dream at night that you're aboard the starship Enterprise, giving the orders to boldly go where no man has gone before? Do you dream about this **all the time**? If you answered yes, then you may be the sort of pellucid go-getter we've been looking for ! This may be your once-in-a-lifetime opportunity to join the elite ranks of the.......

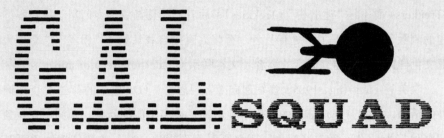

Yes, freind, the G.A.L. squad is looking for people just like yourself to partake in the exciting, glamourous life already enjoyed by members the world over.

* Attend conventions!

* Wear authentic costumes!

* Be heard at our never-ending technical infomation debates!

* Enjoy our fast food buffets!

* Join in our monthly laundry excursions!

* Go on trips to exotic, distant lands and spend your time in the best mediocre hotel suites!

* See Jimmy Doohan ten, twenty, fifty times!

* Learn how to speak Klingon-our teachers will also help you understand and memorize every detail of the **Enterprise**!

No Club Gimmicks!

Sound too good to be true? Guess again! It's all happening even as you read this! Never again will you feel alone in your absolutely worthwhile devotion to the most celebrated cultural enigma in world history-**STAR TREK!** Join the proud members of the G.A.L. squad and you too will enjoy all the exciting hebetude!
If you're a thoroughly anserous, exacting person, then delay no longer! Just send $200.00 today! After you recieve your membership certificate, you automatically inherit all the benefits existing in the G.A.L. SQUAD! So what are you waiting for? **Join today!**

GET YOUR ROCKETS OFF

IMPROVE YOUR IMAGE

Live it to the limit

(Sign) _____

Name _____
Address _____ Apt. ____
City _____
State _____ Zip ____
P.S. You don't need to spend a fortune to get a good American Value.

YES! I WANT TO JOIN THE G.A.L. SQUAD! ENCLOSED IS TWO HUNDRED DOLLARS IN CRISP, UNMARKED BILLS. PLEASE RUSH ME MY MEMBERSHIP CERTIFICATE!

Join the Adventure!

图 1-2 "G. A. L 帮"（回到现实帮）：科幻文学粉丝散发的反《星际迷航》粉丝内容的传单

错过许多其他活动，是否必去同人展会，是否参加各种知识竞赛，是否收集全部小说，甚至学习克林贡语，他们永远确信有那么些和他们大不相同的'脑残粉'存在。这'迷航脑残粉'的概念影响着他们对自己行为的认知，但是这种'脑残粉'并不存在，除非在理论上。"（p.338）粉丝们现在更喜欢自称为"迷航者"（Trekkers）而不是"迷航粉"（Trekkies），后者已经逐渐成为专门用于称呼媒体构建的刻板印象的词汇了。更有甚者，有些人直接自我认同于"粉丝"这个更大的亚文化群体，拒绝建立固定的读者 – 文本联系（reader-text relationship）。

　　洪美恩（Ien Ang, 1985）曾发起向《朱门恩怨》（*Dallas*）的荷兰观众征询信件的活动，在解读观众信件的过程中她遇到了很多类似的问题。她的调查对象在解释他们为什么不喜欢这部美国肥皂剧时表现得更自在，主要依据触手可及的"大众文化的意识形态"范畴，从这些更合乎常理、流传也更广泛的文化污染话语中获得支持与安全感。至于从《朱门恩怨》一剧中获得观看享受的人，尤其是自认为此剧"粉丝"的人，则面临着远为复杂的品味自我辩解问题。洪美恩的受访者中，没人能完全避免大众文化批判者所界定好的范畴，没人声称自己的爱好是完全正常无害的。洪美恩总结道，整体反对大众文化的批评界话语似乎彻底阻碍了《朱门恩怨》的粉丝表述自我社会文化立场的任何可能性，遑论从权威有力的位置反击批评者了。

　　和洪美恩著作中的《朱门恩怨》粉丝类似，《星际迷航》的粉丝也往往发现自己必须在卑微的立场上讨论他们对这部电视剧的喜爱之情。对于其中很多人来说，唯一合法的自辩只是强调他们生活方式的"正常"一面，表现出他们自己和中产阶级文化的一致以创造出他们和非粉丝朋友的共同语言。一个粉丝对《周六夜现场》的短剧回复道：

　　　　我憎恶这种对我做出的假想。我拥有"现实生活"。我有丈夫和孩子。我参与志愿者活动，并对政治与宗教方面的很多问题都持有自己的观点。我会去购物，参与投票，也给孩子换尿布。我真真切切地生活在一个现实世界中，有自己的压力和烦恼。这就是我成为迷航者的原因。有一种爱好是维持精神健康不可或缺的因素。《星际迷航》帮助了我，使我不会在那些"重要"的事务中耗得精疲力尽。它让我心情放松。它让我保持我自己的立场和态度。

它很有趣。它不是我的宗教。我自己有很不错的宗教信仰（我是个天主教徒）。并且我估计绝大多数的粉丝都更像我，而非那些刻板印象描述的那样。 *22* （Kulikauskas，1988，p.5）

另一些人通过与传统高雅文化的联系来证实对这部电视剧爱好的合法性。他们举出罗伯特·布洛克（Robert Bloch）、西奥多·斯特金（Theodore Sturgeon）、诺曼·斯宾拉德（Norman Spinrad）和哈兰·艾里森（Harlan Ellison）等著名科幻文学作家所写的剧本；他们指出电视剧对种族主义、恐怖主义及毒品泛滥等严肃社会问题的探讨；他们通过职业和教育程度的信息推断它的受欢迎程度；他们坚称它对未来的乐观想象能够"改变生活"。所有这些观点都反复出现在《星际迷航万岁！》（*Star Trek Lives!*，Lichtenberg，Marshak and Winston，1975）和《星际迷航的世界》（*The World of Star Trek*，Gerrold，1973）之类的书中，这些书都是作者写来向非粉丝读者介绍粉丝文化和粉丝圈的。还有其他人从"文化大众主义"（cultural populism）的角度将他们的批评者定义为目光狭隘的习惯性盲从者（"万事通"［know-it-alls］和"犬儒"［cynics］），称赞这部电视剧的粉丝心胸开阔、社群主义。就像洪美恩所研究的《朱门恩怨》观众那样，这些粉丝已经将许多主导品味深深内化了。他们不得不勉力尝试用大众文化的意识形态所提供的种种言说方式来理解他们自己与媒体之间的关系。《星际迷航》可以被提高到一种伪高雅文化的层面并用高雅文化的标准加以衡量。这些标准注定只能将这部作品衡量得很低，即使只是因为几乎没有流行文化被吸收入官方的"经典"当中来，而使这套标准缺乏评价早期流行作品的经验而已。即便如此，仍然缺乏将《星际迷航》单纯作为流行文化加以肯定的方式，无论是对消费者口味的积极反馈，或者满足观众的欲望，或者单纯提供消费当时所产生的即时快感，或者仅仅是一个简单的"好玩"。

然而在洪美恩研究中的《朱门恩怨》观众和《星际迷航》粉丝之间还有一个重要的区别。《朱门恩怨》的观众向洪美恩反馈的信件是在独处状态下写就的，她的受访者是一些独自在家里看电视的观众，几乎完全没有意识到还有其他同样喜爱这部电视剧的观众存在。他们给洪美恩写信是因为她发布了一条类似广告征求的信件，而这些回复者写信可能正是出于打破他们文化隔绝感的需求，试图在有关大众文化的主导话语强加的自我疏离感外，获得一种更广泛的粉丝身份。洪美恩的调查对象只能在很狭隘的意义上称作《朱门恩怨》粉丝，因为他们有规律地收看这部电视剧，但是他们与更大的粉丝网络缺乏交流，并且没有参与我在此处叙述的任何复杂的粉丝文化。迷航者们却已经自认为加入更大的社会和文化群体中，他们自我表述的时候不仅会以自我的角度言说，还会为更加宽泛的《星际迷航》粉丝群体代言。粉丝认同于这个有共同兴趣且面临共同问题的社群，并视其为力量和勇气的源泉。以粉丝的身份发言就承认了在文化等级制度内被标志为卑贱的位置，接受了一个被体制内权威持续贬低和批判的身份。但同时，这也是从一个群体集合的身份发声；与品味受人鄙视的社群结成同盟后，这种行为便不能被视作全然的悖离常理或异想天开。事实上，新粉丝最典型的评论，是惊喜于居然有这么多人和他们一样，喜欢同一部电视剧，惊喜地发现自己不是"孤独一人"。

　　本书的前提假设是：在大众文化相关讨论中，粉丝是处于被动防御立场上的。本书致力于打破媒体所构建的粉丝是没文化的蠢货、社会不适应者和无脑的消费者等刻板印象，将粉丝视作积极的创作者和意义的操控者。我应用米歇尔·德塞杜的理论，提出一种新的概念，将粉丝视作积极挪用文本，并以不同目的重读文本的读者，把观看电视的经历转化为一种丰富复杂的参与式文化（participatory culture）的观众。从这个角度看来，粉丝是德塞杜在流行作品阅读行为讨论中提出的所谓文本"盗猎"的一个绝佳范本。他们的活动强烈质疑了媒体制作者限制意义的创新和传播的能力。粉丝借用大众文化中的形象，扭转其原有意义，建构自己的文化和社会身份，通过这一行为，粉丝往往会提出一些在主导媒体中无法言说的想法。

　　粉丝对喜爱的媒体文化产品的典型反应不仅仅是喜爱和沉迷，还包括不满和反感，这正负两方面的反应促使了他们与媒体的积极互动。由于流行叙事往往不能满足观众的要求，粉丝必须与它们斗争，努力向自己和他人表达原作中未能实现的可能性。由于文本仍然是引人入胜的，所以粉丝不会轻易地忽视原文本，而是尽力寻找一种使其为自己兴趣服务的方式。粉丝远非无自我意识地沉迷，而是强调他们对于大众文化文本所能行使的权力；这些原文本成为他们自己文化产品的原材料，也是他们社会互动的基础。在此过程中，粉丝不再仅仅是流行文本的观众，而是参与建构并流传文本意义的积极参与者。

　　粉丝明白自己与文本的关系很薄弱，他们的乐趣往往只能处于原文的边缘地带，且与媒体制作方约束规范文本意义的努力处于正相对的位置。粉丝表现出对流行叙事的极强归属感，处理叙事的方式也在某种程度上使其成为自己的所有物，然而他们同时也清楚并痛苦地意识到：这些虚构文字并不属于他们，另有一些人有权力对这些虚构人物做任何事，包括那些和粉丝自己的兴趣和关注完全相反的事情。对于这种情况，粉丝的反应有时表现为对制作方的无条件遵从，但是对于这些有能力"完全重组"叙述的特权者违背观众意愿改变文本的情况，粉丝也常常会表示出愤怒与敌意。

文本盗猎者

　　米歇尔·德塞杜（1984）将这种主动积极的阅读行为称作"盗猎"（poaching）——一种在文学禁猎区内毫无礼节的洗劫，读者只掠走那些对自己有用或者有快感的东西。"读者绝非作者……他们是旅行者；他们在属于别人的土地之间迁徙，就像游牧民族在并非自己写就的田野上一路盗猎过去，掠夺埃及的财富以获得自我的享受。"（p.174）德塞杜的"盗猎"比喻将作者和读者之间的关系描述为持久的对文本所有权、对意义阐释的控制权的争夺关系。德塞杜描述的是一种由文本制造者和体制批准的、解读者主导的"经文经济"（scriptural economy），其主要功能是限制口头流传的"多重声音"（multiple voices），规范并控制意义的生产与流通。对德塞杜而言，"对语言的控制权"（mastery of language）成为社会型构（social formation）中统治阶级掌控文化权威和社会权力的标志。学龄儿童在学校学习权威审定的意义，学习消费叙事且不在文本上留下任何自己的印迹："这种虚构的权威将消费者禁锢于被支配地位，因为他们将由于不忠或无知而永远负罪……文本于是成了文化武器，成了一片只供私人打猎的禁猎地。"（p.171）

　　在这一熟悉的模式下，读者默认一直居于被动接受的位置，接受权威所规定 ²⁵的意义，任何偏离被文本固定的意义都会得到负面评价，认为是没有能够正确理解原作者的意图。教师的红笔奖励那些"正确"解读文本的学生，惩罚那些"误读”的学生。学生的个人感受和个人联想都被视作与文学分析“无关”（根据“情感谬误”[affective fallacy] 理论）。正因如此，对专家的尊敬是这类评价的先决条件，受过专门训练、经体制授权的解读者必须严格置于普通读者的街谈巷议之上，教师的权威紧密地附着在读者授予文本制造者的权威上。由于流行文本已经纳入学术研究范围内，他们也索取了类似“作者权”，以便用类似传统正统文学作品的研究和教授方式对待流行作品。被学术圈接纳并认真研究必须付出代价，流行文本因此需要同时接受其他学术研究通用的假设，不得不将学术兴趣和生产者的利益紧密相连，从而忽视了消费者的利益。社会和法律上的规范都将“社会权威认定的专业人员和知识分子”的权力置于普通流行文本读者和消费者的利益之上。（譬如简·盖恩思[Jane Gaines] 在 1990 年的一篇文章指出了商标法功用的迁移，从保护消费者免受假货的欺骗到保护资产所有者对可营销形象的独有权。）而学术界的专门化运作使决定文本的权威阐释意义的权力落入内部成员手中，尽管无论是文本原先的字面还是隐含意义，学术界人士也往往不能准确洞明。因为大多数人都没有深入文化生产与传播机构的机会，无权决定大型电影院的播放日程、广播的内容或者大型连锁书店书架上摆的书，因此对于制作方信息“完整性”的尊重带来的后果往往意味着消灭或边缘化那些反对的声音。在接受文本时排除接受者的声音，正反映了制作文本时如出一辙地对接受者声音的忽视。在权威认定的作者的商业利益面前，读者的文化利益并无合法性可言。

　　德塞杜对于学术和经济的描述充满了论战意味。他对某种传统态度和信念的重述无疑是片面而激烈的。承认另类阐释和消费方式及其相应优点，并不一定要完全废弃对作者权威定义的敬意。但是德塞杜为我们这些学者和教师提出了值得考量的问题：我们应如何辩护自己批评者身份的合法性？因我们的专业意见而得益的究竟是何人？我们的引导可能在多大程度上阻碍而非鼓励流行的批评的发展？教育可能成为文化生活民主化的重要力量。如果它做不到，那么我为学术读者写这本书便毫无意义，我的教授职业的意义也就值得反思了。但教育时常都过分注重保护其本身的地位，而无法成功达成其目的。教师为了实现权威，经常扼杀学生形成另类阐释的能力。德塞杜邀请我们重新审视大众反馈的价值，重新理解艺术鉴赏和接受中个人解释以及非权威认定的意义，并克服专业训练所造成的自动排除非专业框架内部阐释行为的倾向。

德塞杜（1984）指出，经济和社会壁垒阻隔了流行文化进入文化生产方式的途径，流行文化是一种"被边缘化的情形普遍化"的文化，其文化中的大部分人在主导表达状态中都处于"未标志、不可读解且无法象征"的地位（p.xvii）。但是德塞杜并未试图分析文化霸权力量限制流行文化意义流通的战略（strategy），而是将流行反抗（popular resistance）的种种战术（tactic）理论化地记录下来。德塞杜为我们提供了讨论被统治阶级规避或逃脱体制控制的方式，提供了分析官方阐释行为之外流行文化意义产生地点的语汇。德塞杜将流行阅读视作一系列的"前进和后撤、和文本之间玩的战术和游戏"，一种读者将文本打成碎片并带上明显个人风格重新组装的文化拼贴，从有限的文本材料中抢救出针头线脚以表现自我的社会经验。（p.175）

正如旧时的盗猎者，粉丝行动时处于文化的边缘地位和社会的弱势地位。就像所有的流行读者一样，粉丝缺乏直接进入商业文化生产方式的渠道，且只有极有限的资源影响娱乐产业的决策制定者。粉丝必须低三下四地乞求有线台让他们 *27* 喜爱的电视剧再坚持一季不下线，必须大力游说制作方才能够说服他们在电视剧中加入想要的情节成分，才能让他们不损害角色形象的完整性。在文化经济中，粉丝是雇农而非地主，这点认识必须放在我们提倡流行反抗战略的背景中。正如迈克尔·巴德、罗伯特·恩特曼和克雷·斯坦曼（Michael Budd，Robert Entman and Clay Steinman，1990）所述，游猎性的读者"事实上很可能是无力地寄人篱下"而非"不可抑制的狂野自由"，"游牧民族不可能定居，他们为一种自然天性所左右"。（p.176）正如这些作者的敏锐观点所示，控制文化接受的方式尽管至关重要，然而并不构成进入文化生产和分配方式的充足替代物。从某种角度而言，在控制生产的经济层面上，这些游牧性的观众和文化工业的关系确实只是"无力地寄人篱下"。然而在另一个层面上，从象征意义的解读和挪用角度上来说，德塞杜认为他们仍具有一定的自主性。和反对流行的批评家的观念正相反，经济层面的依附状况并不直接导致观众无条件被动接受意识形态信息的灌输；消费者并不是"媒体聚光灯让你去哪儿你就立刻去哪儿游猎"的人格（Budd，Entman，Steinman，1990，p.176）。恰恰相反，消费者在浩如烟海的媒体文化中的挪用具有高度选择性。媒体的矿藏尽管腐坏，但仍包含可采掘提炼的宝物，尽可以拿来另作他用。粉丝应对这一状况的策略有一部分适用于所有流行阅读，有一些则仅适合粉丝圈这一亚文化。粉丝和德塞杜的模型之间的重要联系在于他们形成了一个尤为活跃且高产的消费者团体，他们的活动将我们的关注直接指向了文化挪用的过程。因此他们在当代社会的地位就像 19 世纪剧院最劣等座位中坚持自己对表演理解权利的观众，就像给狄更斯和其他连载作者写信表达对情节发展建议的读者，就像违背作者想让他退出舞台的原意争取到歇洛克·福尔摩斯回归的粉丝。粉丝作为文本盗猎者并不孤独，他们将盗猎发展成了一种艺术形式。

28 **粉丝和制作方**

　　媒体粉丝圈的历史至少有一部分就是联合起来试图影响制作方对节目的决定的斗争史；有些斗争成功了，但大多数以失败告终。许多人将有组织的媒体粉丝文化的起源上溯至 20 世纪 60 年代末粉丝向美国全国广播公司（NBC）施压让他们恢复播映《星际迷航》的斗争；而这一运动也为后来粉丝努力扭转电视台态度的运动提供了范本，如众人熟知的挽救《侠胆雄狮》和《警花拍档》的运动（D'Acci, 1988）。80 年代全美各城市都出现了本地的《布雷克七人组》（*Blake's 7*）小俱乐部，最早的核心内容都是试图说服本地公共电视网（PBS）电视台购买这部英国电视剧的播映版权。美国的《神秘博士》（*Doctor Who*）支持者义务在全国的 PBS 电视台游说，试图将他们的热情转化为民间赞助以保证该剧的持续播映。《世界之战》（*War of the World*）迷直接向节目制作方施压，试图说服他们不要杀死最受欢迎的几个角色，并开玩笑宣称从节目制作方动机来说，某些角色死亡毫无逻辑可言，唯一的可能只能是："外星人对派拉蒙制片厂进行了内部渗透！！！！！"（西部媒体同人展[MediaWest]散发的传单, 1989）COOP，一个全国性的《双峰》粉丝组织，雇用了当地的游行集会组织和电脑网络试图将这部必然下线的电视剧留住。（"我们所有想法只有一点：给《双峰》一个机会！"）第五章里我将记录一次类似的阻止《侠胆雄狮》下线的活动。

　　各有线台时常参与宣传这些观众运动，尤其是在他们决定显示对观众反馈的诚心，让已下线的节目高调返回的时候。《警花拍档》的制作人巴尼·罗森茨威格（Barney Rosenzweig）积极向观众索取支持以说服哥伦比亚广播公司（CBS）再给这部电视剧一次机会，取得更好的收视率；为表示决心，他甚至直接将观众的反馈加入了"实际的制作过程"（D'Acci, 1988）。最近的一个关于《量子跳跃》（*Quantum Leap*）的广告中展示了几乎将电视台办公室淹没的、逼迫他们重新考虑这部电视剧的播映日程的观众来信。然而，粉丝运动有同样大的概率收效甚微，甚至一无所获。当美国广播公司（ABC）取消了他们只播映了短短的不到一季的科幻连续剧《外星恋》（*Starman*, pp.86—87）时，五个粉丝组织了"聚焦外星恋"（Spotlight Starman）组织，企图游说电视台方让此剧回归（Menefee, 1989）。在高峰阶段，这个组织的邮件列表上有 5000 个全美各地和加拿大的成员名字，还设有 30 多个地区性调度员，在地区间保持着有组织的联系。自此，此组织举办了 几次全国性的《外星恋》粉丝集会，坚持出版三种不同的月刊报道此次运动，和家长教师协会（PTA）紧密合作以宣传此电视剧的家庭向理念，并持续向电视台的负责人和电视剧制作人寄信要求延长这部短命剧集的寿命。尽管有如此密集的精力投入，且有节目制作人和演员表现出响应观众意见的信号，然而电视台既没有重新开始制作这部电视剧，也没有在电视台企业联合组织中放出播映授权。粉丝们无奈地发现，他们在改变电视剧的决策上完全无能为力。

Is your show in the top ten and in no danger of cancellation? Want to keep it that way? Use Dr. Decker's patented Reverse Psychology Method. You know that Network programming bigwigs are all scheming, conniving bastards. Well, this is your chance to enter the game and influence the men who make the decision on what millions of people will and will not watch.

"How?" You ask. Simple! Using the patented Reverse Psychology Method, write to those Network bigwigs and demand they take your favorite show off the air-cancel it immediately! Be neat, of course, write in crayon, state that you belong to a demographic group known to have almost no buying power (such as middle-aged spinning wheel repairmen), and tell them the reason you want the show off the air is because it isn't good for you or anyone else. What Network programming executive wouldn't be thrilled to find out one of their shows tuned out the people sponsers wouldn't want watching their program anyway. And everyone knows Americans spend the majority of their free time doing things that aren't good for them!

This is a letter campaign that actually works! Why try to save a show after it's hit the skids? Put your effort behind a show that is in no danger of hiatus and demand it be cancelled today!

图 1-3 一个饱受挫折的粉丝的建议：《（不是）西部媒体同人展会项目》

　　这次草根运动显示了节目观众对此投入的巨大热情，考虑到在首次放映中观众实际上相对很少，很多人甚至都没有听说过这部电视剧，因此这次运动已经可算极大的成功了。然而这些粉丝的数量仍然远不足以让收视率达到赚钱的数目，而收视率才是电视台作出决定的最终原因。更重要的是，就算观众的收视率显著提高，就算拯救《外星恋》的行动真正成为一次全国性的大运动，观众仍然很难将自己的意志加诸有线台决策者的身上。就像艾琳·米汉（Eileen Meehan，1990）所言，尽管有所谓大众选择的神话，尼尔森收视率（*Nielsen ratings*）[16]也只反映了一个取样极度狭窄的电视观众样本，一种"商品化观众"（commodity audience），可以被便利地卖给全国的广告商和电视台，但既不能反映大众品味，也不能反映知识分子精英品味。米汉对美国各有线台采取的多种收视率测评系统的历史研究显示，收视率测评系统的更换更多出于经济利益考虑，而非提高社会科学标准上的精确性。数据收集方式的变化造成表面上文化偏好的变化，其实却是因为测量方式对应的"商品化观众"的改变。根据社会科学研究的标准，这些收视率评价系统在统计学上并不理想，但是它们可以让电视台忽略群众运动，或者证实某些有争议抉择的合理性。当然，有这么个神话说，美国观众永远能得到他们想要的节目（所以大众文化如此陈腐无聊的最终责任在观众自己）；事实上美国大众只能够得到经过精心计算后能吸引"商品化观众"的节目安排，绝大部分观众的想法几乎不在考虑范围之内（参见 Streeter，1988）。

　　许多节目制作人对草根运动持认同态度，并精明地运用这些运动，作为和电视台决策层权力斗争的基础保障。但另一些人则对这些粉丝行为嗤之以鼻，认为粉丝竭力确保他们在虚构文本中的某些钟爱要素不受更改的举动侵犯了制作者的创作自由，也妨碍了他们扩大受众群的企图。《蝙蝠侠》（*Batman*）的导演蒂姆·伯顿（Tim Burton）受到《蝙蝠侠》漫画粉丝的愤怒信件攻击，指责他不该用迈克尔·基顿（Michael Keaton）扮演暗夜骑士，他回应道："这电影或许有些亵渎原著之处……但是我不可能顾及那么多……电影的预算太大，我不能只考虑

---

[16]　尼尔森收视率是由美国尼尔森公司开发的一种调查电视节目观众数量的方式。该公司刚创办时于 20 年代调查广告效率，30 年代时进入广播收听调查，50 年代时开始调查电视收视状况。

漫画粉丝的想法。"(Uricchio and Pearson，1991，p.184)威廉·夏特纳在描述《星际迷航》粉丝时也站在了类似的立场上："观众（在这部电视剧中）读出了许多本不在制作意图中的意义。《星际迷航》内的很多内容本身只是为了娱乐而作。"(Spelling, Lofficier and Lofficier，1987，p.40)夏特纳明显自认为有权评判对电视剧的意义解读，判断哪些解读是合理的，哪些是武断且谬误的。

在最极端的情况下，制作人会试图让粉丝活动完全处于他们的监控之下。卢卡斯影业(Lucasfilm)最开始企图控制《星球大战》粉丝的出版物，视其为官方赞助出版物和企业运营的粉丝机构的对手。之后卢卡斯威胁要惩治出版侵犯原电影"家庭价值"作品的编辑。官方《星球大战》粉丝俱乐部的会长莫琳·盖雷特 *31*(Maureen Garrett，1981)在圈内流传的一封信中概括了公司方的立场：

> 卢卡斯影业有限公司拥有《星球大战》角色的一切权利。而且我们必须强调禁止色情内容的原则。这代表着我们或许会禁止一切同人志创作，因为我们必须以此阻止一小部分人丑化我们引以为豪的名誉。……因为所有《星球大战》系列电影的分级都是家长指导级(Parent Guidence Suggested，PG)，所以所有相关出版物必须同样是家长指导级。卢卡斯影业不会制作X级的《星球大战》电影[17]，所以我们为什么要让人觉得我们有可能做这种事情？……这些角色并不属于你们，没有授权之下你们也不能**出版**任何关于这些角色的东西。

这一态度在同人写作群体内受到了相当激烈的反对，粉丝普遍认为卢卡斯的行为是对粉丝创作的无理干涉。有几个同人志编辑仍坚持通过"特殊友人"的地下渠道发行成人向的《星球大战》故事，尽管这些故事已经不能公开宣传和销售。同人志《SLAYSU》（出版多个宇宙观 [universe] 的同人小说，多数是女性主义

---

[17] 美国电影分级制度，由美国电影协会(Motion Picture Association of America)于1968年启动的一种自愿分级制度。家长指导级(PG)指原作中包含家长可能认为不适宜儿童观看的内容，建议家长同行指导。该分类属于较无禁忌的。X级，在《星球大战》三部曲热映的年代，指包含17岁以下儿童不允许进入观看的特别血腥或色情内容的电影，这一分级名称在1990年被NC—17(No Children under 17)取代。

倾向的情色小说）里发表过一篇热门的社论，很能代表同人作者的观点：

> 卢卡斯影业说："你们必须用男性的视角来理解享受《星球大战》这个宇宙观内的角色。在我的（男性角度）定义下，你的性相（sexuality）[18]必须是正确合理的。"我不是男人。我也不想做男人。我拒绝成为劣质的仿品，或者更悲惨地沦落为某人心目中白痴的理想女性形象。卢卡斯影业的说法归根结底就是："在《星球大战》电影里，我们看到了这些东西，而且我们告诉你们，你们也必须看到一模一样的东西。"（Siebert，1982，p.44）

C. A.希伯特的社论坚持同人作者有改动原著人物的权利，通过使用主导文化中的一些元素，生产挑战传统父权假设的地下艺术。希伯特和其他编辑否认了制作方的传统知识产权，转而强调读者对于电影内容自由使用的权利。就像另一个《星球大战》读者对这段文字做出的反馈一样：

32
> 我仍然不能接受有关虚构故事（如《星球大战》）的知识产权里包含作者或制作方有权决定读者或者观众如何解读他们故事的意义。在意义解读层面上，我认为粉丝本来就不可能从制作者那里取走任何东西……那些想要从法律上保证读者必须从作品中读到作者自己在作品中原本表达的内容和想法的作者或制作人，都不仅误解了著作权法，而且或许误解了《独立宣言》……粉丝的思想游戏和制作人风马牛不相及，粉丝之间的交流亦然，再长的交流也和制作人无关。"（Barbara Tennison，个人交流，1991）

这一冲突在几乎每个媒体粉丝圈的粉丝和制作人之间都不断地上演，有时是公开的激烈冲突，最温和的情况下也会有调解出现。尽管粉丝圈这种地下文化活

---

[18]　"sexuality"一词，本书中译作"性相"，中文中也有翻译成"性态"的，含义较复杂。在英语中是一个常用词，但在中文没有便捷的直接对译词。这个词大致含义为：性行为，发生性行为的状态以及与性相关的属性（包括性取向、性相关的思想和兴趣、性能力、社会性别、性身份等等）。讨论男性或者女性或者某个体的性相，一般同时笼统地包含如上所有方面的含义。

动有各种办法规避权威审查并绕开法律对他们活动的约束，然而一旦涉及在别人创造的虚构宇宙观基础上进行二次创作和传播，这种冲突就一直是潜藏着随时可能破坏乐趣的隐患。

所以粉丝和制作方之间的关系并非一向欢乐和谐，即使没有公开冲突，也时常会有相互猜忌。针对缺乏进入媒体决策层的渠道、在节目制作决定上缺少发言权，并且常被业内人士怒目以对的现状，粉丝仍能找到办法将媒体力量转化为自我的优势，以自己的目的使用媒体图像。"聚焦外星恋"没能使他们所爱的电视剧恢复播映，但在向制作方沟通游说的过程中，这个组织"创造了数量和质量惊人的'同人艺术'（fan art），不管是图像的、文字的还是音乐的"，由此将原作的文本扩展到其制作方完全不可预料的程度（Werkley，1989）。《星球大战》粉丝仍然在相互传递表达自我欲望和对人物幻想的色情同人作品，尽管卢卡斯的反对意见令这些作品走向了地下。

德塞杜的术语"盗猎"迫使我们意识到制作方和消费者、作者和读者之间潜在的利益冲突。它指出了"地主"和"偷猎者"之间的力量差距，但同时也承认了粉丝反抗限制他们乐趣的法律的方式，挑战规范化文化意义生产和传播的方式。并且，常被忽略的是，德塞杜所谓"盗猎"，并未轻易确定双方的胜负。粉丝必 *33* 须积极同他们所借用的原材料中强加给他们的意义做斗争，他们只能在极为不平等的地势上遭遇对手。

阅读与误读

这里我必须首先澄清几个问题。首先，德塞杜的"盗猎"概念是文字挪用的理论，而不是关于"误读"（misreading）的理论。"误读"一词本身存在价值判断，保留了传统的将作者权威意义凌驾于读者理解之上的等级差别。"误读"的概念同时也暗示我们：存在着正确、规范的阅读策略（即学术圈里教授的那些）；采用这种阅读策略，就能够得到合法的意义。而同时也有不规范的阅读策略（即流行的阅读方式）；就算在再理想的状况下，产生的质量也是远逊于合法意义的。最后，"误读"的概念暗示着学者是裁定文本意义的最终权威，而流行阅读者不是；暗示学术上的解读更"客观"，能够超越影响我们解读文本的具体历史和社会背景。（这个问题一直存在。比如在大卫·莫利 [David Morley] 的英国广播公司 [BBC] 新闻节目《全国大事》[*Nationwide*] 相关的研究中 [1980]，他建立了学术理解和大众阅读对立的模型，以理解数组流行阅读者在理解上的偏移。）在德塞杜的模型中，他对文本意义的本质持不可知论（agnostic）态度，认为文本意义允许在各种激烈冲突竞争的阅读方式中获得证实。德塞杜的模型并非必然拒绝作者赋予的意义或者学术的解读策略；这些阅读视角存在自己的乐趣和收获，这一点不容忽视。德塞杜模型中的阅读方式包含更广泛的可能性，在流行文本的阅读中同时允许几种大致平等的意义解读和乐趣寻求方式，可以简单地包括作者为导向的学术界主流目标和策略。它仅仅质疑了指定唯一可行意义而忽视其余可能性的体制权力而已。

　　第二，德塞杜的"盗猎"概念和斯图尔特·霍尔（Stuart Hall）更加著名的"编码和解码"（Encoding and Decoding）模型（1980）存在重要区别。首先，就其现有应用而言，霍尔的模型中存在主导、协商以及对立（dominant, negotiated and oppositional）的阅读方式，暗示着每个读者在阅读文本的过程中都具有稳定且单一的阅读立场，而非因为社会型构中复杂矛盾的位置的本质，同时对多重话语可能性（discursive competency）都有了解接触。霍尔的模型，至少在其应用中，暗示流行意义是固定且可分类的，而德塞杜的"盗猎"模型强调了意义生产的过程和流行解读的流动多变性。粉丝将自己解读的意义推至制作者所强调的意义之上，并不意味着粉丝所生产的意义永远站在反抗地位上，也不意味着他们的意义生产孤立于其他社会因素。粉丝从所有可供选择的文本中挑选出了这些媒体产品，恰恰因为它们拥有表达粉丝已有社会志趣和文化兴趣的可能性。文本本身的意识形态构建和粉丝的意识形态期许必然有其相合之处，于是粉丝创造的意义和对原文本的正统评论分析所指出的意义必然存在某种程度的统一性。一个《侠胆雄狮》粉丝的话可以代表很多粉丝希望在喜爱的节目中找到的关系："这就像是有人扫描了我们的意识，搜索了我们的内心，然后给我们展现他所找到的东西。"（Elaine Landman，《侠胆雄狮的经历》，无日期的粉丝宣传单）然而正如我将在第四章中述及，《侠胆雄狮》的粉丝和制作者之间的关系经历了从和谐到紧张的变化过程，粉丝对电视剧剧情益发不满，最终很多人完全拒绝后续情节，转而寻求自我决定故事后续的权利。

这一情形显然警示我们不能固守这种在文化研究领域内司空见惯的绝对斗争模式。读者们并非**永远**是反抗者，反抗权威的阅读方式并**不一定**是进步的，而"人民"并**不一定**会发现他们处于被异化与被压制的状态。就像斯图尔特·霍尔（1981）所言，流行文化"既不是彻底腐化的也不是彻底原生态的"，而是"从最深处开始就矛盾重重"，这种矛盾体现在"无法避免的潜移默化与反抗的双向运动"（p.228）。霍尔同时还认为：与此类似，流行文化的接受同样"充满着尖锐对立的因素——进步的因素和出土文物般的陈腐因素"。依照这些论断，我们的世界并非由主导、协商和对立地位的读者所组成，而是充满着一个个不断考量审核自己与虚构文本间关系的读者个体，他们并无先决立场，而是通过直接利益决定读解方式。

事实上，流行文本中所产生的模棱两可的意义正对应了主导意识形态内部的断裂带，而流行观众正试图在商品化流行文本的缝隙和边缘处建立自己的文化，这恰好体现了粉丝的利益和兴趣，以及他们落入文化研究视野内的文本的意义所在。这里我只举出一个例子：林恩·斯皮格尔和亨利·詹金斯（1991）采访了一群三十多岁的人，询问他们童年时在电视上观看《蝙蝠侠》的记忆。我们的研究旨在探索此回忆在他们自我身份的构建过程中所起的作用，而非记录重构当时的观影情景。我们收集的回忆录不能即刻归类于某个纯粹的意识形态范畴，而是表达了对童年和儿童文化的复杂矛盾的态度。我们首先必须指出《蝙蝠侠》能唤起很多人童年经历的回忆，也立刻让人想到 60 年代流行文化的丰富文本间网络（intertextual network）。同时，《蝙蝠侠》也为批判当代政治冷漠和犬儒主义提供了进步的平台，并提醒我们，曾经有过这样一个历史时期，社会问题更加清晰，矛盾斗争也更加激烈。参与者的回忆同时也集中在当年反抗成人权威、坚持自我文化选择权的经历上。对女性粉丝而言，猫女讨论女性赋权（empowerment）的重要途径，不仅反抗男权社会的限制，同时也反抗"做一个乖乖女"的社会要求。但是回忆《蝙蝠侠》也引发了反动性的回应——一种监管当代儿童文化、规范流行文化趣味的倾向。这些成人不再怀念儿童时代的叛逆，转而开始用 60 年代的电视剧作为标尺，鼓吹这种相对天真纯洁的娱乐方式。同一个人可以在短短一段对话中在进步和反动两种思维模式之间即时切换，一边赞许自己在童年的反叛行为，一边又宣称需要规范当今儿童的反抗行为。对这部电视剧的复杂回应表现了流行文化语境中流通的对童年的矛盾概念，也以一个有趣的方式映照出当初这部电视剧放映时有关它的种种争议。

正如这次研究所展现的，就具体文化接受、文化挪用以及流行文化中的乐趣这些问题，我们必须谨慎对待个例的特殊性，包括特殊历史语境，具体的社会和文化环境。因为这都是活生生的生活经验里的细节问题，而不是展现文化霸权斗争理论的抽象化表达。因此，本书是由具体的案例研究连缀而成的，目的是记录在具体社会和历史条件下对媒体的特殊应用，而不是可以即刻去除所有具体细节抽象为普适理论观点的研究。我已经在本章里奠定了一些有关粉丝文化的基本概念及其与主导媒体的关系，在以下的章节中，我将以实例说明上述概念，展现粉丝文化和具体历史社会背景互动的关系，并研究一些复杂意义的调解过程，而正是这一过程最终定义了这个文化群体与其所爱文本的关系。

游猎的读者

德塞杜为我们提供了另一种对粉丝文化的洞见：读者并不仅仅是盗猎者；他们还是"游猎者"，永远在运动中，并非固定地"在这里或者那里"，并不受永久性私有制的限制，而是不断向另一种文本移动，利用新的原材料，制造新的意义（p.174）。运用德塞杜的理论，詹妮斯·拉德威（1988）批评了学术界将观众视作被特定文本或文类限制和构建的认识倾向。在她看来，读者是"自由飘移"的主体（agents），会"从过去文化产品中数不胜数的碎片拣选重组为新的叙述、故事、对象和行为"（p.363）。她承认落实到具体个例的研究方法不仅具有方法论上的优势，而且是为体制要求所迫，但是拉德威认为这种恨不能将观众用警戒线圈起来进行研究的方式是不合适的，将一种特定的读者－文本关系从更大的文化语境中割裂出来不值得提倡。她更提倡研究"不断变化流动的主体在意识形态碎片、话语和行为的交互关系间熔炼而成的多重具体联系"（p.365）。

学术语境和流行文化语境给粉丝贴的标签都将他们和某特定节目或者明星

直接联系起来："迷航粉""野兽女孩""死头"[19]。这种联系虽然并非谬误，但具有极大误导性。媒体粉丝文化，就像其他流行阅读行为一样，并不该理解成对某部电视剧或文类的排他性爱好，相反的是，媒体粉丝乐在大范围内的媒体文本之间建立联系。前文所述的《星际迷航》女性粉丝对这部电视剧的理解绝不仅限于其本身，而是建立在它与同时期及之后流传的其他文本间相互关系上的，如《迷失太空》，或者美国国家航空航天局（NASA）在电视上播放的原始素材或者厄休拉·勒奎恩（Ursula LeGuin）、乔安娜·拉斯（Joanna Russ）、玛丽恩·季默·布拉德利（Marion Zimmer Bradley）等人的女性主义科幻小说。而且，粉丝在圈子内的活动也往往超越对某特定文本的兴趣，扩展到整个文类中的许多其他作品：其他科幻文学，其他有关男性人物间羁绊的故事，其他有关外来人士融入社群的故事。斯皮格尔和我在进行采访的时候，也发现《蝙蝠侠》的粉丝不会将自己的兴趣局限于一部电视剧，相反，会不断地将自己所爱嵌入更大的文本间网络，将猫女的故事和其他作品中的人物，如《复仇者》里的艾玛·皮尔（Emma Peel）或者《秘密女特工》（*Girl from UNCLE*）里的人物，或者将这部电视剧中波普艺术的风格和《疯狂》或《来笑吧》（*Lauph In*）作比较。就像其他流行文化的消费者一样，粉丝喜爱文本间阅读不亚于阅读文本自身，将某个所爱的电视剧和其他文化材料的文本并置正是他们的乐趣所在。

　　我的办公室墙上悬挂着一幅同人画家吉恩·克鲁格（Jean Kluge）的画——一幅拉斐尔前派风格拼贴画作，画中人物全部是《星际迷航：下一代》（*Star Trek: The Next Generation*）的人物：让－吕克·皮卡德（Jean-Luc Picard）坐在王座上沉思，让人直接联想到传统艺术中的亚瑟王形象；贝弗莉·柯洛夏（Beverly Crusher），她长长的红发飘扬着，处于传统上桂妮薇尔王后的位置；在画面正中，是达塔（Data）和雅尔（Yar），穿戴着骑士的铠甲，马蹄奋进奔向战场。对于这幅多少有点格格不入地混合了当代科幻电视剧和中世纪骑士罗曼史的画，来到我位于文学系的办公室里的人往往会花很长时间才意识到其全部意义。这正说明了《星际迷航》以及其他同人文本在广泛的文化爱好中是如何自处的，并显示出一系列不同的解读方式。这

---

[19] "野兽女孩"（Beastie Girls）指的是电视剧《侠胆雄狮》的女性粉丝，而"死头"（Deadhead）则指的是美国摇滚乐队"感恩而死"（Grateful Dead）的粉丝。

幅画可以和电视剧联系起来观看，让我们想到全息甲板（holodeck）那段情节中同样诡谲的时空错置，皮卡德扮演硬汉侦探，而达塔演出《亨利五世》的台词或者罗宋汤地带喜剧（Borscht Belt comedy）[20]，或者在一个船员的丰富幻想中，人物们如火枪手一般横冲直撞。实际上克鲁格这幅《征程》正是描绘《星际迷航》人物角色扮演的"全息甲板幻想"系列中的一部分。画面中的两组人物组合的爱情关系（皮卡德和柯洛夏，雅尔和达塔）在电视剧里只在支线剧情中非常隐约地暗示过，但在粉丝圈里是一个热点话题。这幅图中的解读方式在原文文本中可以得到验证，但同时，它通过选择性地利用原节目的内容来实现粉丝圈的特殊兴趣。反讽的地方在于，《星际迷航》的发言人最近在同人展上试图否认达塔是个有感情的人物，也否认皮卡德和柯洛夏曾经有过一段感情。但粉丝则完全拒绝这种意见，认为这和他们理解中的人物形象以及故事情节连贯性完全不符。

　　这幅图也让我们从跨文类的角度审视《星际迷航》这一文本，用长久以来探险故事的传统来阅读人物以及故事中的情境；从粉丝角度对亚瑟王传说进行的流行性重述也形成了特定的文类期待，同样构成了这一审视的背景，比如玛丽恩·季默·布拉德利的《阿瓦隆迷雾》（*Mists of Avalon*, 1983），玛丽·斯图尔特（Mary Stewart）的《水晶洞穴》（*The Crystal Cave*, 1970），T. H. 怀特（T. H. White）的《过去和未来的王》（*The Once and Future King*, 1939）或者约翰·保曼（John Boormann）的《黑暗时代》（*Excalibur*）。如此解读正确地指出了"太空歌剧"（space opera）之类的科幻套路与古老的圣杯追寻传说和英雄史诗之间的紧密联系。

　　这一图画也可以从文本外信息的角度进行阅读，例如《星际迷航》演员帕特里克·斯图尔特（Patrick Stewart）有做莎士比亚剧演员的经历，还在剑与魔法相关历险故事中扮演过角色，如《黑暗时代》《驯兽师》（*Beast Master*）和《沙丘》（*Dune*）。粉丝常会追踪所爱演员的演艺史，他们不仅会将自己所追剧目的新剧集

---

[20]　"罗宋汤地带喜剧"，罗宋汤地带是纽约州卡兹奇山一带几个郡的统称。这一地区是20世纪20到70年代纽约犹太裔市民的度假胜地之一，如今已经废弃。之所以起名叫"罗宋汤地带"，是因为该地区来自东欧和俄罗斯的犹太移民特别多，而罗宋汤是东欧和俄罗斯的传统美食之一。这个语汇的构词方式是戏仿美国的"圣经地带"（Bible Belt），即美国南部地理上连成一片的笃信基督教的州。20世纪早期该地区就有室内室外的幽默表演，这里的犹太人表演风格语速极快，且多有自嘲型幽默。

加入录像带收藏，也会加入所爱演员的其他剧目。这些由演员关联起来的其他剧目会在原文本的关注范围之外增添许多新的文类传统，包括高雅文化的因素。

粉丝读者也可以从亚文化角度来解读这幅画。同人写作有将角色置于平行宇宙（alternate universe 或简称 AU）中写作的传统，这些平行宇宙可能是历史背景、奇幻背景，或者是其他媒体流行文本创造的世界，让几部不同电视剧中的人物在同一个故事中互动。

最后，粉丝读者也能从克鲁格这个艺术家的创作历史来解读这幅画。克鲁格的画作常将媒体流行文化和历史传说并置，并涉猎不止她自己热爱的《星际迷航》，还有其他流行电视剧文本（如《布雷克七人组》《侠胆雄狮》《异形帝国》[*Alien Nation*] 等等）。

可见，这幅画所指涉的是一个巨大的文本间网络，而这幅画的意义解读必须在此背景下展开。这一网络不仅将原电视剧和其他商业作品联系起来，同时也联系着粉丝群体的文化传统。而《星际迷航》的粉丝进行相关文化活动都可以随意地在这个网络中取材。并非所有粉丝都能在品读这幅画作的同时立刻做出所有相应的联系解读，但是多数粉丝都能在非单一的阐释语境下解读此画。如果仅仅将它视作《星际迷航》单一文本领域之内的粉丝同人作品，则必将导致我们对多重阐释的可能性视而不见，而这些阐释可能性则正是粉丝解读克鲁格画作的乐趣核心所在。

如果我们将粉丝视作文化上的游猎民族，就可能把学者带回英国文化研究传统中最早的一些著作。如斯图尔特·霍尔和托尼·杰弗逊（Tony Jefferson）的《仪式反抗》（*Resistance through Rituals*，1976）和迪克·赫伯迪格（Dick Hebdidge）的《亚文化：风格的意义》（*Subculture: The Meaning of Style*，1979）中所言，英国的年轻人不仅通过与特定音乐文本的关系建立另类文化（alternative culture），而且也会通过重新利用主流文化中的物品并在迥异的文化背景中赋予其完全不同的意义来构建另类。霍尔和杰弗逊汇集的文章中详细记录了被赋予象征意义的主流文化物品，包括服装、外形、语言、礼节性场面、交流方式、音乐等，是如何构成一个整体象征系统，以用于反映、表达和共鸣群体生活的。通过研究朋克文化的风格化拼贴，赫伯迪格认为，被挪用的符号，如卍字和安全别针等，其意义不在其本身固有含义，而在于其表达反抗主流文化这一使用逻辑。

　　女性主义作者如安吉拉·麦克罗比（Angela McRobbie，1980，1976），多萝西·霍布森（Dorothy Hobson，1982，1989），夏洛特·布伦斯顿（Charlotte Brunsdon，1981）和米卡·娜瓦（Mica Nava，1981）对这些早期研究提出过批评。因为这些早期研究忽略了青少年亚文化中的厌女症（misogyny）特质，并且他们对流行文化的研究集中于男性化的公共领域，而非女性文化经验首选的家庭领域。但这些女性作者自己的研究仍集中于亚文化对主流文化的挪用上。她们的研究强调女性通过联系一系列媒体文本定义自我身份的方式。例如，麦克罗比的《舞蹈与社会幻想》（"Dance and Social Fantasy"，1984）一文中，分析了跳舞在年轻女性生活中所占据的重要地位。文中所分析的文化案例从一本关于安娜·巴甫洛娃（Anna Pavlova）的儿童故事到《名扬四海》（Fame）和《闪舞》（Flashdance）之类的电影，到时尚杂志，遍及各种媒体文本。就像赫伯迪格一样，麦克罗比对单一文本并无太大兴趣；她所关注的是这些文本嵌入消费者整体社会经验的方式，在工作中谈论和家中消费的方式，并关注它们如何为社会行为和个人身份提供范本。

　　这些英国女性主义作者为最近的年轻一辈欧美女性主义学者研究媒体文本在女性文化经验中的地位提供了有用的样本。（若想了解这些方面的研究，可参考下列著作：Long，1989；Rotman，Christian-Smith and Ellsworth，1988；Schwictenberg，1989；女性研究组，1978。）举例而言，丽莎·刘易斯（1987）参考麦克罗比的研究，对她笔下的"消费女孩文化"（consumer girl culture）进行了深入探讨，将商场视作一种独特的女性空间。刘易斯认为辛迪·劳帕（Cyndi Lauper）和麦当娜（Madonna）等"女性认同"的歌曲音乐视频和"消费女孩文化"的许多关注存在必然的联系。她认为青春期少女在进入男性主导社会时，这些流行乐坛的明星为她们自由表达快感提供了富于象征意义的参考材料。这些年轻女孩反过来将这些象征性的参考材料改编并织入她们的日常生活中，模仿明星特立独行的风格，在墙壁上张贴明星的图像。从MTV中挪用的图像和从消费文化中取材的其他图像结合起来，成为女性粉丝们交流她们作为年轻女性的社会经验共识的基础。

　　我在此书中也沿用了相同的传统，将媒体粉丝圈视作一种话语逻辑（discursive logic），将横跨多种文本和文类边界的兴趣紧密结合起来。虽然有些粉丝坚持只追捧某部电视剧或者某个明星，但是更多的粉丝只是把一部电视剧当作进入更广义的粉丝圈的起点，连接起多种电视节目、电影、书籍、漫画和其他流行文本构成的文本间网络。粉丝时常发现若不能在更宽广的网络中征引和类比，谈论某部特定的电视节目便困难重重；粉丝在粉丝圈内长期经营后也会由某部电视剧的圈子流动到另一个圈子。就像资深同人编辑苏珊·M. 盖雷特（Susan M. Garrett）所言："多数的粉丝绝不会只在一个粉丝圈内耗尽热情后就消失……事实上，我发现初次因某部电视剧进入粉丝圈之后，粉丝一般会尾随他人进入许多不同的粉丝圈，而非独自在电视剧上随机撞运气。"（私人谈话，1991 年 7 月）据盖雷特描述，粉丝将越来越多的电视节目收入自己的狩猎范围，只为了能和趣味相投的朋友更好地交流："就是说，如果她喜欢我喜欢的东西，而且她一般喜欢的电视剧都不错，那么我觉得我也会喜欢这部新剧吧。"（私人谈话，1991 年 7 月）如果我们只将注意力投注在某一部媒体作品，比如《星际迷航》或是《物质女孩》上，就意味着我们失去了对更大的文化背景的全景观照。单一媒体作品材料都是在这个更大的背景中对粉丝个人生活产生影响的。

整体爱好接近但特定爱好有区别的粉丝之间存在微妙的紧张同盟，因为尽管志趣有异，粉丝都对媒体内容有兴趣，这就提供了联盟和谈论的基础。在西部媒体同人展（每年在密歇根州兰辛市举办的重要的媒体同人展）的专题座谈小组（panel）上，来自不同粉丝圈的讲演者会针对一个较大的共同话题发表报告，这些话题包括"罗曼史连续剧""伪装的浪漫主角""绿林好汉""哈里森·福特及其饰演角色"等。信件同人志 [21] 如《群连锁》（Comlink）等，专门发表粉丝来信，而电脑网络上的兴趣小组，如"Rec.Arts.TV"，也提供参与者之间的电子邮件对话，这些对谈都将粉丝对话和争论范围大为扩展。也有大量的综合同人志（genzine，针对较宽泛的粉丝兴趣的业余出版物，并不局限于讨论某个特定的电视节目或者明星），如《音速起子》（The Sonic Screwdriver）、《重播》（Rerun）、《除了……厨房下水道以外的所有》（Everything But... The Kitchen Sink）、《黄金时间》（Primetime）或者《你之所爱》（What You Fancy），反映了特别的混合粉丝品味，通常来自杂志编辑所代表的不同粉丝圈的相互碰撞。这些出版物的出发点不在于某部电视剧，而是一系列不同但稍有关联的文本。《炉畔传说》（Fireside Tales）

41

---

[21] 原词为 letterzine，指一种同人出版物，不同于普通的同人志的多元化内容，编辑们只是将粉丝关于某个媒体作品的来信汇总起来编成同人志印刷，也就是一种由信件构成的同人志。

42

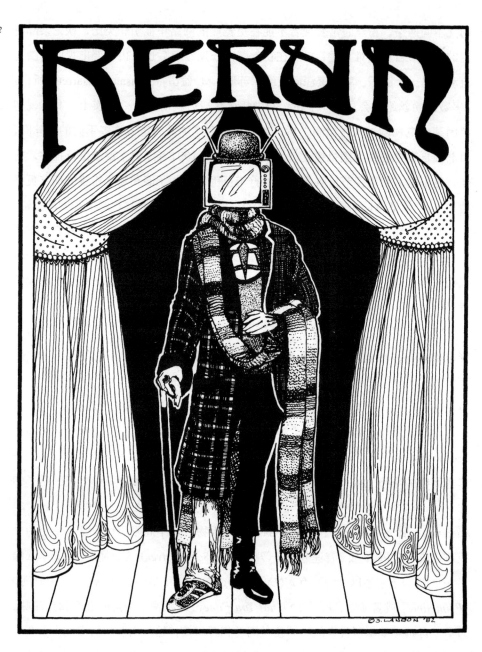

图 1-4　西格尼・兰登・丹勒《重播》。这本多媒体作品同人志的封面借用了不少电视剧的象征形象
（iconography），包括神秘博士的围巾，巴拿巴斯・柯林斯的手杖和戒指，约翰・史蒂德的帽子，还
有詹姆斯・柯克的裤子。

DO YOU :

Have the urge to wear a 17-foot scarf?
Desire to be known as 'Madam President?'
Find it "Elementary, my dear Watson?"
Are you continually looking toward
 the sky for 'unwelcomed' visitors?

OR

Do you just want to visit "Fawlty Towers?" or
Join CI-5 to become a true 'Professional?'
Then you need search no further!
Set your time/space/relative dimention coordinates

FOR:

Anglofans Unlimited

(A British Media/Doctor Who/Blake's 7, etc. club)

Begun by a merry troup of loonies and ex-Federation convicts in February of 1987. Our boundries encompass the entire colonies of Britain (U.S., Canada & Australia). Among the benifits we offer are:

- A bi-monthly newsletter, "PLAIN ENGLISH," filled with club news, articles, fanzine reviews, convention reports, trivia and more.

- Round Robins--a way to make friends while participating in lively discussions about your favorite subjects.

- A Writing Department for those interested in creating fan fiction.

- Meetings for local members.

- And much, much more!

THE **PROFESSIONALS**

图 1-5 游猎式盗猎：无限英伦粉丝俱乐部（英国媒体 / 神秘博士 / 布雷克七人组等等的俱乐部）

"囊括了警匪剧、间谍片和侦探剧"，刊登有《神探亨特》(*Hunter*)、《我是间谍》(*I Spy*)、《阿德利》(*Adderly*)、《激流》(*Riptide*) 和《邓普西和梅克皮斯》(*Dempsey and Makepeace*) 等不同电视剧的同人连载，《卧底》(*Undercover*) 关注的是相同文本，但带有同性情爱因素。《漫游》(*Walkabout*) 中的同人故事是以梅尔·吉布森 (Mel Gibson) 所饰演的角色为中心，包括他在《致命武器》(*Lethal Weapon*)、《危险年代》(*Year of Living Dangerously*)、《提姆爱我》(*Tim*)、《破晓时刻》(*Tequila Sunrise*) 和《冲锋飞车队》(*The Road Warrior*) 中扮演的人物。《凋谢的玫瑰》(*Faded Roses*) 则以《侠胆雄狮》《歌剧院魅影》(*Phantom of the Opera*) 和《莫扎特传》(*Amadeus*) 三部貌似毫无联系但却是"三大史上最浪漫的故事体系"的作品为中心的。《动画志》(*Animazine*) 以儿童动画为核心，《暂时的时间》(*The Temporal Times*) 则以时空旅行主题的电视剧为中心，《卡奈尔档案》(*The Cannell Files*) 以某个特定的制作人所作电视剧为主，《星期二之夜》(*Tuesday Night*) 则着重关注两部在 NBC 周二晚上播映的电视剧（《斯蒂尔传奇》[*Remington Steele*] 和《激流》），《夜巡》(*Nightbeat*) 的关注重点是任何主要情节发生在夜晚的故事，"从吸血鬼到侦探无所不可"。

这张粉丝协会的宣传单很好地表达了上述文化合作的逻辑：

44　　你是不是：

有冲动想围一条 17 英尺长的围巾？

想被叫做"总统女士"？

觉得"太基本了，我亲爱的华生"？

你是不是一直在朝天上看，寻找"不受欢迎的"访客？

或者

你是不是只想去一趟弗尔蒂旅馆？或者加入 CI-5 成为真正的"职业人士"？

那么你就不需要再寻找下去了！

把你的时间 / 空间 / 相对位置坐标轴设定好，

来

无限英伦粉丝俱乐部吧！

（英国媒体 / 神秘博士 / 布雷克七人组等等的俱乐部）

　　这个俱乐部的成员并不简单地对某一特定剧集有强烈兴趣，他们的兴趣来自更广阔的文化兴趣体系和对整体的媒体文化的亲近感。在此俱乐部的描述中出现的"等等"二字反映了这个群体成员不断变化的兴趣和"无限的"对新文本的接纳程度。

盗猎者保有什么？

　　如果说我认为德塞杜的"文本盗猎"和"游猎式阅读"概念对我思考媒体消费和粉丝文化非常有用的话，我还必须指出我的立场与他仍有区别。此处我只详细说明一点，其他区别会在接下来的论述中自然浮现。德塞杜在作者和读者之间划分了一道明显的界线："写作会积攒、会累积，通过建立地域而抗拒时间，通过再生产的扩大化增加生产。阅读则对时间的侵蚀毫无抵抗力（一个人沉湎其中忘记自我时也会遗忘外界），它不能保留任何它所获得的东西，或者说保留得十分拙劣。"（p.174）在德塞杜的讨论中，写作具有实体性和永恒性，读者的盗猎文化在这几点上无法与之抗衡。因为读者永远流荡在各地之间，他们的意义生产过程只能在旅途中草就，是暂时的，转瞬即逝的。读者的意义生产都源于即时反馈，一旦不再有用便被抛诸脑后。德塞杜清楚地区分了战略和战术：占据强势地位的人拥有战略，具有被严格界定为属于文字"地主"的财产和权威，而失去土地没有权力的流动群体则具备战术，因为缺乏稳定性而富于运动速度和流动性。德塞杜认为，阅读行为在战术上的长处和战略上的短处，体现在它无法形成稳固而持久的文化基础。读者不能获得资源，也就放弃了站在权威位置进行战斗的基础，却也因此取得了一直能够在游击状态下活动的优势。战术永远不可能完全压倒战略，但是战略家永远不可能从根本上制止战术家的下一次袭击。

　　这一理论在广义上可以用于流行阅读中的瞬时意义生产过程，但是对于具体的媒体粉丝圈现象，有两点不符之处。第一，德塞杜将读者描述为彼此彻底孤立的存在，"盗猎"原始文本的意义只服务于每个读者自身的兴趣和利益，而"盗猎"行为产生的结果也只涉及非常有限的智力投资。这些意义生产只在于瞬间，一旦无用便可立即弃诸脑后。粉丝阅读则是一个社会过程，其中独立个体的阐释通过与其他读者持续互动而逐渐成形并加强。如此对话交流将文本初始的消费经验大大拓展。如此生产出的意义就和读者的生活紧密结合，并本质上区别于短暂偶遇一个不出色也未受注意的文本所生成的意义。对于粉丝来说，这些"盗猎"来的意义为未来遭遇、理解和使用虚构性文本打下了基础。

第二，对于粉丝圈来说，并不存在读者和作者之间的明显界限。粉丝并非仅消费业已创造出来的故事，他们会创造自己的同人志作品和小说、同人画、歌曲、视频、表演等等。用一个同人作者吉恩·罗拉的话来说（Jean Lorrah，1984）："迷航粉丝圈……是朋友、信件、工艺品、同人本、八卦消息、角色扮演服装、画作、同人歌曲、徽章、电影剪辑片断、同人展会——所有为这部电视剧倾倒的大家共享的东西，衍生出世界文化的一部分，远远超出了电视和电影的实体化表现。"（无页码）在罗拉的描述中，生产者和消费者、观众和参与者、商业制品和手工制品，所有这些本应明显的界限都模糊了，如此形成的粉丝圈成为扩散于整个地球的文化和社会网络。粉丝圈在这里成了一种参与式文化，将媒体消费变成了新文本的生产，或者毋宁说是新文化和新社群的生产。

46

霍华德·贝克（Howard Becker，1982）采用了"艺术世界"（Art World）一语，来描述艺术生产、发行、消费、阐释和评价机构构成的"由合作联系构成的健全网络"（p.34），"艺术世界生产艺术作品并且赋予其审美价值"（p.39）。"艺术世界"作为一个可衍生使用的语汇，可以扩展开指涉审美标准、文类套路，专业训练和声誉建立系统，艺术品的传播、展览、销售以及评价系统。在某种意义上说来，粉丝圈是大众媒体艺术世界的重要组成部分，正如贝克在他的体系中将"严肃观众"与交响乐、芭蕾舞或者画廊并置。贝克指出，"严肃观众"不仅构成支撑艺术创作的坚实基础，还同时充当未来艺术改变和发展的裁决者。他们关于艺术的知识和他们对艺术的热情保证了他们"可以在艺术品的生产过程中更加充分地与艺术家合作"（p.48）。从历史上看，科幻粉丝圈可以上溯到雨果·根斯巴克（Hugo Gernsbeck）的《惊异故事》（*Amazing Stories*）的信件专栏。这是一个粉丝之间以及粉丝与作者之间互相交流、讨论已出版故事的公共平台。批评家指出，作者、编辑和粉丝之间的丰富互动使得科幻小说在20世纪30年代和40年代成为一种极独特的文类（Ross，1991；Del Rey，1979；Warner，1969；Moskowitz，1954；Carter，1977）。因为根斯巴克和其他编辑将所有来信的地址都登在杂志上，粉丝们也就因此可以互相联系，一小部分人数少但热情尤其高的忠实科幻读者就形成了一个群体。在根斯巴克和其他流行杂志编辑的鼓励赞许下，粉丝们组成了各种地区性的俱乐部，并在之后举办了区域性的科幻同人展，以便他们交流关于他们最爱的文类的各种想法。到 1939 年，这个粉丝圈已经扩展到极大规模，使他们第一次有野心举办了世界性的科幻大会。这一传统一直延续到了现在。

所以，科幻粉丝圈从起点开始，就一直与职业科幻小说写作群体保持着紧密联系，并为已发表的文字提供充满智慧的读者批评。同人展会在推广新发行的漫画、长篇小说和新媒体作品上起到了核心作用。这些同人展会为作者和制作人提供了和读者直接对话交流的空间，因此也能更准确地把握读者预期。粉丝奖项，比如每届世界科幻大会颁发的雨果奖，在提升新作者知名度和肯定嘉奖成名作者方面起到了极重要的作用。同人出版也为职业作者和编辑提供了重要且友好的训练基地，使这些未来的职业从业人员可以在进入商业市场前在此训练自己的技术、风格、主题，以及最重要的自信。玛丽恩·季默·布拉德利（1985）指出，粉丝圈在女性科幻作家的成长过程中起着尤其重要的作用，因为当时科幻文学界仍然是男性主导，作品也以男性读者为导向，她认为粉丝的同人志为女性作者提供了鼓励支持的环境，她们也可以在此建立并锻炼自己的技术。

媒体粉丝圈自身也能独立构成独特的艺术世界，一个远离媒体制作者直接控制的自我运转的世界。它更倾向于粉丝同人文本的写作，而非已有文本的消费。科幻同人展会一方面为媒体作品提供了商业周边贩卖的市场，一个职业作家、插画家和演艺人员自我展示的平台，但同时另一方面也为粉丝基于商业媒体作品制作的同人艺术产品提供了市场，和同人艺术家自我展示的平台。同人画作在此拍卖，同人志在此销售，同人演出在此登台献艺，同人视频在此放映，而出色的成就会得到奖赏和鼓励。半职业的公司也逐渐出现，服务于同人产品（歌曲磁带、同人本等）的生产和发行以及印刷。给同人艺术提供技术支持和评价的指南性读物也开始出现，如有关同人音乐的《APA– 同音》（*APA-Filk*）[22]，同人绘画的《艺

47

---

[22] APA 是"业余出版协会"（Amateur Press Association）的首字母缩写。此处特指一种同人志发表形式，指所有参与者将信寄到同一个人那里，由那个人统一集结复印再寄还给所有参与者。这类同人志对参与者发言数量有最低要求，因此参与者人数一般不会太多。

术论坛》(*Art Forum*)，同人写作的《迷航连锁》(*Treklink*) 和《双倍速》(*On the Double*) 等等，还有宣传销售同人作品的读物如《数据志》(*Datazine*)。同人展会的专题座谈小组也会讨论同人本印刷、美术材料或者服装设计等内容，针对的是作为同人艺术创作者的粉丝而非作为纯消费者的粉丝。例如西部媒体同人展，就以其纯粉丝运营、纯粉丝中心、无名人嘉宾到场和嘉宾节目而著名。它的展会活动内容包括同人视频播映、同人本阅览室、著名同人艺术家专题研讨会等，重点支持同人文化的萌芽发展。这些机构就是粉丝文化自给自足的基本建设结构。

从 20 世纪 60 年代《星际迷航》刚刚开始掀起热潮的时候，媒体粉丝圈与文本的制作者之间的距离就比传统上的科幻文学粉丝圈要远得多。如果说科幻文学粉丝，尤其在其早期发展阶段，是科幻文学书本潜在消费者中不可忽略的一部分的话，活跃的媒体粉丝在能支撑起一部电视剧或者一部大制作电影所需的受众中所占比例几乎无足轻重。媒体制作者和明星因此忽视有组织的粉丝圈，并不视其为有效的反馈来源，而顶多是一些特殊周边产品的边缘市场。相比早期与科幻作家及编辑有紧密互动的科幻文学粉丝，排在媒体明星前长长的等待签名的队伍大大拉远了制作人和粉丝之间的距离。

女性粉丝占主流、女性气息也更强的媒体粉丝圈强烈区别于传统的男性主导的科幻文学粉丝群体，确实地呈现出一种历史断裂。女性观众于 60 年代开始大量地关注科幻这个文类，并立刻发现男性粉丝和男性作者之间紧密的关系阻碍了女性粉丝的进入，而这一粉丝圈的传统固执地拒绝变型和重组。媒体粉丝圈形成的部分原因正是努力建立对女性更加友好的粉丝文化。在此粉丝圈中，女性粉丝便可以不受男性粉丝天长日久建立起的权力制约，自由地做出自己的贡献。为了圈子中这一氛围的形成，也就必须付出和作者以及编辑的紧密合作关系这一代价。在早期美国《布雷克七人组》粉丝圈中还存留有这种紧密合作关系，而经证实此类关系必然是短命的，因为太多的体制压力会将媒体从业者与粉丝隔绝开来。

并且，由于知识产权法禁止媒体粉丝同人作品的商业流通（真正进入媒体职业写作行业的粉丝数量非常稀少，尽管其人数在日益增加），所以同人艺术家进入主流专业媒体艺术世界的机会非常受限，因此他们不将粉丝圈简单视作训练场，而是视之为持续的创造力的释放出口。（越来越多的媒体粉丝开始"职业化"，为

《星际迷航》写作官方小说[23]，为商业出版出力，变成职业科幻小说家，或者为电视节目撰写剧本。这一事实为很多现在的同人作家提供了榜样和激励。但是，我认为媒体粉丝文化的同人产品已经远远超过了其作为专业出版训练场的功能。）有些同人本的故事和小说，比如吉恩·罗拉、杰奎琳·利希滕贝格（Jacqueline Lichtenberg）、莱斯利·费什（Leslie Fish）和亚丽克西斯·费根·布莱克（Alexis Fagin Black）的作品自 60 年代末首次印刷以来就一直在重印，二手印刷物和字迹黯淡的复印版也在圈内不断转手。广受尊崇的著名同人画手，例如吉恩·克鲁格、凯伦·里弗（Karen River）、苏珊·洛维特（Suzan Lovett）和芭芭拉·菲斯特－利尔茨（Barbara Fister-Liltz）在一次同人展会上的拍卖就能有几百美元的进项。粉丝圈内很大一部分人在整个成年时段的大部分时间都是活跃的粉丝，很多人的孩子们现在也是活跃的粉丝（有些人恐怕已经有孙辈在粉丝圈活动了）。

　　媒体粉丝圈现在所有的信号都指向一个结论：粉丝圈极可能成为一个持久的文化现象。它已经存在并发展壮大了二十五年以上，且已经为粉丝群体创造了大量物质性的文化产品，一直将群体的兴趣维持在很高的水平。和德塞杜所描述的读者完全不同，粉丝留下了他们从大众文化那里"盗猎"来的东西，这些东西有时甚至能够提供一些有限的经济收入。极少有粉丝能够把售卖自己的艺术作品作为主要的生活来源，但是很多人已经赚到了能够自足的钱并可以维持自己在粉丝圈的活动。这种物质性使得粉丝文化在研究流行文化的应用和文本盗猎的战术问题上成为一个极好的案例。但是，我们必须承认一点，粉丝所创造的物质性同人产品并不是其他读者阅读过程中转瞬即逝的思维的具象化。如此理解粉丝同人文化是一种简单的片面化理解。同人文本，不管是同人文、画、歌曲或者视频，都是受整个粉丝圈的社会习俗、审美惯例、解读策略、可用技术资源和技术水准制约的。粉丝们拥有的不止是从大众文化中撷取来的针头线脚，相反，他们拥有的是从媒体提供的符号原材料上建筑起来的整个文化体系。

---

[23]　所谓"官方小说"，下文有时又作"专业小说"，指的是一种并非由媒体作品原作者撰写的和原作品相关的小说，和同人小说不同之处在于专业小说的创作是受官方批准的，由官方售卖并营利，说得通俗一些就是所谓官方同人。

第二章
文本如何成为现实

"将一本书或一部电影变身为一部邪典 (cult) 需要怎样的条件？显然它必须广受爱戴，但仅仅如此还不够。它必须建造出一个全新的细节周备的世界，这样粉丝才能够在其中引用一个角色的言语，追寻每一个事件的内容，就像它是粉丝的私人世俗生活一样……我认为若要将一部作品变为邪典，读者必须有能力拆开、解体、分离理解这部作品，从而只记住其中单拿出来的部分，无视其与整体的固有联系。"(Umberto Eco, 1986, pp.197—198)

一本经典的童书中，有一段广受征引的内容：圣诞节前夜，老皮马向绒布小兔子解释了文本盗猎的行为。[1] 老皮马说，一件新玩具的价值不在于物质因素（不在于"你体内有什么乱叫的东西，或者有一个戳在外面的把手"），而在于它如何被使用，如何进入孩子的想象力经验："真实并不是你与生俱来的特点。真实是后天发生在你身上的一件事。如果一个孩子爱了你很长很长时间，不是仅仅跟你玩而已，而是**真真正正**地爱你，那么你就会变成真实的。"(Bianco, 1983, p.4) 当意识到消费品只能通过积极地被改造这样一条路径才能化身"真实"之后，小兔子对此感到畏惧："疼吗？……是像上发条一样一下子发生的呢？还是一点一点发生的？"(Bianco, 1983, pp.4—5) 老皮马安慰兔子，强调这个过程并不是对原有物

---

[1] 玛格丽·威廉姆斯·比安可 (Margery Williams Bianco, 1881—1944) 所作《绒布小兔子》(*The Velveteen Rabbit*) 是著名美国童书，初版于 1922 年，讲述小男孩的爱将一只绒布小兔子变成真兔子的故事。

质的损害和消磨，而是层层附加上去的新意义和它被置入的新关系：

> 它不是一下子发生的。你会慢慢变化。这会花上很久很久的时间。所以脆弱易折的东西，有棱角的东西，需要小心轻放的东西，都很少有这样的结果。基本上，当你成为真实的时候，你大部分的毛都已经被爱抚掉了，你的眼睛会掉出来，你的关节会松松垮垮，你看起来也会很不体面。但这些事情一点也不重要。因为当你变成真实的时候，你不可能是丑陋的，只有不理解的人才会那么想。（Bianco，1983，pp.5—6）

小男孩对玩具的感情投资会让它产生意义，远超玩具生产厂家所能预料；这意义并不源于自身质量或经济价值，而是来自孩子在使用过程中赋予商品的重要性。玛格丽·威廉姆斯·比安可笔下这个广受欢迎的故事中，男孩没有制造这只长毛绒兔子，他也没有自己选择这件礼物，但是只有这个男孩有能力将这只玩具变为活物，也只有这个男孩会为失去它而伤心。只有这个男孩能让它成为"**真实**"的。比安可的故事比米歇尔·德塞杜的文字早，但是《绒布小兔子》却似乎已经将他复杂的理论转化成了有关流行消费的简单的（也许过于感伤的）寓言。

从玩具制造商的角度来看，他的兴趣在于让这只绒布玩具保持刚出厂的崭新度，绒布小兔子松弛的关节和失踪的眼睛在他看来会是严重的破坏行为，代表了滥用和粗暴对待。但是对男孩来说，这些是充满温暖和爱的回忆，这代表了他曾经紧紧地搂抱过这只玩具、曾经过于频繁地爱抚过它，简单来说，是爱的印记。西奥多·阿多尔诺（Theodore Adorno，1978）曾从玩具制造商的角度，描述文化文本在过度消费中"解体"（disintegrate），从神圣的艺术品降格为"文化商品"（cultural goods）的过程："无关的消费摧毁了它们。不但是因为这些有限的东西被一次又一次地重复使用直至失去意义，就像放置在卧室里的西斯廷圣母像，而且因为它们的内部结构因不断的意义重载而变化……对部分的过度浪漫化啃噬了整体的意义。"（p.281）阿多尔诺认为，音乐文本成为微不足道的"背景"，过于频繁的播放或者在不恰当场合的使用使它们失去了原有的诱人魔力和整体连贯性。而流行文本的制作意义本就在于一经使用就解体，因此它们几乎毫无内在价值。阿多尔诺对重复消费的理论忽略了一点：歌曲，和其他文本一样，在不断片段化和为消费者个人兴趣而修改使用的过程中，其重要性其实是增加了的。

新近一些文化研究著作开始关注文本在使用过程中新获得的意义。读者的活动不再是简简单单还原作者的意义，还要加上重新组合借用的材料并加入到活生生的生活经验中去。就像米歇尔·德塞杜（1984）所说："每次阅读都会改动其对象……读者不是作者，也不会把自己想成作者。他在文本中创造出一些并非原意的东西。他将文本从它们或已不可知或无关紧要的根源中分离出来。他将它们的碎片黏合起来，创造出一些未知的东西。"（p.169）这些改动不应被理解为文本的"解体"，更恰当的比方是消费者为符合自我需求将无个性的工业制品做一些适合家用的改造。文本与原先相比是增加了的，绝非减少。

一个资深科幻粉丝 P. L. 卡鲁瑟斯 – 蒙哥马利（P. L. Caruthers-Montgomery，1987）在描述她在十多岁时初入《星际迷航》粉丝圈的经历时，就提到了这一过程的几个方面：

> 我遇到一个在电视剧的爱好方面和我有些接近的姑娘……不过我就是个书虫，没什么朋友，在学校图书馆工作。然后我和我的朋友遇到了几个比我们高一年级的姑娘，她们特别喜欢《星际迷航》。一开始，我们每周五晚上约在其中两个有彩电的人家里见面，一起看《星际迷航》。我有一台盘式磁带录音机。看电视的时候我们是禁止说话的，除非是广告时间。结束后，我们会"讨论"每集电视剧内容。我们会重新写下每一个故事，纠正官方作者对"我们的男人们"所犯的错误。我们会背诵一些台词，甚至开始写作自己的冒险故事。我们中间有一个人喜欢斯波克，一个喜欢柯克，一个喜欢司各提（Scotty），还有两个对麦考伊（McCoy）神魂颠倒的（对的，我就是麦考伊的粉丝）。直到今天，我都能靠每个"下集预告"的前几秒钟内容准确回忆出每集的题目。我能和屏幕中的人物同时背出大量台词，这让我丈夫非常惊异。（我曾经一遍又一遍地听那些磁带，脑海中回想那些剧情内容。）（p.8）

这种与原文本的密集接触最终让粉丝开始创作新的文本，创造全新的故事。粉丝评价剧集，重写剧情的时候，观看电视剧成为开启谈话和争论的跳板。就像那只绒布小兔子一样，《星际迷航》在这些年轻女性与它的交流中被改变了。也许每个单个故事的新颖性被磨去了，文本独创性的灵光（aura）被销蚀了，但是，电视剧也通过她们的社会交流和创造性重新写作获得了反响，增加了重要性。

　　理解这一过程对理解我将在下面几章里提到的对电视剧内容的复杂重构起着 *53* 极其重要的作用。这里，我着重强调典型粉丝接受模式的三个核心方面：粉丝将文本拉近自己生活经验的方式；重读在粉丝文化中的重要作用；以及电视剧信息介入当下现实社会交流的过程。

　　在以下的讨论中，可能会出现两种反对意见。第一，有些读者会觉得我在此章中描述的行为过度且琐碎，完全可以套入我之前否认过的刻板印象中去理解。这一意见的问题在于它将文本接受的时间点从粉丝文化的大背景中剥离了出来。虽然说这些活动本身并不一定"重要"，但正是它们使粉丝文化生产成为可能，并使得粉丝圈能作为一个社群建立起来。"迷航粉"的刻板印象给这些活动标示了错误的意义，误认方式为结果，忽视了对流行虚构文本投入的最终产出。粉丝的阅读在这本书里被视作一种过程，从最初接受广播节目，到逐渐阐释分析剧集内容，再到用自我理解改写故事另一种发展可能性的过程。这种接受行为对于整个过程极其关键，即便我们研究这一过程有把粉丝重新纳入广为流传的痴迷粉丝刻板印象之中的危险，我们也必须仔细理解这些行为，才能够进入粉丝生产行为中更加物质层面的那一步。

　　至于这些行为的"过度性"，这类评价更多源于被接受文本本身在人们心目中的价值和文化地位，而非粉丝行为自身的问题。粉丝的这些行为，比如对细节的重视、仔细的重读、认真彻底的讨论，甚至对外语和古语言的解读，如果用于莎士比亚而非《星际迷航》，用于意大利歌剧而非日本动画片，用于巴尔扎克而非《侠胆雄狮》，还会被称作极端吗？终究在某个时间点和场合，莎士比亚、歌剧和巴尔扎克也曾经是流行文本而非精英文化的一部分，也曾经被大众读者喜爱，并非只有体制批准或专业训练过的批评家才能欣赏。我并不是在鼓吹我所述及的所有电视剧都该被纳入高雅文化范畴。粉丝实际上是最先承认这些文本短处和缺陷的人，尽管粉丝的应对策略是重写有潜力的文本，而非从整体上贬斥它们。但是我认为，除了被选中的文本本身的价值以外，重写的文化经验也具有其自身意 *54* 义。实际上，相对于完整无缺憾的作品，作品本身的缺陷和不足往往更能够激起观众集体的创造性。

　　第二种可能的反对意见貌似和第一种正相反，但常常和第一种相伴而行。有些读者可能会询问我，我描述中的粉丝式接受行为是否能同样应用于其他种类的媒体消费者身上。这一说法至少部分正确。粉丝和其他读者之间并没有严格界限。相反，我坚持粉丝和更广泛的观众之间存在平滑过渡的关系。事实上，本章的一个主要关注点就是电视观众行为在当代媒体研究中的定位。但同时，我也强调这一行为已经在粉丝圈中体制化了，成为了其他活动的基础。我的目标不是把粉丝看作彻底处于主流之外的边缘人物，但我也不打算将他们视作所有流行阅读的标志性角色。我想把粉丝接受行为视作一种特殊的（但并非完全独一无二的）对流行作品的反馈，并记录下其特点。

从旁观者到粉丝

　　最近关于电视观众的理论强调电影观众和电视观众之间的鲜明区别：前者以窥私癖（scopophilic）的身份在黑暗的电影院中观看电影，而后者在拥挤的起居室中随意地观看电视节目。例如，约翰·艾利斯（John Ellis, 1982）强调，广播的形式人为制造了一种观众，仅仅接受电视的"连续的多样性"而不沉浸于任何叙事之中，一个彻底的"旁观者"。他指出："观众被设定为一种打开电视却很少关注电视的人，一个在家庭成员相聚的气氛中获得放松感的随意的观看者。"（p.162）劳伦斯·格罗斯伯格（Lawrence Grossberg, 1987）本质上重复了艾利斯的观点。在他关于"电视的影响经济"（affective economy）的后现代理论中，他宣称电视对节目和广告区分度的日益模糊化和其"漠然的"电视观众正相映照："认为有人只观看一部电视节目是极为荒谬的想法，即使是一部电视剧也不可能……事实上，观看某部特定的电视节目（有时候我们确实会这么做）和看电视（我们几乎一直在这么做）这个行为存在本质区别。或者说，电视剧的剧情一般没有电视开着这件事情来得重要。"（pp.34—35）这个领域的作者引用了各种论据来说明，电视媒体意识到并鼓励一心多用和断断续续的观看行为，如：早间新闻节目的片段化形式（Feuer, 1983），肥皂剧的冗余叙事（Modleski, 1983），电视剧在重要事件发生之前所采用的特殊音效（Altman, 1986），电视信号本身完美无缺的"流动"

（Williams，1974），等等。

虽然这一理论叙述纠正了早期电视观看相关的批评理论中常见的催眠化摄入模式，但是它对我们此处讨论的电视粉丝行为几乎毫无解释之力。事实上，艾利斯（1982）通过理论推导出电视观众必然漫不经心之后，得出结论认为电视理论上是不可能存在粉丝的，必然缺席的"电视迷"（telephiles）和随处可见的"影迷"（cinephiles）在他的论述中形成了高度反差。格罗斯伯格（1987）认为电视的"漠然"（in-difference）"使得电视粉丝这个提法本身显得十分怪诞"，因为媒体自身转瞬即逝，也就大大降低了和电视节目产生情感联盟（affective alliance）的可能性："电视观众几乎从不为看电视做计划……电视司空见惯到了微不足道的程度，也就令看电视成为我们生活中毫不重要的事件，我们必然不会在其中投入太多精力。"（pp.34—45）

有关电视使用的民族志研究能够反驳这种武断的以偏概全：看电视的理由非常多样，看电视的精力投入也随着观看的背景场合而异。就像安·格雷（Ann Gray，1987）所述："观众与电视、读者与文本之间的关系处在变化多端、相当混乱的家庭生活之中，永远需要协调、争斗、赢得或者失去。"（pp.40—41）艾利斯和格罗斯伯格的描述中匆匆一瞥或者"漠然"的观看模式并非电视消费的核心特征，他们的意见较之更早的强加于电视观众头上的催眠式被动接受模式并无本质不同。两种接受模式反映的都并非电视媒体本身的内在属性，而是特殊观众群体在家庭消费背景下形成的迥异的社会关系：对有些人尤其是男人来说，家庭是休闲的地方；对另一些人尤其是女人来说，家庭是劳动的地方。男人一般可以让电视播放内容占据自己所有的注意力，而女人看电视的时候常会遇到转移其注意力的事情（Morley，1986；Fiske，1987）。对孩子们来说（Palmer，1986；Hodge and Tripp，1986；Jenkins，1988），电视仅仅是他们杂乱的游戏室里的另一件玩具，他们只在被吸引住的时候才会看它。

另外，同样的人在看电视时所持的注意力和选择性也因场合而异，这和一天中不同的时间段以及对电视节目的兴趣都有关系。例如，安·格雷（1987）指出女人在晚上和家人看录像的时候，跟她们在白天和女性朋友一起看电视时，选择的电视节目和投入程度大不相同。对她们来说，晚上看的电视往往反映了丈夫的品味，而作为妻子仅仅是为了和丈夫保持一定社会接触才和他一起观看，因此她们在晚上看电视一般都是断断续续的，时常被其他家庭需求所打断。格雷所研究的女性群体也会特意空出时间来观看反映她们自己品味的录像带，此时她们会保持夜间家庭电视时间不可能出现的关注度。格雷认为，如果电视剧不吸引人，女人也会在看电视时交谈，但是一旦她们对电视有兴趣，就会保持一种极高的情感投入。正如斯图尔特·霍尔（1986）所言："在头脑中，我们都同时是几种不同的观众，由不同的节目建构而成。我们有能力分配不同层次和不同类型的注意力，在观看过程中不断根据需求而调用。"（p.10）

粉丝正常地观看节目和作为电视剧的粉丝观看节目时表现也有所不同。有些人会长时间断断续续地看一部电视剧，直到他们决定全情投入地定期观看为止。例如一个《异形帝国》的粉丝（Cox, 1990）回忆道，她在她丈夫开始观看这部电视剧之后很久才开始喜欢这部电视剧，而在此之前她已经心不在焉地看过好几集了："有那么一会儿，我三心二意地边看电视剧边完成我的日常工作。（'好的，亲爱的，嗯，这剧不错，不过我更想去读书。'）我认为一切是从我开始给这部电视剧录像的时候开始的，从此我才真正开始关注起它来。哎呀，我是**真的喜欢**这部剧啊。"（p.6）就像许多粉丝告诉我的那样，看一部电视剧和成为一个粉丝的区别在于情感和智力的投入强度。就同样的电视内容而言，相比更随性的观看，作为粉丝观看电视剧的时候需要调动不同层面的注意力投入，同时触发不同的观看能力。另一个《异形帝国》粉丝回忆道：

> 我必须诚实地承认：我之前从没想到过我在《星际迷航》之外还能对其
> 他电视剧有如此强烈的情感投入。啊，我当然也喜欢一些其他的电视剧，有
> 一些我喜欢到了乐于花工夫（对，至少现在还乐于）把它们录下来，甚至有
> 一两部把我推向了同人活动。但是这么多年过去了，没有一部能够重复《星
> 际迷航》之于我的体验，我被迫得出一个结论：为某部电视剧如此痴迷对我
> 来说是一期一会的事情……但是《异形帝国》出现了。狡猾的，狡猾的《异
> 形帝国》。（Huff, 1990, p.13）

57

这个粉丝描述了她从普通意义上的兴趣开始，到发现自己对电视剧及其人物的强烈情感投入的过程：

我在《电视指南》（TV Guide）上看到电视电影列表后，就认为这是部值得追的电视剧，因为它是我们（在院线电影中）一向喜欢的科幻题材。我们（她和她丈夫）是那种特别乐观的人，没看之前就已经在录像机里塞了一盘录像带。我们一眼就喜欢上了这部电视剧，而且越看越喜欢。很快我们就在晚饭时间观看《异形帝国》的录像带而非有线电视新闻网（CNN）的电视新闻了。因为每集中间隔的那一周实在是太长了！再然后我们就开始交流《异形帝国》的内部笑话，互相喂对白，并讨论剧情。（Huff, 1990, p.13）

这个观众完全不冷漠，和其他粉丝一样，她对电视剧全情投入，将其拉近视野，把剧情内容织入和丈夫的日常交流中。在这里，每个特定故事的细节都非常重要。她并非只是简单地"看电视"；她看的是《异形帝国》；她在这部电视剧中所能找到的乐趣是不能从其他任何文本中寻找到的。（也正因此，正如第三章中的讨论，每集电视剧对她来说也不能随意替换。）

格罗斯伯格理论中的"冷漠"观众只在时机方便时看一部流行电视剧，或者是晚上无事可做的时候，或者是其他频道没有更有趣节目的时候；而作为全情投入的观众，粉丝为保证能看到自己喜爱的电视剧则会详细安排自己的时间表。当一个粉丝向其他粉丝坦陈自己出于某种原因漏看一集时，立刻会受到其他人的同情和安慰，并立刻会有人热情地主动提出"克隆"（clone）一盘录像带以弥补缺憾。电视剧成为广受期待之物，粉丝会深入细节地仔细观看剧情提要，在每一帧停格，检视有没有情节发展的暗示；一旦报亭有新一期的《电视指南》，粉丝都会纷纷抢着去买，看看有没有电视剧的新信息。关于演员或者制作方的次级相关物也成为粉丝网络内的收集物和流通品。

尽管我的描述可能使这一行为听起来有点恋物癖倾向，但是这些行为为粉丝全情投入群体内部的批评讨论提供必要的信息。漏看一集就是漏掉了其他人共享的信息，参与讨论的难度会加大，对全剧的整体把握也会打折扣。对于信息的掌握使粉丝享有细节查看所必须的大量素材，也为有关未来发展的讨论提供了更多机会。

如果说电视和其他家庭活动通常处于竞争关系，因此不能得到观众的全部注意力的话，粉丝对所爱的电视剧则具有狂热集中的关注，他们会把电话线拔掉，把孩子早早哄上床，保证他们的观看时间完全不受打扰。我曾向波士顿地区《侠胆雄狮》粉丝俱乐部的全体成员调查过他们平时观看这部电视剧时所处的环境。一个女粉丝用全部大写的字体写道："一个人——完全避免任何打扰。"虽然情感表达强度未必有如此激烈，但同样的意思在其他人的回复中也大量出现。一个女粉丝喜欢在只用烛光照明的房间里看这部电视剧，另一个粉丝喜欢在深夜里，家人都不在场的时候观看；由于惧怕不懂得自己爱好的闲人成为观看时的障碍，大部分粉丝都选择自己一个人、或者和其他粉丝一起看。我收到的几个回复没有描述观看时的物理或社会情境，而是叙述了促使他们观看此剧的心理情境。某个粉丝说她"只要不愉快或者郁闷时"就会去看《侠胆雄狮》的录像带；另一个粉丝说她看电视剧的时候，都是"一个人，加一包手帕——（哭）"。

在一次俱乐部聚会中，一群女粉丝轮流回忆她们第一次意识到自己成为这部电视剧的粉丝的时刻；她们的描述带着通常回忆爱情时会有的喜悦感。而对于每个个人的回忆，集体都报以掌声和深有感触的笑声；具有类似经历的粉丝常常会惊喜地打断正在描述自己经历的人，这一过程强化了粉丝群体的共通点以及社群凝聚力："我就坐在那里，手里的活计完全给我扔下了，然后我的下巴掉到了地板上！我真是不敢相信自己看到了什么！""我就坐在那里，坐在那里，一直就这样坐着，我的孩子进来了，我模糊地记得他们路过我，但是我完全没有分心。"粉丝的语言就像所有的热情爱好者一样，有着近乎漫画的夸张效果，并大量使用"中毒""上瘾""诱惑"一类的词，而其他粉丝也善意而欢乐地接受了这类夸张用语。但从另一方面来说，这种语言也准确抓住了她们对电视剧的亲近感，以及她们观看时感受到的强烈情感。粉丝可能只是"坐在那里"看电视，但是她们和荧屏上的情节以极其强烈的情感结合起来，让她们忘记了家庭生活的其他活动和其他家庭成员的行为。詹妮斯·拉德威（1984）指出，言情小说的读者所享受的很多乐趣可能正来自于她们在满足其他家庭成员的需求之外给自己创造的时间。而对于《异形帝国》和《侠胆雄狮》的女性粉丝来说，情况也是一样。当然，将阅读行为（和观看行为）视作从家务琐事中解放出来的一个契机，只能看作整幅图景中很小的一部分。我们还需要理解这些女性究竟在其中发现了什么？她们如此投入电视剧叙事，究竟从中得到了什么？她们在解读过程中使用了怎样的策略？

For those media fans who think 'The Big Three' newtorks are BCC1, BBC2, and ITV, we proudly present:

THE BRITISH EDITION OF
THE ACME STORY PLOTTING DICE

Give yourself the benefits of years of Anglophilia. By cutting and folding these dice as per the instuction and with one piece of tape for each, you, too can plot a BBC approved story for your favorite British television series, not matter what the genre!

*Situation Comedies *Westerns *Medical Programs
* Police or Detective Dramas *Science Fiction, Fantasy, or even Horror!

Television that starts at 3 PM and ends at 11 PM every night...what a concept! And, for the bold, adventurous soul, why not use the original **ACME STORY PLOTTING DICE** in conjunction with the **REVENGE** and **BRITISH** editions? Try a plot so complicated even Alistair Cooke would think twice about trying to explain it!

WARNING: May be harmful if swallowed whole or taken seriously. Offer void in Gibralter, certain parts of Wales, and wherever quality literature is sold.

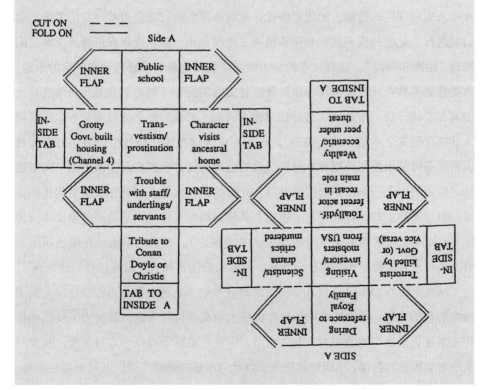

图 2-1 至尊故事情节安排骰子，作者不详。这一戏仿显示了粉丝们游戏流行电视剧中叙事套路的方式。

坐得太近？

　　最近关于审美距离和智力投入的相关公式使这种观看方式显得十分尴尬。没错，把自己全身心地交付给一部电视剧不可能是一种健康的生活方式！道德上、社会上、意识形态上、审美上，不管从什么角度看都是一样。就像皮埃尔·布迪厄（1980）所述，当代的"资产阶级审美"坚持推崇"疏离、冷淡、不动感情"，远胜流行审美中热情的情感的即时与趋近（pp.237—239）。布迪厄认为，流行往往被标志为"意图进入游戏的欲望，模仿投射故事中人物的喜怒哀乐，为人物的命运担忧，接受他们的价值观念，过他们一样的生活"（pp.237—239）。布迪厄所述的"资产阶级"审美往往不信任强烈的情感，害怕在与流行的密集而切身的交流中失去对理性的控制。即使有些批评家承认某些流行文化值得严肃的考量，他们对流行文化的阅读方式也和阅读精英文化时如出一辙：强制在自身和文本之间

61　制造"距离和隔阂"。流行文本的学术读者往往较为忽视情感表达和叙事的乐趣，而更注重某些"只有在与其他作品理性对比的前提下才能得到欣赏"的角度，比如对作者的评价。布迪厄认为这种解读方式与"沉浸于每个单独的文本个体的投入欣赏"是完全不相容的（p.239）。布迪厄认为这些观众坚持拒绝情感的直接投入所能获得的乐趣，而更喜欢允许沉思的远观角度。我们必须强调布迪厄所描述的是审美历史上一个特定的历史时刻，此时的人们永远在强调悠久历史传统的厚重，但是实际上却选择性无视了历史上某些强调而非拒绝强烈情感的重要审美传统（比如亚里士多德的美学或浪漫主义美学理论）。布迪厄审慎地注明远观型欣赏方式所来自的特定历史和社会情境，但他的追随者却大多没有注意到这一点。

　　从布莱希特（Brecht）开始，对近距离欣赏的不适感在意识形态批评中占据了特定的政治地位：幼稚的观众一旦在情感上被文本拉得太近，就失去了反抗或批评文本意识形态构建的能力。与之相对，审美距离赋予观众一定自由度，脱离与文中意识形态的合谋，从而也就拒绝了以此为前提的阅读享受。从这一理论出发，结论自然是：远距离给人力量，而近距离奴役人心。玛丽·安·多纳（Mary Ann Doane，1987）认为，最常赋予大众文化经验的特点，"近距离而非远距离，消极、过度投入，过度自我投射"（p.2），全都是常见的赋予女性的特质。多纳认为，如

果说传统的男性气质（masculinity）为观众提供了和媒体文本之间的审美距离，那么女性观众就常被表现为被文本拉得近到不能从审美距离外做出评价，而因此不能反抗其意义的观众。多纳认为，在此语境下，这种认同方式不会是"实现控制的必要机制"，只能是"加强女性观众对文本权威屈从性"的方式（p.16）。

　　米歇尔·德塞杜（1984）在描述流行阅读行为时采用了类似的逻辑，落入欧洲现代主义（modernism）的陷阱，而现代主义主流话语与他本人的大立场本是完全违背的。德塞杜建立的历史假设非常可疑，他把读者从文字强加的意识形态中解放的运动置于西方文化从口头型（orality）到文字型（literacy）的转变过程中，"以前，读者将文本内化；他用别人的身体说出自己的话；他就是演员。现在，文本不再在主体上强加其本身的节奏，它不再通过读者的声音才能够自我表达。这种身体的撤退，保证了其主动性，而就远离了文本。这是读者的人身保护令（*habeas corpus*）"（p.176）。如果说早期的读者理解印刷出的文字必须通过"大声诵读文字或者至少喃喃念诵"，现代读者理解文字的时候无需动嘴唇，不需要加入身体的活动。德塞杜认为，这使现代读者能将文本置于更远的距离，以期更好地掌握意义，而非从身体上受制于意义："眼睛的主体能动性将身体与文本之间的合谋暂时搁置，它把文本从经文的位置上撬下来，它使书写下的文字成为一种客体，增加了读者自由活动的可能性。"（p.176）将言语从阅读活动中分离开来，才使读者能更自由地进行德塞杜赋予流行阅读行为的游牧式盗猎活动。

　　德塞杜对审美距离的肯定使他没能意识到自己观点中最深刻的一部分：盗猎者并非从远处观望（不管是物理上、情感上还是认知上的远处）；他们在他人的财产上践踏，攫取它并占为己有，他们将其意义内化并重构这些借来的东西。布迪厄"资产阶级"审美所肯定的身体距离和布莱希特作为政治理想的审美距离的极佳契合理应使我们感到怀疑：很可能距离并不能给读者赋权或者启蒙，它可能仅仅是"经文经济"让读者从文本上把手拿开的一种方式而已。对于远距离观察者来说，文本一直只可远观而不可亵玩，正因为其不能真正成为某人的私产，文本才能远离读者的挪用。近距离似乎是德塞杜理论中重构和重新使用文本的必要条件。近距离与文本互动并不会令粉丝为其所驭，相反，却能让读者更好地占有它。只有将媒体内容重新代入日常生活与之相结合，只有近距离地与意义和原始材料互动，粉丝才能完全地消费虚构文本，使其转化为积极的材料。

63

　　主体能动性（agency）是这一讨论中的重要变量：当代有关审美距离的讨论，尤其是 1968 年以后意识形态相关的理论家们，对其采取的态度暗设了一个前提：即读者的"位置"是由文本结构决定的，在读者消费文本的时候自动应用到他们身上。于是读者在意识形态上"被放置"在某个位置，而文本中的某些特点"决定"读者会对文中的故事情节或人物作何反应，观众无法抗拒叙事结构中先决的"必然的"意识形态内容。这一推导模型几乎没有给读者的主体能动性留下任何空间，却赋予作者话语以至高的权威和力量。德塞杜的文本盗猎理论将关注点置于读者的社会能动性上。读者并非被卷入事先架构好的虚构世界，相反，是她自己用别人的文本材料创造出来的世界。在这个模型下，读者自身的价值观念至少和叙事系统所鼓励的价值观念同等重要。近距离和远距离一样，都是读者可以采取的理解叙事手段的角度："事实上有时候就像在森林中狩猎，猎人发现了文字猎物，跟踪它、大笑、使手段，或者更有甚者，像赌徒一样，让猎物先捉住他。"（p.173）

　　原故事中的原料在这个过程中起到决定性的作用，在字里行间显示更为合适的阅读手段，但是它们并不一定会压倒并完全压制住读者。同样的故事（比如《拖网》[*Dragnet*]），有些读者会从字面意义理解，而在另一些读者看来则是坎普（camp）[2]。有些读者的乐趣不在于认同文本自身的价值，而是"反其道而行之"，表达对原文本意识形态的反对而非接受。可能最极端的反抗性阅读例子是杰夫·司康思（Jeff Sconce，1989）所描述的"'糟糕'电影爱好者"，这些粉丝热爱好莱坞电影最受质疑的一面，追捧低成本剥削片（exploitation films），比如《忽男忽女》（*Glen or Glenda*）、《机械怪兽》（*Robot Monster*）以及《女怪兽的血狂欢》（*Blood Orgy of the She-Devils*）。[3] 司康思详细记录了这一人群的审美观念（"如果一部电影仅仅坎普且平庸的话是远远不够的。它必须在每个技术细节上都显示出无可匹敌的缺陷。它必须艺术水准差到让人呆若木鸡的程度，才能成为一种**艺术**，一种完全碰运气的艺术"[pp.9—10]）和社会使命（"寻找**糟糕的真理**……对抗

---

[2]　坎普风是一种社会文化和美学风格，表现为故意的夸张戏剧化表达，令观众感到荒谬滑稽而产生反常而复杂的吸引力。这种风格通常与男同性恋文化有关联，但不限于该亚文化。

[3]　这几部电影，如其题目所见均是以较低俗猎奇的题材以及糟糕的叙事著称，在 IMDb 网站上，这几部电影评分均极低。

64

图 2-2 粉丝卡通画家利亚·罗森塔尔在电视剧人物真实与虚构之间的边界上做文章，如上图所示，就是利用电视剧人物讽刺《布雷克七人组》最后一集。(译注：手枪里的旗子写着：砰！你们被取消啦！)

精致、品味和**避世主义**的诱惑 ")。这些粉丝宣扬他们眼中最糟糕的电影里不完美的技术和有缺陷的意义，从中寻找对社会宣扬的品味和中产阶级价值观的排斥。这些"**糟糕电影**"的导演也就以其怪异夸张地对正统作者电影理论的模仿，被视作未被发掘的风格化作者。粉丝用变态的乐趣阅读这些制作者失败的职业生涯以及他们与极简陋的制作环境苦苦搏斗的经历。司康思同时认为，这些粉丝用一种近乎露骨的政治性来理解他们与主导电影之间的关系，将排斥流俗的审美 *65* 视作对流俗政治观念的排斥。粉丝在此处的乐趣在于远离文本，距其一臂之遥，当面嘲笑它。这种欣赏角度不仅是在完全倒置的评价体系中对这些电影屈尊俯就的尊敬，同时也是对它们糟糕的情节、拙劣的演技和自不量力的意义表达的幸灾乐祸的嘲讽。

　　和其他流行阅读的状况一样，在这个案例中，近距离和远距离并非观看过程之外事先固定的"位置"，完全不受接受背景和叙事信息影响；与此相反，读者和文本之间的关系处于持续的讨价还价过程中，观众很可能在不同的观看态度之间自由随意流动。就像关于粉丝文化的叙述所示，亲近与占有和远距离的反讽可以毫无阻碍地并存（Amesley，1989；Ang，1985；Buckingham，1987）。事实上，粉丝常喜欢将所爱的节目分解开来，了解它是如何运作、如何制作、如何呈现出最后的形态的。化妆和特效技术、演员挑选和剧本问题、表演者和制作者的背景以及影响电视节目更新的电视节目放映政策等"内幕消息"可以通过商业出版公布出来，满足粉丝的胃口。如果说传统好莱坞电影及其相对应的写实电视剧文本常被指责为掩盖自身制作机制的话，我们同时应该考虑到观众在文本外所接触到的语境中知识所扮演的角色。

　　克里斯蒂安·麦茨（Christian Metz，1977）将电影特效技术（即他所谓的"摄影花招"［trucage］）视作一种"公开的阴谋"。这些幻象是创造出来的，这一信息不仅清楚明白地从电影本身体现出来，而且通过"电影的边缘、电影的大众形象，以及对电影迫不及待的评论中体现，强调摄影技术上的这些细微的花招技巧导致幻象的虚假性不可见"（p.670）。因此，人们必须"分裂自我的信任能力"，一边满足于了解制造幻象的机制，一边却仍旧沉醉于幻想的叙事之中。麦茨用精神分析模型来分析主体位置问题，决定了他必然会把分裂的信任能力视作文本本身的结构所导致的效果，但他对此的分析也可以看作有文本外信息的读者在不同层面的话语和不同观看模式之间的一种协商方式。比如在科幻电影杂志《星志》（Starlog）上有一篇文章叙述《忍者神龟》（Teenage Mutant Ninja Turtles）的制作过程，写到吉姆·亨森的生物工作室（Jim Hensen's Creature Shop）所制作的"惊人的"乌龟服装，并说到演员必须和"乌龟"同台演戏时所遇到的挑战："她平时和对戏的演员所保持的眼神交流被乌龟面具上的假眼球切断了。她和同剧组成员几乎所有的简单对话都伴随着密如雨点般的声音指令，不管是说台词的演员，或仅仅是忙着解释模型表情的技师。"（Dickholtz，1990，p.19）观众们一旦得到这些幕后消息，自然可以选择切断信息所带来的不信任感，完全以投入态度看待电影场景，将戴着橡胶面具的演员视作乌龟，融入他们爬行类的眼神之中；或者也可以用全新的敬意看待电影技术人员，因为是他们的努力才使得幻象实现。一种角度使观众充分融入虚构故事之中，而另一种则将虚构场景保持在一定距离之外以便欣赏它的创造方式，这两种角度在粉丝经历中都非常重要。

卡桑德拉·埃姆斯利（1989）分析了粉丝们在公开场合消费《星际迷航》剧集时的口头评论，发现粉丝将虚构人物及其行为同时视作"真实的"和"构造出来的"，采取"双重观看"（double viewing）的策略，同时运用拒绝怀疑和反讽远离两种方式。角色们一方面是有心理活动、有个人历史的"真实"人物，一方面也是虚构的构造物，一切短处都可归因于糟糕的剧本创作和制作者可疑的动机。前一种阅读方式将虚构的宇宙观置于首位，而另一种则强调观众获得的文本外知识。埃姆斯利（1989）认为这种双重读解角度可能是粉丝创造性重构媒体内容的先决条件："承认《星际迷航》是被虚构出来的故事使介入并重新构造文本成为可能，不管是欣赏新文本还是评论旧文本皆是如此。"（pp.337—338）和虚构文本保持远距离同时也说明了为何粉丝离电视剧如此近却仍能与其意识形态保持相对自由的关系。然而吊诡的是，粉丝对文本和角色的亲近感才是他们参与大量重构和重新使用节目材料的最初动机。

录像带，重播和重读

在罗兰·巴特（Roland Barthes，1975）的一段常被引用但极少有人分析的文字中，他认为重读和"我们社会的商业以及意识形态习惯相左"，因此所有书本的设计用意都仅仅是抓住读者的首次阅读兴趣，"这样我们才能走向另一个故事，接着买下一本书"（pp.15—16）。巴特带着他标志性的反讽宣称重读只对特定阶层的读者有效（"孩子、老人和教授们"）。他谈到自己系统性地阅读巴尔扎克的《萨拉辛》（Sarrasine）时，就将首次阅读的地位放得极高，解开主角的身份之谜是阅读过程的最大动力，而故事一旦结束，动力也就消失了。

然而，巴特还是提出了几个关于重读的有用观点：第一，既然故事叙事严重依赖文本间知识，那么所有阅读本质上都是重读，因为我们会不断引用我们从前与其他文本接触中获得的文化符号和社会假设。第二，巴特认为重读过程从根本上改变了我们和虚构叙事的关系："重读将文本从其原有的时间序列中分离出来（'这个比那个发生得早或者晚'），从而重获了神话性（mythic）的时间（没有时间早晚之分）。"（p.16）掌握解释学编码（hermeneutic code）的坚持，解开叙事谜题的欲望，在得知故事结局之后便不再能抓住读者。读者兴趣由此转移，转到人物关系上，主题意义上，转到叙事人的社会知识上："重读不再是消费，而是游戏。"（p.16）重读的书不再是我们第一次阅读的那本书；它同时是"原来的那本和全新的一本"。

很多人关注读者的文本间性（intertextuality）经验。确实，巴特的两个观点中的第一个常被用来驳斥流行阅读中重读的可能性和必要性的存在。比如迈克尔·巴德（1990）说："第一次观看一部电影时进行的'重读'可视作不再看、不再重读的理由……要让电影成为一次性消费品，重读必须被慎重地禁止，必须将可能引发思考和批判性审视的叙事谜题和其他谜题降到最少。"（p.41）于是巴德以巴特的理论为基础，在必须以重读获得其全部意义的高雅文化文本如《卡里加里博士的小屋》（*Cabinet of Dr. Caligari*）[4]，和在第一次"重读"后就立刻可以抛诸脑后的流行文本之间，划了一条文化上的界线。我拒绝这一论点。在这里，我想进一步阐释巴特两个观点中的后者，关注重读如何转换叙事中的轻重次序，使读者能将文本完全掌握在自己的控制之中。

即使在托尼·贝内特和詹妮特·沃拉科特（Tony Bennett and Janet Wollacott，1987），詹妮斯·拉德威（1984）和海伦·泰勒（Helen Taylor，1989）的文学研究中，也指出了重读在流行书籍消费中的重要作用，这使我们不得不重新考虑巴特坚称的重读在流行阅读领域相对罕见这一论断的确实性。然而，重读在媒体研究领域可能比在传统文学研究领域更加重要。如果像巴特所言，出版业的经济逻辑导致不断出版新书的必要性，因此不鼓励重复消费的话，那么广播业的状况则是：制作者并没有将产品卖给观众，而是把观众卖给了广告商；如果说同一部剧集可

---

[4]　《卡里加里博士的小屋》，导演为罗伯特·维恩（Robert Wiene），1920 年于德国上映。此片为德国表现主义代表作之一，风格强烈，叙事手段不落俗套，对后世多种电影类型都具有深远影响。

以重复播放且仍能同时吸引新的和重复观看的老观众的话，那么我们就可以宣称广播业找到了一种不用追加支出即可增加经济收入的方式。广播业最有利可图的并不是新节目的首播，而是不停地重播旧剧以及授权播映。就像托德·吉特林（Todd Gitlin，1983）所述，"在某种意义上，每拍一部新电视剧都是对潜在的授权播映的投资，虽说四十部电视剧里只有一部能在电视上待得时间长到能被授权给其他电视台播放"（p.66）。同样地，由于如今电影院的观众数量不断减少，好莱坞的经济逻辑也开始强调少量多次重复观看的大片（blockbuster），而非更多只看一次的电影。这种针对重复性观众的推动力也已经被如今巨大的电影发行的二级市场——录像带租售市场的存在证实。这种重读的体验必须理解为当代电视节目和电影接受中的核心一面。

　　尽管重播是电影电视工业经济结构中的核心，但是很少有人研究它对读者体验的影响。在为数不多的对重播的研究中，珍妮·L.内尔森（Jenny L. Nelson，1990）认为，重播行为极大地改变了我们对这一媒体的观感。她提出了一些原因，表明观看重播电视剧的经验和首映时的观看经验从根本上完全不同。传统的文类划分界限开始模糊起来，"50 年代电视剧"（包括《拖网》和《我爱露西》[I Love Lucy]）这样的划分方式如今已比情景喜剧（可以包括从《我娶了琼》[I Married Joan] 到《全家福》[All in the Family] 和《少校爸爸》[Major Dad] 在内的所有东西）这类文类区分清晰得多。随着电视节目完结或过时，我们对某些电视剧（比如《卧底侦缉队》[The Mod Squad]）的反馈也会从"针砭时事"的赞美转变为"糟糕得让人想笑"的嘲讽，因为电视剧中的符号和意识形态假设在某些场合下不言而喻，而在另一些场合下则会显得夸张牵强。每部剧集中的微妙发展变化在打乱次序播放后会显得尤为明显，就像"鹰眼周二周四的室友是 BJ，而周三和周五的室友却是特拉珀·约翰"[5]（p.85）。这些电视剧和观众的自身生活紧密地结合在一起，第一次观看时的个人体验在事后回忆中的重要性不亚于剧情内容本身；

[5]　　这句话指的是电视剧《陆军野战医院》（M*A*S*H），该电视剧的男主角是鹰眼，1972—1975 年的剧情中他最好的朋友特拉珀·约翰和他同住，而 1975—1983 的剧情中，他的室友则成了 BJ。于是这句话中所述的情况往往出现在电视剧授权播映后将剧集打乱次序播放，就会将不同两季甚至更多季的内容混在同一周播放。

这类经历改变了观众对剧中人物的代入感，也改变了他们对故事情节重要性的认识。重播剧给观众带来的乐趣并不仅仅来自原剧集的质量，更源于它们从观众的重复体验中折射出不同意义的方式。就像内尔森所说："在这种单向度的关系中，一切改变都是通过**我**的主动行为而起。我就是捡起原先早已熟悉的设定，摆弄和改变它的那个人。"（p.88）

对于粉丝的审美乐趣而言，重读占据中心地位。粉丝文化的很大一部分确保了粉丝会与喜爱的文本不断重复接触。就像 P. L. 卡鲁瑟斯 – 蒙哥马利（1987）的回忆所述，《星际迷航》粉丝已经看了剧集重播无数遍了。他们还通过其他渠道，比如用录音带录下音轨、详细地写下情节描述（或为自己保存，或为同人志出版）或者记诵台词等等来重复观看体验。第一本有关《星际迷航》的正式出版物是原剧剧情的小说化文本，到后来才渐渐有在原剧基础上衍生其他故事的专业小说出现。对于《神秘博士》《复仇者》《迷离时空》和《囚徒》等电视剧的导读也长年处于供不应求的状态。当官方的节目指南无法得手时，粉丝就会生产自己的版本。比如《黑暗阴影》（*Dark Shadows*）的忠实粉丝凯瑟琳·雷希（Kathleen Resch，无日期）花了好几年时间，为这部电视剧编撰了一部多卷的节目指南，为逾 1200 集的剧集给出"准确、详尽的节目概要"，使人们在苦盼该剧续集而不得的数十年间仍对原剧热情不减。《黑暗阴影故事概要》的一个广告宣称："这些剧情提要详尽到了如果我们重看这第四年的节目（假设仍有这个可能性）的话都会变成一种败兴。"若存在官方的节目指南，则一般缺少粉丝版本的准确性和细节。官方书籍或多或少地都会在龙套配角人物的名字上犯错误，或在某些事件的动机上解释模糊甚至有误导性，并曲解叙事行为和结局。粉丝一般将这些商业出版物视为圈钱之作，缺乏粉丝在做同样事情时具有的情感、诚意和热情。因此，这些官方指南相对于粉丝业余指南来说，只起到了辅助作用而永远不可能取而代之。

价格合适的家庭录影设备使重读过程变得简单得多，不仅对粉丝，对所有观众都是如此。大多数粉丝现在都能拥有所爱剧集的全部拷贝，想看就能看。《侠胆雄狮》俱乐部的所有成员都告诉我她们已经建立了剧集档案库。很多波士顿的《侠胆雄狮》粉丝也向我列出她们收集的其他电视剧的录像带。有几个人告诉我，因为现在的电视台重播不甚可靠，而电视剧也变得越来越短，所以她们已经养成习惯，事先录下她们认为自己可能感兴趣的新剧试播集。那些在收集中差一两集的粉丝们，则早已学会了向其他俱乐部成员索取拷贝。

随着普通民众获得录像带愈发容易，第一次播映时因种种原因错过或者尚不知道的观众也就能有机会看到这些电视剧，新粉丝圈也就因此迅猛地兴起。有些英国的连续剧，比如《布雷克七人组》《CI–5 行动》(*The Professionals*)、《用沙袋治沙的人们》(*The Sandbaggers*)、《星际警察》(*Star Cops*)、《红矮星号》(*Red Dwarf*) 等等在美国几乎没有放映，也是大量地通过录像带的地下传播才吸引了美国粉丝的追随。通过一次相当典型的交换，我和我妻子在某年的圣诞节收到了《布雷克七人组》的第一季作为圣诞礼物。我们之前从未看过这部片子，但看完后我们非常痴迷，并通过协商从另几个粉丝那里搞到了这部电视剧的剩余部分。从那以后，我们向好多人介绍了这部电视剧（《布雷克七人组》的粉丝们以剧中的台词戏称为"信仰的新灵魂"）；每次发展新粉丝都是以我们向他们提供电视剧录像带拷贝为缘起的。正如一个粉丝所说："依靠录像设备和原有的粉丝网络系统，电视剧的观众从当地电视台的放映禁锢中解脱了出来。你想看《B7》或者《沙袋》或者《红矮星号》，但是电视台根本不理会你的请求信？问问你周围的人，很快你就会获得你自己的拷贝，然后你就完全不用介意电视台决策层的白痴了！"(Meg Garrett，私人谈话，1990）即便有些剧目在当地电视台有放映，粉丝们也可以通过粉丝地下网络提前获得一些热门剧目的剧集，比如《神秘博士》在美国的放映比在英国晚了一到两季，所以美国观众就会提前寻求英国来的录像，因为同样的原因，英国粉丝们也热烈地追逐《星际迷航：下一代》的录像。

粉丝圈中的录像带交换已经成了一种核心礼节，一种将这个特殊团体紧紧联系起来的行为。有时候，粉丝们会提供两盘空白的录像带以获取一盘录好的节目，有时粉丝们会讨价还价，会用自己收藏的压箱之宝换取别人的，但通常粉丝们也完全不介意免费为他人服务，提供录像带充实别人的收藏。两个粉丝在同人展会上碰到不久就会互相交换罕见的录像带资料，很多友谊就诞生于此。粉丝将这一过程称为"克隆"录像带。在这个特殊场合下，粉丝的行话更说明一些问题：拷贝录像带只是一种机械再生产的过程，而"克隆"录像带则暗示着它与原先的拷贝存在某种关联（就像在科幻小说中，"克隆"是一份基因的拷贝，而非另一个相似的工业品）。粉丝一般都会记住是谁为他们提供了一集电视剧的"克隆"，而他们自己又为谁制造了"克隆"，这种传承关系可以上下追溯好几代。他们的录像

71

带在整个粉丝社交网络上的谱系里存在自己的位置。在很多边缘粉丝圈或者非美国本土电视剧的粉丝圈里尤其如此，地下流通的录像带很大比例上都源自屈指可数的几个人，在这种情况下，最早源头录像带的拥有者在整个圈子内广为人知，许多粉丝拥有他们手中录像带的几代翻录品，但从未见过真人。粉丝圈的社会体制鼓励并协助受推崇文本的不断重读。同人志上常能见到有人刊登广告求一些少见的或者短命剧集的录像带，或者他们喜爱的明星在小电视台的采访录像。有一个叫做《APA-VCR》的粉丝出版物，让成员公布并定期更新自己的录像带收藏，以便帮助他人复制并交换录像带。成员们也同时会汇报本地的授权播放信息，并义务为其他地区的粉丝录制录像带。

　　录像带扩大了粉丝对电视节目的控制力，让我们能够在任何时间、任何想要的情境中观看所爱的电视节目。粉丝俱乐部会空出整整一个晚上的时间，全部用来放映大家喜爱的剧集，这些剧集很可能散布于好几季，甚至在播映时间上相隔几十年之久。我和我妻子花了不到一周的时间观看《布雷克七人组》的最后一季，有时候会连着看三到四集，对缓慢展开的剧情的痴迷可以由对录像带播放的自由控制来满足，而不用每周等待电视播放。当最终看到剧情最高潮的那一集，我们连着放了好几遍，努力弄清楚每个角色的命运。波士顿《侠胆雄狮》的俱乐部安排过一次夏日周末活动，用一个周末的时间把所有剧集连续地播放一遍，他们管这个叫"雄狮马拉松"。另一个俱乐部也举办过一次类似的马拉松活动，粉丝们每人都带一部可能别人都不太熟悉的电视剧剧集过来。其他粉丝可能会简单地一遍遍重放自己最喜欢的场面，停下录像带，倒带再放一遍复杂的或者重要的对白场景，或者仔细观看一个角色在每集中的服装和发型变换，在某些地方快进，只关注一些特定的元素。他们会仔细研究角色的脸部表情和肢体动作，以期获得对角色的深度认识。另一些人可能会挑出剧集中的不连贯之处（比如，一个《双峰》的粉丝发现电视剧中重复出现的月亮母题镜头打乱了整个故事的叙事顺序），或者被不同剧组重复使用的道具（比如 BBC 连续剧的粉丝喜欢寻找《神秘博士》和《布雷克七人组》剧组之间互换的小道具和服装），或者在不同的媒体故事中出现的同一个演员等等（比如一个《蝙蝠侠》的粉丝发现背景里的很多党羽都是之前在《超人》中出现过的）。每集之间改变的服装和发型也常解读为角色动机和自我认识的转换。向新粉丝介绍一部电视剧一般需要先介绍粉丝群体内部常用的基础解读技巧和大多数粉丝认同的已被体制化的意义等等，这种时候使用录像带可以很好地控制整个介绍过程。一篇佚名的粉丝文章详细描述了整个过程：

> 新粉丝会先去老粉丝的家里。录像机里已经放好了他最喜欢的一集。新手可能看也可能不看这集，老粉丝会至少盯着一点。当老粉丝看到他认为非常重要的场景出现的时候，他会至少将这部分重播一遍，一般不止重播一遍……整个过程意味着粉丝必须学会以一种非同俗世（非粉丝）的视角看待一切。成为粉丝圈的一分子在某种意义上意味着需要学会发现哪种场景在粉丝层面上是更有意义的。因此，如果一个俗世成员看到目标人员和老板说话，而两个特工毫无作用地站在背景之中的话，那么一个粉丝应该立刻开始注意两个特工之间的非语言交流。

这些观看策略因为技术条件的发展成为可能，它增加了粉丝对于叙事的控制，并适应了整个群体从电视剧材料中创造新文本的要求。这些策略同时也拉长了审美距离，以便让粉丝以主体的身份观看电视剧集，干预剧情，并增加对剧集里世界的熟悉度以便创造新的叙述。就像肖恩·库比特（Sean Cubitt, 1988）所述，"录像迫使电视走上了一条布莱希特式的自省之路，将它自己事实上只是录像的本质暴露无余，并显示其对改变的开放性"（p.80）。广播电视的这一新形象使粉丝可以永远处于中间态，既可以移向极其亲密的近距离，也可以拉远到足以反讽观照的远距离。有些观看角度重点关注文本的架构，有些关注角色的动机，而一切都是由读者在特定时刻的特定兴趣所决定的。

一个粉丝描述了她对《星球大战》的多重关注的经历：

> 每次我看《星战》，就有什么新层面或者新意义的东西冒出来。对那些说人物单薄无背景的人——吹毛求疵！这就是观影乐趣的一部分，能将有限的线索拼接起来，让我们自己猜想旧共和国是什么样子的，绝地武士（Jedi）原本是什么样子的，汉（Han）的背景是怎样的，等等等等……我彻底地被粉丝圈里对星球大战历史的种种猜测迷倒了，帝国是怎么形成的，克隆人的战争是怎么一回事，咖啡厅里吧台服务员对机器人的反应怎样显示了帝国文化

中人类的位置 [6]，等等。星战的开放性实在是太棒了，能让同人作者尽情地开掘，能让他们把自己的理论和兴趣嵌入《星球大战》的宇宙观之中。(Brown，1978，p.7)

随着每一次的重温，她对电影的理解也一步一步丰富起来，并且得出某些远远超出银幕上直观表现内容的推论，这些推论建立在星战粉丝群体所共同打造的故事背景基础之上，也为进一步加强这个故事背景作出了贡献。

《星球大战》粉丝圈很可能是我所能找到的将粉丝解读过程的创造性体现得最好例子之一。在电影三部曲系列的最后一部公映十年以后，粉丝依然在印刷着相当数量的同人志和同人小说，将原有的大约六个小时的原材料转化为几百部新的叙事体系，跨越帝国历史数个世纪之久。粉丝一遍遍重看这些电影，搜寻更多信息以满足他们对这个宇宙观的热爱之情，每一处可见的细节都被仔细检查并置入不同的解读方向解释过了。

媒体评论者常常怀疑极度程式化的广播电视节目和好莱坞电影是否能够支持集中性的重读。比如罗宾·伍德（Robin Wood，1986）就否认高雅文化的学术重读和流行文本（如《星球大战》）的粉丝重读存在任何可比性："重读某些电影二十遍而仍然能够获得新意义、新关系、阐释的新角度和暧昧之处是可能的，但必须是像《一个陌生女人的来信》（*Letter from an Unknown Woman*）或者《晚春》（*Late Spring*）这样的电影。但是这似乎并不是能让某些人一次一次重看《星球大战》的原因。"（p.164）根据伍德的理论，学术重读能够产生新的洞见；粉丝重读只是将旧感受炒个冷饭，他认为这种行为幼稚且毫无进步意义。这些电影在首次观看时提供了过于轻易的乐趣，它们对于现实的构建极其透明，以至于显得没有留下任何秘密值得第二次观看来发掘。粉丝当然可以反对这一观点，声明他们所爱的文本远较伍德所愿意承认的要丰富和复杂得多。但是，很多丰富性其实是读者自己带入文本中来，而非她在其中发现的。就像我们将在第三章中所见，重复阅读的观众会在原文中的粗糙点进行考量，不管是叙事的空白、多余的细节，还

---

[6]　此处指的是《星球大战》电影中的一个场景：卢克和欧比旺进入一个咖啡馆，但是吧台服务员却告诉跟着他们进来的两个机器人，说他们不给"你们这帮人"提供服务。粉丝社群一直认为这句话是在隐喻种族隔离政策。

是开放性的片段以及矛盾之处，都是粉丝可能进入这个世界对角色们进行观照的缺口。前文所述的《星球大战》粉丝就完美地现身说法描述了这样一个过程。伍德这样的批评家所看到的缺陷很可能是观众干预文本、以自己的方式重塑文本的契机。

但是重读也同样威胁着原文本对观众的情感控制，每次的重读都会消磨掉一些可能有用的材料，而下一次的观赏性也会相应地降低。尽管《星球大战》的同人作者极具创造力，但是其粉丝圈的成员数仍在逐年减少，没有新的电影供给新的原始材料或者点燃新的创作火花，重构原材料的工作也就无从谈起。有些粉丝严格控制他们重复观看最爱媒体作品的次数或频率，以保持一定的遗忘率，从而维持每次重复观看时的新鲜感。看电影这件事本身变得越来越难以满足他们的欲望。模模糊糊的不满足感时常将他们推向重建文本经验的活动中去。一个粉丝写道："我第一次长时间地爱上科幻和一切科幻相关事物是因为《异形帝国》的深刻影响，我简直看不够它！我的录像带在一次又一次的重播中受损，于是我在等待下一集出现的无聊过程中不得不开始写自己的故事。"（Hillyard, 1990, p.11）对于这些粉丝来说，一部喜爱的电影或者电视剧不仅可以重看，而且也必须可以重写，这样才能使它带有更多个人含义，才能保持他们首次观看时所享受的强烈情感经历。

意义的社会化生产

到现在为止，虽然我们不可避免地提到了有组织的粉丝文化社交网络，但讨论一直集中在个体粉丝和广播电视节目之间的关系上。事实上对大多数粉丝来说，意义生产不是单独的、私人的过程，而是社会的、公开的过程。同人编辑艾莉森·戴亚（Allyson Dyar, 1987）认为，大多数关于粉丝文化的讨论都错误地集中于原始文本，更应该考虑的，是共同享有的参考系统如何使粉丝间的社会交流成为可能：

> 我们开始看电视剧（指《星际迷航》）是因为我们喜欢这部电视剧。但

　　*渐渐地我们开始看重播，开始参加同人展会，印刷同人志，为的是那些"理论"所忽视的东西。我们粉丝们如此活跃是因为**我们喜欢和彼此在一起的感觉**……我们的大多数社会生活都是围绕着粉丝生活相关物展开的：同人展会、写作、绘画和出版。我们粉丝仍然喜欢电视剧和电影，但是我们更喜欢互相共享的这份热情。(p.2)*

76　　　粉丝对媒体文化的接受不可能也不会在完全孤立中进行，而是一直为其他粉丝的活动所塑造，同时也起码部分由与更大的社会文化社群相互动的欲望所驱动。

　　卡桑德拉·埃姆斯利（1989）集中关注了《星际迷航》粉丝们在群体观看电视剧的时候做出的评论："观众产生出一种新的话语，作为对立物和原文本并置；这种话语将原文本游戏化，但是却为参与者提供了创造的乐趣。"(p.337) 这种场合下出现的评论多种多样，有对常规套路（convention）的反讽性评论（比如将身着红衫的安保人员称作"死肉"[7]），有对最喜爱的台词的重复（"他死了，吉姆"[8]），有对演出者出演的其他文本的探讨（琼·柯林斯［Joan Collins］在《永恒边缘上的城市》［"City on the Edge of Forever"］一集中的表演引发了关于她在《王朝》［Dynasty］中扮演的亚丽克西斯一角的评论），或者挑出拍摄连续性和其他剧情上的毛病。埃姆斯利认为，这种不断进行的评论好像是次级文本（secondary text），具有让观众们在反复观看之后仍然得到新的乐趣的作用："既然有这么多粉丝可以交流，各种不同的理解随时都可以产生，因为在此过程中永远会有在特定阅读之外的新问题提出来。"(p.337)

　　集体观看在粉丝圈里很常见，粉丝们常在热门的暑期档电影首映时排长队等待进场，他们明白首批观众都是和自己一样的粉丝，会以各种方式，包括以声音反馈参与观影过程。在一次《侠胆雄狮》粉丝俱乐部集会中，一个成员带来了三集剧集录像带。因为该电视剧被电视台取消而没有在美国播放，但是却在加拿大魁北克一个电视台以法语配音播放了。由于没有熟知法语的人在场，人们互相帮

---

[7]　《星际迷航》电视剧里穿红衫的是安全部门的人员，每次两个主要人物和一个穿红衫没名字的安保人员外出执行任务时，熟悉电视剧的粉丝基本都能肯定这个红衫一定会在任务中死去。这在《星际迷航》粉丝圈内是一个广为人知的笑话。

[8]　《星际迷航》里每次有人死去时麦考伊医生都会说这句话。

助以翻译解释剧情。当天的活动鼓励人们，凭借大学和高中有限课程里的法语知识，在看剧的时候一旦有任何理解就可以"大声喊出来"。现场观众们一直在猜测屏幕上到底在发生些什么事情，由于我在这个电视剧圈子相对是个新人，所以四周的粉丝常常根据他们已有的知识，为我提供人物和场景的背景信息。这种互助关系在美国放映日本动画片的时候常常出现，日本动画经常不经翻译就出现在对原语言毫无了解或者了解很少的观众面前，就像加拿大的《侠胆雄狮》拷贝一样。这里，原先看过剧集的人和看过剧情提要的人就会帮助新来的粉丝理解剧情事件、搞清楚人物关系。这一情况和歌剧爱好者事先为他们不熟悉的演出语言做准备是一样的情况。不同的是，歌剧表演是绝对禁止高声喧哗的，而粉丝圈则鼓励在公共场合播映过程中互相交流信息。这种粉丝解读的公开交流将个人的粉丝行为转向了集体反馈。一个粉丝只有在能与他人共享时才可称得上真正拥有了一部作为商品出售的故事，重述故事和重读故事一样，能够将最开始接触文本时情感上的亲近感留存住。

个案分析：一个网络讨论小组 [9]

在网络论坛（如 Compuserve 或者 Usenet）上注册的用户可以用电子邮件参与讨论某个喜爱的文类或者节目，这里存在的兴趣小组包含从《辛普森一家》（*The Simpsons*）到《囚徒》的各种可能，也有更传统一些的爱好如《星际迷航》、漫画和肥皂剧。这些网络兴趣小组使得远距离用户之间的即时通讯成为可能，同时还能够处理海量的邮件往来。"Alt.tv.twinpeaks"就是这样一个网络讨论组，在这部电视剧第一集播出仅仅几周后就出现了，并且很快成为 Usenet 系统中最活跃和多产的讨论组之一。这部电视剧在美国首播时，最高峰的几个月里，每天大约有上百个帖子发布。

这个网络讨论组为粉丝们实现许多功能。一个讨论组成员提供了详细的事件

[9]　"Alt.tv.twinpeaks"，这是互联网早期分布式交流系统 Usenet 下的一个新闻组。小组位于 alt子分类下，这个子分类下的新闻组并没有固定主题，也没有中心管控，任何想建立新闻组的人都可以随意建立，所以一般较为正式的新闻组都不选择建立在这个子分类下。

发生顺序列表（不仅有情节中直接表现的事件，也有从文本信息中推导出来的事件），并随着新剧集的播出持续更新。另一个人建立了电子文件图书馆，将片中的声音录成电子文件存储起来。难懂的对白都被反复录入并仔细分析。粉丝们汇报当地报纸的报道，并提供当地媒体对演员和导演的采访摘要。另一些人则提供演员和导演的资料，包括片中演员之前的演艺史，林奇（Lynch）其他电影的评论（尤其是《我心狂野》［*Wild at Heart*］，因为这部片子正好在《双峰》的第一季和第二季之间上映），导演和朱莉·克鲁斯（Julee Cruise）[10] 的音乐生涯之间的关系，马克·弗罗斯特（Mark Frost）[11] 的票房惨淡的电影《美国编年史》（*American Chronicles*）的相关反响，雪莉琳·芬（Sherilyn Fenn）[12] 在《花花公子》中的照片的评论等。太平洋沿岸美国西北部的粉丝提供了故事发生地的地理和文化细节信息，并汇报了拍摄地在电视剧之后的商业化发展信息。网络同时也成为寻找同城粉丝互相传递缺漏剧集录像带的方式，很多粉丝还设法将欧洲版包含另一个结局的 Pal 格式录像带转化为美国式的 Beta 和 VHS 版本。当 ABC 电视台在播放到第二季一半时决定中止该剧的时候，网络提供了一个有效的平台集中全国力量为此剧提供有组织的公众支持；网络将有线台的决策者和有意的广告商的地址、电话和传真号码公开发布，并提供不同社会团体组织粉丝的报告。在每一集播出之间漫长的等待中，有些粉丝甚至自己写作《双峰》的剧本以供群组讨论。当电视台宣布这部电视剧仍将播映下去的时候，整个网络充斥着庆祝聚会的新闻，并立刻就有人开始初步估算它的收视率。然而，这个讨论组成员最主要还是在连篇累牍地分析电视剧中的细节，试图解开叙事中的大量谜题。就像一个粉丝在此电视剧的第二季开始几个星期后所说的一样："你们能想象《双峰》在没有录像带、没有网络的时候就播放的后果吗？那绝对得要人命了！"

　　毫无意外，这些技术主导的观众们热情欢迎录像带，喜爱电脑，对待这些机器就像对待他们感觉器官的外延部分一样。网络讨论充斥着观众用慢放观看特定桥段时所发现的细节。他们热情洋溢地描述图像中出人意料或不合常理的转折，

---

[10]　朱莉·克鲁斯（1956—　），美国歌手和演员，数次和大卫·林奇（David Lynch）合作，《双峰》的主题曲就是由她演唱的。

[11]　马克·弗罗斯特（1953—　）是林奇之外的另一个《双峰》编剧。

[12]　雪莉琳·芬（1965—　），美国女演员，在《双峰》电视剧中扮演奥德莉·霍恩。

猜想是不是林奇自己会在剧集中插入一幅单帧图像，只求愿意解谜的录像带使用者粉丝能够抓住这条线索："我终于找机会用慢放审了一遍罗妮特的梦，然后：哇哦！很多从来没有人提到过的有趣东西！……这次审片彻底改变了我的思路。我认为鲍勃绝对不是杀了劳拉的人，他是劳拉的爱人，为她的死亡而哀悼。"其他人很快也加入了审核的行列：是否如一个粉丝所说，在这一个短短的瞬间里，鲍勃看起来就像安迪副警长一样？他是在殴打劳拉，还是像某些粉丝所说的在给她做心肺复苏？一个粉丝问：在他头部后方的窗户上一刹那闪现的影子该作何解释？另一个粉丝认为，那道门看起来并不太像我们在其他的火车镜头里看到的，而更像大北方旅馆的门。观众们在文本中寻找穿帮之处（比如劳拉戴着的心形项坠有时是挂在一条金属链子上的，有时却是一条皮绳），但是他们花更多时间寻找能够解开叙事中心谜题的线索。 ⁷⁹

　　粉丝们常常抗议那些只关注帕尔默谋杀案的人根本就没有意识到这部电视剧的真正主旨所在，但是他们自己的讨论中心还是锲而不舍地在叙事谜题周围打转。每次电视剧好像要揭开许多秘密中的某一个时，讨论就会变得格外热烈起来。而帕尔默的谋杀案谜底一旦被揭破，粉丝整体的兴趣和热情都有所降低，不知所措地找不到讨论话题，直到文多姆·厄尔相关的情节展开后，他们的兴趣才渐渐回升。当这部电视剧本身没有设置谜题的时候，粉丝们就被迫自创谜题。比如在第二季的某一集中，汉克开玩笑地向布里格斯少校行礼，一个扔东西的手势，完全不是该场景的中心意义所在，但是这一手势成为一个讨论串的关注焦点："汉克是不是在为少校参与的保密项目做什么肮脏的交易……我感觉一窝虫子被玩了出来。"林奇的复杂文本能支持读者细到不可思议的观察行为，他的文本使读者相信，他们搜寻得再仔细也不过分；他们找到的信息不仅是故意设置的，而且也是整体叙事计划中的一部分，与文本"秘密"紧密相关。

　　电脑网络仅仅是加剧了这一过程而已，它让粉丝能对比各自的笔记，通过互相协作使成型的理论变得更加丰富复杂。所有参与者都将讨论组视作一种社群共同事业（communal enterprise）。帖子一般都会以"有没有人看到……"或者"是不是只有我认为……"开头，表示出在更大的读者社群中互相讨论以确证自我想法的需求。经常有"我真不敢相信我是第一个谈到这点的"为开头的帖子，暗示自己的知识理应已经存在于群组的共同财产之中。有一些参与者发誓说"我们如果都努力参与的话一定能够解决这个问题"，这不由让我们想到技术领域常有的合作解决问题的模式。网友们常常在新发表的帖子里大量引用其他参与者已发布帖子中的语句，虽说有一些人是为了"挂墙头"[13]或者批评他人的观点，但是这种行为更常见的作用是直接在已有的文本基础上方便地直接添加自己的洞见。

80　**粉丝八卦** [14]

虽然说父权话语（patriarchal discourse）一般会将八卦视作"没有意义的闲聊"，但是女性主义作者已经开始在女性文化语境中重新衡量它的意义。黛博拉·琼斯（Deborah Jones, 1980）将八卦定义为"女性在女性角色中的本色谈话形式，它的风格是亲密的，话题和设定是个人和家常的，它是一种女性的文化事件，从女性角色中生发，超出女性角色的限定，但在同时又以强化女性角色而产生安抚感"（p.194）。八卦的流动性使得它极难研究，甚至仅仅是记录下来也很困难，但琼斯认为八卦是长久以来女性拥有的重要资源，将自己的个人经历和她们所处的家庭环境以外的更大圈子结合起来："这种观看世界的角度是说话人将个人生活的细节和周围人群生活的细节结合起来才能创造产生的。"（p.195）

琼斯指出四种主要的八卦形式：家常谈话（house-talk），即交换日常家庭生活的实用性信息；丑闻（scandal），即有关道德冲突和困境的判断性问题；牢骚（bitching），即表达对女性角色受限的愤怒和挫折感；以及闲聊（chatting），即"相互的自我表达"过程，用以开启人际交往的亲密度。粉丝们在关于电视节目的讨论中涉及全部四种形式（当然，在此过程中，她们拓宽了自己的身份，将自己从父权社会内部中产阶级女性这一充满矛盾的身份延拓到资本主义文化中的消费者身份）。粉丝们交流一切关于电视剧的信息，从剧中演员的私人生活，到事关电

---

[13]　原文作"flaming"，是英语网络俗语，即批评。此处以中文网络中类似场合下的用语翻译。一般"挂墙头"的做法就是将不同意的值得批评的他人的话特意引用出来让别人看到。

[14]　八卦一词原文作"gossip"，汉语中里这个词意义最接近的是俗语"八卦"，虽然此意未入字典，但求准确性姑妄用之。

视剧存亡的电视台方决议；从低价录像带的销售信息到最近被取消的电视剧可能转让的播放授权。粉丝们对剧内角色的人际关系做出道德判断，同时也审判演员在同人展会上的表现和商业粉丝杂志揭露的真实生活行为。粉丝们无休止地"牢骚"改变节目形式的行为，谴责强令电视剧下线的电视台，这些抱怨都集中在粉丝对所爱文本的极其有限的控制力上。粉丝也会开启一些个人向的谈话，比如她们从家人或者同事处得到的回应，这些讨论常常会延伸到一些更加私密的话题上，例如健康、爱情生活、婚姻问题或者个人财产状况。就像一个粉丝所言："我们靠信息交流为生，我们就是为了信息交流而生的！"（Meg Garrett，私人谈话，1990）所有种类的八卦对粉丝们来说都有趣，因为和她们最爱的电视剧相关，也代表她们自己在粉丝文化中的参与。粉丝们交流八卦因为它们能切实地维持粉丝文化，同时也提供了一种崭新的考量电视节目的方式。它们还为粉丝们发泄不满或者尴尬自嘲提供了渠道。

八卦的内容往往没有女性之间交流秘密而产生的社会联系重要（也正因此，八卦虚构的角色很可能和八卦真实生活中的事件一样有用）。就像帕特利西亚·梅耶·斯帕克斯（Patricia Meyer Spacks，1983）所解释的那样，"八卦……运用了丑闻的内容，但是对传八卦的人以外的世界毫无影响……八卦所传达并维系的社会关系比它宣传的意义重要得多；为了维系这种关系，对八卦的解释方式比事实内容（或说虚构的事实）要重要得多"（pp.5—6）。因为交流信息的人会互相确认他们之间共享的信息，八卦在参与者中间建立了沟通平台。最后，八卦是通过评价他人的行为和价值来表述自我的方式。粉丝群内部关于电视的谈话也有相同的功能。在这个愈加原子化的时代，现实生活中本不可能面对面谈话的人可以互相讨论共同的经验和感受，流行文化中现成可得的角色为此提供了一种可供援引的共享资料。粉丝对同一部电视剧的兴趣所引发的谈话很快就会远离最开始谈论的那部电视剧的内容。

正如玛丽·爱伦·布朗和琳达·巴维克（Mary Ellen Brown and Linda Barwick，1986）所言，肥皂剧叙事的开放性和对人物关系的重视使得它们尤其容易进入八卦的口头文化："肥皂剧不仅描述父权社会下女性特别关注的主题（如和亲族关系以及性相相关的家常事务），而且它们的描述方法同时'提出问题'并承认了女性生活中的种种矛盾。"目前有大量研究追踪肥皂剧的粉丝在与家人、朋友和同事之间的关系等日常生活中寻找缺口置入肥皂剧经验的过程（Seiter, Borchers, Kreutzner, and Warth, 1990；Brunsdon, 1981；Hobson, 1982；Hobson, 1989）。粉丝们对角色的行为作出道德评判，对可能的情节发展做出猜测，向新 *82* 粉丝介绍关于节目历史的背景知识。《肥皂剧文摘》（*Soap Opera Digest*）等以粉丝为对象的出版物非常鼓励类似的推断，对粉丝的观点发起投票，并提供剧中演员的合同纠纷以及私人生活等大量信息；这些"内部消息"很快就转化为个人对剧目的"八卦"。

　　粉丝们发现更大范围的文本也会使电视相关"八卦"更加丰富有趣。一个《侠胆雄狮》的粉丝告诉我一个本来对这部电视剧相当不屑的朋友看完第一集之后的反应：

> 　　那大概是周六早上八点钟左右。我还没有起床。一辆车开近了——吱——她从车里跳了出来。她直接走进门，我完全没有开玩笑——她直接把我拎了起来扔进椅子："好吧现在——跟我说说。这是什么？发生了什么事情？怎么回事？老天啊！"……我给了她几本我的同人志，然后她又来要了几本。我们后来就经常谈论那部电视剧了。

　　这个故事非常戏剧化地表现了粉丝急于找到其他粉丝的心情，她们需要分享她们对这部电视剧的热爱之情，并讨论角色和剧情。

　　有趣的是，当文本材料进入口头话语，粉丝们往往从故事事件上转移视线到一些人际关系相关的主题上，这些主题向来就是八卦的关注点所在——宗教、社会性别角色、性相、家庭、罗曼史以及职业野心。有些相关的问题会停留在电视剧故事明显集中表现的主题上：马特和凯西（《异形帝国》）会不会把他们的爱情持续到最后？阿曼达（《星际迷航》）究竟是怎样将她的爱意传达给禁欲的瓦肯人沙瑞克的？他们婚姻的"逻辑"基础在哪里？《侠胆雄狮》中文森特有怎样的秘密过往？他为什么会走到被雅各布·威尔斯照顾的境况之中的？但是粉丝的兴趣经常会超出剧情之外，他们往往会问到制作者不希望他们提出的问题：《星际迷航：下一代》中的皮卡德舰长是卫斯理的父亲吗？他和贝弗莉是不是有过一段感情？假设这部科幻电视剧就是大卫王和拔示巴故事的复述，那么是皮卡德故意让柯洛夏大副前往死境的吗[15]？斯塔斯基和哈奇可能是同性恋情侣吗？为什么乌胡拉一直没被提拔而契诃夫和苏鲁已经能号令自己的飞船了？这些问题往往是原来主要为男性观众设计的内容被女性化的结果，这一女性化过程最终导致粉丝开始创作自己关于这些人物和事件的小说。

斯帕克斯（Spacks，1983）强调八卦的美学向度，认为它和虚构文本的创作艺术有着直接紧密的联系（"生活的片段被转化为故事"）："八卦不是小说，但无论是作为口头传统还是作为书面形式的回忆录或者通信集，它都包含着种种虚构文学要素。"（p.15）斯帕克斯认为，八卦"推动情节"（p.7），迫使我们关注自我经验中对虚构性叙事感兴趣的部分；八卦将那些经验转化为"已有的结构……（和）熟悉的模式"，使得罕见的事件成为听众更易理解的东西（p.14）。将转瞬即逝的口头八卦文本转化为更加持久的实体化文字——同人文学，这一步骤在这种逻辑下理解便是顺理成章的。八卦和小说写作都让粉丝们能充分发掘原剧作吸引他们的、对中心剧情无关紧要但是在特定观众看来特别鲜明的方面。

粉丝常常因为八卦的可能性而受到某部电视剧吸引，因为它们提供了最合适的原料，让粉丝能谈论切身相关的话题，或因为它们持续地提出粉丝愿意讨论的话题；这种讨论不仅能更深入地探究虚构人物，还可以探究解决个人实际问题的种种策略。比如《星际迷航》中的外星人世界可以视作一种不同的对男性气质（musculinity）和女性气质（femininity）观念的解读，也提出种族关系相关的问题。讨论乌胡拉或者莎维克之类的角色可能激起想获得事业成功女性的行为方式相关的讨论。查培尔对斯波克，或者特洛伊对瑞克表示的爱意可能引起事业和婚姻之间的抉择策略讨论。"最高指导原则"（prime directive）相关的讨论常常杂以美国

---

[15] 大卫王和拔示巴故事来自希伯来圣经。拔示巴是赫梯人乌利亚的妻子，某日大卫王在王宫的平顶上游行，看到拔示巴正在沐浴，立刻渴望得到她，后与她通奸，使她怀孕。大卫为了掩盖自己的罪行，将乌利亚从前线召回，但乌利亚却遵照军队规定没有回家和妻子同房。大卫因此写信命令乌利亚的将军故意在战场上抛弃乌利亚，令其阵亡。之后大卫王就名正言顺地娶了孀居的拔示巴。拔示巴是大卫王的继任者所罗门王的母亲。这里粉丝从皮卡德舰长认识贝弗莉战死的丈夫这点推断是不是皮卡德和贝弗莉很早之前就有染，而且是皮卡德故意令贝弗莉的丈夫死亡的。

在第三世界国家插手的争议 [16]。《星际迷航：下一代》中的一集曾经引起过激烈的关于堕胎的讨论 [17]：

> 《星际迷航》肯定了选择——在《孩子》这一集中，由于未知的外来影响，人们讨论了蒂安娜未出生的孩子可能对飞船造成的危险。蒂安娜的决定——她的**选择**——是生下这个孩子。这个决定不是皮卡德舰长或者瑞克或者医生或者其他什么人的；这是唯一有关系的人物——蒂安娜·特洛伊的选择。(Rhodes，1989，p.4)

84　　另一些人则用电视剧中的其他事件来支持他们生命至上（pro-life）的立场：

> 我不能想象麦考伊医生（甚至普拉斯基医生）进行堕胎手术，除非是为了救母亲的性命；即便他们非这么做不可的话，我打赌他们也会使出全身的解数同时救活宝宝的……《星际迷航》为一切生物的权利而奋斗，甚至包括那些"活着的机器"比如达塔，或者严重残疾的人比如派克舰长，他们反对强有力的人对弱小者的残暴屠戮。(Burns，1989，p.9)

　　非常有趣的是，只要论题还以虚构人物和他们的探险为中心，《星际迷航》的粉丝们就认为对堕胎的讨论是合适的。一旦将这一话题延伸到现实生活中的意义时，就会被视作将"政治"话题引入粉丝论坛，激起强烈反对。正如一个粉丝所言："这种话题要在《星际迷航》杂志的纸面上讨论，只要话题还能适用于《星际迷航》我就不反对。"(Germer，1989，p.2) 直接讨论堕胎话题就是转移了辩论的重心，会影响到群体的凝聚力，并阻碍很多话题的讨论。

　　八卦作为一种"女性话语"的力量正在于它能够让抽象的事物具象化，让公共关心的话题转化为个人切身相关。这种话语层面上的转换在传统上能够给女

---

[16]　"最高指导原则"是《星际迷航》宇宙观中星际舰队的指导原则，不允许成员干预有智慧外星人文明的自然生活、社会与文化发展。

[17]　堕胎是否合理合法是当代美国政治文化生活的核心议题之一。一般支持堕胎合法的人自称"选择至上"（pro-choice），而反对堕胎合法的人则自称"生命至上"（pro-life）。

性提供空间以叙述她们被赋予的社会责任以及作为社会从属（surbordination）的经历。这经常意味着通过暗喻和寓言（allegory）说话。如果说公共政治话语是为男人预留的，那么私人的亲密的"八卦"话语则给女性一个讨论争议性话题的机会，而这种话语平台一向被视为琐碎且愚蠢，因此远离男权权威的监控。正如琼斯（1980）所言，八卦很可能成为女性控制社会性别角色期待、强化社会行为规范的途径，然而它也是女性互相交流性别角色中压抑天性的方式，而且这种交流不必担心被人听见，不用直接牵扯政治层面上对社会规范的挑战。

　　从某种角度而言，女性主义（feminism）使得更多女性能公开地表达她们所关心的问题，粉丝们谈论电视剧人物也有类似功用，并且创造出更舒适的探讨焦点问题的环境。然而，就像康斯坦斯·彭利（1990）所言，就算她们讨论的电视节目内容经常直指女性主义辩论和分析中的中心议题，女性粉丝一般也不会爽快地自我认同为女性主义者（feminist），不会在她们的话语中主动运用女性主义的相关词汇。有些女性会谈论整部电视剧中乌胡拉被边缘化的情况，但不会延伸到所有妇女在工作场所被边缘化的状况；她们会批评柯克和瑞克的极度男性化表现，但是却不评论现实生活中对男性气质的社会构建（虽然说粉丝们通常认为虚构作品中的角色反映了真实的社会背景）。在这些背景下，电视剧提供了思考的工具以及协助讨论的原始资料。流行文本，就像传统的"丑闻"资源，给了人们在和这些问题切身冲突时不可能具备的情感距离，与此同时，这些文本也能够提供更抽象的辩论中没有的实实在在的例证。

85

第三章
粉丝批评家

我们粉丝喜欢《星际迷航》，不会管它有没有错误。我们喜欢它不是因为它完美无缺，无需改进。批评《星际迷航》意味着我们爱它，爱到了希望它尽可能更完美。我们希望指出缺点以期改进（就是说，从错误中获得新知，而非假装错误并不存在）。如果我们根本**不在乎**，我们从一开始就不会批评。(Joan Marie Verba, 1989a, p.1)

有组织的粉丝圈首先就是一个文艺理论和文艺批评的机构，一个半结构化的空间，被不断提出、争论和妥协的相关文本在这里被赋予不同的阐释和评价，读者在此思考大众媒体的属性和他们自己同大众媒体的关系。就像我在之前的章节所指出的那样，我们倾向于认为理论和批评是受过教育的精英所独有的特权，属于德塞杜所述"经文经济"中的特权等级。学术批评和理论建立在成年累月的学术训练基础上，建立在一整套复杂的专业术语上，似乎完全排除了在未受训的流行层面复制的可能性。但正如伯纳德·沙拉特（Bernard Sharratt, 1980）所言，流行读者的私人知识和文化能力也推动着批评性的评价和阐释，流行"专业知识"（popular "expertise"）的应用以一种非常有趣的方式重复了学术界的知识生产过程。粉丝们常用足以使学术批评者都感到羞愧的密切度关注电视情节叙事的细节。在流行文化的领域内，粉丝是真正的专家；他们组成了和教育精英相抗衡的另一种精英，尽管没有官方的认可，也没有社会权力。

沙拉特（1980）将这些流行"专业知识"视作伪知识，一种"自以为是或者半幻想"；对信息的熟习以"补偿"（compensation）的形式被"错置"（displaced）于流行文化之上，补偿教育系统拒绝给予这个群体的知识和尊敬，以及政治过程拒绝给予他们的权力。但是，正如女性主义者已经在重新衡量"八卦"的潜在力量，将之视为女性使用且以女性为对象的交流方式，我们也应该重新衡量"琐碎细节"（trivia）的重要性，与其视其为学术体制（academic institutions）未权威认定、未受控制的知识，不如视其为粉丝在流行方面的专门知识，能为文本材料的批判性重构打下基础。约翰·图洛克（Tulloch and Jenkins，即出）为大众批评者和媒体的关系提供了一种更加温和友善的观点。图洛克引用艾德里安·梅勒（Adrian Mellor，1984）的著作，提出《神秘博士》的粉丝是一群"无权力的精英"（powerless elite），他们由于对电视剧原材料的娴熟掌握对其占有先天优势地位，但是却没有或者极少有左右"电视剧生产状况或者接受情况"的能力。他们确实拥有"润色、书写这部电视剧的审美历史的权力"，分析其内容并评价其剧集的权力。图洛克所研究的《神秘博士》的粉丝运用这一权力评论电视剧的情节发展状况，批评与自己兴趣不符的发展，指正违反电视剧连贯性的行为。

美国的媒体粉丝也占据相似的文化权威高地，宣称自己具有抗议制作者违反粉丝利益的行为的道德权利（moral right）。例如，让我们看看一个黑人粉丝是如何评论《星际迷航：下一代》的：

> 你们最喜欢的人物被"提拔"了，而且他们希望你们能忘掉他；你们第二喜欢的人物戏份被大大削弱，他的整个性格也发生了变化；那些长得和你相像的人物在剧里要么活像讽刺漫画里出来的，要么被整个从舰桥上抹去了，而且一直被迫穿着最缺乏吸引力的戏服（我**知道**这是分舰队的制服色彩，但是对不起，芥末黄根本就不适合黑人）。整部电视剧的重心都置于一个有时候挺可爱但总体来说**无足轻重**的人物身上；作者们根本没有在另两个角色身上花功夫，随着时间的推进他们俩变得越来越没趣——舰桥上有一个婴儿，但舰桥应该是成人们该待的地方。把所有情况按这样说下来，你们就不能有那么一点点微小的不满吗？（Junius，1989，p.9）

　　她坚持使用第一人称和第二人称代词显示了粉丝对原始文本的强烈亲密感；
88 这个粉丝将人物塑造的转化或者表演形式的变化视作制作方对粉丝犯下的过错
（毫无道理地破坏了他们所共有的财产），因此这个过错值得直接向个人反馈。她
对这部电视剧的专业知识，她对人物所有的感情投资，为她对制作和传播这部电
视剧的机构愈发负面的批评态度提供了支持，同时也为她代言普通的广泛粉丝团
体的观看经历和文本理解提供了保障。这种批评节目制作方的"道德权利"表现
的不仅是个人意见（虽然说粉丝们一般都坚持表达个人抗议的权利），而且是整
个粉丝团体的共识，建立在不断进行的对每一集剧情的意义和重要性以及每个人
物心理和动机相关的辩论基础之上。

"正确的方式"

　　粉丝团体建立在意义理解的基础上，并以其维持发展；粉丝团体的期望和种
种约定俗成也形塑着对电视剧内容意义的理解，同时塑造着粉丝自己的艺术创造
形式。粉丝倾向于用极度个人化的形式自我表达，强调他们拒绝屈从于"俗世"
的社会准则，也拒绝屈从于他们自己社群中流传的种种不同解读方式；然而在他
们认为有义务时也参与回答一些更微妙的指向粉丝群体的细节问题——在粉丝兴
趣中怎样的叙述才能算"合适"，怎样的阐释才算"合法"，如此等等。粉丝俱乐
部聚会、新闻通讯以及信件同人志为读者阐释提供了协商的空间。粉丝生产的同
人作品回馈理想读者的品味、反映粉丝群体的文类传统的程度，并不亚于商业文
化中作品对读者的回应。这些讨论和材料进一步塑造了个体粉丝的观念，更向电
视节目的粉丝群体性理解趋同。

　　这一解读群体不会排除阐释和评价中的异想天开（Fish，1980）。粉丝们激
烈辩论，在很多问题上有不同的见解，这种状况必须一直保持下去，这样对一
部早已结束的封闭作品（比如一部已经完结的电视剧，一部非系列电影）的阐
89 释才能延长下去。然而，粉丝圈的体制化结构确实约束了对某剧集可以做出的
评价，并直接指出了原剧集中与粉丝批评相关的角度。大卫·波德维尔（David
Bordwell，1989）指出，学术阐释是以体制机构为基础的。虽然对全新阅读方式

的需求允许某艺术作品不断带上新意义，但是大多数学者都有一套文本阐释的既定陈规。一个共同立场，一整套共同的假设、阐释和修辞手段，整个推断过程、语言场域（semantic field）和隐喻等，都是对某些特定阐释方式进行有意义的讨论所必须的前提条件。对于粉丝圈来说，虽然阐释的既定规则没有如此硬性规定，也不像学术界那样要求人人严格遵守，但是类似学术界的情况是存在的，一个共通的知识背景对于粉丝讨论也是必备基础。用一个多年《星际迷航》粉丝（Hunter，1977）的话来说，"《星际迷航》是一套讲述权利、观点和理想状况的程式（format）。几乎所有能想象到的观念都可以通过《迷航》表达出来……**但是，存在一种正确的方式**"。正如我在第二章中指出的，个体融入粉丝圈的社会化过程包括首先学习粉丝阅读的"正确方式"，学习如何运用并理解这个群体的特定解读常规套路。

这一章我将概括几种粉丝批评的既定规则，从如何将一部电视剧归入粉丝经典到评价阐释连续剧中的每一集的方式。在这章的最后，我试图将粉丝阅读行为解读为女性独有的阐释策略，它可能代表了一种体制化的"女性的"（feminine）对文本的阐释方式，和学术界所偏好的更加"男性的"（masculine）风格存在重大区别。虽然本章最后一节建立在众多读者反应批评（reader-response criticism）理论著作基础之上，但它只是基于推测的理论，然而仍可以让我们重新考虑粉丝阅读方式与体制所偏好的阐释方式之间的关系。在下一章中，我将继续对这一模式的讨论，细探《侠胆雄狮》的几种批评性反应，表现粉丝如何应用对连续剧的元文本理解（metatextual understanding）和文类模式（generic models）以阐释和评价电视剧集的发展。

选择节目

很多评价很高的电视节目没有培养出作为本书首要研究目标的体制化粉丝文化（institutionalized fan culture）。很多粉丝也会定期热情满满地看一些电视节目，但是却没有任何动力因此写故事、交换信件、参加俱乐部或者参加同人展。比如几乎所有波士顿《侠胆雄狮》粉丝俱乐部成员都说他们会定期观看《洛城法网》

（*L. A. Law*），大城市或者周边居住的年轻上班族以及学生从这部电视剧中获得了相当大的共鸣，但它却没有成为媒体粉丝圈的经典作品。它的演员从没有被同人展邀请做嘉宾，据我所知，也没有以此电视剧为中心的信件同人志或者同人本。就个人身份而言，很多俱乐部成员都已经将《洛城法网》变成了他们电视观众生活的一部分，但却没把它纳入自己的粉丝身份。相对的，虚构文本不需要成为一部畅销作品才能吸引追随的粉丝，如《外星恋》《天生爱神》（*Buckaroo Bonzai*）、《黄金猴传说》（*Tales of the Gold Monkey*）都是如此；有些甚至根本就没有扩展群众基础的条件，比如《布雷克七人组》《用沙袋治沙的人们》、日本动漫等等。美国的很多《CI-5行动》粉丝对这部英国电视剧感兴趣的原因是阅读了关于剧中人物的同人作品，之后才去找电视剧的录像带。或者让我们看看日本少女漫画的美国粉丝，他们喜欢的作品如《浪漫英雄》（*From Erotica with Love*）没有翻译也没有销售到美国市场，只能在极少的日本进口书店里才能找到，而有日本进口书店的城市本身就很有限。对于这类作品，美国粉丝极少能在遇到同人之前先捕捉到原作，而同人给予他们的归属感远远早于他们阅读原作冲动的产生。况且，这些文本的魅力起码有部分来自它们和现有的粉丝文化模式的相关性，具体说来就是粉丝对同性恋爱故事有孜孜不倦的兴趣，而她们发现了日本在这种故事中的女性传统。

　　常识逻辑告诉我们，粉丝之所以成为粉丝是因为他们对特定的文本或者艺人着迷，但是其实这个陈述反过来也是成立的。粉丝作者芭芭拉·坦尼森描述了这一过程：

> 　　我喜欢电视剧的粉丝圈，喜欢写同人小说，其实就是喜欢粉丝，并且想加入他们的活动中去；所以看电视这件事情就成了完成作业……有多少粉丝比起电视剧或者电影本身来说更喜欢粉丝圈的活动的？我估计远不止我一个人吧。（*私人谈话，1990*）

　　无法否认确实存在一些"边缘"粉丝圈只热爱一些堪称怪异的文化选择，但是基本上粉丝都倾向于将自己的社会文化活动集中于那些有潜力被大量其他粉丝追随的电视剧上。同人志编辑必须确保他们的印刷品有读者，同人展会组织者也必须确保他们的展览有观众来看。粉丝体制有时会提供有限的空间以便介绍或支持最新的潜力话题，但是在此之外，冷门圈子不再构成体制的主要兴趣，必须让位给更受欢迎的圈子。

每部被粉丝接受的连续剧都有吸引新粉丝的潜力，有些新加入圈子的粉丝之前对粉丝体制完全没有任何了解，但是每一部新进入圈子的连续剧也会常规地在已有粉丝群体的支持上发展起来。较老的粉丝一般视新来的粉丝为威胁或者竞争对手：《星际迷航》粉丝针对《星球大战》粉丝的嘲讽和责难就和他们当年受到更老的科幻粉丝群体的嘲讽一样。对竞争的畏惧可能是一个实在的理由，新兴的粉丝圈很可能成为变幻不定粉丝圈爱好的下一个热门，粉丝厌倦了旧的电视剧就会被新的有潜力媒体作品所吸引，随之带进一些已经成系统的文化行为的词汇和阐释方法。比如美国的《布雷克七人组》粉丝圈机缘巧合地赶上了《神秘博士》粉丝圈的内部斗争和《星球大战》粉丝圈的衰退期，前者和《布雷克七人组》一样都是英剧，而后者和《布雷克七人组》一样讲述了反抗运动的故事。于是这个粉丝圈便建立在一批久经考验的资深编辑和作者之上，观众也早已习惯购买同人本和参与同人展。反过来说，这个群体也为接下来的许多英剧粉丝圈的萌生提供了庞大的群众基础，如《CI-5行动》《用沙袋治沙的人们》《星际警察》。因为粉丝圈不会只关注一种文本，所以粉丝经常将他们的兴趣拓宽，容纳新的电视节目。

《异形帝国》个案分析

92

我将讨论一个较新的例子。福克斯电视台的科幻电视剧《异形帝国》于1989年秋开始播映，并立刻建立起稳定的观众群。从这年深秋开始，科幻同人展会上就出现了《异形帝国》的专题座谈小组，1990年2月更是举办了一次《异形帝国》的同人展会。1990年年初我就在同人展上听到了《异形帝国》相关的同人歌曲。这年春天，在西部媒体同人展上，第一份专门关注这部电视剧的信件同人志开始出版，名为《新来者新闻》(*Newcomer News*)。同时出版的还有一本第一季剧情介绍《滕克托人的宇宙指南》(*A Tenctonese Guide to the Universe*)，并有好几本筹划中的《异形帝国》同人本已经开始征集稿件，如《外星人关系》(*Alien*

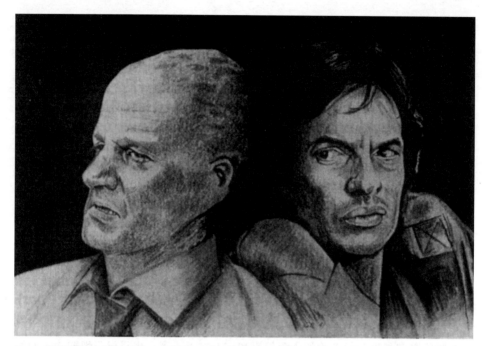

图 3-1　《异形帝国》主角，马特·塞克斯和乔治·弗兰西斯科。同人画作者：凯特·努恩伯格。

Relations）、《新鲜海狸尾巴：山姆·弗兰西斯科的礼物》（*Fresh Beaver Tails: The San Francisco Treat*）、《人渣也是人》（*Slags Are People Too*），预定秋季出版。这些前期活动都是由在粉丝圈中浸淫多年的人和机构承担起来的，比如第一次《异形帝国》同人展由"创造展会"（Creation Conventions）举办，这个商业机构每年要组织承办几十场同人展。很多最早的《异形帝国》同人歌曲由罗伯塔·罗格（Roberta Rogow）编写演唱，她是一个专业的同人作曲者，之前曾经出过四盘《星际迷航》相关的歌曲磁带，也曾经编写过几本同人志。最早的信件同人志、节目指南以及一本正在编撰中的同人本都是由卫星出版社（Starlite Press）出版，这是一家粉丝出版社，号称四年内出版了 72 册同人志，涵盖圈子包括《星际迷航：下一代》《西蒙和西蒙》（*Simon and Simon*）和《哈德卡斯尔和麦考米克》（*Hardcastle and McCormick*）。其他的粉丝出版社也很快将《异形帝国》相关的同人志加入自己的出版计划当中。波士顿地区《侠胆雄狮》粉丝俱乐部扩张时，也欢迎以《异形帝国》为最主要兴趣的粉丝，在节目被取消的时候吸收了这些粉丝和电视台斗争的经验，以组织抗议。

虽然说很多围绕着《异形帝国》的粉丝话语都强调这部电视剧的"原创性"和制作者的"创造力"，但是这部电视剧迅速融入媒体粉丝圈的过程还是来源于它和粉丝们其他兴趣的高度相容性。《异形帝国》是科幻和动作冒险两种文类的交叉文本，也是粉丝团体中最受欢迎的两类文类，因此也就自然能吸引大批量粉丝，在他们已有的文化能力上继续产出同人作品。对有些人来说，这部电视剧的吸引力来自细节周备完整可信的外星文明——"新来者"，因此特别适合对人类文化和价值理念进行重新审视和反思：

> 从外来者的角度观看会带来一种天生的吸引力；在我看来，"科幻是一种社会评论"就是这个意思。"新来者"是极好的人类比照物，之于我们对于性、性别角色、身份、诚实、正直、公正等概念的观念都是一种很好的参照。就像《星际迷航》里的斯波克，"新来者"让我们能站在自身之外观察自己，观察正常人类的行为。(Urhausen, 1990, p.9)

对其他人来说，对这部电视剧的兴趣来自其对男性之间友谊的生动描述和表现，这在很多警匪剧和侦探剧里都是一个中心主题：

> 我反正就是超迷"搭档"型剧，但是我特别爱这部是因为我们不是一下子就什么都有了……乔治和马特的关系让我想起了《休斯顿骑士》(*Houston Knights*)或者《哈德卡斯尔和麦考米克》：从最开始的不爽，或者甚至是直接的敌意，逐渐稳定发展成为一段真正的友情。在这么长的一整季里观看这种友谊的萌生真是一件美好的事情。(Hartwick, 1990, p.16)

还有一些人被电视剧里的爱情所吸引，为剧中暗示的马特和凯西之间有可能 *94* 的跨物种恋情所迷恋：

> 我喜欢凯西……她和马特是朋友，说不定最终他们之间的关系会变得更亲密（如果说《星际迷航》里沙瑞克和阿曼达能有一个孩子，《侠胆雄狮》里文

森特和凯瑟琳也能有孩子的话，那么马特和凯西肯定也可以。这可是电视剧）。
(Wilson，1990，p.8)

正如这三个例子所示，一部被广为接受的电视剧最开始都是通过它和其他已
被经典化的电视剧之间的异同点来理解的（参考的电视剧包括《星际迷航》《哈
德卡斯尔和麦考米克》《侠胆雄狮》等等）。一部新电视剧也会通过之前观众感兴
趣的媒体加诸身上的特定文类情景和题材让粉丝产生兴趣。《异形帝国》被迅速
接受的过程来自这部电视剧的丰富文类因素，它很大程度地迎合了广阔粉丝群体
的价值观和能力，给复杂多样的粉丝群体以新鲜的内容材料以置换或丰富在长年
观看和解读过程中兴趣磨灭的故事："老天啊，随便找个'新来者'生活的有关主
题，任何主题都可以，我都会深入地看下去。"(Cox，1990，p.7)

1990年西部媒体同人展上的《异形帝国》座谈小组吸引了所有粉丝活动中人
数最多的参与者，因为大量老粉丝都希望来看看这部尚且新鲜的电视剧究竟能够
产生出怎样的同人文化。这次同人展早期，《新来者新闻》的首印就售罄了，编辑
不得不联系当地的印刷店补印更多本，以满足对这本《异形帝国》信件同人志的
出人意料的大量需求。与这部电视剧所带来的巨大兴奋感产生强烈反差的是，它
在尼尔森收视率排行榜上长期垫底，而且因为其糟糕的收视率，第一季结束后就
被电视台下线了。取消播放的消息传出来之后，粉丝团体立刻展开一场呼吁恢复
播映的运动，尽管他们的努力至今毫无收效。

创立电视剧经典

挑选出特定的电视剧仅仅是更大的评价过程中的第一步。并不是每一集电
视剧都能在同样程度上满足粉丝，能够符合他们最早被电视剧吸引的要素。电视
剧中的其他方面也是一样，包括角色、外来种族、重复出现的叙事场景或者形式
变换。于是粉丝的同人出版，其首要功能就是给粉丝提供一个评价和谈论每集剧
集和长期剧情发展的公共平台。《星际迷航》的信件同人志，比如《跨越星际》
(*Interstat*) 会专门留几期，大量登载粉丝对新的《星际迷航》电影的反应和评论，

还有些信件同人志则满是粉丝对最新播映的《星际迷航：下一代》剧集的评价。一本名为《群连锁》的信件同人志以整个媒体同人圈为关注核心，它在每季结束的时候都给读者提供一份调查问卷表，让他们给所有《下一代》的剧集打分，也给每个出现的人物打分。

有时候对文本或人物的评价会出现激烈的争论，但这一情况比较罕见，粉丝对电视剧的接受度具有相当高的共识，他们对每集新剧情的评价都会有一套较为稳定持续的标准。有一些，比如《永恒边缘的城市》或者《狂暴时间》（"Amok Time"，《星际迷航》），《昨天的进取号》（"Yesterday's Enterprise"）或者《人类的尺度》（"Measure of Man"，《星际迷航：下一代》），或者异形诞生三部曲（《异形帝国》）获得了异口同声的赞誉，另一些，比如《斯波克之脑》（"Spock's Brain"，《星际迷航》）、《公正》（"Justice"，《星际迷航：下一代》）、《动物》（"Animals"，《布雷克七人组》）或者《尼蒙之角》（"The Horns of Nimon"，《神秘博士》）几乎成了众人一致的嘲弄对象。有些角色（斯波克、达塔、文森特、埃冯）成为粉丝们的最爱，其他的一些（卫斯理·柯洛夏）若真有人喜欢的话，其人数也微不足道。（当然，我必须承认，这些评价都存在重新评估的可能性，比如塔朗特在第一代美国的《布雷克七人组》粉丝中几乎没有引起任何兴趣，但他却是很多新粉丝观看电视剧时重点关注的对象。）

评价的分歧一旦出现，一般都反映了粉丝各自不同的小群体所具有的社会取向，更甚于反映个人的品味差异。《迷航连锁》（*Treklink*）的编辑琼·玛丽·维巴（Joan Marie Verba，1989b）分析粉丝对《星际迷航Ⅴ》评价的巨大差别时说：

> 虽然说有多少人就有多少种欣赏《星际迷航》的原因，但是粉丝的兴趣（总体上）可以分成两种。我属于"星际迷航科幻派"。我在《星际迷航》出现很久之前就开始看科幻小说了；我就是因为《星际迷航》是科幻才开始看它的。对我来说，最开头的一句话，"太空……最后的边境……"是《星际迷航》的核心意义所在。或者换句话说，对我来说，《星际迷航》的主题是对太空的开拓和因此产生的种种结果（比如遇到其他生物、实现科学进步、交流文化信息和哲学思考等等），最典型的一集《星际迷航》剧情就是探索这些内容的。在我看来，所有《星际迷航》系列电影中，第一部、第二部和第四部最符合

96

"探险"主题。这一方向也意味着我觉得参与探险的人是柯克、斯波克和麦考伊还是皮卡德、瑞克和柯洛夏（医生）完全不重要……我认为，另一种对《星际迷航》的欣赏方式并不是从科幻的角度进行的。事实上，这些粉丝很可能一点都不喜欢科幻。相反，他们感兴趣的是电视剧中的"哥们情谊"（柯克—斯波克—麦考伊）或者"家庭"感（全体船员）……《星际迷航 V》就是为这种喜欢哥们情谊和家人情的粉丝量身定做的。（pp.11—12）

维巴认为这种区别也体现在《星际迷航》的粉丝做出的其他评价上：

> 当我意识到这一点时，我之前感到奇怪的一些事情就得到了解决：为什么有人认为《星际迷航 III》是系列电影里最好的一部，而对我来说明显是最糟糕的一部；为什么有那么多的同人本只关注柯克和斯波克的友情；为什么在大量同人小说里，有些作者急于将柯克和斯波克从进取号、星际舰队甚至星际联盟里挪出来（这于我是一件匪夷所思的事情，因为就像我之前所说，如果故事和宇宙探险一点关系都没有的话，这根本不能称作和《星际迷航》相关）；为什么那么多《星际迷航》粉丝喜欢《警界双雄》（Starsky and Hutch）之类我觉得一点意思都没有的"哥们情谊"片；为什么有些粉丝不能顺利地接受《下一代》。（pp.11—12）

她没有指出的是，为什么会出现两种截然不同的解释《星际迷航》的方式。这些不同的阅读方式，也许能够反映出不同的阅读背景、社会经验、意识形态和欲望。（至少一个粉丝读了这本书的手稿后对维巴的概括总结提出了质疑："我在这 25 年粉丝生涯中遇到的大多数女性《星际迷航》粉丝都更加**偏好**一种解读角度，但是我只见过很少几个只喜欢柯克和斯波克的关系而对《迷航》的科幻性质毫无兴趣的。她们有可能对人物更加感兴趣，但是她们仍然喜爱探究瓦肯文化，或者联邦政治或者克林贡语，甚至有时候喜欢探究飞船硬件。"[Meg Garrett，私人谈话，1991]）但是就像维巴所言，这两种阅读方式（不管是体现为两个不同粉丝派别还是同一个粉丝在不同阶段的不同表现）都不是简单的爱好偏执。每种解读都能在原著中找到根基，每种解读都能在粉丝文化中找到体制性的支撑，即使是那些维巴完全没有提到的解读方式，比如剧中的硬件设施，或者军队编制。这些一般是男性电脑网络爱好者或者角色扮演游戏爱好者所关注的方面，而维巴分析的一般是典型女性向同人志读者和信件同人志作者的倾向（Tulloch and Jenkins，即出）。每种阅读方式都将《星际迷航》内容的一些方面提到前台，邀请其他读者做出不一样的解读和评价。

很多粉丝以适用于任何经典文本的评价自证合法性。一个粉丝赞美《星际迷航：下一代》的第二季，说这一季有"令人兴奋的探险，极好的角色互动，还有有趣的道德问题"（Mike，1989，p.6）。另一个读者批评第一季中名为《阴谋》（"Conspiracy"）的一集，说它"彻底陈腐不堪"，完全没有新意，看到前面就能猜到后面（Burns，1988，p.8）。提出问题而不解决的剧集一般评价都很低，同样受批评的还有剧情支线太多无法深入完整表现的剧集，及表演和编剧显得平面化没有深度的那些。

然而更常见的情况是，单集剧目的评价建立在事先对整部剧作构造的理想形象的对比之上。根据每集剧作实现读者对整部电视剧的发展潜力既定预计的程度，读者才能评价每一集剧作。这种节目的"传统"是从现有的全部内容的基础之上归纳抽象而来，但同时也为评价每次新添入的内容构成了稳定的衡量标准。一个老《星际迷航》粉丝在描述她对这部作品的长期挚爱时就提到了这种理想：

> 我从《星际迷航》放映第一集的时候就是忠实粉丝了。就算有完全不靠谱的电影、让人厌恶的专业小说，还有质量低劣的转录录像带，我也会一直是一个《迷航》粉丝。这是因为我的记忆和我的内心深处的某个地方，一直有一个充满领袖气质、富有洞察力、智慧而且勇敢（当然有时候有点自大）的舰长，一个逻辑分明、有决断力、极好且心思细腻（虽然有时候有点啰唆）的大副，一个明察秋毫、忠实、脾气坏且富于激情（虽然有点尖酸刻薄）的首席医疗官。跟随着这三个人的是一系列整个舰队里最棒的船员，有才华且讨人喜欢。他们在最后一部电影几乎毫无光彩，他们在最后一本书里无疑已经缺席去度假了，但是希望永远存在。他们在下一部派拉蒙的电影里说不定会回来。就算他们回不来……我也永远不会失去他们。

98

根据这种衡量标准，最好的剧集不仅符合粉丝们对最爱人物的期待，而且能够让粉丝更加洞见他们的人格或者心理动机。一个粉丝夸赞《下一代》第二季中的《人类的尺度》一集时说，它"抓住了达塔的真正内涵"（Gilbert，1989，pp.7—8），另一个粉丝对《光荣之心》（"Heart of Glory"）大加推崇，因为"我们从这一集中得到的克林贡相关的信息比原先 79 集电视剧和四部电影加起来还要多"（Fluery，1988，p.9）。粉丝们热爱那些把最爱的角色置于新情景，或者那些探索角色往事的剧集。某些平庸的剧集也会因为包含角色关系相关的支线剧情或新场景而获得相对的赞扬。比如一个粉丝解释道，他并不喜欢《自由的军火库》（"The Arsenal of Freedom"）里的政治隐喻，但是"这集算是被救了，靠的是乔迪由于责任而生的纠结还有让 – 吕克和贝弗莉之间愈发亲密的关系"（Watts 1988，p.15）。

《星际迷航》：元文本

类似评价往往混淆了审美评价和文本阐释。《星际迷航》的"理想"版本，这种作为评价标准的元文本（meta-text）与单集剧情或者电影相并列，是粉丝群体通过对现有剧集不断地分析和细读而日渐累积起来的构造。对于偶发性的观众而言，每集剧情很可能只是自为始终的叙述文本，符合连续剧的形式，和广义上的文类套路有所重合，而同时也有它自身的娱乐性存在，为夜晚的电视时间的充足愉快提供了保证。《星际迷航》这样的电视系列剧和《我的孩子们》（*All My Children*）[1] 这样的电视连续剧有一个重要区别，就在于每集剧情的封闭性。普遍说来《星际迷航》的某集里提出的问题必须在同一集结束前解决，解决问题的同时也必须恢复飞船上的稳定平衡；某集内结成的人物关系就在本集中结束，不带入下一集。柯克、斯波克和麦考伊到达某星球，发现其糟糕的社会体制，以宇宙

---

[1]   《我的孩子们》是美国 ABC 电视台的一部长寿肥皂剧，从 1970 年一直不间断播出到 2011 年，讲述的故事和家庭、年轻人的爱情及当时热门的社会问题相关。随着时间的推进，剧中人物也在不断成长变老。

普适的道德价值为名展开工作，改变该星球的体制，几个"红衫"（安全特工）也许会倒下死去，然后这个星球很可能就立刻发生翻天覆地的变化，但是没有什么能稍微改变进取号上船员间的基本关系。柯克、斯波克和麦考伊必须重新回到飞船上，互相交流些精辟的关于瓦肯逻辑或人类情感相关的话题，之后，飞船就会远去，继续寻找"奇异的新世界"。

对于粉丝来说，或者对定期收看的观众来说，《星际迷航》的观看体验却更像连续剧。没有一集剧情能够从整个连续剧的历史进程中轻易脱离出来，情节发展并非自其内部观瞻而是从一系列发生在主要人物身上的事件中来看的。对于粉丝来说，"有序"地观看**所有**剧集是非常重要的事情，虽然对于很多普通观众来说这并不重要。一个角色对特定场合的反应被视作来自角色全部生活经验的自然生发，通过分析此前的剧情也许就可以得到解释。虽然说《星际迷航：下一代》只偶尔明显提到之前剧集的内容，但是粉丝们却有能力从一个眼神、一次挑眉、一句台词的语调或者任何其他微妙的演出细节里读出之前电视剧的内容来，一切细节都反映了这个角色当时"一定是在想这个"。

这种观众将角色和他们的世界组成一个整体观照，涵盖了他们对电视剧的全部了解，包括电视上已经播放的内容、节目"圣经"（为可能参与编剧的作者撰写的官方设定指南）、采访和同人展会上的出场或者已经在圈子里流传着的粉丝推断。比如关于詹姆斯·柯克在最早的《星际迷航》电视剧和让-吕克·皮卡德在《星际迷航：下一代》中所表现出来的不同的领导形象，一个粉丝是这么说的：

> 帕特里克·斯图尔特是一个极好的演员，他很有个人魅力，而且控场能力非常好。但是除开这些因素，皮卡德简直要了我的命了！他太**冷静**太谨慎了，看起来根本什么都不在乎。他永远只是在看，拼凑细节问题。我不知道其他人能不能理解我是什么意思，但是在我看来他这个人表现得实在太**小家子气**了。好像他对其他人从来不会投入很多时间、精力或是感情……我不由地想把他的行为和柯克相比较。柯克舰长永远都关心别人，愿意帮助任何有困难的人。皮卡德则更想着怎么管理一艘整洁高效的飞船。比起霍雷肖·霍

100

图3-2 《星际迷航：下一代》，同人画作者：利亚·罗森塔尔。

恩布洛尔（Horatio Hornblower）[2] 那样的人物，他更像一个 CEO。（Bryant, 1989, p.7）

如果有人对这一评价提出质疑，这个粉丝必然能从无数集的电视剧中找出种种特定的细节证明自己观点。事实上，这一评论是由《下一代》中的《笔友》（"Pen Pal"）一集催生出来的。她认为这集生动鲜明地反映出了这个人物糟糕的

---

[2]　霍雷肖·霍恩布洛尔是英国小说家塞西尔·斯科特·弗雷斯特（Cecil Scott Forester）于 1937 到 1967 年间创作的十一部系列小说的主人公。他是拿破仑战争期间英国皇家海军的军官，率领着自己的军舰航行并有冒险情节。他是一个极富个人魅力的聪明而开明的领导者。吉恩·罗登伯里曾提到过他受到霍恩布洛尔这个人物的影响才创作出了柯克和皮卡德这两代"进取号"的舰长。

领导能力："如果在同样的情境下，柯克一定会立刻**要求**大家找出解决方法，这 *101*
种反应绝对能救大家的命。"但是如果要找出《下一代》中哪一集能够完美地符合
她指出的皮卡德这个角色的缺点的话，却也并非易事。事实上，她从许多集的剧
情中归纳总结，运用元文本来理解并评价角色在特定叙述情境中的行为。任何关
于连续剧的新信息都能够很好地归入已建立的关于他性格的定位之中，由此做出
是否符合之前归纳的判断。从某种角度来说，这种归纳总结的方式是所有观众面
对节目提供的海量信息都会做的一件事，但是在粉丝圈之中，这种行为已经上升
到了体制行为的高度；粉丝分析衍生出的结论成了电视节目传统的一部分，获
得广泛流传并呈现出被广为接受的"事实"性的身份，不仅与粉丝绑定，还进一
步绑定到原作制作者身上。

很多粉丝讨论都是从元文本构建上衍生出来的，确证电视剧提供的明显信息，
为叙事中某些事件的动机和原因提供解释。《星际迷航》粉丝建立了一个极为详
尽的时间表，将每一集故事都归纳进故事逻辑的发展过程中，另一些人会重建克
林贡人、罗慕伦人、瓦肯人和其他外星人类种族的语言和文化，提供曲率引擎、
传送装置和瓦肯人血液的化学构成等问题的细节解释。

即使有些地方没有这种详尽的解释，粉丝依然会试图重建没有直接在荧屏上
出现的事件。比如，以下是一个粉丝试图解释普拉斯基医生在《星际迷航：下一
代》的第二季和第三季时中途消失的原因：

> 考虑到她花了多大功夫才上了舰，要让她走，一定需要有非常重大的
> 事件发生才行。可能星际舰队让她从事一件她推不掉的研究课题。他们可
> 以让她离开，给她一个新职位，或者提拔她。也许她必须从事一件更好的工
> 作才能付清她的扑克赌债。有可能她最终和皮卡德毫无挽回可能性地大吵
> 一架决裂了。或者她退休了，或者和瑞克的爸爸私奔了。或者，她死了吗？
> (Frayser, 1989, p.2)

这个粉丝将已经播映的节目剧情中和这个人物相关的所有明显内容全部归纳
了出来（普拉斯基和皮卡德不和，她对研究的兴趣和野心，她和瑞克父亲曾经有 *102*
过的浪漫往事），以提供连续性的解释来弥补剧情信息中令人费解的一段空白。

《电视指南》告诉读者普拉斯基离开这个故事是因为演员戴安·穆尔道（Diane Muldaur）决定接下《洛城法网》中的一个角色，所以离开《星际迷航》剧组，但是制作组没有在故事中解释这个角色离开的原因。粉丝对于连续性、完整性和一贯性的渴望令他们必须试着解释普拉斯基的离开，即使这种解释永远也不会在原始文本中出现。这种探究我会进一步在第五章中提到，它构成粉丝对电视剧的创造性重构的基础。毫无疑问同人作者会将这些探究写入同人小说中去，解释普拉斯基离开飞船的动机，猜测她之后的命运。

　　虽然说有些剧集和粉丝的探究更加接近，另一些则不然，但粉丝们普遍同意这些探究不能和已放映的故事有冲突。《星际迷航》粉丝在运用动画片内容、已经播出的电影或者专业小说（一般认为"非官方"或者非经典）的信息时则留出了更大的周转余地。更加微妙的是连续剧制作人和参与者在采访中提供的信息，或粉丝写的同人作品。有些所谓的"粉丝神话"，比如彭达（Penda）是乌胡拉的名等 [3]，并没有在官方文件中出现，但是在粉丝中获得了极高的流传度，在某种程度上对同人创作而言具备和商业制品同等的约束力。但是更常见的情况是，类似的同人添加只在与粉丝的个人理解相协调时才被视作可接受的。

　　由于这些创作和添加，节目制作者将连贯叙事打破为有始有终的一系列单集时所破坏的剧情的完整性和连贯性得到了重建。这一过程有时也令人们注意到一些次要角色，比如，乌胡拉或者苏鲁在连续剧的每集中可能只有区区几句台词，但是当粉丝将所有剧集连贯起来，他们就能为这些角色组织起足够多的背景资料，重构他们的个人经历，并探究他们行为背后的动机。粉丝的细节考证甚至能将一些有趣的一次性角色或完全是背景的龙套角色挖掘出来，比如凯文·莱利、"西兰花"或者穆本加医生，使他们也成为剧作世界中的重要一分子。比如乔安娜·麦考伊，她仅仅在节目"圣经"和一集剧作的早期草稿中出现过，直到她出现在动画版的故事中，在已经播映的剧集中一直都无迹可寻。但是她必然在她著名的父亲，莱昂纳德·麦考伊医生的生活和人生目标中占据中心地位，粉丝们也因此给

103

---

[3]　　在 2009 年的重启版《星际迷航》（*Star Trek*, 2009, J. J. 艾布拉姆斯导演）中，乌胡拉的名——妮欧塔（Nyota）首次出现在官方文本中。在罗登伯里创作的《星际迷航》原初电视剧和相关剧场版电影中，乌胡拉这个人物一直都只出现了姓。

予她相应的关注。就像有些粉丝的读解会完全无视叙事信息中的空缺，这些粉丝在冗余信息和背景细节的敷衍和反代入原文本上也煞费苦心。重复观看使叙事空白和冗余显得越来越显眼，它们也就因此愈发有必要融入粉丝对故事世界和人物关系的元文本理解。

　　这种阐释同时也构成了粉丝对单集剧目和未来情节走向预计的评价基础。当剧集不能为人物提供足够的背景知识或者不能为他们的行为动机作出合理解释时，粉丝就会发出抗议："我们对其他角色都有新的认识，或者看到了他们的人物发展，但是我们自从他（指瑞克）上船之后就没有看到他有一点变化。"（Watts，1988，p.15）如果有些行为或者对话显著地对元文本构建造成挑战的话，这些内容就会被贬低为糟糕的写作，因为它们明显"偏离原文角色性格"（out of character），和粉丝们已经"了解"的皮卡德及其船员完全不一样。持续性的（一般同时也要是正面的）改变可能会被归因为角色的成长或者成熟。在粉丝们能在电视剧内容的特定时刻准确地找出角色变化的原因时，这种解释显得尤其自然，比如一个角色获得了一种新的技能，或者重新审视了自我：卫斯理成熟了；乔迪开始精通于他作为总工程师的新角色；瑞克对于等待指令这件事开始适应起来；苏鲁和契诃夫正在形成一种越发亲密的工作关系。而另一方面，人物塑造上的突然剧烈变动会导致粉丝们的强烈不满，尤其是如果没有在故事环境大构架下有所铺垫的话。粉丝们一般称这种非连贯性为"角色强奸"。

　　剧情内容和粉丝已经认定的电视剧世界中的真实有所出入，或者剧情发展破坏了粉丝对电视剧发展预期的时候，这集一般会得到负面评价。好几个粉丝对《星际迷航：下一代》第一季中塔莎·雅尔和贝弗莉·柯洛夏的离开表示非常失望，因为这就意味着她们角色中的很多有趣的方面就无法得到进一步挖掘了。其他人抗议说制作方违背之前的动向，把瑞克和特洛伊的爱情关系扔在了一边，也放弃了表现达塔对情感的探索，这样就取消了很多粉丝所喜爱的主题。《星际迷航 V》中出场的斯波克同父异母的兄弟塞博克遭到了迷航粉的强烈抵制，认为"这个角色的出现是对《星际迷航》已经经营了二十多年的世界背景的违背……说实话，我自己并不认为我们长期《星际迷航》粉丝有义务接受塞博克这个人的存在"（Taylor，1989，p.7）。粉丝同样也抵制过一个坊间流传的第六部电影里的情节，这部电影谣传会主要描写角色们在星际舰队学院中的往事：

　　如果迷航 VI 真要按照这个计划来拍，说 NCC—1701 的所有常规人员曾经同时都在舰队学院的话，我根本不打算把这电影看作《星际迷航》世界里的，它根本就是另一个平行宇宙。虽然第一季里可汗在"进取号"上看到了契诃夫这点在电视里无从证实，但我至少还可以勉强接受。经过 23 年的粉丝传统之后我也可能心存怀疑地承认，斯波克有一个同父异母的亲兄弟。但是我绝对不会接受柯克、斯波克、麦考伊、司各提、乌胡拉、苏鲁和契诃夫，明明年龄不同背景相异，却同时在星际舰队学院里受训，或者说他们在受派遣登上进取号之前居然是相互认识的。（Verba, 1990, pp.7—8）

　　正如这段话所述，有些冲突，就算不那么受欢迎，也比另一些更容易接受。《星际迷航》粉丝甚至能够找到办法解决一些明显的剧情连贯性错误，比如《星际迷航：可汗的震怒》（*Star Trek: The Wrath of Khan*）里可汗认出了契诃夫，尽管前一次"进取号"和可汗相遇的时候（《太空种子》["Space Seed"]）契诃夫还没

105

图 3-3
斯波克和达塔，《星际迷航》两代主人公。同人画作者：M. A. 史密斯。

有加入剧组成为固定成员，再比如横跨几季和几部电影的克林贡人化妆形式风格大变。粉丝们已经接受了这点事实：他们心目中理想的《星际迷航》从来不能和节目组提供给他们的成品完美契合。他们也已经找到办法将一些讨厌的细节或者费解的情节空白和角色动机缺失回避过去：关于这个俄罗斯裔的舰队中尉为什么在观众知道他存在之前就认识可汗，粉丝们解释说契诃夫可能在那集剧情中事件发生的时候就已经在船员之中了，说不定已经在从事工程工作，但是还没有被分配到舰桥上；"简而言之，这些头上有结状物的克林贡人是基因改造过的，他们是克林贡人中的一个下属种族，而他们正在缓慢地取代母种族[4]"（Landers 1989，p.8）。粉丝还有一种解决剧情矛盾的方式：他们会撰写故事或者文章，发掘某些可能解释的有趣后果，比如兰道尔·兰德（Randall Lander）对克林贡人基因历史的猜想形成了一系列同人叙事的基础。

而另一些剧情上的改动却对一直公认为真实可信的《星际迷航》叙述带来了直入骨髓的破坏，因而必须被打上"不可饶恕"的标记直接弃若敝屣，视作不可自证的对粉丝乐趣的破坏。比如，一个粉丝对于《星际迷航：下一代》的新近改动的评论：

> 罗登伯里和制作公司以为他们在干什么?! ……首先他们把柯洛夏医生从故事里大刀阔斧地直接砍掉了，举出了个实在低劣的借口说这个角色或者说她和皮卡德之间的关系不符合要求，然后就指望我们为这种垃圾理由买账。现在他们把罗慕伦人的设定改掉了，没有解释，什么都没有! 也指望我们**买账**! 他们必须得意识到可能有那么一天粉丝不会再继续"买账"，他们会直接结账走人……这种时候我们根本不需要 NBC 来腰斩《星际迷航》，制作方直接就帮他们把事情做好了。（Cesari，1989，p.4）

虽然这些内容对于粉丝来说都至关重要，对这个女性观众来说，摇摇欲坠的完全不只是罗慕伦人是不是脑袋上有脊，或者皮卡德是不是真的对飞船上的医生有爱慕之情。这些电视剧中的细节内容在她解读电视剧时意义都非同一般，而制

---

[4]　此处原文为 Segh Vav，是克林贡语"母种族"的意思。

作方异想天开的举动就能轻易令她的种种推论陷入危机。

粉丝尤其不喜欢制作方没有正当叙事逻辑支撑就擅自大改节目形式，比如普拉斯基在《下一代》第三季里的突然消失。这种情况使得粉丝建构完整严密的情节叙事解释方式变得更加困难，有时候必须依靠外在因素（比如对制片过程的文本外知识等）；这种境况也强力地提醒了粉丝，制作方往往远没有粉丝们那么在乎角色。

同样令人烦恼的是和整个电视剧逻辑严重违背的人物塑造，就算这些角色每集之间的行为并没有太多变化，这种可能性也是存在的。一个粉丝非常不喜欢瑞克，因为他是"一个60年代的'进取号'典型人物，扮演他的人却是一个80年代的偶像明星……一个60年代民众英雄詹姆斯·T.柯克的廉价复制品，却也还有源源不断的文书军士和丰乳肥臀的外星人送上门来"。她认为这个角色的厌女症症状和整部电视剧其他地方体现的性别政治立场是完全不相容的，而考虑到这部电视剧的24世纪时代背景，这事几乎就不可能出现了："作为观众，我们现在的想法比以前复杂多了，我们不想把瑞克也扔进同一堆里去。凭什么要这么做？我们本指望《星际迷航》里的长官能与时俱进改变态度的。"（Hunt，1989，pp.2—3）虽然可能有些粉丝认为瑞克的存在证明了联邦仍然没有解决性别不平等的问题，但是这个粉丝将这一角色视作败笔，视作和电视剧中的世界不相容。

情感现实主义和性别化的读者

粉丝们想要的并不只是叙事内部的统一性，而且希望能有洪美恩所描述的"情感现实主义"（emotional realism）。洪美恩（1985）认为，《朱门恩怨》的粉丝们并不将这部电视剧视作现实生活中得克萨斯豪门阶级"实证"的真实，而是对于观众的个人生活来说"情感上"的真实："实在的情境和复杂纠结的矛盾被视作对更加普遍的生活境遇的象征性表现：争吵、秘密、问题、欢乐和忧愁。"（pp.44—45）在我看来，"情感现实主义"并非虚构故事本身的属性，而是一种粉丝阐释虚构故事、赋予流行叙事意义而构建出的他们眼中的虚构故事。因此对于观众来说，将"情感现实主义"加诸比《朱门恩怨》更不符合实证现实的文本也是可能的，离得克萨斯州绍斯波特的最外缘万里之遥，对于《星际迷航》这种地球人类和外星人一起开拓探索群星、认识奇异的新世界的故事，"情感现实主义"依然是成立的。对这样的一个故事来说，"可信度"来自文本内容是否符合观众解读日常生活意义的意识形态准则。这种对电视剧的认识使粉丝能从个人背景中汲取经验，借以探索剧情中的信息。斯波克和他父亲的复杂关系，或者雅尔的社会隔绝感都可以联系到观众自身生活经验加以理解；皮卡德可被视作父亲一样的形象，而进取号上的船员则可以看作一个社群。让我们看看一个女粉丝是如何看待星际舰队长期行动中携带家眷加入舰队的政策的，这个政策在《星际迷航》到《星际迷航：下一代》之间有所改变，一开始在长期粉丝中曾引起过争议："作为一个军属，我非常欣赏《下一代》中'带家眷赴任'的政策。没错，确实会有危险，但是我宁愿和我的伴侣一起面对这一切也不愿意在星球上安全的地方等待。（这听起来也许有点不合逻辑，但是你指望什么答案呢？我是人类，该死的，我不是瓦肯人！）"（Issacs，1988，p.6）这种明确的自我剖白式解读将个人的亲身经历代入虚构的领域，极大加强了粉丝对连续剧中的角色和他们的世界的认同感。（这种解读方式很有可能是一些外界观察者误以为粉丝不能区分事实和虚构的真正起源。）

就像一些当代评论家所说，这种阅读 – 衍生的方式使得读者的读解远远超越了文本中明显表现出来的信息，个人经历和叙事中事件的混合将关注重心投射到叙事中的整体世界观之上，而非单纯的情节本身，这种读解方式呈现出一种性别化的理解方式（gender-specific approach）。读者反应理论（reader-response theory）的批评家如大卫·布莱奇（David Bleich，1986）、诺曼·霍兰德（Norman Holland，1977）、伊丽莎白·弗林（Elizabeth Flynn，1986）、朱迪丝·菲特利（Judith Fetterly，1986）和帕特里奇尼奥·P. 施威科特（Patricinio P. Schweickert，1986）都写到了男性和女性对文艺作品的不同反应。我在本书中所做的研究在弗林和施威科特选编的论文集《性别与阅读》（*Gender and Reading*，1986）中找到了最有说服力的表达。举例而言，布莱奇（1986）分别对男学生和女学生对经典文学作品的反应做调查，得出结论认为男性更倾向于阅读作者本身所欲表达的意义，致力于观察描述事件的"强有力的叙事声音"，而女性则"将叙事文本视作一个世界，对于这个世界是由叙述所构造出来的这一点一般不大在乎"（p.239）。女性读者直接进入虚构世界，较少关注文本外的写作过程，而更关注文本中的人物关系和事件。男性模式的阅读承认并尊重作者的权威，而女性读者则将自己视作处于"对话"关系中，也能够以积极身份参与创作。这些区别在学生被要求重述故事的时候体现得尤为明显：

> 男性重述故事的时候，可以看出其目标是表达简明的信息串结构：这是主要角色、这是主要的事件；这是故事的结局。很多男性复述故事的时候都提到了很多细节，但是这些细节都是为最主要的信息目的服务的——服务于将故事的"事实"理顺。女性重述一个故事的时候都致力于营造气氛或者一种经历。她们一般更倾向于自由地对故事中的内容作出反馈……而且她们在故事基础上做出推断的时候，并不会仔细考虑文本信息是否严格支持自己的推断，而更注重故事中人物关系的情感联系的细节。(p.256)

109　女性读者将自己的"微妙的推论"视作故事中理所应当的一部分，但是男性读者则倾向于忽视这些推论，并认为这些推论与重述故事的内容无干："男性读者更加注重'准确性'，因此他们非常注意避开没有直接书面写下的信息。"(p.260)而且，男性读者倾向于将叙述中心放在单一主人公身上，而女性读者则表现得更愿意表述一个广泛的社会关系，"从一个人际关系、信任关系和人际矛盾的角度来重述故事"(p.257)。

布莱奇的学生们提供的评论及改动和粉丝们对于电视剧元文本更自由随意的解读策略很有相似性。就像布莱奇文中的读者一样，尽管粉丝话语普遍尊重原作者，但是《星际迷航》的粉丝很少关注吉恩·罗登伯里（Gene Roddenberry）个人对于未来的洞见，他们更多关注的是飞船上船员之间的人际关系。也许最重要的一点是，布莱奇的女性读者，就像《星际迷航》粉丝一样，更多求助于"情感现实主义"以理解这些虚构的人物关系，依靠她们自己和人物之间的强烈认同感以解决个人问题。对于女性读者而言，虚构故事和真实经历之间并没有一道清晰划分的界线。她们的元文本推论严重依赖个人经历以扩展原文本中的信息，认同于角色也就成了自我分析的手段。

将《星际迷航》相关的女性粉丝文化和围绕《双峰》所产生的男性主导的电脑网络对话群对比是一种有益的尝试。我们在第二章里曾经讨论过这一男性粉丝群。在一个层面上，这两个粉丝群体所作所为惊人地相似：两个群体都致力于反复重读并讨论同一个作品，以此发掘它的溢出信息，解决它的文本空白和内部矛盾；两个群体都不仅仅在明显呈现出来的文本内容之上进行讨论，他们也引用次级文本、制作方和演员的评论，还有粉丝群体自己的解读，来建构一个日益复杂的叙事内部的架空宇宙及其内部居民。但从另一方面而言，两个群体的活动也截然不同。《星际迷航》的女性粉丝将她们的兴趣集中于角色的聚合关系（paradigmatic）[5]，将故事情节视作表现人物心理和动机的因素；而《双峰》的男性为主的粉丝群体则会将角色互动的瞬间视作解决组合关系（syntagmatic）问题的提示。面临复杂情节的挑战，男性观众倾向于"搞顺事实"，从作者自己的情节框架出发得出凶手和无罪者的身份。男性粉丝对解决"谁杀了劳拉·帕尔默" *110* 这个谜题的热衷程度解释了他们的所有行为：他们认真地细细审查父女关系、性丑闻事件、心理和情感问题以及恋爱纠缠，而这些问题一般是女性粉丝群体的核心交流内容，一般不在男性粉丝的关注范围之内。雪莉·特科尔（Sherry Turkel，1984）认为，黑客文化（hacker culture）注重技术的复杂性和形式上的多变性，与这个群体整体对人际关系的暧昧和不可预见表现得极为不适形成强烈反差；在这里，若能翻译为需要解码的技术问题，人际互动的检视也可以加入电视剧相关的讨论。

尤其重要的是，女性粉丝常常八卦电视剧的内容，这和她们用"情感现实主义"代入个人经验读解《星际迷航》的做法是符合的，但是这种解读方式在电脑网络讨论组中几乎完全不存在。《双峰》的电脑技术迷躲藏在节目后面，穿行于宽广的文本网络，但是在此过程中很少表露出自己个人。这一群体在自己的生活和虚构文本世界之间保持了相当的距离。

女性粉丝的解读规则令她们必须先在虚构文本世界内部寻求答案，然后才可以跳出文本，在文本外关于作者或者制作过程的知识中寻求解释。与此相对的是，男性的《双峰》粉丝一直极为关注林奇这个作者的各种信息，将他视作解读情节将来发展的中心基础，并以此推论帕尔默谋杀案的种种理论。林奇的大规模文本

---

[5]　这里的"聚合关系"和下文中即将出现的"组合关系"是索绪尔最早提出的结构语言学中的术语。

间引用使粉丝的搜索天线远远超出了双峰的城市范围，他们会寻找一个"主文本"以破解这部电视剧中的奥秘："破解密码，解决案件。"他们的搜寻包含了和林奇相关的其他叙事文本（他之前制作的电影、他女儿撰写的劳拉·帕尔默的日记、林奇自己创作并制作的朱莉·克鲁斯的唱片），并从此处扩展到更大范围的《双峰》中致敬和引用的文本材料，包括《迷魂记》（Vertigo）、《罗拉秘史》（Laura）、《第三人》（The Third Man）、《双重赔偿》（Double Indemnity）甚至《筋疲力尽》（Breathless）、《魔笛》（The Magic Flute）、《希德姐妹帮》（Heathers）和《搜索者》（The Searchers）等等。这个群组曾经成功地预测过剧情发展，虽然这一剧情发展依常理来看简直不可理喻，于是曾有人怀疑林奇本人在监控这个网络群体："我不知道我们到底有多大程度上是在写自己脑补出来的电视剧？"某段时间这个网络群体曾经流行过一种骗局：有些人会发表帖子声称自己是林奇，然后这个"林奇"在其他粉丝搜索出他的真实身份的同时就立刻从这个群组中消失。对他们来说，林奇是《双峰》中一切意义的源泉，是这个群组试图解开这一复杂组合问题并衡量其审美价值的核心所在。

111

　　对作者的兴趣使得这些男人理所当然地关注此电视剧肥皂剧的一面。作者的意义也提供了质询《双峰》的意识形态和叙事稳定性的理论依据。一些之前显得相当异想天开的发现很快就变得"太过明显"，于是也就不可能是真正的谜底，于是又开始一轮新的解谜探索："这个看起来太明显了，不可能是真的。林奇这个人向来剑走偏锋。""这里没有什么陈词滥调。剧情发展**绝对不会**正中你的猜测的。""如果大卫·林奇不在他的电视剧里调戏事实，那么谁会呢？"林奇的变态和不可预测的名声成为粉丝援引来证明自己荒唐离奇的解读方式的一大有力证据，粉丝以此驳斥那些在帕尔默谋杀事件中看起来过于明显的嫌疑："对于林奇这样的人，我觉得你排除不了所有可能性。"粉丝的乐趣一方面建立在他们对文本的熟稔上，对《双峰》峰回路转的情节下一个情节逆转的猜测能力上，而同时另一方面也建立在对林奇的重重诡计毫无还手之力的脆弱感上，他们完全无法预见情节发展的无力上。他们最大的恐惧来自于林奇可能不能全权掌握情节发展的设想：

　　　　我是不是唯一有信仰危机的人？我半夜从一个没人知道到底谁杀了劳拉·帕尔默的世界中一身冷汗地醒来。在我的想象中林奇和弗罗斯特只是在拍摄过程中不断随时随地地发明一些情节，暗地里嘲笑着任何试图指出杀手的企图，因为事实上这个杀手根本就不存在。我看见他们最终不得不设计出拙劣生硬的凶手，对于这个谜题来说根本就不是个满意的结局。

他们在试图解读叙事谜题中得到快感，而因此也就需要强有力的作者，他不仅能安排好所有事件的发展，也能够强调每一处要点。

我们可以宣称，不同的解读策略至少部分是由这两部电视剧本身的特点所决定的：《双峰》向来被视作推理剧（mystery），因此自然需要对叙事中的谜题特别注意，而《星际迷航》作为一部肥皂剧则更加注重聚合关系的阐发（Allen，1985）。这部电视剧的创新性至少有部分来自它对两种不同的文类期待视野的同时发掘（和对两种不同的阅读策略的对照）。男性粉丝被这部电视剧吸引的原因可能在于它允许组合型的阅读。事实上，这些男性粉丝所需要的叙事复杂性比林奇所能提供的还要厉害，他们鼓吹详尽的阴谋论，建立各种严丝合缝的"密室杀人案"解释，将一些几乎不可能的嫌疑犯，如戴尔·库珀、安迪副警长或者海华德医生编派了进去。同一部剧作吸引来的女性粉丝则为其聚合型角度吸引，尤其是杜鲁门探长和库珀特派员之间的友情，这也是《双峰》同人小说的核心内容之一。（例子可以参见我在第六章中对一篇《双峰》同人小说的讨论。）当男性粉丝将他们自己写作的"剧本"介绍给旁人的时候，他们介绍的重心在于新的叙事谜题的创造，而非更好地挖掘角色关系。虽然说两种电视剧的特点是粉丝解读方式不同的重要原因所在，且进一步说明了特定电视剧只会吸引特定观众群体，但是性别差异也极大地影响了两个群体对电视播放内容的不同反应。

不同的阅读策略当然不仅简单反映了男女之间的生理区别，布莱奇的研究虽然只是大略提出这个观点，也没有全然依赖于此，但仍然体现了这种本质主义立场（essentialist position）。正相反，这些不同的阅读策略深深植根于社会经验之中。布莱奇（1986）引用了社会学在儿童发展和语言习得方面的理论，指出这些区别和儿童早期的行为大有联系，男孩强烈地要求自主权利，而女孩认同母亲，并渴求陪同、亲密和群体："对于男孩来说，叙述的内容和叙述的来源是他者。而对小女孩来说则不然……这些女人'成为'她们阅读的故事的讲述者，因此她们不会注意也不会想要注意作者的存在。"（p.269）

112

　　这里包含着相当具有迷惑性的乌托邦色彩的内容，布莱奇的论点认为女性的阅读实践确保了她们与叙述文本和"母语"之间有着更加舒适、更少排斥感的关系，而男性的作者中心的阅读方式则较少有这种关系："讲述者和故事本身对于女性来说都不是纯粹的他者。"（p.265）然而在实践中，讲述者和故事两者对于女性读者而言往往都是"纯粹的他者"，因为这个世界的印刷出版、广播电视和电影工业都是由男性掌控的；围绕男性行为的叙事并体现男性价值的叙事占绝对主导；很多最常见的文类传统深深植根于厌女症的前提假设之上；而教育体制都更加赞赏男性的阅读策略，轻视女性的解读方式。用朱迪丝·菲特利（1986）的话说："作为读者、教师和学者，女性会被教导怎样像男人一样思考，如何认同男性视角，如何将男性的价值观视作正常合法。"（pp.150－151）如果说女性能够掌握这些条款和策略，这些策略也往往只能处于"第二语言"的地位，远远不能成为布莱奇所描述的"母语"。因此，女性在叙事领域内必须在异常不平等的地位下参与讨论。布莱奇文中所指出的女性特质的阅读策略，却正好反映了女性规避男性中心文本叙述，用女性所偏好的方式重新书写的一种应对方式。这种策略将叙事重心从男性主角上偏移开来，投射到更大的社会关系网络之中，构成一整个叙事系统世界；这种策略令被边缘化女性角色的经验重新获得重视。这些阅读方式产生自被排斥的不适感，远非对叙述中心的亲近和接受。

　　正如伊丽莎白·塞格尔（Elizabeth Segel, 1986）所指出的那样，性别化阅读行为反映了我们和虚构文本的最初遭遇。这些阅读方式对我们来说如此自然，正是因为它们已经深深植入了我们的自我认知和对周围文化经验的认识之中。塞格尔着重指明了体制性地将文艺作品归类到性别导向的分类行为（女孩读的是以人际关系为中心的故事，男孩读的是动作－冒险类的故事），这种分类行为强化了特定的阅读兴趣：

　　　　出版商将平装的爱情小说包装成女孩读物，而将科幻小说标为男孩读物，就像露阿姨给小苏西选了一本童话选集，而给小山姆选了一本恐龙书，这种强有力的系统根据孩子们的不同性别，让他们接受或远离某类书籍。并且，因为个人对社会性别角色的行为认知是在幼年形成的，所以读者在阅读方面的选择往往一直受这种早期的经验控制，即使在这个孩子长大了，理论上能

够接触到所有类型的书籍之后也依然如此。(p.165)

这种早期的选择过程使得男性和女性在文本阐释方面都只有迥异且有限的文类模式标准可选，因此也就强烈地影响了他们相应的阅读兴趣和阅读策略。女孩子在最早的阅读中接触到浪漫的爱情故事和角色之间的关系，也就学会了和男孩子完全不同的阅读方式，因为男孩子最早的阅读体验都集中于独立的有英雄气概主人公的冒险动作故事。然而塞格尔同时也认为，起码在这个世纪的很长一段时间之内，主导教育理念认为女孩更容易对男性文本感兴趣，相对而言男孩子很难被诱惑去读女性故事。在教育中女孩子学会如何读取男性中心的文本故事，但是男孩子只学会了贬低唾弃女性中心的文本故事。塞格尔认为这一过程对两种性别的读者都有强烈的负面效果——同时教育男孩和女孩贬低女性经验，崇尚男性的动作领域，并将男性领域视作永远禁止女性进入的禁地："每次女性涉足男性的虚构文本空间都必须首先强化这一认识，即她们自己在社会观念中处于低贱的地位。"(p.177)

这种行为也很有可能让女孩从很小的年纪起就学会在反映他人的兴趣和趣味的故事中寻找自己的快乐，学会如何将注意力从叙事的中心转移开，重新投射在边缘位置；学会从边缘地位宣扬自己的兴趣，并学会如何在解读过程中将作者的声音推到一边将自己的声音提到最上。并非所有女性都会被迫采取这种阅读策略，有一些人会简单地接受女性小说的狭窄文化空间，舒适地嵌入自己的阅读兴趣，另一些人会更认同于男性的阅读兴趣，从男性的角度接受虚构文本。但是对很多人来说，在她们社会化过程中养成的阅读兴趣和她们长大后在商业媒体中遭遇的商业文本之间存在一种永恒的尖锐矛盾。小学女生被老师要求读一本男孩的书，十多岁的姑娘被她约会的男友拽去看他最喜欢的杀人狂恐怖电影，家庭主妇被迫看她丈夫喜欢的警匪剧而非她自己的肥皂剧，尽管如此，她们仍然能够找到重塑叙事的方式，起码在想象中。通过想象角色在虚构文本内发生的事情之外还有自己的生活，女性观众才能够设想自己的故事，而不是简单地接受这些粗暴地推到她们面前的男性中心的作品。女性通过她们富有能动性的兴趣殖民了这些故事，这一"殖民"过程不仅解释了为什么女性粉丝文化往往会聚集在传统男性动作中心的文类之上，而且解释了为什么女性必须剧烈地重塑这些文类才能将其转

化为粉丝热情的基础。很多传统意义上的女性故事可以直接为女性所接受，令女
115 性读者获得乐趣，而不需要持久的重构。那些偏重动作中心的虚构文本助长了女
性的另类乐趣，尽管它们必须经过重塑才能够适合女性的兴趣和口味。就算在粉
丝圈内女性能自由地选择和喜好某些男性中心的故事，她们也必须为了更好符合
女性需求而重构文本；它们并非天然地对女性挪用而开放，尽管它们最终能被改
造并进入女性的叙述之中。

这种理解方式确实使读者能够积极主动地为叙事文本的发展做出贡献。伊丽
莎白·弗林（1986）提出了一种观点，认为这种关系是一种多产的中间态，介于
积极的反抗和消极的接受之间："自我和他者、读者和文本，双方互动在读者无
需失去审美批评距离的情况下就能从经历中获益的状态展开；读者和文本以互相
影响的方式互动。排异性降低了，虽然没有完全消灭。自我和他者仍然保持互相
独立的状态，但是却能产生对话。"（p.268）

最后导致的结果是对文本的趋近，我们在之前的文中曾经描述过这一点：粉
丝清楚地明白故事是被建构出来的，但还是将叙述中的世界视作真实的地方，可
以居住生活，也可以开垦探索，好像故事中的人物在电视屏幕上的一面以外还有
更多更广阔的生活；粉丝贴近这个世界，以便更好地欣赏这个世界给他们提供的
欢乐。但这种亲密感只可能在这个想象中的世界保持其可信度和一致性的时候才
能够维持，因此粉丝会执着地重视近乎所有看似琐碎的细节。

正如弗林（1986）所言，这种关系只有在读者保持一定程度的审美距离时才
有效，这要求读者能够意识到文本本身并非完美、并不能满足他们所有的乐趣，
必须经过积极的改写才能够契合他们的兴趣："太过远离文本会导致过多价值判
断，会形成凌驾文本之上的态度；过多涉入自我则常常导致过多的同情和认同，
则会屈从于文本之下。"（p.270）但是如果读者可以在自我个人经验和虚构文本叙
述、个人意识形态和官方/作者的权威之间取得一种平衡，不让其中一方凌驾于
另一方之上的话，那么，就如弗林所言，"多产的互动"可以让读者在文本世界和
他们自己的个人经验领域双方都获得全新的洞见。我认为，《星际迷航》中的"情
116 感现实主义"将这种读者和虚构文本之间复杂且极端不稳定的关系推广开来，并
也成功说明了同人文化在文化和意识形态方面的"多产性"。粉丝批评是女性阅
读行为的体制化结果，就像主导学术批评是男性阅读行为的体制化结果一样。男

性也可以学会像粉丝那样阅读，就像女性也能够在男权体制下的学术阐释体系中学会阅读一样。但是两者都是和他们自己的社会化过程相违背的。

　　这种"情感现实主义"正处于文本所推崇的意义和更大的社会意识形态的交叉点之上，处于制作者的利益和粉丝群体的利益的交叉点之上。罗登伯里的全面乌托邦视野为我们思考未来提供了一种选择，解决了 20 世纪地球所面临的很多问题。《星际迷航》中的未来里，人性得到了更大的完善，但是仍然带有观众所居住的世界的明显痕迹。思考这样一种社会让粉丝对自己的生活作出批判性评价，可以让他们发现星际舰队中不存在的，而现实生活中司空见惯的不平等现象，也为构造建立在平等而存异意义上的性别关系提出了新的出路。瓦肯哲学中的 IDIC（Infinite Diversity in Infinite Combinations "无限组合中的无限多样性"）成了很多人的行为指导，塑造了很多粉丝的日常生活。这种对现实和虚构的模糊处理是完全可行的，并非因为粉丝不能够区别二者，而是因为"情感现实主义"意味着电视剧的内容可以应用在现实世界中。

117

图 3-4

《星际迷航：下一代》中的瑞克在粉丝评论中是一个饱受争议的角色。同人画作者：M. A. 史密斯。

粉丝的"情感现实主义"理想也导致对社会现实的"常识性"的悖离会受到严厉的批评。粉丝不仅指责这种行为是意识形态的驱动，而且批评它侵犯了虚构世界的完整性。"情感现实主义"意味着粉丝对个人经验的理解会被虚构的世界影响，但这表示读者仍保有对电视剧意识形态的批评立场。因此在一些粉丝看来，瑞克在《星际迷航》中属于糟糕的角色，因为他们觉得瑞克的个性和态度在他们看来不符合当代社会的需求，而且也和电视剧整体的价值观不协调。

违背《星际迷航》"情感现实主义"的状况往往不会使读者心甘情愿毫无疑义地接受，而是怀疑制作者另有所图。比如莎维克这个人物先是在《星际迷航 II》中出场，然后又在《星际迷航 III》中登场，但接下来的电影中这个人物就被弃用了，一个粉丝对这个历史没头没尾的人物有自己的解释。制作方公开宣布莎维克很可能怀了斯波克的孩子，因为她在《星际迷航 III》中在《创世行星》时和这个瓦肯人在一起，在斯波克恰巧碰上生殖本能（Pon Farr）的时候帮了他一把：

> 《星际迷航》以自己能够评价当下的很多社会现状而自豪。莎维克就代表了一个不仅在当下，也将一直持续下去的永恒的话题：女性（尤其是可能怀孕的女性）在她令男性不便的时候就会遭到遗弃！……在《星际迷航采访集》里，（哈维·）贝内特先生曾经说过，莎维克**怀孕和被抛弃**的事实是"粉丝们圣诞袜里的礼物"，而且是"一个福利，这是个玩笑"。行行好，贝内特先生：问问任何现实生活中处于这种境况下的女人，这到底是福利还是玩笑！莎维克这个人物可以测试所有和《星际迷航》相关人士的诚实度和情感成熟度。这是一个机会，你们有机会让一个女性成为弃牌以外的东西！《星际迷航 V》将证实你们到底是通过了测试还是一败涂地。（Raymond, 1989, pp.3—4）

粉丝对于《星际迷航》的忠心，以及他们对剧情及其理念愈发复杂的推衍评论为批评其意识形态建构提供了坚实的基础，也同时让他们能够质疑制作者的真正意图。

这种境况也有力地提醒了我们：粉丝对叙事文本本身的进程是毫无控制力的，相当程度上，粉丝本身的乐趣完全拜制作者所赐，而制作者却站在完全不同的视野上。粉丝对他们热爱的人物和节目几乎无力决定任何事情，但是他们仍然坚称自己有权利抗议，大声抗议制作方违背了自己心目中可信和合适的标准。这种粉丝表达的坚定程度是建立在粉丝群体共同的理解之上的，关于电视剧世界中的可信度、一致性以及特定情节的意义不仅来自个人的审美品味，也来自粉丝圈的批评共识。通过详尽细致的粉丝讨论才能够产生并不断加固这种顽固的视角，这种视角最终则根植于话语构成的参与者本身的价值评判和假设的基础之上。如果制作方不断地挑战侵犯粉丝对电视剧的理解，这种粉丝圈内部的公众意见也很容易成为粉丝们针对制作方的大规模信件抗议运动的缘起。在这种情况下，产生意义的过程也就有了社会意义，成为针对掌控节目内容的公司决策层或者节目制作方的集体运动的基础。

119

第四章
"这不再是一部童话"：性别、文类和《侠胆雄狮》

> 相信不可能。你听说的一切都是真的。这不再是一部童话。
>
> （《电视指南》上《侠胆雄狮》第三季广告开场白；Burke and Dunadee）

> 说起用正确的方式做事，所有用"很久很久以前"开始一个故事的人都该用"他们从此幸福快乐地生活在一起"结尾。
>
> （一个《侠胆雄狮》的粉丝，个人采访，1990）

　　1990 年 1 月 13 日的《电视指南》中介绍了《侠胆雄狮》及其忠实粉丝们："一部不会死去的电视剧……以及决不让它死去的粉丝们。"（Carlson，1990，p.2）

图 4-1
《侠胆雄狮》第三季首映的电视台预告。（屏幕上的文字为："《侠胆雄狮》：这不再是一部童话。"）

《电视指南》充满感情地记录了围绕这部电视剧的大规模粉丝文化，同时也记录了互助者网络（Helper's Network）和很多地区性俱乐部的友情支援。文章针对性地重点记录了原先的节目取消所引起的大规模草根运动和这部电视剧的高调复归。虽然文中也提到了一些粉丝对节目第三季的情节发展非常不满，但是杂志信心满满地总结道："大多数粉丝依然是忠实的。"充满讽刺意味的是，仅仅在这本杂志开始在报亭销售之前两天，哥伦比亚广播公司（CBS）第二次也是最终地取消了《侠胆雄狮》这部电视剧。这部"拒绝死亡"的电视剧终于正式死亡了，很多"忠实"的粉丝的反应却不是哀悼，而是大松了一口气。

《侠胆雄狮》的粉丝在仅仅几个月之前还在团结一心地拯救这部电视剧，现在却严重地分裂对立起来，不知该如何应对最新一季中内容模式的变化。大多数粉丝都为饰演女主角的演员琳达·汉密尔顿（Linda Hamilton）的离去而感到惋惜（她怀孕了，希望能有更多时间和家人共处），但为节目制作方利用她的离去而大肆渲染她的角色（凯瑟琳）在剧中被杀的情节而感到震惊。一些粉丝依然保持忠实，催促着制作方继续他们的工作，表示有信心看到制作方成功克服女主演离开的困难："从尊敬他们到信任他们，从信任他们到相信他们，从相信他们到知道他们最终会让我们满意。"（Herbert，1990，p.5）另一些人却坚持自己原先对这部电视剧的观点，并觉得电视台和电视剧制作方已经侵犯了这部电视剧本身："我已经认不出这是《侠胆雄狮》了。你真的以为**这东西**是人们想看的东西么？"（Kopmanis，1990，无页码）很多人表达了失望和无力的心情，因为他们无力阻止自己最喜爱的电视剧被大刀阔斧地改成这样。

这部电视剧的变化通常认为是制作方试图吸引更多男性观众的结果，并因此不惜牺牲忠心耿耿的女性观众，罔顾她们急切想给剧中人物的爱情故事一个完美团圆结局的心情。CBS 的主席霍华德·斯特林格（Howard Stringer）证实了这一说法，在一次电视台的记者招待会上，他发表了一段臭名昭著的发言，他将电视剧描述为"充满异域风情的"暖房展览[1]："我收到了很多修女来的信——我根本不

---

[1] 所谓"充满异域风情的"暖房展览，是将这部电视剧比喻成了兰花。由于兰花生长在高温地区，所以在不适合其生长的地方都是养在暖房里的，因此不仅娇气，而且花期短，并且极贵。——此解释为原作者本人给出。

知该作何反应。实际上这让我觉得很紧张。我们难道只针对修女拍电视剧吗？我
觉得我们得把牧师们也拉入观众群才对。"（Ostrow，1989，无页码）他坚信这部
电视剧的存活要靠吸引"牧师"（以及其他男性）观众而非以"异域风情"吸引
"修女"（以及其他女性）观众。制作方不仅将这部电视剧的关注重心从爱情故事
转向了动作冒险情节，而且杀掉了电视剧的女主角，从而关闭了后续发展重新回
到爱情故事的可能性。

　　对《侠胆雄狮》第三季充满争议性的接受提出了关于电视剧粉丝政治和文化
地位的问题。《电视指南》和电视台都陷入一个圈套，以为粉丝对于电视剧和制
作方都是毫无意见的忠实接受者。然而，《侠胆雄狮》的粉丝们完全不是毫无批评
意见的单纯接受者；作为更大粉丝团体的一员，同时也因为他们对于这部电视剧
的公开支持，他们受到了多方面的激励，不仅抗议电视台危害电视剧的未来存亡，
也抗议制作方侵犯粉丝对这部电视剧的整体认识。从个人来看，他们能以更大的
粉丝群体共识作为基础，批评严重违背他们预期的情节发展。越来越多的粉丝发
现他们在这部电视剧中的兴趣和利益跟制作方并不一致。而且，这些粉丝并不把
这一冲突视作个人问题（"你们"对抗"我们"），而是经济关系（制作者对抗消费
者）或者政治领域的关系（男性权力对抗女性欲望）的问题。在一个粉丝的描述
中，制作方不啻把粉丝当成训练有素的狗："自从五月末开始，事态就发展成了
'粉丝坐，粉丝去捡球，粉丝打个滚，粉丝来求饶'，现在我觉得他们想让我们装
死，或者至少悄悄躲到一边，夹着尾巴，轻轻呜咽两声，舔舐伤口去。"（Landman，
1990，无页码）

　　这一争议告诉我们，粉丝阅读行为可以动员成积极对抗制作方的行为，粉丝
对文本材料的重新写作让他们成为未来情节发展的积极批评者，也是他们心目中
真正保护电视剧核心价值的人。追踪《侠胆雄狮》的粉丝反应让我们得到了真实
可触的图景，关于粉丝圈怎样从积极接受新文本到积极反抗其变化的过程。但是
首先，我们必须更确切地概括通俗电视剧文化中类型的性质，因为制作方、电视
台和粉丝们都是通过类型的常规套路（generic convention）来证明自己对对第三季
的态度的。

很久很久以前……

123

　　传统意义上的类型（genre），即文类，指的是一系列文本，一整套叙述体系和常规套路，或者虚构文本建构的公式。这一定义似乎对有关《侠胆雄狮》类型归属方面的争论并不适用。在很大程度上，这一模式忽视了类型在读者对文本材料意义构建过程中起到的重要意义。托马斯・沙茨（Thomas Schatz，1981）认为，电影类型代表了媒体制作方和观众之间签订的默认合同。这一理解似乎对电影意义的编码和解码过程中套路所起作用赋予了同样重要的意义，因为他所谈论的是"相互起作用的制片方 – 观众关系"（1986，p.97）。然而虽不明显，但他的论述中制作方对文类的知识仍凌驾于观众的活动之上。沙茨几乎没有解释观众的预期，或者观众预期是怎样产生的；他文中对观众的反应的描述更多来源于文本，而非直接对观众反应的记录。好莱坞所提供的理所当然就是观众所要的，这一理论的基础主要是经济上的假设，即工业生产能够预测并提供观众所需要的东西。沙茨的例子都是某些类型（音乐剧、西部片）中最典型的例子，毫无争议，因此也就没有引起任何类型分类和解读的争论。读者决定掏钱买票看一场电影就标志了他们接受一整套常规套路，接受情节发展模式和角色的最终结局；一旦特定的文类被明显地标识出来并得到接受，读者就会简单地通过这些常规套路来解读某些叙事文本。

　　大多数新近的相关论述更加明显地阐述了类型对观众观影体验的影响，虽然和沙茨的情况类似，他们都是以由上而下的模式来认识这个问题的。这些论述常以极复杂的方式讨论学者和批评家在定义类型的常规套路并界定类型的边界时遇到的分类学问题，但是他们同时又理所当然地认为流行阅读是被读者早先对文本所属文类的正确认知所规范死的。比如里克・阿尔特曼（Rick Altman，1987）认为类型"避开了'正常'的解读步骤，走了捷径"，并强占了解读者群体的功能，擅自决定了文本意义："从这个角度看来，类型似乎是一种特殊而有效的意识形态工程的代理人：通过限定解读电影的语境以控制观众对特定电影的反馈。"（p.4）达德利・安德鲁（Dudley Andrew，1987）将这种自上而下的意义生成过程向前更推进了一步："（类型的）存在通过控制观众和图像及叙事之间的关系保证了特定

124

意义的生成。事实上，类型为其消费建构出了适合的观众。它们先制造了欲望，然后再以自身满足所触发的欲望。"（p.110）约翰·哈特利（John Hartley，1985）从另一个理论方向提出，"观众在看电影时不同的乐趣可能因为类型的存在而被分类管制了"，类型事先决定了他们可能的反应（转引自 Fiske，p.114）。这种角度只能让我们看到观众心态的极小一角，就算理论家们似乎认为媒体制作方和媒体消费者之间存在"合同"，这一合同在他们的描述中，事实上也严格单向，读者在其中拥有的权利不过是完全拒绝与特定媒体产品产生联系而已。

这种模式也许可以概括经典好莱坞电影时代类型的作用（虽然限于篇幅我无法展开论述）；但当我们将这种模式引入电视研究的时候，至少应当保持警惕。如果说电影学者常常被迫重新考虑将更大的文学批评类型（如喜剧和悲剧）划分为好莱坞市场中更加精确的分类（比如神经喜剧 [screwball comedy]、黑色电影 [film noir] [2] 或者成人西部片 [adult Western]），电视研究者们则常常被迫做出相反的行动，为反映电视剧模糊的类型界限创造出较为宽泛的种类名称。所以，大卫·索伯恩（1987）将情节剧（melodrama）视作电视剧的主导类型 [3]，涵括了"大多数电视电影、肥皂剧，所有律师剧、牛仔剧、警察剧和医生剧，逃亡和冒险剧、父子仇雠之情等等充斥在黄金时段的电视剧"（pp.539—540）；大卫·马克（David

---

[2]　神经喜剧是指主要在美国大萧条时期到 40 年代流行的一种类型电影，这种喜剧以社会地位的差异制造冲突，在恋爱求婚方面制造笑料，最终都皆大欢喜。这种喜剧一般语速很快，对白机智，富有戏剧性。黑色电影多指善恶划分不明显的以性内容为动机的电影，多以犯罪、侦探、黑帮等题材为主，摄影风格强烈，内容和情绪愤世嫉俗且晦暗。这一类型以法语命名（film noir），因为在其经典期（20 世纪 40—50 年代）时，电影制作人并未自觉地把这类电影视作一种类型，而是在法国电影理论家的事后归纳下才形成类型。

[3]　情节剧的原文 melodrama 是一个非常复杂的概念。一般指以女性观众为预定受众的情感极度浓烈、情节夸张、信息量过大的催人泪下的故事，此类型中最典型的作品都与爱情、友情和亲情（尤其是母子、母女情）相关。例如，好莱坞电影导演道格拉斯·瑟克（Douglas Sirk）和文森特·明里尼（Vincent Minnelli）的大量作品，如《苦雨恋春风》（Written on the Wind [1956]）、《春风秋雨》（Imitation of Life [1959]）等都属于这个类型。虽然很多人将这个类型与女性和家庭挂钩，但是 melodrama 的定义并不封闭，学术界倾向于将所有情感外溢、情节夸张、信息过载且催人泪下的作品都归在这个类型下，因此很多政治军事等普遍认为是男性领域的故事也都可以称作"melodrama"（但是学术界的这个用法在日常语境中并不常见）。因此，这个词在汉语中没有现成的精确翻译，翻成"悲喜剧""肥皂剧"等都不准确，遑论几乎生搬硬套的词根对译"音乐剧"，此处沿用电影研究传统中的翻译"情节剧"。

Marc）也对电视喜剧作出了一个相似的广泛定义，但约翰·费斯克（1987）则只在男性和女性向的电视剧中做了一个粗略的划分。

如果说好莱坞的片场系统（studio system）使得分类严格的类型成为主流，不断地对特定观众群体产生吸引力的话，当代美国电视剧则更倚重托德·吉特林（Todd Gitlin，1983）所谓扩大特定电视剧受众面的"重结合"（recombination）过程："迅速最大化收入的逻辑造成了对好莱坞类型的混合化，重结合形式使得最近大卖的作品的各角度可以结合拼接起来，获得优生学上的成功。"（p.64）电视台因此更喜欢的是不只限于一种类型而是可以同时归类为好几种不同类型的剧目，仿照以往成功经验，建立新产品的多重保险吸引更多热情的观众；类型传统则被适当修改，以期迎合有不同文化趣味的人群，吸引更多的受众以创造更高的收视率（Tulloch，1990）。

《侠胆雄狮》是一个"重结合"的教科书式范本。这部电视剧精心构筑在几个不同类型传统之上，以期获得更高的收视率，电视剧的多义性（polysemous）同时也反映了电视剧制作者、电视台行政决策者和节目粉丝在创造性上的分歧和争议。在电视剧的长期播放运作过程中，它的类型状态依旧悬而未决，而对节目的解读策略也因此不能最终决定。

大多数文献都把功劳给了 CBS 娱乐区主席金·勒马斯特（Kim LeMasters），他最初提出根据让·古克多（Jean Cocteau）的经典影片制作一部改编《美女与野兽》的电视剧[4]。勒马斯特向惠特 / 托马斯制作公司（Witt/Thomas productions）提出在 1988—1989 季推出这部电视剧的设想。就像制作人保罗·惠特（Paul Witt）在这部电视剧首映不久后接受的采访中解释的："我们不想再来一部怪兽片。我们不想要一部野兽打穿墙壁的电视剧。我们想要更有品味的东西。"（Oney，1987，p.37：2）被聘用为这部电视剧创作人的罗恩·科斯洛（Ron Koslow）认为这部电视剧是一个很好的机会，能够"以经典的语汇讲述一个经典的爱情故事"，同时也能在纽约城的街道地下发掘出神话乌托邦社会的潜质（Kloer，1987，p.4）。科斯

[4] 让·古克多（1889—1963），法国作家和导演，他的电影《美女与野兽》（*La Belle et la Bête*）首映于 1946 年。《侠胆雄狮》英文原题意即"美女与野兽"，本书采用该电视剧在汉语圈的习惯译名。

洛希望能够将"纽约疯狂的节奏和紧张感"和"地下的诗意浪漫"结合起来。这部电视剧有意建构在几种完全不同的类型的混合之上，致力于吸引女性、男性和儿童在内的广大受众（Gordon，1988，p.26）。制作人惠特给出了类似的描述，将这部电视剧视作"故意制作成的具有分裂人格的作品"。他说："地上世界的一切都用刻板到近乎残忍无情的现实主义风格拍摄，而现实表层之下则运用一种迷雾中的气氛，以期创造出谜样的环境。"（Oney，1987，p.37：2）

　　这种形式导致了对传统社会性别角色的有趣跨越：事业上的故事和凯瑟琳的冒险情节被固定在她的活动环境中，而文森特的世界则更家常，并尤其注重人际关系。凯瑟琳在地区检察官办公室的探员工作（"金钱和权力掌控的世界"）为传统的动作 – 冒险情节提供基础；她的事业活动使她和当代生活的险恶因素亲密接触（比如街头帮派、毒品、嫖娼、虐待儿童、巫毒邪教、地铁流浪汉等等），这些将她置于危险境地，而文森特就可以将她拯救出来。（可以参见：《糟糕的拯救者》["Terrible Savior"]、《围攻》["Siege"]、《无路可退》["No Way Down"]、《内心的野兽》["Beast Within"]、《黑暗的灵魂》["Dark Spirit"]、《一个童话》["A Children's Story"]、《诱惑》["Temptation"]、《一切就是一切》["Everything is Everything"]，这仅仅是第一季中主要关注凯瑟琳在地上世界所遭遇问题的几集。）文森特作为地下乌托邦世界的领导人物之一（"深藏在街道地下的秘密地方……远离仇恨和伤害"），使得这部电视剧转移关注目标，审视这个特殊群体及其丰富多彩成员的生活和他们所面临的选择困境。这些寓言式的故事从 19 世纪的地下乌托邦和反乌托邦的传统中汲取灵感（Williams，1990），探究父亲对地上世界充满创伤回忆的拒绝（《俄耳甫斯之歌》["Song of Orpheus"]），还有他为实现新型社群的理想做出的努力。一些反复出现的情节主题包括他和一个叛变的社群领导帕拉塞尔苏斯之间的诸多矛盾争议（《炼金术师》["The Alchemist"]、《地狱统治者》["To Reign in Hell"]）、这个社群的节日庆典（《冬天之死》["Dead of Winter"]、《假面》["Masques"]）以及社群自我定义并保存理想的努力。

　　两个角色之间的爱情故事在两个世界间架起了一座桥梁，为不同的类型传统间的顺利转换提供了基础。就像剧作家霍华德·戈登（Howard Gordon）所指出的那样：

　　对我来说这事很有满足感，这集的剧目可能会带我们穿过曼哈顿刻薄势利的街道，而立刻下一集就会带我们进入地球深处，遇到帕拉塞尔苏斯这种神话人物……唯一必须的情节共同点就是让凯瑟琳和文森特处在一个有机的环境中，就算不可能将双方表现得不偏不倚。棘手的问题是找到能够同时接触两个世界的中心主题，我们只能寄希望于一点点巧合了。(Gordon，1988，p.26)

戈登指出三种已加入《侠胆雄狮》情节模式中的基本情节类型：动作为中心的故事——将角色置于危险之中，需要一点"高潮型的拯救情节"（《无铁的笼子》["No Iron Bars a Cage"]、《无路可退》《地狱统治者》）；以人际关系为中心的故事——凯瑟琳和文森特在这些故事中会帮助第三方，时常会涉及年轻恋人的重聚（《瓷月亮》["China Moon"]）或者家庭和睦的重建（《一切就是一切》《一个童话》）；集中探讨地下世界道德抉择的寓言故事（《高热》["Fever"]、《灰度》["Shades of Grey"]、《不可思议的寂静》["An Impossible Silence"]）。在每个案例中，文森特和凯瑟琳之间的爱情故事都处于次要地位，但仍然很重要，这成为他们在每周剧情中出现的原因，但却永远不是最主要的关注点。只有非常少的几集会主要探讨两个主角之间的关系（《幸福生活》["A Happy Life"]、《孤儿们》["Orphans"]）。

　　评论家对这部电视剧在类型上的创新评价很高，并反对它回到传统电视剧的套路上来（Burke and Dunadee，1990）。然而电视台决策方则迫使制作人在电视剧中囊括越来越多的传统动作冒险套路，以期吸引传统的周五之夜观众 [5]。在一次最近的采访中，剧作者乔治·R. R. 马丁（George R. R. Martin）认为电视台和剧作者从一开始就对这部电视剧的本质和它所预期的观众存在认识分歧：

　　电视台方从一开始就打算将我们视作《神奇绿巨人》(The Incredible

---

[5]　在美国，周五晚上一般是约会之夜，这就意味着周五晚上播出的电视剧会流失大量二十多岁以下的年轻观众。这个时间看电视的人群中年长的男性所占比例相当高。在此书初出版的时候一般周五的节目会针对年长男性观众，偏重动作冒险内容，但如今美国电视台已经改换策略，周五晚上一般会留给重播剧而非新出剧目。

Hulk) [6] 的毛茸茸版。如果我们想要制作一部针对儿童观众的动作冒险节目，那种第二幕结束时必须有一只野兽冒出来，第四幕结尾时候必然有一次大营救的那种节目，那我绝对是不想参与的。但是当我和罗恩·科斯洛谈过之后，我发现他的野心很大，在他看来，这将是一部针对成人观众的电视剧。(Grosse，1990，pp.53—54)

根据马丁的回忆，最开始电视台对于地下世界人们的描述和电视剧爱情方面的发展表示出相当的抵制；他认为 CBS 将《侠胆雄狮》看作"一部毛茸茸的英雄拯救人们的警匪剧"。《侠胆雄狮》吸引了很多女性观众，而且由于其傍晚的播出时间看起来能够吸引一定量更年轻的观众，但是对于许多男性观众来说，这部剧令他们感到疑惑甚至愤怒。只有当这部电视剧开始吸引更多粉丝的追随之后，制作人才获准更彻底地打破动作冒险类型的剧情模式，并加入更多的浪漫和奇幻元素。但是，当第二季收视率降低的时候，面对扩大观众基础的压力，制作方的反应还是以吸引男性观众为解决方案。在马丁关于这部电视剧的评论中，我们明显发现他认为电视剧剧情模式的变动来自电视台对收视率的微词。粗略说来，爱情为主的剧集指向更多女性观众，而动作剧情则可能吸引男性，扩大剧集的男性观众。然而这部电视剧的观众一直以女性为主。这部电视剧在 1987—1988 季的电视节目总排名中占据第 50 位，而在 1988—1989 季则下降到第 78 位。电视台预计到缺少动作情节会导致这部电视剧被彻底取消，或者模式被激烈改变。在 5 月 19 日周五，电视台宣布《侠胆雄狮》不会在 1989 年秋重返屏幕。

这部电视剧最积极的粉丝们一直在密切关注收视率的上上下下，所以对这一消息早有准备。在第二季结束的时候，全美有超过五十个主要的粉丝组织，总成员人数超过 35 万人。有超过 90 种同人志和新闻通讯在流通中，而且有一个专门的电脑网络讨论组，为众多地方粉丝组织创造了多重联系。收视率分析已经成了粉丝新闻通讯的标准内容，同样也是电脑网络的热门话题。粉丝蜂拥而起，用大

---

[6] 《神奇绿巨人》此处指美国 CBS 电视台于 1978 年到 1982 年播出的电视剧。绿巨人是美国漫画公司漫威公司创作的一个反英雄漫画人物，初创于 1962 年，一个天才物理学家布鲁斯·班纳在一次实验中发生意外受到超量伽马射线辐射而产生身体异变，只要愤怒时就会变身为没有理性一味破坏发泄的狂暴绿巨人。

概 2900 封电报和大量隔夜寄到的信件淹没了电视台总部，他们把传真机和接线总机一直连在一起长达几个小时。电视剧取消通知离西部媒体同人展开办只有几天，每年这一在密歇根州兰辛市举办的同人展会吸引了全美各地的媒体粉丝来到这里；《侠胆雄狮》的支持者在同人展上花大量时间共同商议策略，并从其他粉丝那里讨教拯救电视剧的经验。

电视台很快撤回了它的取消计划，改为暗示这部电视剧仅仅会暂停一下，将会在季中回归。粉丝保持着对电视台的压力，逼迫决策人不会悄悄地取消他们已经做出的决定，因为电视台同年早期对《弗兰克餐馆》(Frank's Place) 的观众作出了类似承诺，但最终还是偷偷取消了剧集。粉丝活动家准备了一部策略指南，在几份地区性新闻通讯中都有转载。这份指南不仅包括电视台决策层人物的地址，也包括主要赞助商的地址、本地分支、重要的出版商和广播电视记者的地址，甚至万圣节服装的制造商和扫盲运动者的地址；任何可以被拉拢来支持她们让《侠胆雄狮》保持播映的人都在列 (Burke, 1989, pp.1—7)。互助者网络（总部位于加利福尼亚富勒顿）一直在运营电话信息热线，持续更新运动的行动以及电视台的回复（"野兽女孩"，1989，p.131，p.137）。粉丝们呼吁人们穿上电视剧相关的文化衫，以期吸引更多人对这部电视剧产生兴趣，并在图书馆中找到电视剧中引用的经典著作，在里面夹上宣传这部电视剧的纸条，以获得更多潜在观众的注意。粉丝们继续在街角和当地家长教师联合会的展览中分发传单，给广播电台脱口秀打电话，在地区新闻节目中接受采访，并在社区报纸上占据头条新闻，一直让这场运动占据公众视线。

CBS 电视台承诺制作 12 集新剧，并于 1990 年 1 月重返播映。这一决定一直被广泛视为这次草根运动的胜利，证明观众终于找到了让电视台保证承诺的方式。用 CBS 一个主管计划和研究的资深副总裁大卫·波尔特拉克（David Poltrack）的话说："我们一直在关注人们用写信、电话或者电报给我们传达的信息。那些《侠胆雄狮》粉丝所做的反馈努力自然令我们做出让这部电视剧回来的决定。这很可能是我们自《警花拍档》以来得到的最热烈的公众反馈了。"(Burke and Dunadee, 1990) 到 7 月为止，CBS 一直都在向节目的热心观众写信，感谢他们的"热情和兴趣"，希望他们保持"对这特别的文化产品的深刻执着"，并许诺他们"没有任何对剧情模式剧烈改动的计划"(Faiola, 1989)。

　　粉丝们很快就没有任何理由怀疑这一许诺了，也不会怀疑电视台会重新构造这部电视剧以扩大受众面。科斯洛告诉记者说："你们会看到更多的危险情节，故事中将会有更多千钧一发的危机，也会有更多惊喜。"他的叙述明显说明这部电视剧将更加侧重动作冒险情节（Weiskind，1989）。《电视指南》中提前泄露了这一季开篇一集的情节提要，详细描述了凯瑟琳的怀孕、被绑架和死亡，以及文森特如何无情地追踪谋杀者。这一剧情提要被节目的发言人否认了，但是最终证实和电视内容一字不差。电视台的决策层也公开宣布他们觉得第二季太集中于凯瑟琳和文森特的爱情故事，而这电视剧必须拓宽关注重心。（正如 CBS 娱乐的主席金·勒马斯特解释的那样："《侠胆雄狮》的问题在于文森特和凯瑟琳的故事变得越来越狭窄，我们已经不能再向前拓宽我们所想表现的主题了。"［Burke and Dunadee，1990］）忠实的粉丝们警告说如果《侠胆雄狮》变成了"全是动作而没有深度"（Burke and Dunadee，1990）的连续剧，他们很可能停止观看。《管道线》（*Pipeline*）的编辑斯蒂芬妮·A. 维尔茨（Stephanie A. Wiltse）指出："电视台改变电视剧，就像用棒球棒做脑外科手术。改变剧集的企图永远会搞得一团糟。"（Burke and Dunadee，1990）维尔茨事后对第三季表示了接受态度，她的新闻通讯《管道线》的 2200 个订阅者中的许多人也同样表示接受（私人通信，1991）。维尔茨报告说第三季的剧情在她的读者中吸引了出人意料的回复，节目变动的支持者和反对者比例大约是二比一（《管道线》，1990 年 3 月号，p.2）。另一些粉丝新闻通讯组和信件同人志，如《私语的画廊》（*The Whispering Gallery*）和《很久很久以前……就是现在》（*Once Upon a Time...Is Now*）则收到了更多负面评价，很多人直接表示这部电视剧受到的"重加工"简直是天怒人怨。我在个人熟识并有交流的粉丝中，以及在粉丝同人展会的座谈小组中都得到了类似的负面反应。当然我并不能确定我的样本没有偏差，也不敢保证能在多大程度上反映整个粉丝团体的情况。

　　这一章内容在《侠胆雄狮》的粉丝中已经引起了较大争议，我必须承认很多人所持的保留态度。我收到全美各地的粉丝来信，表示这一章准确地贴近他们自身实际，并表达了他们对于这部电视剧的观感；这些信件有些是我征求来的，有些不是。但我也收到了少量的信件和电话，抗议我没有给粉丝团体中的"异见者"以相应的篇幅，因此不能全面概括粉丝对于第三季的整体反映。比如一个粉丝写

图 4-2 《雄狮蛋糕》作者丽塔·泰瑞尔。文森特以古埃及的美尼斯王形象出现。

道："对于这种只能给我们的子孙后代留下完全不受节制的憎恶折磨的东西，我希望您能够允许我对其在您文中畅行无阻提出自己的不满，这种东西和您所讨论的'阅读'方式并无源流关系，也早已偏离了您的讨论范围。"（私人通信，1991）我收到的类似的激烈言辞证明了粉丝群体内部这一围绕解读评价的争执所带有的强烈感情，也证明了粉丝们为保护自己所爱的电视剧的形象所投入的决心。

于是，我想清楚地指出这章中讨论的内容及其原因。我的关注点主要是粉丝们的负面评价，不是因为我认为这些反馈一定代表了**所有**粉丝的反应，也并非因为我否认在群体接受过程中异见者的意义，更不是说负面的反应就代表了我自己对第三季剧集的评价。相反，批评意见最清晰地提出了我在这本书中所说的关于粉丝阐释的核心问题。我希望探究的是为什么人们能在激烈反对制作方对自己所爱的节目做出有争议决策的时候，仍能保留自己身为节目粉丝的身份。制作方对电视剧的观感和粉丝对电视剧的观感之间的差异和紧张关系，在这种有裂隙或者争议的时刻显得尤为显眼。我认为同样的理解差距即使在这种差异不会影响或者损害粉丝对于广播节目的乐趣时仍然是存在的，尽管这一理论很难用实例证明。但是，虽说我关注这一点，但这并不意味着我认为这个粉丝圈或者任何其他粉丝圈内部在观点和判断上是铁板一块。

认为类型判断能决定观众的意识形态反馈的理论并不适用于同时可以归于很多不同类型、或有很多不同解读方式的文本，比如《侠胆雄狮》。制作方对它的类型归纳和读者的归纳有极大差别，而两者同时又都和电视台的归纳方式天差地别。电视剧被同时标记为很多种类型，且看来都同样合适：有些广告中是一幅浪漫的画面，月光下的阳台上彼此相拥的一对爱人，向读者保证"一个与众不同的爱情故事"。另有些海报中则画着吼叫着蓄势待发的文森特，自问他到底"是人还是野兽？"（Burke and Dunadee, 1990）。读者必须决定哪一种类型模式会给特定剧集带来最好的欣赏和解读结果：是按照制作方所暗示的方式呢？还是另外的吸引其他观众群体的类型传统呢？有些读者选择将情感投入电视剧中的爱情方面，视其为最具观赏乐趣的部分，因此动作冒险为主的情节就成了无趣和不满的源泉。

从阅读爱情故事到读作爱情故事

彼得·J. 拉比诺维茨（Peter J. Rabinowitz, 1985）指出，类型研究如果能将其关注视角从虚构文本本身的特性转移到"读者理解文本的策略"的话，将会具有更大意义，将类型视作读者在生产意义时所援引的"一系列行为"、常规套路以及既定期待值。就像拉比诺维茨所说，"'阅读'永远是'读作……'的过程"（p.421）。《侠胆雄狮》是被读作爱情故事还是被读作动作冒险系列，所呈现出来的意义和产生的乐趣是完全不同的。如果我们采用拉比诺维茨的例子的话，达希尔·哈米特（Dashiel Hammett）的《玻璃钥匙》（*The Glass Key*）就是个两难抉择，它到底该被读作高雅文学还是读作流行侦探故事。不同的类型使读者提出不同的问题，也为读者提供了各种不同的重要性判断和文本内容结构判定的规则。拉比诺维茨区分了四种基本的阐释策略：（1）"关注法则"（rules of notice），对叙事文本的特定方面以优先关注，视其为可能有趣且重要的，同时将其他方面打入边缘；(2)"表意法则"(rules of signification)，决定哪些意义或者推断可以被归因于特定文本特征上；(3)"构造法则"(rules of configuration)，塑造读者对情节发展可能性的期待值，并让读者决定情节发展的最理想结果；(4)"完整性法则"(rules of coherence)，决定读者从文本细节以及没有明确表现的故事信息中补完文本(p.421)。他认为，读者的阅读体验首先需要决定哪一种（或者几种）类型对于特定叙事文本来说最合适，然后将这些类型规则系统性地施加在理解已知文本信息的过程之上。

　　《侠胆雄狮》可以理解为几种不同的类型传统：可以读作同时为儿童和成人提供"魔法魅力"的童话或者寓言；制作方说可以读作传统的必须以悲剧结尾的爱情故事；粉丝说可以读作当代的应以大团圆结尾的爱情故事；读作一对和犯罪作斗争的斗士以心中的公正准则改变不完美世界的动作冒险故事；读作地下的乌托邦社会试图定义并保存自我价值的史诗；读作"高质量电视剧"(quality television)——和拉比诺维茨文中的"高雅文学"相对应的模糊分类概念——以显现这部电视剧的制作价值、严肃社会话题、文学典故以及古典音乐表演等高雅文化所青睐的方面。有些类型分类在粉丝和制作方的语境中看来是互相抵牾的：爱情故事的粉丝绝不会因为这部电视剧中的动作元素而被吸引，相反同理。其他的（爱情故事、童话、以及"高质量电视剧"）有可能是相互促进、相互加强或有意义重叠的概念。然而每一种阅读方式都会将不同剧集或者某集中的一些片段置于前景中最重要的地位，视作最有乐趣和意义的细节（关注法则），然后赋予其另类涵义（表意法则）。每个人都自己预测情节发展（构造法则）以及判断叙事文本的理想最终结果（完整性法则）。

134

　　如果说电视台和制作方会想尽办法将尽可能多的可能性保留下来，以期在电视剧周围聚拢起多种不同的读者，那么个体读者显然更偏好某种或者某几种阅读方式而忽略其他。有些粉丝喜爱作为想象社群存在的"地下世界"，这个群体内部的许多价值观能为当今社会问题提出大有希望的解决方式，并能应用于现有的福利工作；另一些粉丝为这部电视剧中"高质量电视剧"的特殊表达所吸引，认真探求文学典故和音乐运用，或者追索角色名字的历史和象征意义。虽然这些潜在的解读方式在读者对这部电视剧的观看体验中都会存在，但是很多波士顿粉丝组的成员都坚持认为《侠胆雄狮》首要属性是一部流行爱情故事："如果你没有爱情元素，这电视剧就很快就会从排行榜上滑下去了。你大可以制作一部关于地底人民和地底世界的故事，但这绝不是这部电视剧的重点。它实实在在是这两个人的爱情故事。"（个人采访，1990）

已经播出剧集的评价标准首先是它们是否并且多大程度上展开了文森特和凯瑟琳之间的爱情故事。当我请他们列出自己最喜爱的单集时，波士顿《侠胆雄狮》的粉丝都不约而同地指向有强烈爱情因素的剧集，或者呈现了角色间关系发展重要转捩点的剧集：《很久很久以前……》《假面》《幸福生活》《未来的承诺》（"Promises of Someday"）、《孤儿们》以及《英俊完美的骑士》（"A Fair and Perfect Knight"）。有些粉丝会提到有艾略特·伯奇这个角色出场的单集，这个角色是文森特对凯瑟琳的感情上遇到的唯一重要情敌。还有些粉丝则会赞扬那些有帕拉塞尔苏斯出场的剧集，因为他不仅威胁到了这对恋人，而且也威胁到整个地底世界的未来。当粉丝们解释自己的偏好时，侧重说到这些剧集如何显著地协助定义了角色以及爱情故事的进展："它们都关涉我最喜欢的角色，而且真是非常非常浪漫，或者说它们就是那些正相反于模式化'警察抓小偷'电视剧集的《侠胆雄狮》剧集"；"这些剧集都强调了文森特和凯瑟琳、他们之间的关系，以及或好或坏地影响到他们之间关系的人、物和事件（已经发生的或者正在发生的）。"很多人将这些集中探讨人物关系的剧集与更偏好动作为主导的剧集（电视台决策层的偏好）完全对立起来：一个女性观众说她更喜欢那些"没有暴力和枪械的内容"。

当我询问他们最不喜欢的剧集时，很多人特别集中地提到了包含最多暴力内容并且大花时间发展传统动作冒险情节的剧集：《空心的人》（"The Hollow Men"）、《外来者》（"The Outsiders"）、《糟糕的拯救者》、《黑暗的灵魂》（"Dark Spirit"）。粉丝们抱怨说这些剧集"实在是太阴暗诡异了"，"集中在动作场面上，根本没有人物的发展"，剧情过于模式化，过于关注"这集客串明星的个人问题"。以动作为中心的剧集在他们看来和这部电视剧的主旨毫无关系（它们"没有向前或者向后推动人物关系"），因此在对这部电视剧的阅读过程中只起到了非常次要的作用。他们在心目中建构的这部电视剧的类型发展，构成了这个群体评价单集价值的坚实基础。

"某一天的承诺"

粉丝的阐释不约而同地强调了电视剧文本中最浪漫的一面，即使在以动作冒险为中心的剧集中也是同样。《私语的画廊》是一份非常流行的地区性新闻通讯，它一直有一个评价单集剧情的常规栏目，着重强调粉丝们想看到更多发展的那些元素，并分析"他们没有告诉我们的东西"。这些评论为我们展示了粉丝们如何运用关注法则将《侠胆雄狮》读作一部爱情故事，又是如何运用表意法则将他们选中的元素赋予显著意义。举例来说，我们来看看一个粉丝对《糟糕的拯救者》这集的评论。这集常常被粉丝们目为整部电视剧中最糟糕的一集，因为它集中描写了文森特和一个地铁流浪汉的暴力斗殴：

> 这集开始的时候我们完全不知道文森特和凯瑟琳是不是常常见面，这地铁杀人狂事件会不会让他们俩见面……我们还看到了文森特对凯瑟琳的感情和关系非常确定，但是凯瑟琳还在试探和学习的过程中……为什么她要怕文森特呢？她现在还不相信他吗？她明显在有意远离他，文森特在暴怒中险些砸烂了一盏灯。我们看到了凯瑟琳对文森特的畏惧在他们面对面且有时间思考之后有所改观。就像一直以来一样，文森特又一次原谅了凯瑟琳。（他真是个完美的男人。）(Terhaar, 1988, p.5)

136

在这里，充满悬念的戏剧化情节却被当做主人公之间爱情关系的线索来对待，姿势、眼神、语调都表示他们之间日渐增长的亲密关系。粉丝们坚称，前两季的大多数剧集都有角色爱情故事的含义深远的细节，即使这些细节相比主要情节而言只是边缘内容："不管故事变得多么阴暗，在每一集的最后都会有一个温暖的阳台场景。"（私人采访，1990）

粉丝评论一般会集中关注这些细节，为每一个姿势或者表情提供详尽的解读，将这些细节归入感情关系发展的总进程之中。比如，一个粉丝批评者对《室内乐》（"Chamber Music"）一集中的一个场景是这样解读的，这一集的主要内容是文森特帮助一个吸毒成瘾的年轻人提高他的音乐水平：

凯瑟琳和文森特坐在地下世界的出入口听着他们上方公园里传来的音乐会的声音。这不过是第二次他们俩外出"真正地"约会而不涉及谋杀、追踪或拯救行动……我们能不能看到更多的二人世界浪漫场景呢？……随着这个场景的发展，天开始下雨了。凯瑟琳像一个无忧无虑的孩子一样在雨中嬉戏，放声欢笑。我想应该是凯瑟琳在文森特周围已经变得非常熟悉而自在了，她终于能够放开矜持的架子开怀一些。她在雨中的行为动作几乎可称得上诱惑，我们也看到了文森特在观看享受这一情景。他在想什么呢？他微微挑唇，随着她的欢笑轻笑出声，但是这种关系似乎还有一丝肉体方面的（欲望）存在。(Burke，1988a)

137　　就像这个例子所显示的，粉丝们详尽地解读这些他们认为非常有意义的时刻，并直接引向了对未来情节发展的推测。

　　对这些枝节的解读是读者建立对电视剧的整体分析的原材料所在，因为关注法则和表意法则是由构建法则和完整性法则填充支撑起来的。粉丝们的确会在枝节层面进行热烈的辩论，他们也许会对一些特定场景，甚至场景间的整体发展过程有不同的见解。但是这些不同的见解都是在同一个参照系中作出的，电视剧整体的类型归属已是共识，并早有默认什么问题是值得探讨的，什么场景才能为解答问题提供可接受的例证。在《私语的画廊》的一期中，一个新闻通讯的编辑对第二季提出了这样的问题："第三样缺少的东西是觉醒。小小的线索和提示，显示什么时候凯瑟琳什么时候开始爱上文森特的，什么时候意识到她的生活中也许不能没有文森特，或者父亲也许会对他们俩的关系表示更多理解。"(Burke，1988b) 几期之后，另一个粉丝回答了这个问题，引用了第二季中一个特定的时刻以解释她对剧情发展的理解："回想一下《兄弟》（"Brothers"）和《室内乐》还有《记住爱》（"Remember Love"）……重新查看一下《灰烬、灰烬》（"Ashes, Ashes"）一集中的病房场景和阳台场景。《兄弟》中的结尾场景，还有《室内乐》中的约会场景和告别场景。千万别告诉我你没有看到**而且**感觉到凯瑟琳对文森特已不同一般。"(Almedina, 1988) 在这里构成更大阐释阅读基础的细节片段已经不需要细致入微的描写；《室内乐》一集中的场景已经简略到了一个词组，证明正在阅读这篇文章的读者同样已经理解并吃透其枝节层面重要性，并已经将它们放入自己对这部电视剧发展的全景之中。

类型期待（generic expectation）已经被细致入微地嵌入文本的特殊性之中，关注法则、表意法则、完整性法则和构造法则被读者用来一集一集接连不断地讨论剧情；随着这个进程的发展，较为抽象而宽泛的类型模式（generic formula）为一个针对电视剧本身的元文本所替代。粉丝的元文本远远不止粗略的类型模式概要；它是建立在所有已播出剧集的具体信息、二次衍生物的信息（"节目圣经"、已发布的采访之类）以及粉丝们对这些信息的理解推断之上。然而一切的缘起则是观众决定以一种特定的类型传统阅读文本时所带来的种种假设。就像拉比诺维茨（1985）所说："文学作品可以成立，只是因为读者在阅读之前已事先从其他文本中有所得，并且带着这些详细的所得来到新文本之前。我不否认每部虚构作品都创造出了自己的世界，但是我还是坚称它们之所以能做到这些是因为读者有自己的起步技巧。"（p.423）

粉丝对未来叙事文本发展的预判并不仅仅建立在对爱情故事的典型理解上，而且还建立在他们对这些角色、这些需要解决的具体问题，以及可能引向更亲密关系的机会场合的理解上。他们的阐释必须扎实地建立在具体剧集的实例引用的基础之上，需要例证反复支持。然而，他们对角色和问题的描写仍然和詹妮斯·拉德威指出的"理想的爱情故事"的常规套路有令人震惊的相似性。拉德威将爱情故事定义为"在想象中重新塑造男性气质，以符合女性的标准"的转化过程。爱情故事描写了男性和女性在亲密关系和交流层面上克服性别角色的区别，达到一个互相分享和互相照顾的关系（Radway，1984，p.147）。男性严厉克己的面具之下是"他隐藏起来的温柔本性"（Radway，1984，p.139）。根据粉丝社群的阅读理解，文森特在他的温柔个性和他自我觉察到的黑暗兽性的一面之间深受折磨，唯恐他的黑暗面会永远阻塞他完满爱情的机会。只有克服了这一对立矛盾，文森特才有希望和凯瑟琳获得幸福。并且，拉德威认为理想的爱情故事主要关注"女性人物向自我人格独立和自我身份完善的方向推进"，女性在力图强化异性婚姻的同时，力求自主和个人身份（Radway，1984，p.147）。粉丝们心目中的凯瑟琳必须在她的职业自主和爱情之间达成妥协。

我们必须首先指出的重要一点是波士顿《侠胆雄狮》俱乐部中的成员只有很少人自我定位为流行言情小说（popular romance）忠实读者或肥皂剧爱好者。当

139

图 4-3 粉丝们更倾向于关注文森特和凯瑟琳之间的"童话"般爱情故事。同人画，作者：丽塔·泰瑞尔。

然有些人表示出对包含爱情描写内容的"文学经典"的兴趣，比如《呼啸山庄》或者《简·爱》，也有很多人在他们最喜爱的电视剧名单中列出了很多包含爱情次主题的电视剧（《斯蒂尔传奇》、《蓝色月光》[*Moonlighting*]、《侠骨柔情》[*Scarecrow and Mrs. King*]、《黑暗阴影》）。事实上，她们中的很多人公开表示非常厌恶流行言情小说中的常规套路，尤其是那些她们视作破坏女主角自主能动性的常规套路。她们抗议说传统的言情小说里开头还精明强干的女强人到了结尾就成了米莉·牛奶吐司[7]式的人物了。这些"偶尔"会阅读言情小说的粉丝轻易地断言，这一类型的常规套路由于"女性粉丝的反馈"正在发生改变，并开始反映越来越常见的女性权威和婚后自由的状况。然而，几乎所有人都认为《侠胆雄狮》提出了流行言情小说中完全不具备的爱情模式。

为了解这些女性在言情上赋予的意义，考察她们的社会状况和意识形态状态之后会有一些有意义的发现。所有这些妇女都从事家政以外的工作，有些人从事的是传统中女性特有的服务性工作，比如教师、护士等；而另一些从事低端或中级管理职务，还有一些拥有高级行政职务。她们中的很多人已婚，同时也有一些单身人士。她们大多处于三十到三十五岁之间，另有一些年纪稍大或者稍小。所有这些女性都认为自己是女性主义者，其中有些人对这个身份认同的标签稍有异议："是的也不完全是"，"我是，但是并不激烈。"这一群体和通常刻板印象中热情追捧流行言情小说的无所事事的家庭主妇存在鲜明反差。在 80 年代后期，这些女性面临着社会对女性气质的种种自相矛盾的期望，主动地追求事业成功，却同时不拒绝爱情上的承诺，更不愿损失她们珍重的传统女性气质。这些女性不会自如地自称"女性主义者"，但是她们的职业生活和传统女性角色完全背道而驰，她们中的一些人甚至完全独立于男性而生活。她们也不喜欢被视作流行言情小说的消费者，因为这一形象和狭隘的女性形象联系过于紧密。

她们对凯瑟琳的情感投入或许就是帮助自己理清和女性主义之间暧昧关系的方式，因为凯瑟琳自己就是在事业野心和更传统的女性生活方式之间左右为难的

---

[7] "米莉·牛奶吐司"，原文"Millie Milquetoast"是一个美国旧俚语。Milquetoast 即 milk toast，指牛奶泡过的切片面包，喻人物没有骨气、柔弱、绵软无力。这句话指言情小说中原先精明强干的女性人物会在情节发展中遭到严重弱化。

角色。这些粉丝将人物同传统的性别角色明显地断裂开处理，但同时又赋予人物
以她们自己所珍重的传统性别角色：

> 文森特感性而不脆弱。我认为所有的女人都想要一个感性的男人，但是
> 有些男人有感性的一面却缺乏阳刚的一面。我觉得他将这两方面融合得非常
> 完美。（私人采访，1990）

> 凯瑟琳是我在这部电视剧里最喜欢的人物。我实际上对女权运动很有
> 看法。因为这一运动使得留在家里并保留女性阴柔一面的女性被轻视了。我
> 认为凯瑟琳是一个坚强、机智、可靠的女人。她完全能够自我保护。但是她
> 也可以哭泣……我对她的定位与其说是一个女人不如说就是一个人。她不
> 像有些电视剧里的典型解放女性。她们很坚强，没错，她们的行为就像男人
> 一样——但凯瑟琳虽然坚强但还是有女性的一面。这是我最喜欢她的一点。
> （私人采访，1990）

> 我们的女主角是电视里最罕见的那种——一个坚强有力、勇敢并执着的
> 女人，但同时又阴柔而易受伤害。坚强而机智的女性永远被刻画成伪男性，
> 她们咄咄逼人，没有感情（最好的例子就是第三季的内容）。而这个虚构的
> 角色我却能自豪地自我认同——一个正在成长中的人，一个有可能在他人的
> 威逼之下屈服动摇的人，就和我们所有人一样。但是这个人同时也一直保持
> 着她的女性气质，构成文森特原始阳刚形象的完美平衡。（Diane Davis，个
> 人交流，1991 年 1 月）

这两个角色之间的关系因此被视作双方都留有余地，可以同时展现自己的强
有力之处和脆弱一面的关系。她们希望这部电视剧能成为这个性别角色发生转换
的时代里和时代紧密相关的爱情故事，一部并不建立在单方面的屈从而是双方互
相信任互相承诺基础上的爱情：

> 文森特爱她，爱她的每一方面，接受她好的一面也接受她坏的一面……

无论什么情况下，他都支持着她。（私人采访，1990）

> 文森特教给她感受他人需要的方法，她在电视剧中成长了那么多。当然，她也回报了他。她让他知道她爱他也是爱着他这个人，并非出于对他的帮助的感激或者出于同情他孤独一人的处境，而就是因为他是文森特。（私人采访，1990）

142

对于言情故事的消费不仅满足了观众的旖旎想象，还提供了意识形态的解决方法，对不同之处的调解处理，提出了让两个如此不同却又如此相似的人保持信任和亲密关系的可能方式：

> 剧情中存在对立，但也有明显的解决方案。这和两个人是不是要上床一点关系都没有。相关的问题是人生的完满。可以是互相碰触，或者拥抱，或者仅仅是面对面站着彼此凝视。但是这种完满必须存在，凯瑟琳和文森特还从没有获得这种完满的结局。我们仅仅得到了一点点影子。（私人采访，1990）

这种阅读方式很好地解释了为什么凯瑟琳对这些女性来说特别重要。就像拉德威（1985）所言：言情小说中的女主角是女性认同想象的核心；如果她能成功地处理好生活中的种种需求，她的故事就给了读者希望，使得她们也能够在社会变革的时代中重新获得自我定位："我在她身上看到了我自己。这个人物走过的道路就是我走过的道路。"（私人采访，1990）这些粉丝对于电视剧可能的发展的期望就变成了对凯瑟琳解决她自己和女性观众同时面临的两难问题的期望。

波士顿粉丝俱乐部的一名成员是这样描述她对这部电视剧的整体情节感觉的：第一季里人物们决定"一起开始一段恋情"，在这一季的结束达成（《幸福生活》）；第二季本应该"深化"他们的关系，解决他们之间横亘的种种相异之处，并在这一季的三部分的结局处达到危机爆发的关键时刻；第三季本应当从他们意识到"他们本来就属于对方"开始，"慢慢走向他们的梦想，可能是走向他们在地下的共同生活，还有某种婚礼或者仪式性的庆典。然后，最终，他们可能会让凯

瑟琳怀上孩子，生下宝宝，并在这里完满地结束一切——将一切从始至终一以贯之地演绎出来。"（私人采访，1990）

143　　她心目中的《侠胆雄狮》一直是在向大团圆结局大踏步前进的，这个结局必然会解决横亘在这对恋人之间的困难，揭露人物心理层面的问题，并最终让他们以"满意"的传统生活方式生活在一起。另一个粉丝也设想了一个相似的理想结局：

> 随着每一季的推进，我想看到文森特和凯瑟琳之间的重大进展。我想在这一季的结束看到他们的婚礼，或者互许终身的诺言，或者类似的仪式。但是在他们前进的道路上必然还会**有一些**需要他们克服的障碍，这样事情才会有趣。文森特得处理他的阴暗面。如果他们的关系需要有所发展，那么这就是必要的。（调查问卷回复，1990）

> 凯瑟琳和文森特本应该使他们的爱情到达最好的结果，结婚，生孩子。（调查问卷回复，1990）

> 这部电视剧应该以凯瑟琳搬进地下世界为结束。（调查问卷回复，1990）

粉丝们毫无例外地表现了对同一前景的展望——婚姻，终于完成的性关系，生育。这前景被视作解决"完美得不现实的关系"的最终方式，并表现了粉丝们严重依赖熟悉的类型套路塑造电视剧观看经验的状况。

粉丝们自我投射的行为与拉德威对于"理想罗曼史"的情节模式的叙述极其相似：

> 1. 女主角的社会身份遭到破坏。（在《很久很久以前……》中，凯瑟琳被误认为另一个女人并被毁容；凯瑟琳撕毁了上一个婚约，拒绝了她父亲为她在自己公司里为她留出的职位，自己寻找新生活。）
>
> 2. 女主角对于一个大男子主义的男性表现出反感。（在《很久很久以前……》中，凯瑟琳第一次遇到文森特时同时表现出了恐惧和迷恋。）

3. 这个大男子主义的男性对女主角的反应是模棱两可。（在第一季的前半部分中，文森特渴望着凯瑟琳却将她驱走；凯瑟琳在《糟糕的拯救者》中表现出了对文森特的恐惧。）

7. 女主角和男主角被肉体上或者情感上（或者同时）间隔开来。（在《幸福生活》中，凯瑟琳逃到了新泽西，试图解决她混乱的感情，计划结束她和文森特的关系。） *144*

8. 男主角非常温柔地对待女主角。（第一季的末尾两个人物拥抱了。）

9. 女主角对男主角的温柔报以热情的回复。（在第二季开始的时候凯瑟琳对文森特表示亲近。）

10. 女主角得以重新定义男主角之前模棱两可的行为，并了解到其实是过去受到创伤的后遗症。（第二季中有几集讲述了文森特的过去，包括他的第一次恋情；还有整整一季中文森特在处理他的温柔和兽性两方面冲突时遇到的危机。）（Radway, 1985, p.187）

当我们成功将电视剧中的浪漫情节嵌入这些毫无新意的步骤之中时，粉丝们也就很自然地开始期待这一模式的最终完结：

11. 男主角求婚，或者当众宣布他对女主角的爱意，或者当众表达对她的始终不渝的情感。

12. 女主角从肉体和情感两方面进行回应。

13. 女主角的社会身份被恢复。（Radway, 1985, p.187）

粉丝们心目中的期待视野早已根深蒂固，并进一步影响了她们对于文本细节的解读，她们对电视剧中有效信息的标注。这使得她们解读这部电视剧的方式简直就像是源于其自身，而非源自一个外部的解读模式。《侠胆雄狮》看起来早已许下了一个美满浪漫的结局，虽然其制作方一直在拼命否定这一点：文森特和凯瑟琳**必须**完满地达成他们的关系，并为这一爱情相关叙述文本画上一个合理的句号。

"感受愤怒"

拉德威（1985）在她的著作中说，言情小说的读者往往会把书先翻到最后，验证这本书的结局能够满足她们的类型期待，然后才会开始阅读。"多特"是她*145* 著作中提到的书店雇员，为史密斯屯的女性读者提供阅读建议，告诉她们哪些书最符合她们的品味，哪些书会使她们最终受到打击。而对于一部还在缓慢展开的电视剧的观众来说，《侠胆雄狮》没有类似方式能让读者验证叙事文本会以理想的方式完结。相反地，粉丝们被迫全心全意地信任制作方，指望他们带来想看的故事。而制作方则一再拒绝为观众提供这种情节发展（比如文森特和凯瑟琳之间亲密度的增长，文森特解决个人的矛盾纠结，或者完成稳定的爱情关系的承诺）。这在一些粉丝看来是对类型模式的背叛，因为既然电视剧明显地倚赖类型模式，那么就必然存在一种隐性的承诺。很多波士顿的俱乐部成员提出了一种怀疑观点，她们认为琳达·汉密尔顿离开剧组自然并非受制作方所迫，但就算她不离开，制作方也不会让情节往她们期望的方向走："届时就会有很多擦肩而过的情节。他们永远不会把我们想要的罗曼史给我们的。"（私人采访，1990）

她们对第三季的强烈不满是由连续几年的失望累积起来的，因为电视剧一直都拒绝满足她们的浪漫幻想。长时间以来《电视指南》书腰上介绍的浪漫情节其实只能起到吊胃口的作用，而永远不能满足观众，那些完全是在向爱情承诺发展的场景永远都被打断，或者会有人物在最终完成承诺之前退缩。对很多粉丝来说，如果说《尽管恋人迷失……》（"Though Lovers Be Lost..."）中那隐秘且匆忙的互许终生，第三季的开场俗滥无比的"岩浆流淌，鲜花盛开"的场景是个"荒唐的噩梦"，完全拒绝了观众们想要的温暖和亲密的话，这一时刻已经是她们满怀着希望和期盼时得到的一系列"侮辱"中最轻微的了："这些场景乍看上去好得让你颤抖，但是之后你越想越觉得厌恶。"

第二季开始时，粉丝们就已经对制作方拒绝发展她们期望的情节表达了公开的失望心情。如果说电视台方抱怨说第二季过于注重凯瑟琳和文森特，说爱情情节有危险会"自我摧毁"，那么粉丝们则会抱怨这一季太过注重次要情节发展，忽略了爱情故事。比如让我们来看看几个粉丝对这部电视剧第二季的一些评论：

去年电视剧的看点就在凯瑟琳和文森特关系的**发展**之上。今年这关系完全停滞了。我的兴趣也随之降到冰点了。(Burke and Dunadee 引用的粉丝回复) *146*

今年大多数剧集都在讲其他人的故事，而不是凯瑟琳和文森特之间的故事。虽然说我也喜欢其他的一些角色，但是这绝不是我观看《侠胆雄狮》的理由。我发现自己一直在问文森特和凯瑟琳到哪里去了。我怀念那些爱情故事。我作为观众和他们一起慢慢经历这一切……我已经准备好走向下一步了，但是剧情则好像完全不打算往前走。(Hughes，1989，p.3)

粉丝希望《侠胆雄狮》呈现给他们的东西，制作方不能或者完全不愿意给出。一开始，粉丝们还能从文本内部寻找到这对情侣不能完成他们爱情结局的理由（比如父亲的专断影响，或者文森特对他自己兽性一面的恐惧和焦虑，凯瑟琳对自主性的渴望）。但是这些解释在面对源源不断的"吊胃口"和持续性对观众的剥削性内容放送之下都显得无能为力。有些粉丝将怒火转向了制作方，因为从电视剧本来看来很有希望，但是却被制作方生生地掐断了。

随着《侠胆雄狮》的粉丝文化产生，随着同人志上的同人故事开始出现，这些新的叙述文本开始越来越集中于电视剧没能完成的可能的爱情故事之上，表现了文森特和凯瑟琳克服阻碍的可能性。有些同人志上的同人小说甚至描写到了文森特和凯瑟琳在地下世界作为父母养育下一代的故事。这些名为《梦想的瀑布》(*Cascade of Dreams*)、《永恒的承诺》(*A Promise of Eternity*)、《十四行诗和玫瑰》(*Sonnets and Roses*)、《爱之地道》(*Tunnels of Love*)、《无尽的生活》(*A Life Without Limits*)、《水晶视野》(*Crystal Visions*)、《凋谢的玫瑰》等等的同人志，都提到了电视剧中最为感性的图景，并以此为基础展开了新的叙述文本，满足这些被电视剧集摧折了的爱情幻想。

到了姗姗来迟的第三季开始的时候，粉丝群体已经对凯瑟琳和文森特之间的爱情故事该如何展开建立了坚定的感觉。每个人对故事结尾的预期都稍有差异，但是粉丝们早已达成了共识，就是人物们**必须**克服他们之间的巨大分歧，最终达到那些他们苦等多年的完满家庭生活。这种坚不可摧的元文本使粉丝有能力拒绝第三季剧情，否认剧情的"本真性 (authenticity)"，将第三季从电视剧"经典"中

图 4-4　粉丝们为电视剧中的人物设想了一个远超出已播映剧情的遥远未来。同人画作者：丽塔·泰瑞尔。

驱逐出去：

> 我把它看成另一种可能的现实发展版本……我绝对不会相信这会是这
> 些人物的真实发展状况。在我看来，他们将幸福快乐地一直生活下去，我
> 会一直为他们书写，也读他们相关的故事……我根本不为第三季感到感情
> 上的失落，因为我根本不觉得第三季是我的。我根本不觉得这是真正的剧
> 情发展方向。（个人采访，1990）

但是对很多其他人来说，电视上的图景实在是过于清晰生动，而他们对这些
人物的情感联系实在是过于紧密，使得他们无法从剧情中抽身："这对于凯瑟琳
和文森特来说本来该是极为幸福欢乐的时光，却生生被拗成了糟糕的噩梦，而我
自己感觉也和他们一起被陷阱算计进去了。"（Freeman，1990，p.3）

这些粉丝们观看并支持的《侠胆雄狮》已经被官方宣告死亡了，它自己的制
作方和电视台谋杀了它，将它转向了观众们毫不感兴趣的类型方向：

> 我觉得他们想要的是英雄般的形象，他们不会明白我们看文森特的时
> 候看到的不仅仅是英雄形象。我们还看到了浪漫的文森特。他们竭尽全力
> 塑造一个完美的英雄形象，同时也就意味着他们必须拿出一个同样强大的恶
> 棍……问题是，为了做到这一点，他们牺牲了情节中的浪漫一面，然后一切
> 就自然完成了！杀了凯瑟琳，他就成了我见过的最最糟糕的恶棍。然而，他
> 们还彻底放弃了回到原来的道路并重新代入凯瑟琳的浪漫情节的机会，而这
> 是他们最初手中极珍贵的资源之一。（个人采访，1990）

这些粉丝们感到对第三季的剧情没有"拥有权"，因为制作方侵犯了原先女
性观众被这部电视剧吸引的情感内核。原先理应会有的亲密浪漫情节，矛盾和分
歧的化解，被拖延了很久的爱情故事的结局被压缩成了一系列快速剪切而过的
陈腐图像。这段场景极度诡异和费解，使得有些粉丝开玩笑地称凯瑟琳的宝宝是
"天启神授"的。制作方没有将爱情故事的完结引向深厚的信任和恋人之间的愈

149　发浓厚的亲密度，或者解决他们之间原有的矛盾，性交行为打破了他们的感情联系。文森特不仅失去了当下情景的记忆，而且还忘记了两人之间的许多：

> 　　我们等了那个盛大的充满感情的梦想之吻等了足足两年，而我们最终得到的是一个嘴对嘴的人工呼吸，而且这也就罢了！……文森特完全不记得发生过任何事情。这种情节发展让一切越弄越糟。对他主观来说，**确实**什么都没有发生过。现在她死了，现在什么都不可能**再**发生了……为什么剧本作者就能对文森特和凯瑟琳（还有我们）拒绝这种浪漫经历呢！他们已经不可能再有这个机会了！"（DeLeon，1990，p.3）

　　从这一刻开始，电视剧就呈现出拉德威著作中读者们描述为"失败的言情作品"的所有最糟的特征："理想的言情作品描写的是'真正爱情'深化为双方间互相情感投入的**必然性**；而失败的言情作品则将无数需要处理的问题和困难视作他们的真正主题，性的互相吸引必然会恶化为暴力、冷漠或者抛弃。"（Radway，1985，p.162）电视剧毫不留情地完全关闭了文森特和凯瑟琳之间完满爱情的任何可能性，同时将此前剧情中粉丝们视若珍宝的内容完全否决。凯瑟琳被折磨，然后被谋杀。文森特完全狂暴化，为她的死亡复仇，他的温柔被兽性的狂怒所压倒。暴力侵犯了之前剧情中的"特别的地方"，这些空间在粉丝们反复重读之后已经浸满了意义，而且已经深刻地嵌入了粉丝们自己的叙述文本之中。她们深爱的角色不是被发现是叛徒，就是被杀了。

　　制作方为了讨好观众引入了一个新的女性角色，黛安娜。很多粉丝怀疑是为文森特量身定做的未来的爱人，一个新的"美女"。她们认为这一剧情发展只会更加破坏文森特-凯瑟琳之间浪漫故事的"特殊性"。而且，有些人认为黛安娜的力量和独立程度已经逼近言情情节模式的极限，她们认为她缺乏传统的女性气质（femininity），而她们喜欢凯瑟琳的也正是因为这一点："黛安娜完全能够自己照顾自己。她不需要其他人的帮助。但我完全没法想象她穿着丝质的晚礼服站在阳台上……凯瑟琳一直是柔软的，而黛安娜浑身都是坚硬的棱角。"（私人采访，1990）

150　有些女性观众表示她们很喜欢黛安娜这个人物，而且她完全可以成为一部引人入胜的电视剧的中心和主角，但是她完全不符合她们对于《侠胆雄狮》的期望。

并非所有《侠胆雄狮》的粉丝都拒绝第三季；事实上，有些人甚至比起先前的剧情更喜欢第三季。他们认为黛安娜这个角色带入了很多第二季剧情发展中损失的元素。一个波士顿粉丝群体里的成员，摩根，认为制作方削弱了凯瑟琳的角色，以至于她已经不想自我代入了："当凯瑟琳这个角色刚刚出现的时候，你能看见她身上的柔软和她的力量。但是当他们最终杀掉她的时候，她这个人物只有柔软、柔软和柔软。一直向制作方施压的结果就是，你只能得到柔软。"（个人采访，1991）摩根认为黛安娜是一个更加强壮，更加"现实"的女性角色："凯瑟琳只是绕着问题打转，而从不直面问题。黛安娜直接面对问题……比起凯瑟琳，文森特在感情上更为坚强；他是凯瑟琳的支持者。黛安娜则相反，她一直在告诉文森特说他需要她的帮助。最终的结果本应达到更平等的伙伴关系。"（个人采访，1991）摩根和波士顿粉丝团体中的另一个成员辛迪，都更喜欢第三季，强调说她们最感兴趣的都不是爱情情节，而都只将它视作电视剧剧情中很多重要方面中的一支。辛迪强调说第三季使得制作方可以深入探究文森特的性格，扩展父亲这个人物，并更加集中关注地底世界：

> 如果他们不打算在爱情故事上有所进展，就该转向其他东西了……电视剧中有那么多不同的发展支线，而电视剧最终完结的时候他们看起来正打算开掘这些问题……至少对我来说，地底世界本来可以是一部单独成立的电视剧，而且我一定会看的。谁管纽约啊？我看过很多其他警匪片。我想深入下去看看这个社群，他们怎么生活的，他们怎么洗衣服的。第三季正打算好好关注这个世界呢……凯瑟琳没什么特别的。我想更多了解文森特，他是谁，他为什么会在那里。（个人采访，1991）

在这里，她们对第三季的兴趣反映的也并不是对这部电视剧的非常规型爱好。这些女性推崇第三季，正是因为它满足了她们在这部电视剧中看到的类型发展趋势，因为它更好地满足了她们对角色及其世界的兴趣。

随着第三季展开，粉丝和制作方之间的矛盾冲突公开爆发了。很多粉丝写了极为愤怒的信件要求这部电视剧立刻停播，有些人立刻中断了他们和《侠胆雄狮》粉丝圈的任何联系。信件同人志和俱乐部新闻通讯里充满了对第三季受伤的反应，并表示同等程度的抵制。当这部电视剧终于下线的时候，很多人表示松了一口大气。摩根和辛迪都向我描述，她们在表达愿意公开支持第三集之后，都遭遇到非常严重激烈的对立和冲突。这也是她们要求我一定要在这一章里提到某些粉丝对第三季的支持的原因之一。但是一些粉丝和制作方之间创伤性的破裂，以及粉丝群体内部的分裂对立，并不是《侠胆雄狮》粉丝圈的终结。这些人物已经由于粉丝的元文本解读建立了高度的完整性和稳定性，他们仍在粉丝文化中保留有顽强的生命力，即使电视剧本身已经不再生产了。粉丝们现在终于可以将自己的精力全副投入同人志和同人故事中的制作和消费之中。在那里，将会有更符合她们对文类期望的故事来满足她们的欲望。"传统"粉丝（即前两季的粉丝）可以继续写凯瑟琳活着并和文森特过着幸福生活的故事，而第三季的粉丝则可以写建立在这一季新发展之上的故事。波士顿俱乐部的会议常常会花大量时间讨论最新的同人志的情报，评价它们的内容，互换传单，为同人志征求故事，并探讨粉丝们想要写的故事的内容等等。这种为保护电视剧不被取消而建立起来的机构现在成为了粉丝文化的基础，从电视剧播出内容中汲取灵感，但是将人物发展导向制作方完全未曾预料到的方向。在下一章中我将细加审查同人写作，把它看作对电视节目直接的批评性反馈，以及一种重写电视剧以更好满足粉丝兴趣的行为。

第五章
页边上的涂写：粉丝读者 / 粉丝作者

（消费的符号）*在形式上是多变的，它们会融入环境，并可能会消解于那些不给消费者留下任何可以标识其活动空间的殖民机构。孩子在课本的页边角上涂鸦，即使会因此受到惩罚，他也依然能以此创造出标示自我存在的空间，并以作者的名义署名。电视观众则不能在他的电视屏幕上写字。这件商品将他完全驱逐出境，他在这一幻影中不起任何作用。他失去了作者的权利，并成为，或者似乎成为一个纯粹的接受者。*（Michel de Certeau，1984，p.31）

有四个《量子跳跃》的粉丝每隔几周都会在威斯康辛州麦迪逊的一个公寓里聚会写作。这四个女人分散在起居室的各个角落，人手一台打字机或者笔记本电脑，勤奋地写作她们自己的关于阿尔和山姆的故事。两个人坐在饭桌边，第三个趴在地板上，第四个把她的电脑危险地放置在咖啡桌上。键盘的敲击声和同人音乐磁带的声音时不时会被交谈声所打断。琳达想要确认她对山姆个人历史的解读和电视剧里的信息没有冲突。玛丽在她的故事里引入了一个美国南方人，于是想向出生于佐治亚的西格尼了解一些她家乡的情况。凯特复习着她对《激流》所做的笔记。她已经花了一整个星期重看这部电视剧中她最喜爱的场景以便创作一篇混合同人（crossover），这样山姆在麻省理工学院上学的时候就可以认识墨瑞了。玛丽仔细检查着她的一叠"电视截屏"（相机拍下的电视机屏幕的照片），试图找

153

图 5-1 《量子跳跃》里山姆·贝克特的多张面孔。同人画作者：凯特·努恩伯格。

到一个合适的形容词来描述一个笑容。西格尼也写下了她对于山姆和阿尔如何初
遇，又是如何进入量子跳跃计划的假设。凯特拿出了一封评论她最新出版的同人
154 志的读者来信在四人间传阅。信里夸赞了西格尼的一篇作品，这是西格尼发表的
第二篇同人小说，也是她在这个"宇宙观"里的第一篇。每个组员都对琳达刚刚
完成的情景描写表示肯定，并分别赞许了一句特别有趣的台词。时间很快地推移
过去，写作让位给了谈话、晚餐以及观看同人视频（包括玛丽几周之前刚刚完成
的一部）。

　　对熟悉粉丝文化的人来说，这次会面没有任何特别之处。我和其他粉丝曾经
一起度过很多类似的午后时光，分类装订同人志，互相讲故事，对最喜爱的人物

的背景推论争论不休。这几位女性在这周早先也聚会过，给我展示过几集《量子跳跃》电视剧，并向我介绍了该剧的相关背景知识和粉丝传统。对于"俗世"观察者来说，这一幕最让人惊奇的一点应该是这些粉丝如此轻易且理所当然地将观看电视剧转化为一种另类的文化生产方式：这些女人全在写作各自的故事；凯特编辑出版自己的同人志，她用的复印机放在家里空闲的卧室里，这个小组一直在收集、装订这些同人志预备铺货。琳达和凯特也是同人画手，在同人展会上展出并贩卖自己的作品；玛丽已经进入了同人视频制作领域，并教其他粉丝制作更好的电视截屏（telepic）。同样令人惊奇的是：写作已经成为粉丝的社会活动，既是个人表达的方式同时又是集体身份的来源（换句话说，写作是她们粉丝身份的部分内容）。她们中每个人都有很有趣的东西和他人共享；这个小组鼓励她们完全地发展自己的才能，为她们的成就感到骄傲，不管她们是长期的同人作者和编辑如凯特，或者是相对的新手如西格尼。

这一场景和本章开头米歇尔·德塞杜文中的消极和疏远形成了鲜明对照。如果说德塞杜认为即使通过在页边上涂写或者勾划重点段落，文字作品的读者也可以成为作者的话，那么他对电视观众则几乎不抱任何指望。广播技术抗拒流行殖民，经济力量和文化生产的集中性效果过于强大，使观众直接参与制作过程这件事情显得极为受限。电视观众因此不再是作者而是"纯粹的接受者"，是广播者的完美对应物，广告产品的理想消费者。德塞杜对文本盗猎者力量的信心在他对广播工业权力的焦虑之前萎靡，并因对技术的总体偏见而加剧："读者日益增加的自主性不能保护他，因为媒体的力量已经延伸到他所不能想象的范围，他的全部都沉浸于文本网络之中，而网络的整体都是媒体的力量——他的恐惧，他的希望。"（De Certeau，1984，p.176）德塞杜又一次对观众"完全投降式的亲密度"带来的意识形态意义感到忧虑，即粉丝对文本的情感近距。德塞杜害怕读者会被紧紧拽到电视机跟前，会彻底向电视的享受和迷恋投降，不能抽离开具有压迫性的形象，形成个人视角。

德塞杜声称读者无法在电视文本的边角"涂涂画画"，这种观点是错误的。因为粉丝群体一直都在做这件事。没错，我们已经指出了粉丝混淆阅读和写作之间界限的一系列行为。粉丝的特殊观看角度——同时具备反讽的远距离和游戏的近距离——让我们看到，电视节目本身是完全开放的，可以自由改变，积极挪用。

155

从不断反复的粉丝重读过程开始，通过推断和猜测，电视剧"宇宙观"里丰富详尽的假想和书写已经远远拓展到节目明确表达的信息之外；粉丝的元文本，不管是从八卦中透露出的还是从评论写作中挖掘来的，都已经构成了重写。这一游戏性的自我投入和积极的解读过程将电视节目的先行重点完全改变了。粉丝评论者将角色和叙事的很多问题从页边中拖了出来，他们关注冗余细节、主要情节的边缘信息，在粉丝自己解读电视剧时获得了极大重要性。他们用类型化的阅读方式，在电视台公开重点标注的角度之外标明了另一些有趣的角度。对节目制作方的第三季感到失望的《侠胆雄狮》粉丝们写作并发表他们自己的叙事文本，这也进一步模糊了读者和作者之间的分野；这些粉丝拒绝已经确定的叙事，以便让自己的故事完成他们假想的与制作方的类型合约（generic contract）。粉丝写作的同人故事建立在粉丝的元文本假设基础之上，回应粉丝团体内部的常见需求，但是早已超出简单的批评和解读；它们是令人满意的文本，是被粉丝阅读群体热情接受的版本，契合这个群体心目中早已设定出的理想文本。

156　　　下面四章中，我会集中讨论粉丝圈文化生产的形式特点。这一章主要关注同人小说，包括它在粉丝文化中的地位，以及它和原叙事文本的关系。第六章将进一步关注同人小说中的一个特定类型，耽美同人，并藉此说明粉丝写作电视剧及人物的同人小说时起作用的种种复杂因素。第七章将关注粉丝的同人视频制作，并密切关注文本盗猎过程的审美层面。第八章将主要关注粉丝的同人音乐制作（或称"同音"），我将其看作一种当代民间文化团体的表达形式，围绕着消费和文化爱好形式而生。

"弹性橡胶"[1]

　　　粉丝写作建立在粉丝群体的解读行为上，以群体建立的元文本作为基础，生成规模庞大的与媒体相关的故事。正如一个资深迷航粉所言，粉丝们"对待电视

---

[1]　　弹性橡胶（Silly Putty）是一种极具可塑性的硅基聚合物橡皮泥，它有弹性，可以弹跳，但是受力够大的话也可以分成多部分，而且放置一定时间的话还能流动。

剧的方式就像对待弹性橡胶"，拉扯其边界以包裹自己的思考，将其中人物重新
抟捏以符合他们的需求。如果我们随意翻开一期《数据志》（几本关于同人志清
仓消息的出版物之一），你会看到你能想象到的几乎各种类型方向的同人故事，
围绕着几十部不同的电视剧衍生：《霹雳猫》（*Thundercats*）或《希曼》（*He-Man*）
相关的成人故事，完全基于"镜子，镜子"宇宙观的《星际迷航》同人，围绕着
主要人物童年经历的《布雷克七人组》同人，《迈阿密风云》（*Miami Vice*）相关诗
歌的选集（题名很自然地被叫做《迈阿密风月》［*Miami Verse*］），关于《神勇小
白鼠》（*Danger Mouse*）和《CI-5 行动》两组人物共同冒险的混合同人。并非只
有一篇小说，而是整本全是；并非只有一本同人志，而是几十本。一期典型的
《数据志》列出了现有 258 种不同的印刷物（其中有不少种已经出版了 30 多期甚
至更多），还有 113 本正在筹备中。这些数字只代表了粉丝写作群体产出的很小
的百分比，因为《数据志》只是类似目录刊物中的一本，而每种目录类刊物都吸
引不同的同人志编辑，更加上很多同人志根本不在这些出版物上打广告而只依靠
同人展会上的销售、口耳相传的评价或者在其他和节目相关的同人志上打广告以
吸引顾客。直到最近为止，《数据志》一年出六期，每期上都列出了数量相当可观
的新同人志以跟上最新的同人出版形势。而且，这些数字并不涵盖大规模地下同
人交流圈流动着的同人故事，这些故事通常不在装订成册的同人志上出版，同时，
还存在数不胜数的同人故事只在亲密友人之间传看，或者甚至完全没有观众，深
埋在作者的书桌抽屉里。因此，迄今为止，没人能为媒体粉丝圈的写作和出版行
为作出合理的全局统计。

　　这些同人志小到小型的新闻通讯和信件同人志，以评论已播出的剧情为
主，大到长篇小说、漫画书、曲集、菜谱、节目导览以及散文选；当然最常见
的是则是一系列复印版短篇小说、诗歌和绘画作品的合集，集中于一个或者数
个媒体"宇宙观"之上，作者通常不止一人。毫不意外的是，大多数同人志都建
立在具有大规模粉丝团体的节目之上，比如《星际迷航》《神秘博士》《侠胆雄
狮》《星球大战》《布雷克七人组》或者《秘密特工》（*Man from UNCLE*）。有一
些同人志的服务对象是所谓的"冷圈子"，集中关注短命剧，如《超级麦克斯》
（*Max Headroom*）和《天堂》（*Paradise*），或粉丝人数较少的圈子，如《航向深海》
（*Voyage to the Bottom of the Sea*）、《北非沙漠行动》（*Rat Patrol*）、《夏威夷 5-O 特

157

勤组》（*Hawaii 5–O*），未造成规模性影响的电影，如《天生爱神》《电子世界争霸战》（*Tron*）、《纽约大逃亡》（*Escape from New York*），或通常意义上受众并非成年人的电视剧如《捉鬼敢死队》（*The Real Ghostbusters*），或者在美国没有获得大规模传播的媒体文本如《用沙袋治沙的人们》《黑爵士》（*Black Adder*）系列，或者日本动画。尽管这些粉丝圈很小且专门，不能支撑起自己的同人志出版物，但是在针对性较宽泛的同人志上一般会为这些圈子预留有一席之地（比如《欢闹的事务》[*Frisky Business*]、《黄金时间》《除了……厨房下水道以外的所有》或者《你之所爱》）。举例而言，《南方之光》（*Southern Lights*，Wortham，1988）的某一期里包含了大多数主要粉丝圈的代表性同人文学作品，也包含了一些较小规模的粉丝圈的同人故事和诗歌，比如《法师与战士》（*Wizards and Warriors*）/《出租车》（*Taxi*），《蓝色月光》、《西瓦尔多大决战》（*Silverado*）/《大峡谷》（*Big Valley*）、《侠骨柔情》/《斯蒂尔传奇》、《戴伍林关系》（*The Devlin Connection*）、《大师》（*The Master*）、《贼喊捉贼》（*It Takes a Thief*）、《陆军野战医院》、《飞狼》（*Airwolf*）、《捉鬼敢死队》和《私家侦探马格农》（*Magnum P. I.*）。

即使并非全部，大多数关于粉丝的同人写作的学术研究也都集中于《星际迷航》同人志上（Bacon-Smith，1986；Jenkins，1988；Lamb and Veith，1986；Penley，1991；Russ，1985）。这种集中度反映了《迷航》同人圈的重要地位，因为它对建立同人展和为媒体同人志印刷出版整体设定标准都有不可忽视的重要作用，虽然《迷航》同人圈的各种标准来自更老的科幻文学粉丝圈。更实际的一点原因是，《星际迷航》的内部术语对同人圈外的广阔读者群来说更易识别（这种诱惑连我也不能够在这本书里完全抵御）。当然，如果如此倚重《星际迷航》，会有一定危险将其同人写作从更大的社会背景中、从一系列不同的"宇宙观"之中孤立出来。对《星际迷航》情有独钟的关注必然会导致对粉丝出版印刷物实际范围的误判，并忽略历史上的另一些重要因素，比如有一些老粉丝认为《警界双雄》和《星球大战》粉丝圈在历史上的重要性应该和《星际迷航》一样高；这种排他性的关注同时也忽视了粉丝文化的游牧性和深厚的文本间性。也许最值得警醒的一点是，对《星际迷航》的排他性关注可能会进一步坐实新闻中以怪异事件出现的"迷航粉现象"这一刻板印象。如果说《星际迷航》粉丝的同人写作处于如此孤立的状态，那么研究者很可能会在原作文本的质量和素质中寻求解释，来回答媒体提出的问题：“《星际迷航》究竟有什么特别之处，才能引发如此大的反响？”当我们看见同人创作和同人出版印刷业从《迷失太空》到《超级麦克斯》，从《代号史密斯和琼斯》（*Alias Smith and Jones*）到《蝙蝠侠》，而非局限于一处的时候，为了回答相关的问题，我们必须在考虑原作中的特殊质素的同时，也考虑到粉丝社群以及他们和媒体的特殊关系。

同人志和粉丝群体

同人小说的多样性令人瞠目结舌，粉丝的同人出版业完全不存在传统的高门槛，还一直处于手工作坊式的状态，因此我们可以将粉丝的同人写作定位为高度个人化的行业。除开最近的大型同人出版社和同人志发行方的出现，同人志仍是业余且非营利的出版手段。任何可以使用文字处理机、使用复印设备并有几百美元启动资金的人都可以印刷自己的同人志（当然质量和成功度会因人而异）。《CI-5 行动》的粉丝圈一开始完全拒绝支付同人志印刷成本（并通过这种方式大大降低了被控低俗和侵权的危险性）。这个圈子将同人小说流通的渠道作为同人志发行的另类渠道，粉丝们私下非正式地传递小说，通过个人信件或者在中央图书馆下订单订阅某个故事。两种情况下读者都只需要支付邮资就可以，圈子还鼓励读者留下自己喜爱故事的复印件。直到最近，美国和澳大利亚才开始有较大数量的《CI-5 行动》同人志出现。

同人志印刷业一直对新晋参与者非常友好。就像康斯坦斯·彭利（1991）所指出的，同人志的编辑一直处于非常矛盾的两种冲动之间，一方面是“专业化”（即开创高技术手段标准并表现出完美的技术能力），而另一方面则是“包容性”（即对新的无经验的读者仍然保持开放和可即的状态）。这两种冲动的冲突之下，一般是专业化让位给包容性；即使是完成度和技术水平最高的同人志有时候也会登载一些在它们通常水平之下的作品，只为了表彰和鼓励新晋粉丝的努力。任何写同人故事的粉丝都有发表作品的可能性，因为大多数同人志编辑每次都绞尽脑汁想找到足够的材料填满自己的同人志，他们往往也因对新晋作者的包容而感到自豪。事实上，很多粉丝将写作视为支持购买同人志习惯的一种方式；因为所有参与的作者都能得到一份免费的同人志。很多从事社会地位不高工作的职业女性或是家庭主妇读者会以同人作家和同人画手的身份出名，甚至得到全国或国际声誉；同人出版事实上成就了一种非传统的地位衡量标准，这种标准不会被主导社会和经济系统承认，但是至少对个人来说是极具成就感的。

这种良好的鼓励氛围也延伸到了开展新出版物上。老到的出版者常常宣传新同人志，为它们免费打广告，在邮件中附带宣传单，或者直接在同人志中印刷广告。有经验的编辑不会将新出版者视为竞争对象，反而会视之为对整个粉丝群体的新贡献。那些像《类型广告志》(*Generic Ad Zine*)、《交流安慰剂》(*The Communications Console*)、《全景同人志》(*The Zine Scene*) 或者《数据志》之类的出版物则是存货统计信息和特定同人展会（如西部媒体同人展）信息的渠道。这类出版物堪称同人志发行的主要市场，但同人志出版业一般地处市郊或散落在全美国各地的小社区中，事实上少有中心组织可言。就像任何人只要想出版就能在粉丝圈中出版一样，任何人只要有这个野心都能建立自己的同人志，印刷任何他们想读想写的故事。

然而，很多类似的因素将我们指向了粉丝出版业的社群性基础。正是因为作者和读者之间的界限已经变得如此脆弱，同人志的编辑和作者对读者兴趣和喜好的反应比商业制作人迅速快捷得多。读者们一般直接从作者和编辑那里订阅同人志，或者在展会上桌面交易。这种直接的人对人交流让互动性变得更加必要。读者和作者互相依靠以延续粉丝圈的生存：编辑们依圈子中的常理只会收取制作费用以支付新同人志的启动基金，将同人志出版变为牟利方式会受到谴责。读者们可以和别人一起阅读同人志，但是受道德约束不该复印它们，这样编辑可以保证能有足够销量以补足资金编辑下一期同人志。

我们最近发现有些销售者正在"盗印"同人志，在没有编辑的授权下复印销售同人志。这令我们开始重新审视同人志编辑和读者之间的道德约束。有些编辑控诉"盗版者"是在"伤害粉丝圈"，因为会让资金回收变得更加困难。但是另一些人则辩解说这种行为使同人小说能触及更大的读者群体，他们还质疑说，编辑本身对原作就不具有版权，因为他们使用了别人拥有版权的人物。有些人还指责说，少数同人志编辑的"牟利行为"，即抬高自己印刷品的价格才导致了盗版的猖獗。现在少数同人志编辑会在自己的印刷品中附带通知，鼓励他们的读者复印并传播他们的内容，坚称他们的写作目的是共享想法，而非出于经济考虑。另一些人则写社论控诉盗版行为，称这种行为厚颜无耻地侵犯了粉丝道德，并可能因此导致同人文化商业化。苏珊·M. 盖雷特（1989）将"贪婪"视作"粉丝七宗罪"之一，认为其导致"最糟糕的犯罪行为，可能导致的恶果包括：盗版、一稿多投、逐利所导致的离谱高价、征集启动资金却不开始同人志编辑，等等。"（p.4）与其说对粉丝圈中牟利行为的不齿反映了对资本主义政治经济的整体反抗，不如说它是意图建立反映粉丝社群的互动共生性的新型文化生产发行的形式。同人志并不是销售给消费者的商品，它们是朋友之间或者可能成为朋友的人们之间共享的艺术品。

这种社会互动方式也影响了故事写作以及它们和原节目之间的关系。如果说任何同人作者都有潜力为同人文学的发展做出显著贡献的话（比如开创新类型，或者开启对角色的新认识），他们大多会建立在原先已有的同人传统基础上，而非拒绝或忽视原同人传统。大多数新同人作者的写作都能很好地融入原来已在流通中的材料。新作者一般都会视有经验的作者为榜样，不仅为个人的指导，还为类型模式做出榜样。同人志编辑清楚地提出投稿所需标准，粉丝作者会作出相应的反应和改动，并尽力让编辑看到他们的努力。粉丝们经常不正式地相互讨论写故事的主意，然后才开始写作，这些主意经常源于已经播出剧集相关的集体讨论，或者信件同人志中的批评交流。同人故事常常在其他粉丝之间的共同商议探讨（可正式可不正式）中完成，并根据群体讨论的反馈修改而成。比如《CI-5 行动》同人圈中的出版物《冷鱼和陈薯条》（*Cold Fish and Stale Chips*）中就发表了少量作者没能完成的故事片段，希望其他粉丝给予反馈和建议，设想故事的发展和结局。另一些出版物，比如《迷航连锁》和《艺术论坛》（均已停刊），为进行中的同人写作和同人画作提供不断的技术讨论和支持，并提供平台让有经验的读者提供建议、交流经验。多种多样的交流方式使同人作者着眼于整个群体的主流兴趣，并尽力符合观众的需求和期望。

即使在已发表之后，整个社群依然会给同人作者提供反馈，以期作者能在未来的作品中更好地满足粉丝们的品味。历史上，评价已出版作品的"评论信件"栏目都是同人志中的常规，这种传统可以追溯到最早源于雨果·根斯巴克低端杂志上信件专栏的科幻小说粉丝圈传统。这些信件为连载中的小说提供发展设想，

161

并为怎样更好地把同一个故事讲得更吸引人提供建议。比如我们来看看苏珊·M.
盖雷特心目中合适的"评论信件"内容：

> 这故事中的信息符合你了解的这部电视剧的信息吗？对电视剧中的人物
> 和对白表现忠实吗？还是有些偏离原作了？故事情节符合逻辑吗？还是太
> 过依赖巧合了？这个作者有很多独创的新见解吗？故事是"原来的老一套"，
> 还是"老一套"的故事用一种新鲜活泼的形式讲了出来？故事的笔调是压抑
> 的还是轻松的？设定为故事加分了吗？……描写如何？是好，是过度用力
> 还是基本没有？故事有中心意义吗？你喜欢吗？你能理解吗？（p.53）

盖雷特提出的评价标准中一部分符合传统意义上"优秀写作"的标准，另一
部分是对已经播出的原作剧情和粉丝元文本的忠实度，还有一部分是粉丝圈自己
对类型传统方面的解释（"老一套"）和读者的个人品味（"你喜欢吗？"）。"评论
信件"理应是"建设性意见"，以"非伤害性"的支持语气表述出来，并表达读者
和作者之间的共同利益。虽然说它们也能当做"粉丝争端"中的武器，但这些信
件一般都表达友好的情感，支持新作者，为他们更好发展才能提供建议。这种集
体性的建议塑造了同人小说，正如在历史上曾极大推动了专业科幻小说的发展。
当然，另一方面，很多纯异想天开和完全创新的作品也有很大的存在空间。

十种重写电视剧的方式

就像我在前文中所言，粉丝文化不仅反映了观众对节目的热爱，也表达了他
们因为制作方不能或者不愿讲述观众们希望看到的故事而感到的不满。粉丝的同
人写作将这种双重性反响提到视野正中：同人作者在重写或者重新操作原始文本
的时候并不一定会重复原文内容，他们更多地是修补或者否认一些令人不满意的
方面，将没有得到充分挖掘的有趣方面进展下去。我在下文中将粉丝同人作者的
主要重写方式罗列出来，以表现该社群标志性的解读、挪用（appropriation）和重
构（reconstruction）策略。

（1）**背景重设**（Recontextualization）：粉丝们经常写一些小短篇，描写细节场景（"遗失的场景"）以填入广播内容的空缺中，为人物举止提供更多解释；这些故事一般集中于镜头外的世界和行为，为镜头内人物的费解行为提供动机解释。吉恩·罗拉的《双月之夜》（*Night of the Twin Moons*）系列（1976a，1976b，1978，1979）中有许多此类段落，一般以斯波克和他父母关系，以及他童年在瓦肯星的成长经历有关的几集《星际迷航》为中心（《狂暴时间》、《巴别之旅》（"Journey to Babel"）、《昨年》（"Yesteryear"））。在此处，罗拉强调了她对《星际迷航》人物的元文本理解，包括他们的个人历史、文化背景、动机和心理，以解释剧情中提出的问题：比如，为什么沙瑞克和阿曼达没能参加《狂暴时间》中斯波克的婚礼？麦考伊医生是怎样帮助阿曼达适应她在《巴别之旅》中关于她丈夫的心脏病史的新发现的？罗拉（1976a）解释道："《双月之夜》是从我自己对《巴别之旅》和《昨年》中提出的问题衍生出来的作品。具体说来，到底是怎样一个女人，会有趣到让沙瑞克对她产生兴趣，还能忍受我们在剧情中看到的沙瑞克，和他一起生活长达四十年之久？"（p.iii）为了回答这些问题，罗拉不仅写下让电视剧中的事件完整流畅地连续下来的故事，而且也为人物创造了各自的历史和未来。她的设定为很多同人小说提供了基础。罗拉的故事让粉丝们重新阅读电视剧剧情，将电视剧中的信息代入她自己的"双月宇宙观"之中。很多粉丝同人写作都遵循同样的逻辑，将原文本中产生巨大情感冲击的时刻抽离出来大加演绎（比如《星球大战》中卢克发现自己身世的那一刻，或者《布雷克七人组》中埃冯试图杀死维拉时，或者《量子跳跃》中山姆试图将自己的兄弟从越南拯救出来的时刻），将这些时刻看作进入人物更大的情感历史的切入点，创造出这些时刻之前和之后的片段。这些场景可以成为短篇小说或者断片式描写的基础，也可以作为将很多类似重要场景连缀起来的长篇故事的基础。

（2）**扩展原文本时间段**（Expanding the Series Timeline）：就像《双月之夜》所示，原始文本常为人物的背景提供暗示或者明示，却往往不直接在剧情内部大张旗鼓地展开。同人作者将这些诱人的细节视作他们自己故事的切入点，以此写作电视剧情开始前的故事：《CI–5行动》之前博迪的雇佣兵历史，《星际迷航》之前斯波克在派克舰长手下工作的经历，阿纳金·天行者在《星球大战》之前被引诱到黑暗一面的历史，雷明顿·斯蒂尔在丹尼尔·查尔莫斯手下臭名昭著的学徒

163

史，《神秘博士》之前博士反抗其他时间领主的故事等等。博妮·维迪编辑了一部专门收录《布雷克七人组》剧中角色童年相关故事的同人志《联邦的孩子们》（*Children of the Federation*），她讲述了开掘这个奇怪题目的原因：

> 　　我当时沉浸于《布雷克七人组》的粉丝圈之中，我和一个朋友在长长的火车旅途中花了大量的时间讨论埃冯为什么会变成他现在这个样子。平常的情感破裂或者背叛并不能解释他极端的多疑、高傲和情感疏离。电视剧剧情开始的时候这些特点就都有了，这是他在了解安娜之前，也在他失去凯利和布雷克之前。我认为他一定在很小的年纪受过极大的创伤，他的精神受过非常深的伤害，因此彻底拒绝相信任何人。这段讨论是我的首部 B7 同人《第一个战场》的最初来源。（Vitti, 1990）

在此处，粉丝们坚信的"情感现实主义"鼓励他们将电视剧的框架扩大以包容人物的过去，以解释电视剧剧情中的人物行为。

　　同样地，商业性电视剧和电影制作中无法意料的因素有时候会导致电视剧忽然被停播，或者草草收尾，以至不能完全实现它们原有的潜力。《异形帝国》停在了悬念上，乔治·卢卡斯仅仅完成了他许诺的《星球大战》三个三部曲中的一个，《侠胆雄狮》拒绝了粉丝们想要的文森特–凯瑟琳的爱情结局；《布雷克七人组》第四季结束在全体主角不可辩驳的死亡之上。在其他的例子里，比如《星际迷航》，粉丝们只想要更多的故事，而制作者们明显不可能完成这一任务。同人作者于是回应粉丝团体对文本的需求，创作他们自己心目中剧中人物的未来生活。《星球大战》的粉丝们回顾反抗的大获成功，邪恶皇帝的最终败亡，并开始着眼新的仁慈的绝地武士的联盟。《星际迷航》的粉丝们，远在派拉蒙决定继续这部史诗作品之前就已经创造出了无数种剧情未来发展的可能性，包括人物是怎样走向死亡的，"进取号"是怎样最终毁灭的，或"进取号"的船员们在五年的任务结束后是什么感受，他们又是什么时候从星际舰队中退役的。《异形帝国》的粉丝们写作同人以解决电视剧存留的剧情悬疑。从中我们也不难推断《双峰》的普通观众也会做出类似的反应，由于这部电视剧拒绝给出封闭性结局。

　　这些故事和原先播出的剧情不存在直接矛盾，看起来也完全符合原剧作的类型许诺。但是对于《侠胆雄狮》和《布雷克七人组》的粉丝来说，写作剧情结束后的情节往往意味着拒绝制作者版本的结局，或说拒绝承认不受欢迎结局的合法性。对第三季的剧情极不满意的《侠胆雄狮》粉丝们常常将最后八集的剧情内容当做一场梦，这样凯瑟琳的死亡可以解释成伪造的，以加入证人保护计划。有些同人会直接从第二季结尾的悬念开始续写，完全不提节目组短命的第三季。"后高德一号"的故事已经是《布雷克七人组》同人写作的重要类型之一，在几乎每本同人志之中都能找到代表；有些同人志甚至专门只刊载"第五季"故事。粉丝们为第四季的大屠杀中一个或者更多主角的生还寻找各种各样的解释。通常的解决手段包括：布雷克伪造了这些事件，以测试埃冯和他手下们的忠诚度，或说埃冯杀死的人实际上只是布雷克的克隆人，或说大多数的组员都是被麻醉枪击中，而非真正的致命武器。利亚·罗森塔尔（Leah Rosenthal）和安·沃桑（Ann Wortham）的《谎言的季节》（*Season of Lies*，1988）提供了一个想象，说已经播出的剧情是瑟维兰制作的，以抹黑布雷克和他的反叛者们，而苏珊·R. 马修斯的《（人的意识是）双刃剑》（"［The Mind of a Man is a］Double-Edged Sword"）三部曲（1983，1985，1988）则声称整个第三季和第四季的剧情都是瑟维兰对埃冯的精神控制，实际上根本都没有发生。苏珊·博伊兰（Susan Boylan）的《拯救》（*Deliverance*，1989）接受了原剧的情节，但是想象了死后世界的版本：布雷克和他的组员被一个大天使重新收归麾下，以在地狱掀起一场反叛。有些同人故事直接设定为原电视剧中悲剧故事发生过后立刻发生的事情（比如埃冯的精神崩溃，或者埃冯和布雷克和解，或者瑟维兰控制存活者中的一人或数人，或者他们被葬于同一墓穴之中的故事）。其他同人故事会花大量篇幅解释一些饱受争议的剧情逆转（比如安娜·格兰特对埃冯的背叛，凯利之死，"解放者号"的毁灭，埃冯试图谋杀维拉等等）。仍然有一些粉丝们会视人物的存活为理所当然，并以此为起点创造新的冒险故事，或者会将这些人物放进新场合中续写故事。有些粉丝将后高德一号故事延伸到几季剧情那么长，续写的故事尽可能贴近原先的节目格式。还有些故事，比如卡特里娜·拉金（Katrina Larkin）和苏珊·提利（Susanne Tilley）大受欢迎的《地狱猎犬》系列（*Hellhound*，1988），将人物设置在完全不同的情境当中（《迈阿密风云》式的社会背景，并在剧情展开过程中遭遇其他流行电视剧中的人物）。《地狱猎犬》系列处理《布雷克七人组》中人物和事件的方式更

166

图 5-2　重聚焦:《漫游的记录者》，这是一本《神秘博士》的同人志，以博士的一个陪同者萨拉·简·史密斯的历险为中心内容。同人画作者：马丁·F. 普罗科特。

加冷静无情棱角分明。原电视剧充满创伤感的最后一季使人物塑造和情节建构呈现戏剧化的转折，破坏原有的叙事场景为探寻原电视剧以外新的可能性提供了基础。

（3）**重聚焦**（Refocalization）：虽然很多同人小说仍然集中关注原先电视剧中的主角，但另一些同人作者则从原先节目的中心人物身上转开视线，去关注次要角色，包括占据的剧情时间较少的女性人物和少数族裔。比如《地狱守护者的名流生活》（*The Hellguard Social Register*，Blaes，1989）出版过关于莎维克和其他罗慕伦人的故事，而《力量》（*Power*，McEwan，1989）曾经刊登过一些《布雷克七人组》女性角色相关的故事，不管是剧情中常常出现的角色（黛娜、珍纳、凯利、瑟维兰）还是那些只在一集中出现过的角色（阿瓦隆、齐欧娜）。一部《神秘博士》的同人志，《漫游的记录者》（*Roving Reporter*），刊载博士的一位陪伴者莎拉·简·史密斯相关的小说。《霍夫曼传说》（*Tales of Hoffman*）则集中关注《黑暗阴影》原作中朱莉亚·霍夫曼医生这个角色。

简·兰德（Jane Land）的《得墨忒耳》（*Demeter*，1987）将乌胡拉和查培尔置于一个全女性船员登陆船队的指挥席上。她们所赴的任务是前往一个女同性恋分裂者宇宙殖民地，她们的冒险不仅表现了她们的高职业素养，而且也对原剧作和男性主人公的男权视角和态度提出了质疑。简·兰德（1987）描述了她开始写作这部同人小说的动机："如果性别歧视在几百年后的未来仍然是一个问题，那这是为什么？女性会如何感受？这个问题会如何影响她们的个人生活、职业发展、政治权利和社会地位？"（无页码）兰德（1986）将她的小说形容为拯救《星际迷航》中一个人物的行动，使其不至于成为"活生生的假模假式的愚蠢的代名词"，将她放在对女性粉丝群体来说更加合适的环境中考虑问题："试着以客观的态度回想一分钟，我们到底对克里斯汀·查培尔的背景、教育、成就都知道些什么，然后你就会发现她可以成为她在剧集中完全无法成为的有趣人物。我发现的克里斯汀既非弱不禁风也不女超人，但是我希望她是智慧、复杂而且可信的人。"（无页码）

在此，同人作者从男性中心的文本边缘抢救出女性经验，为读者写出在流行文化中尚且少见的女性英雄形象；她们的故事对于女性自主、自尊和野心相关的女性主义思考提出了自己的意见。重聚焦有可能是唯一能将原作中未能一以贯之认真刻画的人物从边缘中拯救出来的方式。粉丝们提出，虽然电视剧中存在强势

167

女性主角（比如《侠胆雄狮》中的凯瑟琳；《布雷克七人组》中的黛娜、珍纳、凯利和苏琳；《星际迷航：下一代》中的雅尔；《神秘博士》中博士的无数任陪伴者；《巴克·罗杰斯》[Buck Rogers] 中的威尔玛·迪尔林上校），但是制作方随着电视剧的进程往往会将这些角色软化，最后导致我们对于人物背景知识的了解和人物在某集剧情中的表现格格不入。当我们对电视剧剧情叙事重新聚焦，同人作者们可以探究人物的心理（解释为什么乌胡拉有时候会以传统刻板印象的女性方式行为）或者重新建构叙事文本使得人物能够得到充分发挥（就像在前述故事中，女性指挥官员终于得到了实际指挥的权力）。

168

（4）**道德重置**（Moral Realignment）：也许最极端的重聚焦的例子就是逆转或者质疑原始文本中的道德观，将原来文本中的恶棍变成同人小说叙事中的主人公。瑟维兰、帕拉塞尔苏斯、法师、达斯·维德，还有诺丁汉郡治安官这些人物都具有压倒性的魅力，令粉丝们愿意从他们的视角审视虚构文本中的世界。这些作品模糊了原文本叙事中僵硬的善恶边界。《星际迷航》的粉丝以"镜子，镜子"宇宙观写了大量同人小说（在那里，善良的联邦成为了极权独裁统治，而柯克的统治是通过诬告信件和暗杀来维持的）。另一些同人作者会对克林贡人和罗慕伦人表示更多的同情，质疑这部电视剧在 60 年代采取的冷战逻辑。道德重置可以采取多种形式。在有些同人小说中，恶棍仍然是恶棍，但是事件是从他们的视角看的，比如很多故事都尽力表现瑟维兰冷酷无情的个性，以及她和埃冯及布雷克之间的权力斗争。这些故事使粉丝们对这个黑暗角色更加着迷，但是却未必赞同她的动机和策略。较少的同人文对布雷克的恐怖主义或者柯克对最高指导原则的冒犯提出尖锐批评，建立一种世界观：电视剧中的恶棍事实上可能是更有道德的一方。

凯伦·奥斯曼（Karen Osman）的《暗影骑士》（Knight of Shadows，1982）讲述了她作为粉丝设想的达斯·维德年轻时代的故事，并解释了他选择和皇帝站在一边的原因。奥斯曼通过一系列转换的叙事视角展开故事，使得任何简单的道德站队都成了困难的事情。故事中较早的地方，奥斯曼集中叙述了达斯年轻的新娘和她对西斯黑魔王的不满，因为他对她的感受毫不在意。同时，作者也提及达斯的黑暗个性是由他父亲的冷漠和虐待所造成，也为他必须尽早开始统治人民这件事情所影响。作者起初对达斯的警觉态度很快变为对他的野心、强健体格以及他说一不二的决断人格的崇敬。《暗影骑士》也描述了杰沙的兄弟柯利克和达斯之间为了西斯的皇位而进行的权力斗争。奥斯曼一开始将柯利克描述为年轻的理想主义者，并写到他为了得到权力必须做出的妥协和牺牲，但是他很快就成为和他想取代的领导一样冷酷无情的人。同样地，欧比旺·肯诺比和绝地武士在他们和皇帝的斗争中一开始代表了更加道德的一方。但是奥斯曼很快就开始质疑肯诺比将军为了让达斯听从自己指令而玩弄的精神控制法。在她的描述中，欧比旺是一个"完全异质的存在，专断且擅长玩弄人心"（p.98）。这个肯诺比的行事动机与其说是为了公正和民主，不如说是为了保存绝地武士的自主权和特权的私心。总之，读者们并不能对达斯决定和皇帝而非绝地武士站在一边做出清晰的道德判断，尽管这种模棱两可的状况和《星球大战》原作中板上钉钉的清晰道德观有极为鲜明的对照。在奥斯曼的笔下，没有绝对的好人和坏人之分，只有挣扎着追求自我利益的人类试图在一个败坏人心的世界存活下来。

　　（5）**类型转换**（Genre Shifting）：如果说按照我们在第四章中所言，类型体现的是一系列文本特征，但同时也是一组阐释策略的话，粉丝们会选择用其他的类型传统来阅读电视剧。同人故事至少转换了情节中动作戏和角色塑造的平衡，将主要精力投射于定义人物关系的瞬间，而非仅仅将这些时刻作为背景或者主要情节的动机。《星际迷航》因此成为了一部主要描述柯克、斯波克和麦考伊之间"伟大友情"的故事，而非他们"探索新奇世界"的努力，或者他们和罗慕伦和克林贡帝国之间的纠葛斗争。更广泛地说来，同人小说一般选择讲述的故事和原剧完全不同。这里，《星际迷航》或者《布雷克七人组》会成为爱情故事的基础，而这感情在原剧本中只非常简略地一笔带过，比如柯克和乌胡拉、达塔和雅尔、布雷克和珍纳、瑞克和特洛伊、皮卡德和柯洛夏。简·兰德的《齐斯塔》（*Kista*，1986）将查培尔和斯波克困在了同一个原始星球上，迫使他们直面未能言明的感情，直至发展到婚姻和孩子的出生。吉恩·罗拉的《信任就像灵魂》（*Trust, Like the Soul*，1988）写了一个非常新奇的爱情故事："如果说塔朗特确实做到了令超世界的回忆管道倒流，让埃冯和凯利在彼此的身体中醒来，会发生什么样的事？"（《数据志》腰封）罗拉的故事不仅注重描写了性别倒置的埃冯和凯利之间逐渐加深的关系，也讨论了凯利被瑟维兰引诱的时候会怎样做出反应，维拉对埃冯忽然可以成为他的性伙伴时又会怎样反应。

　　言情仅仅是粉丝会使用到的一种重建节目材料的类型模式。例如，杰奎

170 琳·利希滕贝格的长篇连载《科瑞斯》系列（*Kraith*, 1976）将《星际迷航》从几个不同的类型角度重构，包括神话冒险、法庭戏剧、推理和谍战故事。《科瑞斯》自由地从原剧的科幻常规套路中移进移出：柯克因屡次违反最高指导原则，还对外星人种表现出排外主义，被控站在星际间法庭的审判席上。斯波克被召唤去履行在瓦肯仪式上一个无法被替代的角色，以期统一并继续瓦肯文化。《UNCLE 事件》（*UNCLE Affairs*, Arellanes, 1989）上登载了将拿破仑和伊利亚置于有超自然能力的世界观中的同人小说，充满了吸血鬼、猫人和"那些夜里会忽然跳出来的东西"。许多《CI–5 行动》的同人小说都在原剧的世界观中加入了奇幻元素，比如精灵和变形者等等。这些同人故事扩充了可用的类型材料，但仍然大量依靠原剧以及其粉丝传统。

（6）**混合同人（Cross Overs）**：如果说类型转换是从另一种类型传统的滤镜中阅读原剧，那么"混合同人"则是模糊了不同文本之间的界限。一本名为《交错信号》（*CrosSignals*, Palmer, 1990）的同人志整本都关注这类跨媒体故事：麦考尔（《平衡者》[*The Equalizer*]）从睡梦中惊醒，发现他自己身处一个神秘的村庄（《囚徒》），但是很快被飞狼小组救了出来；斯科特·海登（《外星恋》）目睹了一桩杀人事件，因此被克洛科特和塔布斯（《迈阿密风云》）带去接受调查；托尼·纽曼和道格·菲利普斯（《时光隧道》[*Time Tunnel*]）和"进取号"的船员们（《星际迷航》）一同参与冒险。有些被混合的媒体文本类型相同，或者在同一个城市里发生（如《平衡者》和《侠胆雄狮》），或者有同样的演员出演（有一部同人混合了《侠骨柔情》和《斯蒂尔传奇》两个故事，因为贝弗莉·加兰德 [Beverley Garland] 在两部电视剧中都扮演了主人公的母亲）。另一些同人故事则追求一些不大能联系起来的组合：戴安娜·钱伯斯（《干杯酒吧》[*Cheers*]）发现她自己身处《布偶洛克》（*Fraggle Rock*）的世界中；捉鬼敢死队与塔尼丝·李（Tanith Lee）的《杀死死者》（*Kill the Dead*，一部大致模仿《布雷克七人组》设定的奇幻小说）中的中世纪驱魔师一起工作。有一些电视剧的模式（《神秘博士》《量子跳跃》）使得它们特别适于改编为混合同人，因为原文本中已有大量主角穿越到其他场合的情景。飞船"塔迪斯"（TARDIS）已经在从人猿星球到弗尔蒂旅馆的所有地方具象化了，甚至包括《幸运之轮》（*Wheel of Fortune*）的布景里。一部同人小说里博士还和另一组神奇的时空旅行者，《飞鼠洛基冒险记》（*Rocky and Bullwinkel*）中的皮博迪和舍曼组队冒险。山姆·贝克特（《量子跳跃》）发现他自己占据了很多人的身体，从《世界大战》中的火星入侵者到印第安纳·琼斯，并试图解决粉丝们在这些"宇宙观"中设计的问题。比如，李·柯克兰（Lee Kirkland）的《量子野兽：结局好就都好》（*Quantum Beast: All's Well that Ends Well*，1990）让山姆解决了《侠胆雄狮》第三季相关的粉丝问题，跃入文森特的身体，拯救了凯瑟琳，并让她和她的爱人重新团聚。

"混合同人"不仅打破了文本之间的界限，也打破了类型之间的界限，让我们看到熟悉的人物在不同的环境之下可能会有完全不同的表现。"混合同人"同样可以让粉丝们考虑不同电视剧中的人物如果相见的话会如何相处：柯克会对第四任神秘博士吊儿郎当的态度感到恼火吗？埃冯会对斯波克娴熟的电脑技艺感到钦佩吗？斯塔斯基和哈奇可以和博迪和道尔合作愉快吗？考利在和《用沙袋治沙的人们》中他的对应人物相对立时又会做何反应？

（7）**人物错置**（Character Dislocation）：还有一种对于类型框架更加大胆的越界就是，同人作者将人物从他们原先的环境中移出，赋予他们新的名字和身份。这些电视剧中的人物为同人小说中的主角提供了基础，但是粉丝们创造出来人物和原剧中播出的人物有极大的不同。在一部《CI-5行动》的外延小说，O. 雅德利（O. Yardley）的《起来，拯救》（*Stand and Deliver*，无日期）中，强盗博迪抢劫了贵族道尔，而道尔后来则将博迪招入麾下，加入考利少校的队伍成为政治间谍。在此，故事保留了他们政府间谍的身份，但是将他们放入了完全不同的历史背景。《CI-5行动》粉丝们进一步大胆地打破了原剧的模式，将原剧中的人物穿越至不同的历史或神话背景之下：安·卡尔（Ann Carr）的《暗酒连接》（*Wine Dark Nexus*，无日期）将博迪设置为一个埃及人，而道尔是亚特兰蒂斯的公民，被绑架送到克里特岛成为一个斗牛舞者；简的《狩猎》（*The Hunting*，无日期）则设置了中世纪奇幻背景，人类博迪和精灵道尔交好。很多这些故事都在《CI-5行动》的粉丝圈内产生，可能因为粉丝们相比原剧的设定更喜欢博迪和道尔这两个人物。角色穿越在吉恩·克鲁格、TACS和苏珊·洛维特等同人画师的作品中非常常见，她们将电视剧中的人物置于不同神话或历史设定中。这些作品常常用作同人志封面图，全彩印刷出来，并可能成为未来"平行宇宙"故事的灵感。

（8）**个人化**（Personalization）：同人作者们也会努力将个人经验领域和喜爱

172

图 5-3

转变：《CI-5 行动》里的角色
雷·道尔以一个精灵的形象出
现。同人画作者：吉恩。

的电视剧虚构世界之间的鸿沟填平。许许多多的"玛丽苏"（Mary Sue）故事将这
些作者个人的理想化形象——一个年轻漂亮智慧的女性角色置于"进取号"的舰
桥之上，"塔迪斯号"之中或者"解放者号"之中，构成同人小说中最受争议的亚
173 类型之一。粉丝们对这种粗劣的个人代入有强烈的抵触和禁忌，使原创女性角
色一般都被视作有自传性质而带来潜在的低评价。但是至少有一本同人志在自
豪地专营玛丽苏故事。其他类型将节目内容和粉丝自身经历结合起来的故事收
到的反馈一般比玛丽苏故事要好。有些比较早的《星际迷航》同人小说，比如吉
恩·罗拉和威拉德·F. 亨特（Willard F. Hunt）的《奇异星球之旅》（*Visit to a Weird
Planet*，1968）和鲁斯·伯曼（Ruth Berman）的《重返奇异星球之旅》（*Visit to a
Weird Planet Revisited*，1976）就游戏性地探讨了传输系统的错误导致的运输错误，

将柯克、斯波克和麦考伊跟电视剧拍摄场景中的威廉·夏特纳，伦纳德·尼莫伊和德佛瑞斯特·凯利对调后会发生什么事情。较新的例子有吉恩·艾瑞（Jean Airey）和劳瑞·哈尔德曼（Laurie Haldeman）的《纯属想象的奶酪板》（*The Totally Imaginary Cheese Board*，1988），在这个故事里埃冯由于一次空间传输故障，发现他身处深受欢迎的《布雷克七人组》同人展会——"天蝎座"当中。这个人物一开始对粉丝们的活动非常疑惑，对遇到电视剧中的演员感到不解，并对展示自己未来命运的第四季剧情感到极度震惊。他最后还是作为名人和他的粉丝们热情拥抱了。由于埃冯了解到他深受粉丝喜爱，也看到了如果自己不改变的话未来会发生怎样的事情，故事结束的时候我们希望这个因为身边人的不断冷落和背叛而冷漠无情的埃冯会回到那个世界并对自己的境遇采取完全不同的处理方式。艾瑞和哈尔德曼的故事真实地描写了电视剧的表演者、活跃的粉丝，演员们现实生活中的配偶，还有举办"天蝎座"的酒店。他们的小说开掘了粉丝圈中"双重观看"的行为：埃冯同时是一个 BBC 电视剧中的人物，也是真实世界中地球未来的一个角色。另一篇类似的小说，芭芭拉·温克（Barbara Wenk）的《单面镜》（*One Way Mirror*，1980）探讨了典型《星际迷航》粉丝如果被一艘飞船绑架并被迫成为瓦肯第三长官的女人时会作何反应。温克将吉恩·罗登伯里设定为"帝国星际舰队的叛逃长官，逃到地球来并最终决定写作《星际迷航》以赚钱糊口（邪恶的帝国人也是需要吃饭的是吧）。然而，唯一一集他敢说真话的（那是 60 年代，你懂的！和平与爱）是《镜子，镜子》（在这集中柯克穿越到平行宇宙并发现这个宇宙的道德秩序与他自己的宇宙完全相反）。"（Barbara Wenk，个人采访，1991）主人公一开始发现她身处的世界和她最爱的粉丝世界如此相近而狂喜，然而她后来发现对剧集的了解恰恰是帮了她倒忙。她的存活一部分是因为她可以对饶有兴致的同伴复述电视剧的剧情，整体模式和《一千零一夜》中山鲁佐德的存活有非常荒诞的相似之处。

　　（9）**情感强化**（Emotional Intensification）：因为粉丝的阅读行为将人物的动机和心理视作重中之重，所以粉丝们一般都会强调叙事中的危急时刻。粉丝们对那些探讨人物关系的剧集津津乐道，尤其是人物关注心理问题的时候，或者人物职业生涯中的转捩点，或者个人冲突，或者在其他主要人物受了伤的时候；在《狂暴时间》剧情高潮处，当斯波克以为柯克已死而为歉疚所折磨时，突然看见了柯克的回归，这个瓦肯人高兴地抓住了柯克的手臂；当哈奇流着泪悼念他一个死去的女友时，斯塔斯基和哈奇紧紧地拥抱了；《双峰》中乔西死后，库珀将情绪激动的杜鲁门扑倒在床上。人物经历痛苦的转变或者伤恸的自我剖白的剧集也在粉丝经典中享有很高的地位，人物们互相触摸互相安慰的剧集也一样受重视（比如在《沙瑞克》一集中柯洛夏安慰饱受折磨的皮卡德，或者山姆·贝克特在感情需要时徒劳地试图触摸他的一个全息投影伙伴）。

　　一种同人小说中的亚类型——"伤害－慰藉"（Hurt-Comfort）就几乎全以这些时刻为中心。这些故事有时建立在原剧情中的危机基础之上，比如《墓园里的发现》（"Discovered in a Graveyard"）一集中博迪在道尔受伤后全力照看他；有时建立在原作人物的脆弱时刻，比如有些故事中设定为斯波克帮助柯克面对麦考伊之死。在这种场合下，情感或者身体上的痛苦是一种宣泄，创伤经历让人物重新坚定了爱人之间的许诺。"后高德一号"同人故事一般注重布雷克和埃冯之间缓慢的和解过程。警匪片和间谍片（《秘密特工》《西蒙和西蒙》）中常有人物和死亡擦肩而过的主题，或者搭档中一人决心退休，让整个团队意识到他们之间互相依存的关系的主题。柯克和查培尔会帮助斯波克度过生殖本能的疯狂状态。"伤害－慰藉"故事有可能会集中在男女情侣之间（斯波克和查培尔，阿曼达·金和"稻草人"，劳拉和斯蒂尔），但是更常见的是发生在男性同性情侣之间（西蒙和西蒙，斯塔斯基和哈奇，博迪和道尔）。这些故事为"行动力的男人"如何克服禁欲状态提供了很有说服力的解释。"伤害－慰藉"中的情感可能是父亲式的、母性的、爱情的或者生理欲望上的，这取决于粉丝对电视剧的不同解读方式。真正重要的是，在一整个场景中持续的感情抒发增强了两个主角之间的亲密感和信任度。

　　这些潜藏着焦虑和痛苦的故事让粉丝们自由表达他们对人物的同情和关注，¹⁷⁵比如斯波克、埃冯、伊利亚或者文森特，这些人看起来都受过伤害，或者曾在情感上有分裂倾向。这些故事写出了人物克服矛盾和个人困难的方式，这也让他们更光彩夺目：一个感情压抑的斯波克能学会接受柯克的爱和友情吗？他能对自身的情感和欲望应对自如吗？埃冯能和布雷克或者凯利建立起信任和亲密感吗？怎样的场合才能让文森特和自己的野兽一面达成妥协？并最终实现他对凯瑟琳的浪漫感情？相对地，这些故事也同样发掘其他人物的可能性，这些人物可能一直对自己的命运充满自信和驾驭力，但当命运背叛了他们，他们被迫应对自己最糟糕的噩梦时又当如何：柯克会如何应对公开的羞辱？"进取号"的毁灭，同侪的死亡，以及军事法庭审判和随之而来的被星际舰队开除？布雷克对于因他而起的背叛和他手下组员毫无意义的死亡会如何反应？这些通常大权在握的人物在需要他人帮助的脆弱时刻会怎样应对？这些问题直接切入我们文化中男权社会的核心概念，即作为一个英雄，一个男人必须情感内敛，且个人独立，必须能时时掌控全局。而"伤害－慰藉"类型的故事则指出了这类人物的缺陷，并将他们重新塑造成更富有人情味的更民主的领导人物。

（10）**情色化**（Eroticization）：同人作者是不受电视台的审查控制的，因此也乐于开掘人物生活中的情色一面。这些故事将相对纯洁、时有暗示性色情内容的流行电视剧变成了性实验的敏感带。有些同人故事仅仅是将电视剧情中早已暗示出来的性相关支线情节显露了出来：拿破仑·索洛的卧底冒险，埃冯和瑟维兰之间的虐恋情节，文森特深夜拜访凯瑟琳，或者约翰·史蒂德和艾玛·皮尔之间的暧昧关系。或者，在耽美同人里，电视剧人物中的同性社交欲望爆发成为同性爱的激情，于是柯克和斯波克，瑞克和皮卡德，克洛科特和卡斯蒂洛，甚至西蒙和西蒙都成了床伴和情人。同人小说中最常见的性爱情节都发生在常规人物身上（比如柯克和斯波克），但是在原剧中性爱情节都是常规人物和友情客串之间的（比如柯克和伊迪丝·基勒、艾莉尔·肖、鲁丝、詹妮斯·莱斯特、芮娜、海伦·诺尔、西尔维娅……）。原剧中的性爱情节往往只是人物的生活中无关紧要的枝节和插曲，或者是达成某个短期目标的手段（比如斯波克引诱罗慕伦指挥官就是出于这一目的），很少达到长久的关系。（粉丝们已将电视剧拒绝稳定爱情关系的行为命名为"本周即死女朋友综合症"或者《富矿带》[*Bonanza*]综合症"，后者的命名是向电视剧中卡特莱特兄弟的不幸爱情生活致敬[2]。）同人小说中的性爱则更经常是一种解决矛盾或者使已经很牢固的关系更坚固的方式。但是同人小说中的性爱也带有其游戏性的一面，因为作者们也爱给剧中人物拉郎配。一系列《布雷克七人组》的同人志，包括《埃冯，还有谁？》（*Avon, Anyone?*，Marnie，无日期）和《维拉，请》（*Vila, Please*，Marnie，无日期），就将电视剧中的一个主要人物轮番配给几乎所有其他主要人物。

176

---

[2]　《富矿带》是美国 NBC 电视台在 1959 年到 1973 年之间播映的一部西部电视剧，讲述了居住在内华达的卡特莱特一家的故事。

　　有些同人小说积极地将文本范围扩大，为人物构建历史或者未来，远远超出电视剧中的故事所限范围，另一些选择改编节目的意识形态（将原剧中的边缘人物提到前景中来，逆转或者使善恶区分模糊化，或将非常规的性取向引入故事中来），这样，就能从不同的视角用原来的文本讲故事；还有一些其他的同人故事游戏性地改变类型的范围，将陈腐的类型套路陌生化，这样同样的叙事也可以产生很多种讲述方式。当然，同一个故事可以运用多种不同的重写方式，比如上文中引用的博迪和道尔的穿越历史故事也是耽美同人。

　　虽然很多粉丝声称自己严格对原剧的人物和意义保持忠实，但是他们的创造力往往导致非常不同的结果。正如同人作者简·兰德（1987）解释的那样："所有作者都会或多或少地改动或转化基本的《迷航》宇宙观，选择侧重某方面，忽略某方面，筛除某个角色或者过滤掉不符合自己观感的概念。这在创作来说是完全合法的。"（p.ii）如果说强大的制作人，比如约翰·内森 - 特纳（John Nathan-Turner）或者吉恩·罗登伯里仍然对电视播出的内容多样化设置重重限制的话，蓬勃发展的同人志则导致了更大的开放性。原文本碎裂成为数百份不同的叙事，但是每一个都松散地联结在原来的故事之上。一本名为《南方七人组》（*Southern Seven*）的《布雷克七人组》同人志，将内容按照不同的季分类（当然也包括"第五季"故事，即原剧结束后发生的故事），这表示这部电视剧在任何时段都是开放改编的。《侠胆雄狮》粉丝们现在将第三季发生之前的同人故事、彻底忽略第三季或者改编第三季的同人故事、接受第三季设定的同人故事完全区别对待。《神秘博士》的同人志一般会集中关注某个博士的历险，比如《贝克一打》（*Baker's Dozen*，Stevens and Nasea，1986）就讲述了第四和第六任博士的故事（分别由汤姆和柯林·贝克饰演）。有些同人故事会自己创造出一个"平行宇宙"为故事的展开场所，这些平行宇宙有时不仅为创造者所用，也为其他喜欢此平行宇宙的作者所用。在一些极端的例子里，比如在《星球大战》的平行宇宙（例如玛姬·诺娃寇斯卡 [Maggie Nowakowska] 的史诗性长篇《千千世界》[*Thousandworlds*]）中，平行宇宙本身的设定复杂度已经导致原虚构世界毫无印迹了。

　　粉丝们阅读这些同人小说并非只为了重温自己看电视的经历，而是欣赏各个同人作者把同样的材料改装成完全不同的用途，看一个熟悉的故事被如何用不同的方式重述，而又有怎样的新元素被加入进去。如果说任何同人小说都缺乏电视剧情的可信度和权威感，那么重复累积的不断阅读也会改变观众对某电视剧的观感。读者们带着对角色及其动机的众多另类感受再读原作时，也是将原作剧情嵌入一个大大拓展的叙事和更加丰富多彩的世界之中的过程。

个案分析：莱斯利·费什《重量》

　　没有一部单独的同人文本能够涵盖上述所有的重写策略。但是对一部特定的同人叙事的细读可以说明这类文化生产中系统性重塑电视文本的一些特点。莱斯利·费什的史诗系列长篇《重量》（*The Weight*，1988）以小号字体窄页边距印刷仍然能够印满多达 473 页，在整个《星际迷航》同人写作中占据非常重要的经典地位，在其发表 15 年后仍在讨论和流通中。费什将动作冒险情节、政治和宗教讨论、爱情与性、社群礼仪和民间歌谣，以及各种其他类型的材料组合起来，写成一个复杂引人的故事。故事叙述了柯克在经历灾难性的时空旅行之后如何重新获得他的飞船、他的船员和他的尊严。她的小说深入探究主要人物的心理，并对原剧的意识形态提出了令人信服的批评。《重量》以温和抱怨官僚的无能为开头，以全部常规人物濒临公开反叛联邦权威人士为结尾。如果说官方的《星际迷航》小说要求所有的人物都必须回到他们开始的地方，不能显著改动整体的叙事模式的话，那么费什则开掘了同人写作的自由度，将游戏规则纷纷打破。费什明显对于系统性地破坏原有虚构文本的世界观自得其乐，并渐渐地以自己的方式将世界重新组合起来。费什也成功引进了一系列原创人物，包括几个强有力的极富英雄气概的女性，她们的目标、行为和柯克、斯波克及麦考伊的相比不相上下。撇去这些改动不谈，费什忠实地呈现了电视剧的核心内容，也常常提到这部电视剧的历史情节为人物的历史和动机作注。

　　《重量》最早以一篇短篇小说的形式出现于 1976 年，当时作者写作这篇是为了回应另一篇同人作品——爱德·兹德罗耶夫斯基（Ed Zdrojewski）的《第六年》（*The Sixth Year*）。费什很快发现她的故事用几页纸根本不够讲，而是需要大规模的情节发展。《重量》在三年的时间里不断地累积增长，一方面也是受到了粉丝团体热情回应的影响。有些读者热情地接受了她笔下版本的《星际迷航》人物和

178

宇宙，但是批评者则玩笑性地称呼她不断增厚的故事为"无法抑制增长的重量"。《重量》在《翘曲空间》（*Warped Space*）上连载了超过 11 期之多，在 1988 年才终于结集为单册。结集之前都以翻得页边酥烂的同人志或者褪色的多次复印稿在圈子里流通。费什的叙事同时也点燃了很多其他作者的灵感，为这部作品的发展提供自己的贡献。在结集出版的一册里收有这些二度同人作品，也收有兹德罗耶夫斯基的原作。

在兹德罗耶夫斯基的短篇小说（1988）中，"进取号"穿越时空回到了 20 世纪 90 年代为芝加哥的神秘消失寻找一个解释，这个时间地球已经被生化战争破坏殆尽（1987 年发生了马尔萨斯灾难），技术社会也发生了坍塌。通过一系列拙劣的错误，柯克被彭宁顿文书士——一个地下组织"时间控制人员"的成员欺骗上钩。彭宁顿携带一幅老式相位枪的蓝图潜逃了。她的叛变行为改变了地球的进程。当"进取号"回到自己的时间段时，它的二锂水晶消耗光了能量，他们发现自己身处的并非罗登伯里设想的那个技术乌托邦，而是一个"无政府主义者的梦想——一个农业社会，没有技术，也没有政府"（p.17）。斯波克在这个世界里不再存在，因为这个世界没有创造出太空旅行的技术，因此也就不可能有地球女性和瓦肯男性所生下的孩子。柯克一下丧失了名誉，梦想也破裂了，因不能回转联邦的历史进程而感到极度沮丧，几乎失去神智。他允许机组成员回到星球表面开始自己的新生活，而自己则独自留在了飞船上，意识到地球没能发展出先进的技术，对于不可避免的克林贡－罗慕伦的侵略毫无抵抗之力。就像故事的结句所言："这是他所创造的极度孤独的宇宙。"（p.18）

《重量》的剧情从《第六年》结束的地方开始接续下去：柯克必须多少恢复自己的神志，重新获得船员们对他的尊敬和忠诚，并修复他的错误所导致的问题。"公民柯克"加入了一组倾向于科技进步的无政府主义者。他们被反科技进步主义（Luddite）的邻居所迫害，因此也认为柯克更加进步的世界代表着他们未来的唯一希望。但是柯克没有告诉他们的是，他的平行宇宙不仅为国家政府所控制，而且还存在星际间的联邦，为所有成员星球的发展制定规则。在他的世界里，不存在自主无政府社群的发展空间，尤其不可能存在于他们想要为自己和孩子重获的地球之上。

这一欺骗行为构成了这部小说中的核心道德矛盾：没有这些移民者的帮助，

柯克完全没有回到自己的时间线且重新让他的朋友回到人世的方法，但柯克和他的船员也发现对这些勇敢的人撒谎越来越困难，因为他们在牺牲自己的性命以换取他们心目中的无政府乌托邦。这本书的前一半中心情节描写他们努力重写地球历史，并为联邦的崛起作准备；后一半的中心情节则是"进取号"和这批无政府主义者后来发生的事情，因为他们必须在这个自己参与建立的联邦之中寻找立足之地，而这个联邦视无强权政府的群体为无可救药的原始群落。联邦想要把他们抛弃在进取号在《天堂的这一面》（"This Side of Paradise"）一集中到访过的星球上，这个星球上的花卉会令人进入使用药物的欣快状态。电视剧中的角色们在回家的长长旅途中一直是按照无政府主义的原则行事的，此时他们在对星际舰队和对自己朋友的忠诚之间举棋不定。如果效忠于星际舰队，就必须按照他们的命令行事，将无政府主义者抛弃在精神控制的星球之上；但是如果他们想对朋友保持忠诚，则可能被迫反叛联邦的上层命令。随着最后章节的展开，我们的人物最终做出了他们的决定，在幻灭后各自找到方式对抗他们曾经誓死守护的系统。同时，无政府主义者们需要面对他们新发现的柯克的世界和政府的真实一面。

使这一问题更加复杂的事情是，很多无政府主义者其实是剧中人物在平行宇宙中的分身，表现出他们如果在这个平行宇宙文化体系中诞生会是怎样的形态。就像其中一个无政府主义者所言： 180

> 我们是你们的另一个自己……我们离你们太过接近，所以你们对我们无法保持平静、冷静和客观。我们做的每一件事情都是对你们自己的评论，是你们可能做出的事情的证明。我们不是那种你们可以忍受、微笑并避开的奇怪的外来者；我们是你们的黑暗面，你们不能够失去我们，也不能够无视我们。（p.427）

柯克的分身是无政府主义者中的女性"协调员"珍妮丝·罗安特里，她的力量、勇气和智慧使她完全配得上这个星际飞船的舰长。她对社群的爱护关系和柯克对下级等级鲜明的权威则形成了有趣的对应。柯克和罗安特里彼此间产生了立刻而强烈的吸引，并很快成为热恋的情人，却直到后来才发现他们是同一个人的两种分身。因为他发现他竟然事实上和自己做了爱，柯克感到极度惊恐，并且不能正确应对自己人格中的女性一面。柯克仍然为《变节的入侵者》（"Turnabout Intruder"）一集中出现的性别转换事件而感到心有余悸，在那一集中，一个野心十足的前女友詹妮斯·莱斯特，"借用"了他的身体："我很怕在我眼中自己成为一种不同的、陌生的事物……并非我真正的自己，对，詹妮斯·莱斯特的身体和我截然不同……任何人——一个瓦肯人，一个安多利人，甚至是泰勒人——我都能更好地忍受……亲爱的上帝啊，这会是真的吗？一个女人——一个女性的人类——对我来说比起任何我知道的非人类都更让我感到陌生？"（p.52）随着费什的叙事不断展开，柯克克服了他对女性一面的恐惧，并从罗安特里的例子中看到了他和他的船员们更加平等相处的可能性。

费什利用珍妮丝·罗安特里这个人物，还有其他女性无政府主义者，比如工程师安·贝里和科学家夸妮乔塔·双羽，质疑原剧中的社会性别刻板印象。费什解释道："我将珍妮丝和夸娜设计为女强人形象，因为我对那些精神和情感上轻飘飘的女性人物厌烦透顶了，这些女人总是以《星际迷航》文学中的女主角形象出现，甚至在播放的剧集中出现！……在这个类型中，将珍妮丝设置为柯克的另一个自我，是解释这个角色如此强力的最快捷顺当的方式。"（Fish, 1977, p.13）费什笔下的这些人物可以轻松胜任传统男性责任。乌胡拉将罗安特里描述为"极富魅力、才华、勇敢、强大……几乎强大得令人恐惧……而当然，她也思想开放、友善而且无拘无束地快乐，就像其他人一样，她富有洞察力并且友善。我们舰长的美德她都有，加上几条她自己独有的。她看起来不像是现实中应有的人物，而就像是我们小时候梦想中的那些人物一样。"（p.93）珍妮丝·罗安特里拥有一种强健有力的女性力量，张扬着女性身体，因为性的快乐而爽朗，对母性的价值高度肯定，且对性别平等表示坚决的态度。批评者们指责费什的人物缺乏"女性"素质，完全用男性标准衡量自我。然而《重量》则积极鼓励这类质疑，而且尤其鼓励读者重新思考电视剧中的主要人物是如何体现社会性别特征的。

费什用欢乐的态度记录柯克和其他男性人物面对这个女强人时感到的疑惑和不安，也表现了她对女性船员的启发和觉醒产生的重要作用。乌胡拉将罗安特里视作对抗星际舰队内对女性士官性别歧视的最佳人选，为其他女性获得指挥权而努力。乌胡拉和克里斯汀·查培尔密谋，力图说服罗安特里接受星际舰队中的一个职位。这个场景也从侧面表现了这两个女性对在《星际迷航》宇宙观中遭遇的男权至上态度和体制的所思所感。乌胡拉有野心，希望能够直面这个问题，也带来彻底的社会变革："拿下星际舰队，在这个厚重铠甲的小裂缝里狠狠地塞进一个大楔子。"（p.211）查培尔安静但是坚决地站在了移民者这一边，采取行动确保他们安全存活。在一次激烈的交谈中，乌胡拉对珍妮丝·罗安特里解释了她所面对的残酷现实：

> 一旦机械代替了大多数体力劳动，女人就可以重新花费大量时间生育，哺乳和抚养孩子……哎，女性仍然允许尝试任何她们想要从事的职业，但是极少有人鼓励她们如此……女性是不受人喜爱的，公认为是神经质，被迫进入婚姻，而且她们所应得的奖赏和地位也见到她们自动绕道……嗯，就让我这么说吧，不存在女性星际飞船舰长。整个星际舰队里一个都没有……我得到自己的船的可能性极低。"训练和经验不足"——他们是这么说的，随之把我塞进一个将来也不可能有更多发展的位置上去。（pp.443—444）

在整部《重量》中，费什集中关注原剧情中对女性的歧视性对待，为这么多世纪的社会和技术进步之后为何女性仍没有多少进步提供了一个解释。对这些移民者来说，不能利用整整一半的人类资源完全没有道理可言，因为他们的世界里，权力不是依照性别分配的，也很少有人真正花功夫区分两性。费什笔下的无政府主义者为他们在进取号上遭遇的费解的价值观提出了切中肯綮的评论。从乌胡拉的暴露衣着（"她个人的些许偏离常规似乎并没有让其他船员感到不适。我到现在都搞不清楚她为什么穿那件衬衫的时候不穿长裤，不过和她一起的人看起来早就习惯了"［p.195］），到柯克对表露感情的无能为力（"我不明白到底是什么原因让他绝对不允许自己哭泣……他到底在哪儿干了什么搞得这么缩手缩脚？"［p.102］）。

这些角色之间的互相穿插互动，他们的情感波折，他们的心理成长，以及他们的日渐激进化，使得《重量》成为政治宣传和流行小说的混合物。费什的同人小说显示了 60 年代对抗文化（counterculture）以及新浪潮科幻作家（不必提其中的女性主义者比如厄休拉·勒奎恩或者乔安娜·拉斯）在性、毒品、政治和音乐方面的影响。但是她这部史诗级的作品仍然保留有吉恩·罗登伯里原著中人物的原有概念，使她的读者们也认为可信。费什身为一个坚定的无政府主义者，毫不掩饰她自己的情感指向。她为移民者建构了令人信服的牢靠生活方式，包括群婚、自由恋爱、社群的集体民谣，仪式和休闲性毒品使用，以及在所有决断上的民主表决。她同时也给她笔下的《星际迷航》人物一定的时间让他们自己做出决定，看他们的归属感究竟将落向何方。在书中靠后某处地方，克里斯汀·查培尔与麦考伊医生当面对质，想要逼他承认她自己已经发现的联邦首脑的真相："这不是偏执，医生；我们都在成长……那些无政府主义者并非有意为之。他们所做的事情仅仅是向我们展示，并通过对比告诉我们，我们的生活到底是怎样的。为了他们的利益对他们'表演无政府'，这让我们重新思考我们自己的价值观，我们自己的信仰……我们终于意识到了没有统治是完美的……这个世界上没有可以完全信任的'老大哥'。"（pp.391—392）

¹⁸³ 柯克从原剧中一个严格但是仁慈的男性权威渐渐转变为留着长发的激进人物，但他依然在文本叙事中保留了中心地位，并对故事的结局起到极为关键的作用。她笔下的柯克对新的环境和状况反应灵活。"公民柯克"是一个充满个人魅力的领导，即使在权力分配更加民主的条件下也赢得了人们的尊敬和爱戴，并对他现在手下这个无政府团体充满热爱。这个星际飞船的舰长最终选择和斯波克的分身——夸娜结婚，并旗帜鲜明地站在了移民者这一边，公开反抗星际舰队的指挥。但是直到小说的最终，他都无法告诉他们这个世界的很多真相，也没能做出彻底的决断以全身心融入他们的团体中去。

作者除了主要描写柯克之外，还以足够充裕的时间发展了《星际迷航》中的其他人物，表现他们各自不同的对文化和意识形态冲突的态度。实用主义者司各提和无政府主义者合作起来毫无困难，一旦他学会克服他的急性子和对这艘飞船过强的占有欲时，一切就都没有问题了。麦考伊是一个人道主义者，他得知移民者充满关怀地治疗了柯克之后，就抛弃了职业尊严和专业权威，去亲自学习他们更为传统的医学和整体疗法的价值。穆本加医生则是一个严重的大男子主义者，一直刻板而不体贴，而且对他们的生活态度和价值观嗤之以鼻。他面对女性无政府主义者一向是一副大男人的优越感派头，并对他们文化中生育自由的观念相当不以为意。斯波克也同样对无政府主义者表示疑虑。他们情感外放、当众赤裸身体、性自由，他们对纪律和任何行使权威的拒绝，使他们的整体生活方式都和瓦

肯人所崇尚的一切直接对立。斯波克对他们吸引了柯克而感到非常妒忌。但他最后仍然帮助他们逃脱了联邦的毒手，以表示对他的舰长的友情，也吝惜地表示了对他们自立和智慧的敬佩。费什逆转了很多粉丝的模式化理解，因为粉丝圈一般把柯克刻画为教条而专断的人物，而把斯波克刻画为灵活且对其他信仰和生活方式更加开放的人物。费什乐观地认为这两个人都能在无政府社会中寻找到自己的位置，虽然她也明确地指出他们的性格已经根深蒂固地扎根于男权和等级文化中。

费什的《重量》在视野和概念复杂度上都令人瞩目，它写作的准确性以及政治教化的明显度也同样令人关注。并不是所有同人文学都对自己重写电视剧的意识形态或者重塑原剧中人物的方式都有明确自觉。有些作者声称自己小说仅仅是为剧中人物提供了新的历险经历，但是一般都没有这么简单。很多人都努力保证自己对原剧忠实。但是费什的写作绝非彻底的个案。《重量》将我在前文中所述的文本改动的很多策略结合起来：她扩展了电视剧的时间段；她质疑了其基本的意识形态假设；她开掘了人物的情色和心理层面；她在叙事中重新聚焦了女性角色（也许并非一直如此，但至少小说中的几个关键章节中都存在重聚焦）；她将新的类型带入了《星际迷航》的情节之中，将其范围扩大。所有这些行为都多少自觉地在同人叙事中浮现出来。在下一章中，我将着重讨论同人文学中一种特定的类型——耽美，它对原电视剧材料进行了同样彻底激进的重塑。

184

第六章

"欢迎成为双性恋，柯克舰长"：耽美与同人写作团体

　　　　那种亲密、信任和平等的情谊跟性爱是非常不同的，因为性爱只能在特定社会性别角色分配互动下才会激发产生。而人们长时间以不包含社会性别角色扮演的真实自我形象共处时产生的情谊，和需要"他者"不偏离特定性别形象的性爱完全不同。这种情谊也许通过一两个眼色或者共享的支持和信赖感就可以满足……（这种情谊）可能在特定关系条件下暂时实现对社会性别角色扮演的逃避。（这种情谊也可以解释为什么一些禁欲者在特定关系下对性具有强烈欲望，并对那些理应明显不是性爱方向的"目标"产生互动。）（摘自约翰·斯托尔滕贝格 [John Stoltenberg]，《拒绝做男人：有关性和公正的一些文章》，1989, p.106；由耽美同人粉丝提供材料。[个人交流，1991]）

　　詹姆斯·T.柯克，"T的意思是公猫"，男人中的男人，星际联邦历史上最年轻的星舰舰长，遭遇了一个罕见的问题，一个有关性向和个人感情的问题。在耽美同人小说读者非常熟悉的情节模式中，柯克和斯波克被困于荒无人烟的行星上，没有得到即时救助的机会。"进取号"因为紧急事件前往米尔米昂二号星递送瘟疫特效药，而斯波克此时提早进入了生殖本能状态，即瓦肯人的结合热（mating fever）。斯波克如果不能立刻用性交发泄，就会死去。柯克迟钝且不情愿地意识到，唯一拯救他朋友生命的方式就是立刻成为他的性伙伴。柯克自我保证道："没

人要求你必须享受这一行为。"（p.4）这是当时状况下合乎逻辑的选择。形势并非 *186*
如此简单，斯波克抗拒这一想法，为舰长侵犯他的隐私感到极为恼怒。他完全不
知道该行为的后果，但是很快不得不屈从于理智、需求和快感。但是不同于预
想中的不快，柯克感受到了亲密、温暖和释放："如释重负的感觉淹没了他，柯
克停了一会儿，将斯波克握在手中，不敢看他，让两个人默契地感到：这事儿能
成。"（pp.5—6）斯波克活了下来，柯克则忍了下来（当然可能比"忍"的程度更
深一些）。两人回到"进取号"上，面对意外状况的后果。这段记忆一直在柯克
心中阴魂缭绕，它入侵了他本来"健康"的和蓝皮肤安多利人女性做爱的性幻想。
他不清楚这种强烈的欲望对他的男性气质有何影响，对他的性向又有何影响："欢
迎成为双性恋，柯克舰长，你的性别和你想要的人毫无关系。"（pp.11—12）

　　这就是盖尔·费雷尔《宇宙性爱》（Gayle Feyrer, *The Cosmic Fuck*）系列的开
头，是"柯克／斯波克"耽美情色小说的经典案例，这个故事探索了故事主人公
所面临的"美妙新世界"——双性恋的领域和未受约束的愉悦。随着这系列故事
的发展，柯克克服了他起初的不适与焦虑，适应了这种不习惯的感觉，并接受了
自己在性向限制上的突破。斯波克则学会了更加敞开坦白地表达自己的感情。从
分析柯克精液的化学成分开始（"这真让人着迷，舰长"）到更加直接的爱意表达。
两个男人的爱情成长起来，他们的感受力也通过心灵融合的魔力而大大增加。到
最后，他们之间的爱情变得如此坚固，甚至能够将此继续扩大，将麦考伊以友谊
形式纳入为三人感情，构成已播出的剧集中三人好哥们的熟悉组合。《宇宙性爱》
系列在一条简单不纠结的情节主线上展开（这条线几乎可称K/S配对的原型情节），
包含有很多"耽美同人"小说（slash fiction）的基本情节要素：从男性同性社交欲
望转变为直接的同性情色欲望（homoerotic passion），发掘传统男性气质的另一种
可能，将性相置于更大的社会语境之中。

　　"Slash"这个异常有趣的词汇，其直接来源为两个同性人物之间以斜线"／"
或连字符"-"为标志的写作传统，如柯克／斯波克或者K/S，这一传统特指同人
小说中的一个特定类型，即描述电视剧主角间同性情色关系的同人小说。[1] 耽美 *187*

---

[1] 译者在此书中用"耽美同人"翻译"slash fiction"一词。原文此处即是解释"slash fiction"
　　一词的来历。"耽美同人"在中文中与"slash fiction"具有相同含义，即运用流行文本中的

图 6-1

亲密、信任与公平:《秘密特工》
里拿破仑·索罗和伊利亚·库尔
雅金。同人画作者:苏珊·洛维特。

最早是 20 世纪 70 年代《星际迷航》粉丝圈的同人写作里产生的一种文类。当时的作者们小心翼翼地指出：柯克和斯波克比起那些与他们在剧中露水情缘的女性配角来说，其实对彼此更有感情（Nolan，1985）。粉丝圈最初对耽美同人持抵制态度，认为耽美是对电视剧内容的滥用，并侵犯了原先的角色塑造（Jenkins，1988）。在肯德拉·亨特（Kendra Hunter）1977 年撰写的一篇关于同人写作的文

角色二次创作的女性向男性同性恋爱故事。中文中的"耽美"一词从日语而来。日语中的"耽美"二字是英国 19 世纪末唯美主义运动的"唯美主义"的意译，但这个词从日本进入中文语境时发生了转意，在中文中特指女性向男性同性恋爱故事（包括二次创作的同人小说和原创小说）。"耽美"一词在中文中所指涉的内容，日语中表达相同意义的词汇有 "yaoi"（"ヤオイ"或写作 801，这是日语语境中最常用的一个词汇）、"BL"（Boys Love 的缩写）、"JUNE""少年爱"等。这几个词所指文本互有差别，它们在中文中也有运用，但运用最早最广泛、接受度最高的中文词汇还是"耽美"。严格说来 slash fiction 和 yaoi 在风格来源题材上都有细微的差别，在英语国家和日本语境中这两个词很少对译。但在中文语境中，中国同人圈的"耽美"文类同时受两者的影响，而自我也有独特的新发展。所以虽然"耽美"一词最早指代物约略等同于 yaoi，但是在此状况下，译者仍沿用它来翻译"slash fiction"而不另造新词。

章中，她贬斥耽美同人为"角色强奸"，侵犯了粉丝们对原电视剧保持真实可信度的努力："两个人物的角色形象都走形了，所以足以判定为低劣写作……柯克/斯波克之间这种复杂而深厚的情感绝不是靠性关系才能达到圆满的。"(p.81)　*188*

对很多早期粉丝来说，耽美的先决条件就质疑了原剧主人公的男性气质，并对他们的英雄形象构成挑战。这一争议一直持续到了现在，尽管耽美已逐步在粉丝圈内部得到了广泛的接受（但直到如今仍有一些同人展拒绝公开发售同性情色相关出版物，害怕会触怒演员嘉宾，而且很多粉丝如今仍对耽美持激烈反对态度）。但是有些早期的故事仍然以多次影印的复印件形式在粉丝圈内部流通，同人展会上早期耽美同人志在交易商手中开出极高的价钱，并一直处于供不应求的状态；一个同人志出版商最近开始重印《另类》（*Alternatives*），这部同人志刊有许多最早的耽美同人。从 20 世纪 70 年代中期起，耽美同人就扩展到了其他媒体故事中，最具代表性的是《警界双雄》《迈阿密风云》《布雷克七人组》《秘密特工》《西蒙和西蒙》和《CI–5 行动》，并涵括了愈发广泛的角色和叙事情境。就像第五章所标明的一样，耽美同人只是许多种同人写作中的一种，加入粉丝圈并不一定要对耽美培养起兴趣，甚至不需要读过这种文类。然而，耽美同人在同人出版中确实占据显赫地位，它甚至可能是粉丝圈对于流行文学领域的最具独创性的贡献。

同人作者琼·马丁（Joan Martin，无日期）对这个文类做出了如下定义：

> 在耽美同人中，主人公们不仅互相爱慕，而且会成为（或者已经成为）情人。耽美同人中最常见的是"初次故事"（即某对人物首次性行为的故事），但是也有一些同人是描述稳定的恋人关系的。耽美同人包含了从浪漫柔情的言情故事到程度不等的露骨性描写的所有可能性。有时候它除了性几乎什么都不写。……总体说来，耽美同人中的角色都很强势，能完美地应对自己的世界，并非失败者或者受害者。它结合了爱情和感官的愉悦。它可能含有暴力内容，但是温暖和爱超越了暴力……它详尽而充满爱意地描写相爱着的美男子之间的做爱情节。它将爱表达为持续的相互尊重，提出爱只能在两个平等的人之间产生；而性是互相尊重、自由选择、充分意识的互动行为；爱与性合起来是主人公极大愉悦的来源。(pp.1—3)

就像这一描述所展示的，耽美同人包含的不仅是一系列文类通例，而且有同性关系的一整套意识形态述求。耽美同人故事集中关注电视剧中男性角色之间的关系，他们为达到亲密关系所必须克服的障碍，他们在彼此怀抱中得到的满足。对于电视和色情媒体作品中的男性性相的表现，耽美同人代表了一种反抗；它让我们想象类似约翰·斯托尔滕贝格所描写的对社会性别等级的解放性违抗——拒绝固定对象，选择更灵活的性欲投射；拒绝固定的社会性别特征，选择接受双性化可能性。因为如今仍有僵硬且等级森严的社会性别统治着当代社会和文化经验，因此转换对男性主角的观点的背后有很深的隐含意义。斯托尔滕贝格（1989）尤其强调了性取向在加强男权社会权威的其他形式的重要性：

> 归根结底，支持社会性别的两极化（或说"性别区分"）必然同时固守社会性别的等级观念（在我们的文化中表现为男性优势特权）。……对特定性别的"指向"作为个人性表达的对象，也就意味着在实际行动过程中保持固化的性相——让表现特定性别特征的身体本身作为个人兴趣对象，从中挑选出个人所欲、所求、所拥有之人。对于个人的"性取向"的自我认识将社会性别角色置于中心观照点，虽说如今社会性别角色的问题实在已经应该退入边缘地位了。坚持在性身份中保有一种性取向是保卫理所当然的既定框架，保留性别区分和性别等级制度；而对死板性取向的反抗则是我们需要的方向。（p.106）

斯托尔滕贝格的观点无疑充满争议，是对当代性政治（sexual politics）的策略性回应；虽然说解构并超越性取向才是从男权异性恋统治社会的恐同症（homophobia）和厌女症（misogyny）中走出来的最核心一步，但公开宣布个人的性身份在同性恋群体中仍是重要的政治目标。耽美同人，也应是对类似考量的策略性回答。耽美小说直面性身份中最压迫人性的一面，并为眼下社会性别角色的现状提出了乌托邦化的别样选择。但耽美不能为这些观念提出政治上牢不可破乃至稳定的解决方案。耽美同时也有过于宣扬男性同性恋经历以及更传统的男性间羁绊（bonding）形式的危险，而忽视提出另类女性身份的可能性。耽美最终的意义可能更在其对既有的性相和流行文化提出的问题，而非解决答案。

琳达·威廉姆斯（Linda Williams，1990）和安德鲁·罗斯（Andrew Ross，1989）认为，虽然传统的色情内容在塑造性别身份上起到非常反动的作用，但是色情文化想象仍具有乌托邦可能性。罗斯呼吁研究消费者消费和经历色情内容时的复杂方式："当鼓励人们将身体视作可能的获得自由的来源，而非禁锢着讨厌的身体行为的牢房，或是供他人使用的顺手赚钱工具时，人们各自不同的反应方式才会从中显现出来。"（p.177）斯托尔滕贝格（1989）尖锐地批判了商业色情，但是他也认为可能存在一种别样的情色文学，在其中"交互、互动、平等、深层的共识和温情、关系双方的身体尊严以及平等的选择和决定的能力，所有这一切都和勃发的身体愉悦、集中的感官感觉以及满溢的表达欲融合在一起"（p.112）。耽美同人能代表这种新型解放式想象的最完整表达，指向社会性别角色构建和性欲表达的新方向。耽美同人同时也和色情产业的商业化实现了决裂，为情色图像提供了亲近和共享的社会背景。

学者比如帕特利西亚·弗雷泽·兰姆和戴安娜·L.维斯（Patricia Frazier Lamb and Dianna L. Veith，1986）、乔安娜·拉斯（1985）和康斯坦斯·彭利（1991，即出），将耽美同人这一文类归类为"情色艺术"（erotica）或者"女性写作和为女性读者写作的色情"，强调耽美同人在性表达的争议中所起的重要作用。然而由于耽美同人故事的范围极广，因此这一描述仍不算合格。在长篇复杂的叙事中，明显的性描写通常只占非常小的一部分。如果像斯托尔滕贝格（1989）所称，即色情代表着"一种没有过去（无历史背景的性交）、没有未来（双方关系没有承诺）而且基本上没有现在（性交只带有肉体上的亲近，而在情感上疏离）的性关系"（p.107），那么耽美同人却集中关注性经历如何能代入人物的过去、现在和未来经历之中。性场景经常都出现在特定的叙事点上（最常见的是人物互动爆发危机的时刻：《CI-5行动》中道尔几乎死亡的经历，《布雷克七人组》中布雷克对甘之死的负疚，《星际迷航》中斯波克的生殖本能状态），并因此对情节发展起到相应作用，即使同人故事本身有可能除了叙述性行为的小片段以外什么都没有。（粉丝们称这种故事为"纯肉文"["PWP"，即"Plot, What Plot？""情节？情节是什么东西？"]）原剧中的某些特定事件并不会明显地描画出来，但是性依然会被视作总体能为人物塑造提供信息的因素。耽美同人故事常常结合其他文类传统（历史言情、恐怖惊悚、动作冒险、特工卧底、特别行动小组、混合同人等等），因此性可以被嵌入更大的情节架构之中，即使在个体叙事中也如此。尽管人物的性相是耽美同人中最明显的特征，而且大多数的耽美同人粉丝都承认情色乐趣是这个文类中最核心的乐趣，然而将这个文类仅仅定义为"表现性行为"的文类仍属谬误。与其说耽美同人是关于性的，不如说它是一个显示传统男性气质的局限性并重塑男性身份的文类。

这一章将对前人研究耽美同人的学术作品做一个文献综述，指出它们的重要贡献和主要局限，然后我将对此文类提出自己的叙事模式和主题结构。对耽美同人，我不认为存在单一固定的解释，我也不是在为阅读写作这种新奇文学作品的女性正名。很多耽美同人粉丝抗议说她们的行为不需要"俗世"社会的正名，也不需要非耽美圈子粉丝的认可。相反地，我想要首先从直观上表现这一复杂的文化现象，并提出耽美同人对女性粉丝的一些重要意义。

作为女性色情的"耽美同人"

粉丝和学术作者都将耽美同人定义为女性性幻想、性欲和经验投射在电视剧男性人物的身体之上的写作。按照卡米尔·培根－史密斯（Camille Bacon-Smith, 1986）的估计，如果说同人小说中百分之九十都是由女性写出来的话，那么耽美同人就几乎是一个纯女性的文类。我只知道很少几个男人写作过耽美同人故事，而且只有略微多一点的男人会定期阅读耽美同人。确实，有好几次我自己订阅耽美同人志的时候，编辑都给我写条子，说明她们极少有男性读者，并再三保证如果同人志内容让我觉得不快的话我可以获得退款。在耽美同人圈中流行的说法是异性恋、双性恋以及同性恋女性会"直觉性地"发现阅读男男情色的快感，而异性恋、双性恋和同性恋男性则不会大声地宣告他们自己对男性气质的设想，或评论耽美小说的优势。

乔安娜·拉斯等女性主义批评家对耽美同人小说很感兴趣，因为它们对于研究女性性幻想打开了一个独特的切入点。耽美同人里包含了很多拉斯（1985）认为在男性向色情内容中普遍缺乏的东西："恋人对彼此精神上而非仅仅肉体上的兴趣，那种柔情，拒绝武断地开始一段关系，以及对彼此不渝的承诺。"（p.85）

耽美同人故事虽然会详尽地描写一些场景，但是重点往往落在性爱的感情层面而非肉体感官之上："一种奇怪的感觉席卷了博迪——不是肉体上的性欲……并不是……他的整个胸腔似乎都要液化、软化、融化在一片温柔之中，他对面前这个男人感到的温柔，将温暖的感受漫过他的身体，使他的前臂因极度的渴求而发痛。"（E. T. 无日期，p.11）在性爱描写中人物刻画并没有中止，正相反的是，性爱成了在描写细节中鲜明呈现人物角色的方式。性爱最常见的都是在互相许诺的关系中开始，是平等双方的有意义交换，而不是无名或者去人性化的。

耽美同人中的性爱描写往往注重感官感受（尤其是抚摸或者吮吸胸部、爱抚身体、按摩背部或者脚部），而非插入或射精（传统色情中最常见的图像）。两个人物躺在彼此的臂膀之中，在性事的温暖后续中互相爱抚，或者在清晨互诉衷肠的亲密感："柔软光滑的臂膀收拢了将他拥住。哈奇睁开眼睛，正对着水面反射出的光线，和煦温暖的阳光环绕着他，在他身下闪耀着……他们开始亲吻，一言不发。"（Bright，无日期，p.14）

拉斯（1985）将耽美同人视作女性作者和读者内心深处渴望的表现，她们想要"一种不需要她们放弃自由、冒险以及第一等人生体验的性关系……浓厚、圆满而令人满足的性享受……以及浓烈的感情"，所有这些都是她们在传统的商业色情中找不到的（p.90）。拉斯认为，耽美同人的读者并没有显示任何事实上成为男性的愿望，甚至没有表现出对男性社会经历的过度推崇，她们仅仅是创建了一个领域"质疑了男人和女人的定义……以前这曾经是一个无法质疑的问题"（p.96）。就像斯托尔滕贝格（1989）呼吁男人不要再将男性气质看作他们性身份的束缚一样，拉斯认为耽美同人能让女人拒绝主流社会对女性气质的规定，想象"完全不受文化关于性别与社会性别角色整体控制的爱情"（Russ，1985，p.89）。 *193*

作为双性化言情的耽美同人

帕特利西亚·弗雷泽·兰姆和戴安娜·L.维斯（1986）将 K/S 类型的小说视作对言情小说套路的更改，一种构建平等双方爱情关系的尝试："他们的结合是强强结合，这种关系在当今的男女之间极其少见，在电视呈现的《星际迷航》宇宙中男女之间同样极不可能发生，说不定还更加困难……同人志默认柯克和斯波克互相的承诺是建立在他们对彼此的勇气、力量和智慧的依赖之上的。"（p.238）这种共存和平等决定了异性恋的种种默认规则必须被打破，因为，就像兰姆和维斯所称，男权社会对于男女爱情之间的平等互动并没有很大的自由。就像最早一批耽美同人作者之一莱斯利·费什（1984）所解释的那样："如果有男人想用言情小说中男主人公通常对待'他们的'女人的方式对待我的话，我会向他英俊高贵忧郁的脸上狠揍一拳让他满地找牙！……K/S 的吸引力在于这是我们唯一可以看到平等双方之间爱情的地方——这在真实世界中从来没有真正完整地存在过。"（p.5）

兰姆和维斯（1986）指出，为保证性方面的平等，耽美同人会在双性人（androgyny）的可能性上玩弄花招。柯克和斯波克双方都混合了传统男性和女性的性格行为特征，在他们的亲密关系中自由地在两种社会性别（gender）间转换。柯克在性方面很开放，他是毋庸置疑的领导者，永远的行动派，而且在大多数场合下都能控制住场面（男性），但是他同时也很美貌、感情丰富、凭直觉做事、丰富易感、身量娇小（女性）；斯波克理性、逻辑性强、善于控制感情、和他人保持距离、身强力壮（男性），但他也是个处男、为身体周期所控、是外来者且在性方面忠贞不二（女性）。耽美同人不会只依靠将传统男性和女性的角色分配在两个男性角色身上来讲故事，它们不是将柯克和斯波克简单地分为男性和女性角色；相反地，耽美同人走向现有模式之外，将男性女性社会特征的部分内容融合起来成为令人满意的整体，但仍是可随意变幻的流动性身份。比如，让我们看看下面段落中对性别和性相的刻板印象的创造性颠覆：

194

  这实在是奇异地对立，布雷克如此高大，但他的吻却如此轻柔……埃冯的手从布雷克的腹部慢慢地向上抚摸到他的胸部，感受着手下如婴儿般光滑的肌肤，几乎像一个女人，但是胸部更宽、更结实、更平坦。他的手掌停在了布雷克的一个乳尖上，抬起头来注视着布雷克。（Arat，1988，p.104）

  他们似乎融化在了一起。柔软的嘴唇沉浸入柔软的嘴唇，双臂环拥着。这种懒洋洋的吻能让他们品尝到每一种细枝末节，嘴唇互相磨蹭，靠近，覆盖，重叠。光滑的表面，湿润的内缘。凉爽和炽热混合成为温暖。用甜美湿润的吮吸覆盖彼此的嘴唇，就像两个互相饥渴触摸的阴道……这想法并没有让他惊惧，而只是奇特地让他感动……不同就像不同。男人男人。人类瓦肯。这个瓦肯人热爱纤细柔美，喜欢若有若无的碰触，这又有多么阴柔。对我来说，你是多么无限地神秘，就像女人一样。（Feyrer, 1986, p.21）

博迪实际上已经睡着了，脸半侧向一边，一只手蜷起放在枕头上；玩世不恭的厌恶从他的脸上一扫而空，头发凌乱着，他看起来很不同——几乎是柔弱的。或者他并不是。道尔只站在门口一点点，倚在门上研究着那张沉睡的脸……这可怜的家伙看起来累坏了，他的眉毛和睫毛在近乎没有血色的肌肤映衬下显得比平时更黯沉。（H.G.，无日期，p.1）

195

图 6-2

重点更多放在性的情感层面而非生理感官上：《CI－5行动》中的博迪和道尔。同人画作者：苏珊·洛维特。

　　这些图景真是让人惊叹！男人的身体被形容为光滑得像女人一样，两个男人的接吻描述得像两个阴道的互触，一个警察被描述得好像瓷娃娃一样脆弱。但是这些人物（布雷克、斯波克、博迪）被描述得如此阴柔的同时，此描述也极容易逆转过来：下面的段落很可能就写到埃冯嘟起的嘴唇、柯克榛色的眼睛或是道尔丰满圆润的臀部，而布雷克很快又将被描述为遒健的，斯波克是硬派的，而博迪则是富有活力的运动型。在耽美同人中，情侣双方都可能同样强健也同样脆弱，同样富有主导力也同样驯顺，两方面的素质都不会长期附着于他们的性相或者社会性别上。

　　在兰姆和维斯（1986）的模式中，柯克和斯波克之间的爱情代替了限制过严的异性爱。电视剧媒体中简单干脆地就没有一个独立自主的女性角色以创造出平等基础上的爱情故事。同人作者们就选择了抵抗最小的路径，借用已成型的人物，比如柯克和斯波克来表达她们在爱情方面的乌托邦想象。兰姆和维斯的这一解释和更广义女性写作的评论十分契合，比如卡洛琳·G. 海尔布伦（Carolyn G. Heilbrun）对玛丽·瑞瑙特（Mary Renault, 1979）的同性情色小说（homoerotic fiction）的讨论中提出女性作者在作品中创造令人信服女性人物角色的失败，以及她们将自我欲望和野心投射在传统男性主角身上的倾向。她们被迫在男性创作以及以男性为主要消费对象的类型传统的桎梏下写作，并先决性地被男权符号所限制，女性往往发现修改或者逆转这些假设，比重新创造出新的一套文类套路或者发现合适的独立自主女性角色要容易得多。

　　这个解释方式非常合理有效，但是这一解释并不能完美地契合耽美同人在粉丝文化大背景下的地位。诚然，大众媒体将男性主角刻画得比女性配角要生动且有说服力得多。但是兰姆和维斯忽视了有些流行叙事（比如《复仇者》或者《异形》[*Alien*]）中确实也出现了强势的女性角色，也表现了男人和女人并肩为同一个目标工作的场面。尽管女性粉丝们常常对凯瑟琳、乌胡拉、珍纳或者雅尔这些女性人物的发展方向感到不满，我们还是应该看到，强势独立的女性角色的确是存在的，也为创作女性角色为中心的故事提供了素材。兰姆和维斯并没有讨论粉丝圈中流行的大量异性恋言情和情色故事，也没有议及布雷克和珍纳或者斯波克和查培尔之间的爱情故事也同样为创造亲密而平等的浪漫故事而努力。比如，一篇题为《安抚》（*Comfort*）的《布雷克七人组》平行宇宙同人，作者"保拉"（1990）将布雷克和苏琳之间最初的潜在爱情火花写成是他们为双方共同的友人黛娜之死而互相安慰扶持的结果。"保拉"将苏琳抗拒把自己的脆弱之处暴露给任何男人的心态描写得十分生动，还有她只能将性作为武器的心态，而布雷克的爱意则是一种宽容和抚慰的力量："布雷克是一个心态开放、乐于付出的男人，他的关怀散布到了周围所有人身上。"（p.48）布雷克给了苏琳她所想要的性，让她在做爱的过程中处于主导地位，也使她在自己的感情问题上更为开放主动，这里布雷克－苏琳间的关系在核心上颠倒了传统异性恋色情内容的语汇，即女性抚慰男性，而男性是独立人格。《安抚》在没有达成可能危害苏琳人格独立性的许诺之前就结束了，这两个角色仅仅彼此承认了未来可能的互相满足的可能性："现在在一起，现在彼此需要才是最重要的……她不期待承诺，也没有准备好许下一个承诺。但是她现在明白了一个承诺会带来怎样的感觉，而且她明白了总有一天她会从某人那里寻求一个承诺。"（p.51）

　　从兰姆和维斯（1986）写下了他们的文章后，粉丝社群也开始发展出另一种规模较小（不过在持续发展中）的女同性恋相关的故事，将两个女性人物之间互相依存互动的关系写入故事里。在德尼斯（D'neese）的《如果我伸出手，你是否仍在那里》（*If I Reach Out, Will You Still Be There*, 1989）中，特洛伊帮助雅尔处理她和其他"进取号"船员的疏离关系，她在自主独立与付出承诺之间的矛盾欲念："为什么你不敢承认你需要一个人？想要被人抱在怀里、和另一个人分担你的痛苦是如此可怕的罪过吗？"（p.42）在 J. D. 里斯（J. D. Reece）的《友好的会饮》（*A Friendly Drink*, 1990）中，珍纳因为男性船员之间不断的口角之争和权力斗争感到无比恼火，于是决定下船登岸以"消消气"。富于同情心的凯利陪伴着她，并由此感到了平日与好胜且得失心重的男性船员互动时无法得到的舒适愉悦。里斯的描述很好地写出了两个女性的力量和独立，并着重写出了她们身体的强健而非柔弱：

　　　　凯利将珍纳拉近，她深色的嘴唇包裹住珍纳的，沉入完全不含人类不确定性的吻当中。珍纳的嘴适应了这种碰触，加入了能量，从不断上涨的持续的温暖中吸取火花。她将双腕在凯利的颈后交叠，将她紧紧地拉入她身体不断上升的温度之中，有力的臂膀将这个更高的女子拉入一个全身心投入的拥抱。凯利伸直两条长腿，半滚到在她身上，回应这个坚持的拥抱，她的重量落在珍纳凹凸有致的曲线上是一种舒适而诱人的挑战。对她来说，这是最好的匹配。（p.46）

在这里，只有转瞬即逝的"曲线"一词引向了传统女性身体的概念，而在耽美文类多变的形容之中，这同样的词语用来指埃冯的臀部或者珍纳的臀部都是可能的。和耽美文一样，在百合同人 [2] 文中，对传统男性女性的性相描写是分散分布的：雅尔剪得短短的头发和男性化的体格，特洛伊的丰盈长发和丰满身材；雅尔的坚韧克己和多变，特洛伊的同情心；特洛伊的"有力的手指"和雅尔的"雪白的皮肤"；凯利的自信和母性，珍纳的高大身材和玲珑曲线。百合同人中的文类套路和已经充分发展的耽美套路相合并不是什么让人吃惊的事，但是它也指出了同样的模式是完全可为更直接体现女性经验的叙事所用的。

耽美和幻想认同

在女性写作群体内部发展起来的同性爱情小说形式不该因此以纯否定形式的词汇解释，如"想象的失败"，或既定模式的缺席之类。我们需要考虑对这些特定男性人物的迷恋和耽美同人小说探究的问题在多大程度上能最有效地通过男男言情故事表达出来。康斯坦斯·彭利关于耽美的研究（1990、1991，即出）集中关注围绕着柯克和斯波克两个人物身上复杂的力比多经济（libidinal economy）。彭利认为，这些角色成为情色故事的主角是因为他们已经构成女性粉丝性幻想的对象，而通过阅读、写作耽美小说可以让粉丝们尝试不同的认同角度："如果在精神分析的幻想层面上，其两极状态分别是'作为'和'拥有'，那么这种幻想就同时包含了两者以及之间的所有：读者/作者可以化身为柯克或者斯波克（一种阳具认同[phallic identification]，而不是倒退回前俄狄浦斯阶段），而同时又可

---

[2] 原文为"lesbian slash"，指女同性恋题材的故事。为符合中文习惯，将此文类翻为"百合"。这个词同样来自日本亚文化写作传统。中文语境中"百合"的意义偏纯精神性恋爱故事，但近些年来，也开始包含有性描写内容的文字。

以拥有他们（把他们作为性对象），因为，他们作为非单纯同性恋者，同时对女性来说也是可以拥有的。"（1990，p.259）彭利着重强调了耽美同人作者将柯克和斯波克刻画为情人，但同时也强调这两个主角不是纯同性恋，之前也没有同性爱的历史。即便她们是在描述柯克和斯波克之间互相的承诺，此类模式也可以让作者保持她们自己和这些人物之间已有的关系。彭利没有指出的是，这种想象方式也可以让女性粉丝重新处理原剧中异性恋相关的情节。

这些女性在多重认同方面获得的愉悦体现在耽美写作的叙事结构特点上。耽美同人故事常常利用视角转换，并建立可分享的主体性。在莱斯利·费什和乔安·阿格斯提诺（Joanne Agostino）的《姿势》（*Poses*，1977）一文的一个片断中，柯克和斯波克站在他们在舰桥上惯常的位置上，各自回想新近发现的彼此间的性吸引：

> 他怀疑地瞥了一眼柯克，只看见他头部的一侧，还有一只在椅子扶手上静静敲打着的手。那些手……令人着魔地强壮，它们能抓得那么紧，在赤裸的肌肤上又是多么的凉爽怡人……那粗壮的臂膀，就像厚重而清凉的绑带，移过后背，按压着私密而柔软的区域……那高大而健硕的躯体，那无与伦比的肌肉质地……**我到底在想些什么！快控制住！我能控制住。我是个瓦肯人。精神力量统治一切**……柯克在控制椅上不安地扭动了一下，感到汗水渗入他两片肩胛间的衣物之中。他的感官似乎被拓宽了；他能感到斯波克坐在仅仅十尺之外，看着，等待着，沉默着但也异常敏感地感觉到他的存在。好像有一道不可见的电流连接着他们，让他们痛苦地意识到彼此的存在。他不能让那个瓦肯人离开自己的思索，不能无视他的存在，不能停下对他的欣赏回味，也不能集中注意于任何其他东西。（pp.84—85）

如此描述让读者能够同时感受两个男人对彼此增长的欲望，也能参与到他们的情色幻想之中。

这一视角转换的结构可能成为组织叙事的核心要义。一篇基于《CI–5 行动》的同人小说《暂时过失》（*A Momentary Aberration*），作者为 L. H.（无日期），描述了博迪和道尔完成一个任务之后晚归，在考利的车后座相遇的一个简短片段。

在开场的片断中，作者描述了道尔在半明半暗的光线中看他搭档的感觉，感到逐渐萌发的冲动，想碰触他，将他搂在怀里。他终于将这一冲动付诸行动，一开始缓慢而小心，后来就显得格外坚持。作者然后将时间退回去重放一遍描述博迪的感觉，他假装睡着，热切地接受他搭档的密切关注。同一段场景被重复了两次，头一次认同建立于道尔身上，之后同样密切的认同建立在博迪身上，使读者能以同样的强度感知两个人物的性经验。

200　　　　这种性幻想在大量耽美同人小说中都得到了有意识的开发。塞巴斯蒂安的《情热中》（*On Heat*，无日期）开场描述了道尔靠被搭档诱惑的丰富幻想自慰："他被一种极乐的带着痛苦的迟滞击中，他不敢再以他身体通常渴求的节奏抚慰自己，他停下来，颤抖着，他的意志同博迪的嘴唇和舌头舔舐着他的火热画面做斗争……博迪用如此亲密的态度抚摸着他，推进他的体内……他的嘴拧动着，无目标地搜寻着并不存在的另一对嘴唇，那一对并不在场、未曾在此、也不会在此的嘴唇。"（p.2）博迪走进卧室的时候，发现他还僵在那里，沉浸于幻想之中，这一发现开始时引起了尖锐的恐同冲突，但是最终转化为更为激情澎湃的性爱，就像在很多耽美同人中那样，情色幻想成了现实。

　　M. 费·格拉斯哥（M. Fae Glasgow）的一篇小说（1988）将弗洛伊德的"孩子被打了"场景转化到了电视剧人物之中，布雷克被困于衣柜中，以着魔般的注意力看着埃冯和维拉玩着支配与臣服的游戏（一个孩子气的贼打一个电脑技师）："一种巨大的反叛动力突然冲入了他紧握的拳头，这种力量在他幻想着操埃冯的时候操着他的手，被驯顺的身体如刀鞘一般地裹住了，使他呻吟扭动。这场景在他的意识中飞动。他看见他自己在埃冯的身下，欢迎那鼓动着的厚重的肉体将他满满地撑开，比埃冯能填入他的还要宽阔。这幅图景再次变化，转成了现在他眼前的这幅景象。"（p.10）格拉斯哥的这个故事布景重现了弗洛伊德叙述场景中的多重认同的角度（布雷克在埃冯"被打"的时候，同时想作为、想拥有、想观看他），但是凯利随后就充当了心理治疗师，敦促布雷克审视他自己矛盾的感情（"我同时看见他在我下面，也看见我在他下面。我怎么会想要这种完全相反的东西呢？"［pp.14—15］）。

"充满了危险"

对多重认同视角的实验也扩展到耽美同人写作和传播的层面上。很多耽美作者都用假名写作，有些有明显的政治含义（"PTL 俱乐部""第五修正案"），直接引用更早的传统女性写作（"阿娜伊斯"［Anais］、"萨福"［Sappho］、"埃洛斯"［Eros］），或者提出一些令人有痛苦联想的双关语（"贝提娜·希茨"［Betina Sheets］、"洛塔·施利兹"［Lotta Sleaze］）[3]。在我和耽美作者的交流中，很多人主动给我展示了她们以假名写作的故事，这些故事不仅反映了她们个人的写作兴趣，也反映了她们和粉丝群体传统的关系。假名代表着另一重身份的构造，同时包含着揭示和掩盖原作者真名的企图，作者的身份在粉丝群体中往往是人尽皆知的，虽说在印刷的纸张上用的是假名。同人展会上出没的粉丝可以在身上别着的名牌上写假名，或者他们的"俗世"名字，或者两个都写。但是在《布雷克七人组》圈子中曾出过一件极大的丑闻，一个反耽美粉丝公开地（有人说是极度恶毒地）将几个著名的耽美同人作者的真名抖搂给了一个电视剧演员，而这个演员则对这种文类有极大的个人道德排斥。这一事件引发了关于在粉丝圈内外的"指名道姓的政治问题"（或说"出柜"），迅速地压倒了许多其他问题成为重中之重。作者们在化身不同的作者身份的时候也经常会采取不同的主题和口吻，有些时候使用不同的假名，标志着作者在不同圈子和文类之间的流动，或者反映不同的情绪和风格。

201

---

[3] PTL 俱乐部，PTL 是"Praise the Lord"（赞美主）或者"People that Love"（相爱的人们）的缩写，是由基督教福音派教徒吉姆和塔蜜·菲·巴克（Jim Bakker and Tammy Faye Bakker）创立的一个基督教电视节目，1974—1989 年播出。这是全美国第一批讨论艾滋病和同性恋的基督教节目。第五修正案，指美国宪法第五修正案，于 1791 年通过，这条修正案属于权利法案，规定了民众在庭审中应当拥有的多项权利。

阿娜伊斯，在这里指的是阿娜伊斯·宁（Anaïs Nin, 1913—1977），出生于法国的古巴裔女作家，成年后主要在美国居住。她的作品包括日记、小说、学术批评、散文、短篇小说等，以其私密的日记写作和情色作品著称。萨福，古希腊著名女抒情诗人。传统上一直认为她是女同性恋者。埃洛斯是希腊爱神，其罗马神话中的对应是丘比特。

贝提娜·希茨（Betina Sheets）是"Between the Sheets"，床笫之间的谐音。洛塔·施利兹（Lotta Sleaze）是"Lot of Sleaze"，谐音许多脏东西，或许多下贱货。

很多耽美同人作者视这类行为为人身安全保护的必要手段：英国的《CI-5行动》粉丝害怕严厉的反不良内容法律的制裁；很多耽美同人作者可能身份敏感（教堂牧师的妻子、学校教师或者儿童图书馆管理员，护士等等），如果她们的情色写作公开，则必然会对她们的个人生活带来威胁；另一些则可能面临配偶或者家长对她们粉丝活动的反对。但是对许多人来说，隐匿真正的身份就是游戏的一部分，因为阅读和写作耽美小说就包含与传统女性角色决裂的乐趣。粉丝们将她们地下活动的"惊吓度"和"丑闻性"大大地浪漫化了（这种感觉在从事传统的女性职业，且婚姻稳定专一的女性看来尤为明显）。这些女性作者会幻想他人发现她们写作耽美时的反应。一个著名的粉丝笑话讲的就是耽美同人读者请求朋友在她们死后一定要回收处理她们的同人志收藏，以防它们落入"错误的人"之手。这种从丑闻而来的愉悦感也可以从"slash"这个词上体现出来，因为这个词也带有暴力或者不良的含义[4]。这个词的读音让人联想到撕碎或扯开传统界限的暴力的愉悦感。于是，成为耽美同人作者就常常意味着需要秘密行事；阅读耽美同人小说在她们看来是受掩护进入需要性执照和探索的"禁地"内部秘密行动。

202　琼·马丁（无日期）将这些女性在丑闻上的乐趣表达得非常清楚："耽美同人是一种绝佳的反叛语言，在主流文化的边缘或者裂缝中轻声耳语或者大声呼啸。它饱含非传统的思维，它危险地挑战着任何'理所应当'，它充斥着自信自立的可怕思维和对社会陈规的成功抵抗。"（p.3）

但太过注重耽美同人情色的一面是存在危险的，太过沉迷于其"丑闻性"一面同样可能令我们忽视其更大的叙事内容以及它与原作之间的复杂关系。耽美同人，就像所有其他同人小说的子文类一样，代表了文本评论的一种模式。虽然粉丝评论者有时斥责耽美同人作者除了人物名字和几句标志性台词以外对原作几乎什么都不用（比如斯波克的"真让人惊叹啊，舰长"；埃冯的"好吧，现在嘛"；还有山姆·贝克特的"哎哟我去"），作者们将耽美同人看作反映自己在原电视剧中所见所闻的媒介。耽美同人令粉丝们能够更完善地探究亲密度、力量、承诺、搭档、竞争和吸引力等众多话题，不仅从这些人物的剧本台词之中，也从演员表

---

[4]　Slash 一词在英语中不仅有"斜线"的意思，还有挥砍的意思。如充满暴力鲜血横飞的恐怖片就称作"slasher"。

演的种种细节之内(他们互相注视的眼神,他们互动时候的动作等等)。粉丝们在电视剧中发现的是男性同性社交欲望(male homosocial desire)的潜文本。

耽美同人与同性社交欲望

伊芙·科索夫斯基·塞吉维克(Eve Kosofsky Sedgwick,1985)引入了"男性同性社交欲望"这一术语以讨论经典文学中男性气质的表达,尤其是男性之间的友情和竞争关系。这些经典文学作品包括《我们共同的朋友》(*Our Mutual Friend*)、《亚当·贝德》(*Adam Bede*)、《多情客游记》(*A Sentimental Journey*)以及莎士比亚的十四行诗等。塞吉维克使用"同性社交"(homosocial)这个词来指代"同性人群之间的社会联系"(p.1),指出这个新词不言而喻和"同性恋"有直接的联系,而同时又和明显的性范畴存在区别。她选择的词汇"男性同性社交欲望"含有特定的政治含义:很多相关的论述都否认最理想的男性友谊和性欲有任何关系。塞吉维克认为"同性社交和同性恋之间存在一条连续的区间(continuum),这一连续区间在我们的社会,对于男性来说是严重隔断的"(pp.1—2)。塞吉维克认为,女性主义学者开始越发赞同女性友情和女女爱情之间存在连续区间的说法,但是男权社会一直在可接受与不可接受的男性友情之间持续构建僵硬死板的界限。她认为,男性权威是由这个体制中包含着的同性恋恐惧(homophobia)所强制执行的异性恋状态,以及男女之间可允许的行为限制所固定的。虚构小说中表现男性友谊往往依赖其情感力量,显示男性之间的强烈同性社交欲望,即使它们往往将这种欲望从明显可辨的性相形式中孤立出来:"想做男人中的'男人的男人',和对男人感兴趣,二者之间只被一条不可见的、小心翼翼地弄模糊了的,而且常常已经被多次穿越的界限隔开。这些说法,或小心翼翼的妥协,在我们的文化里至今无处不在,或许已经无法抹消了。"(p.89)

塞吉维克在18、19世纪英国小说中发现的那些主题(包括男性对手之间的三角欲望、男性竞争时的强烈情感张力、几乎没有受压制男性朋友羁绊的幻想),在当代流行文化的叙事结构中也同样明显——比如《星际迷航》粉丝们赞誉的"伟大友情"主题,斯塔斯基和哈奇、拿破仑·索洛和伊利亚·库尔雅金、博迪和道尔之间的搭档关系，或在布雷克和埃冯的针锋相对火花四溅的敌手关系。评论者、制作方以及节目粉丝一直以一种类似男性同性社交欲望的词汇描述这种人物关系：爱普瑞尔·塞利（April Selley, 1986）通过引用莱斯利·费德勒（Leslie Fiedler, 1975），认为"一个美国白人男性柯克舰长和一个绿血的外星人斯波克先生之间的友谊"（p.89）可以归入情色化男性友情的大传统之中，这传统包括了《哈克贝利·芬历险记》（Huckleberry Finn）、《白鲸》（Moby Dick）和《杀鹿人》（The Deerslayer）等文学作品。《CI-5 行动》的创作人布莱恩·克莱门斯（Brian Clemens, 1986）将博迪和道尔之间的关系描述为异性相吸："雷（道尔）和博迪就是刀锋与刀身、燧石与转轮，他们互相补足，互不可缺……只要将他们带到一起，就会迸发出夺目的火花。"（p.14）如果这些电视剧作品描述的是一种理想男性间的羁绊，它们同时也必然压抑了这些关系中特殊的性层面；这些男性人物不断被置入短命的异性恋关系（每周的浪漫客串嘉宾），而比之将两个男人联结起来的关系，这些异性恋关系往往都缺乏深度与密度。虽然柯克在整部连续剧播放的过程中不断地爱上各种女人，但是从没有像爱斯波克那样爱得那么深；斯波克一直在坚决拒绝那些会影响到他事业责任的爱情牵绊，但是他同时也一直坚定地准备违反命令、将自己的事业置之不顾来保护他的"朋友"。

²⁰⁴　尽管有试图强制定义男性人物性相的这些短命的异性恋关系，同人作者芭芭拉·坦尼森（1990）仍然拒绝承认电视剧中出现的这些信息就一定完全阻绝了男男爱情的可能性：

> 从屏幕上看，大量媒体作品角色都没有确定无疑的性取向；我们假设他们是异性恋仅仅因为这是我们文化所谓正常准则而已。许多其他人物角色时不时表现出了异性恋的性相，但是并没有结成任何有承诺的确定关系，也就无从得知是否排斥其他性活动。同样地，认为**所有**这些活动都是异性恋的只是由社会习惯准则推论而来，并不是天生就存在于荧幕上……同性恋（或者双性恋）不过和异性恋一样，是一种公共表达，虽然在很多场合下很可能没有那么公共。在我们的文化中，公开的同性恋必须做出有意识的决定，必须在一次一次面对并拒绝社会更加欢迎的异性恋的选项之后做出决定。那些坚定不移的异性恋，尤其是那些对此持保留态度的人，他们并不一定意识得到

存在同性恋这个选项，或者不愿意为此付出高额社会代价。这并不说明这个人物就是直的，或者我们作为观众必须假设他／她是直的。(p.1)

坦尼森从明显的女同性恋角度出发，质疑了商业电视叙事中的异性恋霸权逻辑（heterosexist logic），以及以耽美同人与他们解读不符为由而拒绝耽美的粉丝：

> 作为一个不认为同性恋代表不正常或邪恶的同性恋者，在生活和宇宙的正常框架中，我反对"没有明确表明性向"的荧幕人物就不能是同性恋这一说法……我同时也质疑为异性中的一些人所吸引必然会排除某人为同性吸引的可能性；双性恋也是一个选项（而且，我必须再次强调在科幻的宇宙观中这未必只是一个瞬时性的选项）。……所有这一切都是为了说明，荧幕上的世界已经和我们的世界不同，其文化道德、性标准也必然异于我们；我们并不需要用**我们**认为在自己的环境下更有可能或者更普遍的标准，来考虑荧幕中人物所面对的性选择。我们作为观众当然也不需要为编剧心目中的正常文化准则买账。(p.1)

和塞吉维克一样，坦尼森将她的写作看作显性化性经验中的不可见一面的任务，使男性同性社交欲望这一潜文本从文字之下浮上表面。

耽美同人将这一潜文本变为新文本的主要关注点。耽美同人移开了男性同性社交欲望最终实现的障碍物，将男性气质的常规观念引向危机，耽美同人揭示了男性友谊的情色面，直面对男性间的亲密关系的恐惧感。这里"每周死一个女朋友"综合症反映了男性性相的严重问题，而这一问题必须首先得到解决才能使这个男人进入稳定的情感关系。性相在耽美小说中处于连续不间断的区间，平日里建构得十分牢靠的朋友与情人之间的界限在此被混淆，于是就产生了"能在彼此的身体上寻获快感的志同道合友人"（Adams，无日期，p.9）。因此，耽美文类对男权文化所提倡的男性性相碎片化、疏离化表达提出了批判。

当我们着重关注耽美同人是如何构建同性社交与同性恋欲望之间的连续状态的时候，我们也许就可以解释为什么耽美同人故事中的主角虽然是同性爱人但是之前从没有过同性恋情感关系：男性之间的壁垒必须首先强化才能表现出它们粉碎时的戏剧化张力；性禁忌（sex taboos）进入视野的时候，也就需要男人间更大的信任和亲密感才能够打破这些禁忌。这一写作常规套路其实并不总是意味着同性恋恐惧（虽然实际情况往往如此），因为它表现了同性恋恐惧症对男性之间更广阔的情感和肉体交流的阻碍。这种说法也可以解释为什么百合同人的数量相对要少得多，因为就像塞吉维克（1985）所言，女性在历史上一直享有在同性社交的连续带上自由移动的权利。女性粉丝可能并没有强烈地感到需要帮助电视剧中的女性角色也克服一样的问题。就像 M. 费·格拉斯哥所解释的那样："大多数粉丝圈中的女性都有长久的女性友情……如果我们想看到女性之间的紧密纽带，我们只需要看看我们自己的生活。对我们来说这是司空见惯的。简直像切片的白面包一样家常。耽美同人则是远在天边的事情——彻底的幻想。我们中间并没有很多人见过男性间有这种理想羁绊，而这正是我们乐意看到的。"（私人采访，1991）

206   耽美同人的程式化结构

耽美同人的叙事程式包含一系列运动过程，从最初的搭档同伴关系，到一系列威胁打破这种关系的交流危机，再到达到性亲密后的关系再确认。这些常规套路代表了惯例中男性气质的反乌托邦一面，以及重塑的男性气质的乌托邦可能性。在男性性欲和社交欲望的连续面上，最具戏剧性的时刻都发生在阻隔界线附近；当男人们终于互相坦陈感情的时候是情感最为浓烈的时刻。在此，性爱场景仅仅是强化了恋人们对新关系的接受，并以此作为新承诺的基础。一些耽美同人故事，尤其是《布雷克七人组》粉丝圈里的同人，着重强调男男欲望之中的反乌托邦层面，集中关注了不信任、对主导权的争夺，以及阻碍突破重重界限的性暴力行为；其他的耽美同人故事，尤其是《星际迷航》粉丝圈中的那些，则着意表达男男爱情中所存在的乌托邦可能性，歌颂了灵魂的融合达到的深深的亲密感以及瓦肯人心灵遥感联结的深沉承诺。《布雷克七人组》和《星际迷航》耽美同人之间的区别反映了原剧中不同的调子，也反映了它们的特定文化和历史来源（美国的"新边疆政策"［New Frontier］和撒切尔治下的英国）。但是或明或暗地，大多数的耽美同人里都同时具有乌托邦和反乌托邦元素。这一文类整体来说就是有意识地建构男性同性社交与同性恋之间连续区间带的行为，这一考虑在作者对待人物关系时是明显的，而就故事情节而言则是暗藏的。

耽美同人小说中一个主要亚文类（subgenre），即"初次"故事的典型叙事脉络有四个主要的发展步骤，每一步都包含特定的在同性社交和同性恋欲望之间转换的节点：

（1）**初始关系**：故事开场常常描述并重新确认两个人之间的基本关系，即原电视剧中所呈现的人物关系：在柯克和斯波克、斯塔斯基和哈奇、拿破仑和伊利亚、或者博迪和道尔之间的关系而言，这种初始关系是理想的搭档关系，但是由于特定阻碍的存在无法达到全方位的交流互动。在《布雷克七人组》的场合下，一开始就存在的不信任、怀疑和竞争关系所构成的氛围既表达又压抑了两个男人之间的强烈情感。或者更准确地说来，开场中两个男人间的关系就是粉丝们在已播映的原剧中解读出来的关系。从这一开场中，耽美同人故事假设这些人物具有从没有明显表达出来过（或者没有直接暗示出）的性欲，虽然很多粉丝坚称他们可以从人物在荧幕上的表现中看出明显的标志。

开场段落常常集中描写两个主角中的一个，他会细细检视他对另一个主角的感情：

> 这个疯狂的温柔的博迪可以在他最没有想到的时候启发他，这件事已不再让道尔困惑。他早就接受了这个事实，只要事关博迪，他都没有什么抵抗力，这种无特征的棉花糖般的绵软在他本来冷漠独立的个性中看起来十分怪异。有时候，当他想到说出真相会失去他和博迪之间那种无需特地维持的和谐气氛时，那疼痛简直钻心蚀骨。但是你又如何解释那个雷·道尔，那个深受女士们爱戴的大众情人男子汉，会爱上他的搭档？当他准备好把想法付诸言语的时候，他就仿佛看见了旁人反讽的眼神，他的神经就一定会背叛他的。他想，说不定有那么一天，他的神经会彻底败给他的无能。（H. G.，无日期，pp.1—2）

> 最有趣的事情是，如果他（此处指《笑警巴麦》[*Barney Miller*]中的迪特里奇）是个女人的话，他简直就堪称完美了。厨艺上佳、谈吐机智、会运

动但也欣赏文化艺术。喜欢爵士乐。至少据我所知，待人接物不仅体贴且大方。有多少人会在你身处困境的时候主动让你们无限期地位互换呢。整体来说他是我这辈子也无法企及的人物……他迫使我成熟起来，冷静下来。如果说他为我所吸引的话又有什么坏处呢？（Barry，1989，p.93）

用塔尼亚·莫德尔斯基（Tania Modleski，1982）的话来说，这种情节往往包含丰富的关于"男性气质的符号学"（semiotics of masculinity）的推断，因为这些人物都从表面行为之下阅读隐藏的情感。在卡密·赛伊德的《恋人的争吵》（*Lover's Quarrel*，1988）中，布雷克去埃冯的房间找他；作者描述了这个反叛队领导者对他朋友的外貌、动作和姿势的不断评判："下唇微微向前突出，这观察在布雷克的内心世界里快把他逼疯了。好像埃冯一直知道他的想法一样，他不断地故意继续嘟着嘴，安静，审慎，充满考量。布雷克常梦到这嘴唇，这眼睛……还有埃冯身体的其他部分。"（p.58）在这里，也在很多其他类似场合中，故事中的人物重复着粉丝观众对演员的密切关注，搜寻着同样的未曾表现出来的情感。

另一种可能是，耽美同人小说可能会选在强调人物间关系的长处和缺陷的地方开始故事。警匪剧同人的开场常会选在传统男性气质相关的场合（扑克牌局、桑拿房、运动俱乐部、酒馆、军事训练任务、钓鱼之旅等），或者在人物的职业生活背景（出去盯梢、卧底行动等）。在此，同性社交表现得最为自由，远离了女性的审视眼光；在此，同性恋也受到最严厉的审核。例如《CI-5行动》的一篇同人小说，《夜幕环绕的时刻》（*As the Night Closes In*），开场就是博迪和道尔在CI-5的体育馆里锻炼身体：

他伸手去够他的搭档的时候，博迪突然开始行动，他的脚飞速地伸出缠住道尔的脚踝，他的上臂和道尔的胸膛疼痛地撞在一起。在他全力将他拧着面朝地面压在地上的时候，道尔大吃一惊地咕哝了一声。博迪随即乘机踩住道尔的腿将他的手臂按在他头部上方……

"以前有人告诉过你吗，戈迪洛克？你生气的时候看起来美妙非凡？"

道尔大笑，笑了好一阵子。而道尔看着博迪眼神里的情绪渐渐变了，而笑容也慢慢地从道尔的脸上褪去。那双深蓝色眸子里饥饿的渴望震慑了他。

他感到口里发干。为博迪感到饥不可耐？现在？这么久时间之后？（《夜幕环绕的时刻》，匿名流传故事，pp.1－2）

作者笔下男性间的身体接触意义发生了改变：竞争过渡为欲望。

卧底行动于是获得了特殊的重要性：人物需要抛弃他们的正常身份，接受一张面具，这使他们之间本来禁忌的亲密关系不仅获得了合法性还成了必须的伪装。在琳娜·布莱特（Lynna Bright）的《圣卡梅利塔斯谋杀案》（*Murder on San Carmelitas*，1986）中，斯塔斯基和哈奇必须伪装成一对男同情侣以便混入一个居民主要为富裕同性恋者的岛上，他们的行动要求他们必须在同一张床上睡觉，公开地互相表达爱意，甚至一同摆造型拍摄情色照片，任何疏失都会导致他们跟踪的犯罪组织集团的老板觉察出真相。这一公开的表演使得两个男人本来压抑着的情感觉醒，并开始重新定位两人的关系："这几个星期里伪装成斯塔斯基的情人使他以起码是新鲜的方式重新体会了他的搭档。他以疯狂的偏门方式，重新发现了身为恋人的意义。然而问题是，就在这一路的假装过程中，他所假装感受到的感情变得……可能了，变成了快乐。他和斯塔斯基演出的这场闹剧成为了他生命中的一种真实。"（p.36）

虽然不经常发生，但是耽美同人有可能以两个恋人中一个的受伤或者濒死经验（或者说另一个主要角色的死亡）开场；这时，"伤害－慰藉"故事迫使人物认清他们关系的脆弱性，也让他们了解到如果朋友死去他们会有怎样的损失。在贝拉的《恋爱中的他》（*He Who Loves*，1988）中，伊利亚被 THRUSH 特工所重伤，因为这些特工意识到影响拿破仑·索洛最迅速的方式就是折磨他的搭档。他们成功地抵抗了高压手段，但这一事件使拿破仑意识到他对搭档的爱："伊利亚的伤将我人格中关怀与同情的一面带了出来，这一面我很少对外表露。为什么？就想想看吧：一个秘密特工以个性柔软为名。看到了？为了在工作中全力以赴，我必须在我柔软的情感四周织上坚不可摧的网。"（p.62）拿破仑将伊利亚从医院里带回家，亲自照顾他，在他睡着的时候毫不厌倦地注视着他，被他搭档梦话时说出的东西而感动："我从一个新的角度看到了伊利亚，我开始想象他对我还留有多少新的惊喜。"（p.63）

（2）**男性反乌托邦**：男性欲望的启动将阻碍其完成的壁垒变得更为森严。男主角不敢按自己的情色幻想行动，坚信另一个男主角不可能怀有同样的感情，因此坦陈感情必然会破坏他们的工作关系。柯克不能以自己过于人类的感情影响斯波克瓦肯人的内敛和自尊。斯波克不能要求让他的指挥官屈尊成为他的情人。博迪的搭档害怕他过于"爷们"而无法和一个"弯"搭档顺畅工作。想要再进一步必然会在他们已经拥有的舒适亲密感中加入风险，或者正相反，如《布雷克七人组》耽美同人文中，会导致某方在持续的斗争中占据主导地位。作者常会列出按同性社交欲望行动的后果——威胁职业状况，影响自身男性气质，或者危及他们之间的友情。

210

　　人物们会从这些危险中撤身回来，压抑他们的性欲，但是"自制力"往往会侵蚀平时舒适的非语言交流。由于缺乏说明，因此会引起对方积极的猜测探究：

> 　　他从床上爬起来，洗澡穿衣，内心烦闷躁动不已，他的心思一直围绕着博迪这个谜题。他的搭档哪里出了点大问题，他们之间出了点大问题。前几个星期博迪简直成了一个沉默寡言的陌生人，每当他们俩单独在一起的时候，道尔都感到怪异地不自在。不知怎么他能肯定问题不在他身上，他在和博迪多年的搭档生涯中享受的信任与依赖中耳濡目染到了许多。他们依然可以很好地合作工作，但这就是全部了——工作。他们曾经以搭档和朋友身份所共享的一切似乎已经不翼而飞。博迪一定是想把他关在心房之外。（《突破点》[Breaking Point]，匿名同人故事，pp.9—10）

　　在此处，传统男性气质的反乌托邦层面被激烈地一再重申：一个男人不能传达他的感情，而另一个不知该如何接近这个话题；之前将两个人连结起来平稳轻松的交流方式受到了威胁，甚至有可能会被彻底破坏，但这一切都是在无法言明的状态下进行的。就像同人作者萧珊娜·格林（Shoshanna Green）所解释的那样："当我们了解到友情和爱情之间存在的光滑连续的阴影地带的时候，恐惧的一方不可能停止或者隐藏他们对彼此的性吸引的同时还能让友情不受影响，因为'这两件事情'不是分隔独立的，而是一件事情，不能以人为方式切割开来而不造成破碎和扰动。"（私人谈话，1991）读者会感到斯波克的克制和柯克的焦虑，博迪的欲望和道尔的情欲，并且知道（因为文类期待已经告诉了我们）这两个男人实际上想要的是同样的东西，感受到的感情也是一样的。

相应地，其中一个人物可能会在真正的沟通达成之前率先依照欲望行事，则会导致令人不安的强奸暴行故事。在伦敦·贝茨（London Bates）的《几近珍爱 /流氓》（*Nearly Beloved/Rogue*，1986）一文中，埃冯和布雷克重聚，但是高德一号事件所带来的身心创伤横亘于他们之间，愤怒的布雷克强奸了悔恨的埃冯，而埃冯则急于为他所犯下的罪行补偿，于是接受了甚至热情欢迎了对他的残酷对待："他看着自己的肩头，看见布雷克的脸沉浸于愤怒之中，仿佛一种冰冷的怒气点燃了他的双眼和他嘴角的形状。他似乎并没有真正意识到埃冯是谁，是做什么的……布雷克只是不断撞击着他，用一种足以发出响声的肉体撞击力量不断穿刺着他。"（p.56）如《几近珍爱 / 流氓》所示，常有故事以最大的不信任感开场：埃冯发现他的前情人安娜·格兰特是联邦的间谍之后的被出卖感；在《轨道》（"Orbit"）一集中维拉差一点被埃冯从空气密闭室中推出去后感到的困惑之情；布雷克和埃冯在高德一号事件之后的对立。

原剧中人物的力量纠葛在他们的卧室场景中重现；性远非拉近而是加剧了他们的隔阂。西尔维娅·奈特（Sylvia Knight）的《下降的地平线》（*Descending Horizon*，1988）描述了布雷克和埃冯之间的第一次性交，充满对控制权的争夺，他们以游戏性的言语攻讦开始，直接引向了谁做攻谁做受方的争斗[5]："也许他可以让埃冯投降，在床上，这会是一个象征性的信号。所有一切都可以让位给最后的承诺。埃冯承认自己愿意留下的承诺。或者说一切都可以用来让埃冯相信布雷克就是个自私的混蛋，而他们之间永远不可能有真正的伙伴关系。"（p.7）每一次碰触都带来降服的危险，又同时有暴力侵犯的危险。布雷克坚定地表示了他对埃冯的要求，但是这只是加剧了他伴侣升腾的怒气："埃冯迅速地拧动，脱离出来。他俯卧在床上，双眼眯起，鼻孔大张。他们都在急速地喘息着。布雷克仅仅用了一个姿势就让他们俩迅速对立了起来……有那么一会儿他们只是互相瞪视着。等着其中一个人让步。"（p.10）他们的性相在新角度延伸了他们的权力游戏，

---

[5] "攻"和"受"是日本 *yaoi* 小说和漫画中的术语，这里用它们翻译英文原文中的"top"和"bottom"（这段话中是"insert"和"receive"），即性关系中的插入方和被插入方。中文中常见的词汇还有"零号"和"一号"等，但鉴于此处基于同人的背景，决定采用耽美同人常用词汇。

将两人同时置于新的危险之中，直到赌注变得越来越高。埃冯屈服于极致的感受之中，愉悦地呻吟着，终于相信他们之间的交欢可以打碎所有的壁垒，而同时布雷克对这种反应感到震动，试图一同分享却发现为时已晚：

> 比起之前所有冲击的激情，令布雷克更加目眩神迷的是那柔软的感觉。这比他之前希望在埃冯脸上看到的一切还要多，那种碎裂，那种疼痛的甜蜜。他抓住了埃冯，但是他已经不再知道他手中的人是谁……布雷克抬起了手，抚摸埃冯的脸，但又突然顿住。不管埃冯想在他脸上看到什么，那不会是震惊，不是大惊失色。不管他看到了什么，这都不够。埃冯之前已经彻底地迷失于激情。迷失，他坚信之前发现的那个甜美的放纵之地已经为二者所共同享有，让两个灵魂心心相印。可现在，就算布雷克伸手碰触它、分享它，它已经不再存在。疼痛席卷了他，将温柔搅乱，然后黑色的愤怒刮过两人。看着那张脸庞，布雷克感到一阵纯粹的恐惧，他觉得他需要战斗才能够将他的头、或是他的阴茎保留在自己身上。很快这层愤怒就被掩盖了过去，空白而冰冷。(p.12)

奈特的描写生动鲜明地抓住了两个男人对彼此的亲密感和信任感的渴求，但是也表现了阻碍他们发现对方情意的所有阻力——仅有一个短短的似乎有无限可能性的脆弱瞬间。布雷克和埃冯在这篇故事的剩下时间里都试图回到他们开始的地方。

埃冯/维拉之间的互动关系是不同的，并非两个强有力的男人之间争夺控制权，而是集中于解决达到真正的亲密之前所必须克服的阶级不平等问题。在哈库乔（Hakucho）的《说不就可以》（*Just Say No*，1990）中，维拉，这个驯顺的德尔塔无法拒绝埃冯的性意图，因为他已经穷极一生被有力的阿尔法男性强奸、威胁、操纵，他们从他身上取走了一切他们想要的东西[6]。在他们俩可以享受性的快乐以前，埃冯必须教会他如何拒绝旁人的关注。在简·卡奈尔（Jane Carnall）的《文明的恐怖》（*Civilized Terror*，1987b）中，两人脱衣服的时候，埃冯握着皮带走向

---

[6]　阿尔法（alpha）和德尔塔（delta）是《布雷克七人组》宇宙中不同社会阶层的称呼，其中阿尔法是高层，而德尔塔是底层。

他的姿势意外地触发了维拉从前遭受虐待的记忆："他是个白痴，他是个该死的傻瓜，他本该了解到这个阿尔法和他所认识的其他阿尔法一样，只不过对隐私有更高的癖好……一个阿尔法从德尔塔身上还能索取些什么呢？德尔塔不就是一捆无意义的包袱，阿尔法想怎么对待就怎么对待吗？"（p.3）维拉和埃冯双方都被这次事件深深地撼动了，在完成性关系之前，必须协调之前对彼此的认知与这次意外之间的关系：

> 他想到了埃冯眼中嘲讽的闪光，他冷漠嘴角反讽的弧度，还有这个阿尔法干净锋利的意志……一定意味着什么。意味着这个阿尔法并不像其他的阿尔法，那些高傲自大的杂种；可能这个阿尔法并不把维拉看作另一个普通的德尔塔……维拉静静地用被角掩住了他破碎的呼吸声，他为失去的希望和失去的梦想而哭泣，就像一个不曾生为德尔塔的孩子为失去的玩具而哭泣……（与此同时身在别处的埃冯也有类似的想法：）如果——如果，如果维拉真正就像他的伪装一样……一个平等的，互相比试的伴侣，一个和他一样有着奇怪幽默感的人，也和他一样会时有不诚实冲动。他想过维拉是坚定忠实的，在他脆弱的外表下有那种奇特的力量。而他错了。维拉什么都不是。只是另一个德尔塔而已。为此感到失望实在是太愚蠢了。（p.4）

213

卡奈尔的叙事建立在阶级壁垒以及它们所孕育的不信任，克服它们的困难以及如何在双方都不能顺畅地表达真实感觉的世界中达到平等交流的问题上。

并非所有的同人故事都将维拉刻画为性虐待的受害者，有些同人故事让维拉能自由质疑挑战身为阿尔法的埃冯压抑得令人窒息的成长过程。在这里，阶级代表了不同的表达方式，和不同的爱的方式。维拉身为一个德尔塔，在此处被塑造成一个更加善感的人，能够更好地表达情感，充满感情而且更加无拘无束。埃冯身为一个阿尔法，则显得过于注重自我，被逻辑而非感情所制约，优先考虑工作而非快乐，并且对于裸体和公开表达性的问题上更拘束。在 M. 费·格拉斯哥的《世上无盲目……》（*There Is None Do Blind...*，1989）中，维拉说："我们来自完全不同的背景……我们也用完全不同的方式对待生活；你是知识分子的聪明才智，我则全凭感情和直觉……我是更会处理关系的那一个，我能更好地处理自己的感情，但是你将我们维持在可控状态上，你疏导了这些感情和能量。"两人之间的矛盾集中于他们的关系该建立在怎样的一套符号系统之上。正如埃冯所说："我认为我们之间发生了性关系毫无引人注目的必要，而你却希望我在所有人面前叫你'亲爱的'。"（p.9）在此，埃冯不用帮助维拉克服他的恐惧；维拉却帮助埃冯克服了他的内敛。

《布雷克七人组》的同人和警匪剧的耽美同人大不相同，因为它的未来主义设定使得同人文作者可以幻想双性恋成为社会主流的时代，同性恋恐惧不再是一个问题。简·卡奈尔的《精神健康》（*Mental Health*，1987a）戏仿了当代性观念，将塔朗特明目张胆的同性恋恐惧看作"一种精神疾病，公认无法治愈"，而且警

214 告说"至少百分之十的地球人类是完全彻底的异性恋"（p.5）。卡奈尔的故事是讽刺性的，并非她对所理解的电视剧中世界的客观反映，但是尤其考虑到他们在联邦监狱中蹲过的历史，很多《布雷克七人组》的同人故事都假设大多数剧中人物有双性恋经验。如果说这个想象中的世界已不再有强制性的异性恋专权，那么耽美同人的戏剧性结构需要的是其他的阻碍，使情色欲望没有那么容易实现，所以在埃冯/维拉的耽美同人中的阶级差异或者埃冯/布雷克耽美同人中的权力争斗就作为另一种阻碍浮出水面。最重要的问题是传统社会定义的男性气质所带有的压抑本性，但并非简单的情感抑制，也有男性性相总与竞争、控制和暴力相联系的意义。

（3）**坦白**：就在两个男人之间的紧张关系到达无可忍受的临界点的时候，就在所有交流努力都在彻底崩溃的边缘的时候，就在他们的伙伴关系看起来即将永远完结的时候，坦白的时刻到来了，或者语言或者实际上"倾诉秘密"使得其中一个男人终于能够向另一个人表明他"无法言明"的欲望。在黛安娜的《泰迪熊的野餐》（*Teddy Bear's Picnic*，1990）中哈利·杜鲁门说服戴尔·库珀从劳拉·帕尔默的谋杀案中放一天小假，和他一起到森林中野餐。双方都视外出野餐为倾诉日益增长的情愫的好机会。在笨拙的试探之后，库珀挑起了话题：

> 我决定向你摊牌了，对我来说是挺不容易的决定。我说话很多，看起来永远都喜气洋洋的样子。我怪癖很多，你估计也发现了。因为这些因素我很少能交到朋友……我已经记不得除了你以外还和谁相处能这么舒服的

了……如果这让你感到不自在，我道歉，但我自己也不自在。我爱上你了，哈利·杜鲁门。现在，**我们**到底该怎么办？（Diane, p.173）

因为耽美叙事花费了极大篇幅显示这种爱情的不可能，去显示男人之间公开坦露感情会受到的阻碍力量，所以这样的瞬间往往有强烈的情感冲击力。

有时候，这种坦白会引发第二次反乌托邦场景，因为其中一人意识到另一个人对他的关注，于是惊骇地逃走或者残酷地反击回去，只为了强压住自己不断升起的欲望。《风暴天》（*Stormy Weather*）就描述了道尔焦虑地回应他搭档的冒险进犯：

> 安静。房间里弥漫着疼痛、不解以及残余的怒气，这无所不在的低气压将他们俩同时拖拽了下来。道尔艰难地吞咽着不断上涌的陈腐词句，然后站起来，匆忙地离坐着的男人退回一步。这个完全没有预料到的解释他搭档异状的原因在他脑中盘旋着……这简直是不可能发生在他身上的事情。但是一切就发生了。他还能感到博迪的嘴唇在自己唇上留下的粗硬触觉。道尔在试图搞清楚问题的时候清晰地意识到另一个人投射在自己身上的目光。他该死的究竟该对博迪说些什么？他敬谢不敏？他没说。**我实在是受宠若惊，博迪，不过抱歉，没门**。天哪绝对不行。这是一个让人无法抉择的场面。一股无名的怒火忽然席卷而来直指他的搭档。该死的博迪居然将他置于如此窘境。（《风暴天》，匿名小说，pp.9—10）

但坦白遇上的结果往往是接受，是障碍的消解；这个人物之前所受的痛苦没有任何缘由，因为他的朋友接受了两个人所共享的感情并且也一直在等待为此做些什么。在《午夜零食》（*Midnight Snack*，无日期，匿名流传同人故事），博迪对道尔的表白回答了一个问句："雷，你没看到吗？哥们儿，我也是一样的。一直心里有鬼，一直想要遮掩过去。我一直没有意识到直到你刚才说了，是吧，你也是一样的感觉。我猜我俩都有点过于粗神经了是不是？"（p.10）这个场景使读者能够更好地研究他们的初始关系，另一个则提供了一个全然理想化的对互相感情全体接受的感情模式，和一种另类的男性友情。

（4）**男性乌托邦**：坦白为身体上的释放铺下了道路，长久的身体隔绝最终被打破带来了性的亲密："当他们终于退开喘气的时候，埃冯第一次意识到他们俩现在站在同一个平面上，彼此理解，相互能用同样的语言沟通。"（Solten，1988，p.55）耽美同人的情色主义是情感释放与相互接受的情色描写；对自我的承认，对伴侣的承认。在此处，兰姆和维斯（1986）所指出的对双性可能的探究在这里得到了新的意义：男人们发现了完整并公开地相爱的自由，进入一个纯粹的乌托邦领域，在其中社会性别和性身份是流动不固定的，自我和他者之间的障碍也可以轻易地超越。

这种流动的身份认同观念可能在柯克 / 斯波克同人小说中体现得最为生动，瓦肯人的心灵融合（mind meld）可以使两人共享思维和感官感受，将双方的感受联结起来，不再有情感压抑的必要："他们互相的触摸将他们拉得很近很近，比任何肉体之间的亲吻能允许的亲密度都要近，他们现在真正地融合在了一起，两个独立的特别的灵魂柔软地混合在一起，也同时成为了彼此，变换着，幻化着，连接着，以全知的形态联结在了一起。"（Gerry Downs，《选择：猎户座的尾声》，1976，p.12，转引自 Lamb and Veith，1986）即使没有这种超自然的比喻，同人中的描述依然显示了性的分享所引发的完全的共享状态：

> 这快感是释放的过程，和他从前所知所想所梦的一切都不一样。它是烈酒；浓稠、甜蜜、令人陶醉地晕眩，他完全无法思考，只能无助地凭爱所动……这比（他之前异性恋的经验）都深沉得多，随着他热切地将自己的肉体融入斯塔斯基的身体，这个谜团也渐渐地露出它的些许谜底……它淡化他们过去与将来的阴影，它显示出他们之间爱的深度。这个答案多么简单。我，和你。（Bright，1986，p.99）

在一些同人故事中，一个或者两个主角都义无反顾地牺牲他们现在的职业以更好地投入他们的感情之中：斯波克和柯克脱离星际舰队一起定居在瓦肯星；布雷克为了和埃冯在一起放弃了自己的革命；博迪从 CI-5 中退役。但更常见的情况是，这些男人将自己的职业与个人生涯很好地结合在一起，强迫上级们接受他们之间的新承诺。如果这些人物之前一直随便地更换女性性伴的话，那么发现理想的男性情人就永远地终结了任何其他性滥交的可能性；性在此处是与双方都热

217

图 6-3

流动性身份认同和双性可能性:《庆典之主》。一部关于《CI－5行动》人物的平行宇宙同人小说。同人画作者: 苏珊·洛维特。

情肯定的承诺紧密联系起来的。当然有的时候这种承诺会向外扩张，比如在《星际迷航》的耽美同人中常有从柯克/斯波克一对而进一步发展为包含麦考伊的三人情。在这些故事中，这种例外性是建立在这些男人所共同拥有的安全感之上，而非妨碍二人的亲密关系。

描述这种新型关系必须谨慎行事。康斯坦斯·彭利（1991）否认了兰姆和维 *218* 斯（1986）的论点，即耽美同人里存在传统社会性别身份被扭曲的双性认同，她认为"柯克和斯波克明显就是而且一直就该是男人"（p.154）。但我认为彭利对双性人的概念理解过于狭隘。至少就其耽美同人中的概念而言，双性并不意味着"丧失男性气质"，而是意味着在同性社交平滑段中开启了新的可能性，扩展了人物之间不同互动方式的可能性。耽美并不意味着同性恋欲望比被压抑的同性社交欲望缺乏"男性气质"，而是质疑了男性气质和女性气质之间的死板界线。芭芭拉·坦尼森（无日期）直接在《三人之假面——夜之假面》（*Masque for Three—*

Night's Masque），一篇基于日本漫画人物的耽美小说中直接提到了这个问题：

> 当碰触变成了抚摩变成了性欲激发，他等待着，等待这种感觉慢慢变得不熟悉，试图找到他和多利安将男性气质完全抛诸脑后的时刻。他没有找到。通向激情的道路里没有一步是强制进行的，没有任何让他感到惊奇的事情，除了一切完成的轻易度。纤长的手指和富于经验的嘴唇在他身上游走，令人兴奋的火焰和惊奇感在他身上引起的完全是男性的反应。（p.24）

电视剧主角是描述这种转变过程最有效的工具之一，正因为他们英雄的身份，他们的"男子气概"对读者来说是完全不存在问题的。这些男人抛弃了男性气质中反乌托邦的一面，而与此同时接受了其最正面的层面。柯克仍然是英勇无敌的舰长，斯波克是他忠实的大副；博迪和道尔或者斯塔斯基和哈奇仍然能以团队的形式顺利工作，因为能够将性代入他们的大社会经验中而比之前说不定更有效率。布雷克、埃冯和维拉最终解决了他们之间的不同，可以更加有效率地合作对抗联邦。

耽美不仅在修辞结构上，在叙事结构上也相当地酷似情节剧（melodramatic），反映了这种文体深厚扎根于传统女性写作的背景。最近对于这种文类的女性主义角度阅读认为，耽美中亲密度和互相之间的承诺这种话题出现的频率完全不亚于 *219* 普通通俗言情小说（Radway，1984；Modleski，1982）。而我所描述的总体情节发展也印证了传统言情小说的结构：互相吸引、误解、而最终达到互相安慰的接受过程。作者们真诚地相信性的升华标志着人物之间另一种解决问题的方式，这和粉丝们对于《侠胆雄狮》第三季的争议性讨论有非常相似的地方。耽美小说常见的辞藻堆砌的繁复行文从其他针对女性读者的流行写作中借用了许多夸张处理方式。但是这些场景在两个男人之间演绎出来还是最为重要的一点——不仅因为同性爱的承诺在流行小说中非常罕见（即使在以同性恋人群为对象的商业流行小说也非常罕见），而且因为感情的开放和男性之间的亲密关系正是传统的男性气质所不允许在公共场合表露的。传统的言情小说一般对社会性别的假设分毫不动。女性对于男性性相的"黑暗面"的感受会很快被归因于误解，并且在爱人们互相承诺的幸福中完全消解。女人们在她能够寻求自己自主性一面之前，必须首先接受她作为妻子的角色。而耽美同人小说将传统男性气质作为叙事发展中的核心问题，并试图设想一个全新的世界，使传统的性身份能被重新定义为更具流动性更少等级区分的东西。就像我所展示的那样，耽美同人对传统的男性气质提出了明显的批评，力求重新建立同性社交和同性爱之间的连续区间，以代替现有的等级森严的压迫性男性性相。两个爱人在进入更加幸福和牢固的关系的同时，也保留平等与自主的权利。

耽美同人的粉丝激辩

耽美同人的意识形态仍然处于激烈辩论中，无法随意简化到任何一个现有的政治范畴。正如我在本书中所言，耽美同人具有很多进步因素：它发展了更平等的爱情关系和情色关系，它超越了社会性别和性角色的死板分类，它批判了传统男性气质中压迫人性的一面。但是，同人作者们也可能毫无批判地接受商业写作中的社会性别观念，尤其是同性恋恐惧，以及更常见的几乎赤裸裸的对女性性相以及女性身体的不齿。耽美同人就像大部分的粉丝文化一样，代表了粉丝与大众文化意识形态建构的妥协，而非彻底激进的断裂。耽美同人和其他形式的同人写作一样，仍会努力争取在电视剧内容的改写和忠实表现原作中人物性格之间达到平衡。

粉丝们自己也越来越对耽美同人的某些常规套路呈批判态度。耽美同人粉丝常常直接质疑隐藏于同性情色言情构建中的同性恋恐惧。耽美同人粉丝担心男同性爱人的性身份会完全遭到拒绝，尤其是考虑到大量的同人故事都极力否认人物从前的同性恋经历或者是同性恋性取向：比如一句常见的话叫做"我不是同性恋；我只是爱（填空）"，或者就像一个粉丝在一次同人展会中精准的重新概括："我不是同性恋，我只是喜欢吸斯波克的那话儿。"她们呼吁更多故事超越初次故事，描述稳定的关系。她们提出疑问，认为这些人物不应从现实同性恋的生活状态中孤立开来，而普通同性恋的故事又往往会以极为刻板的方式呈现出来。耽美同人粉丝指责说大量的耽美同人忽略了性取向的政治意义，也没有讨论艾滋病的话题。关于一些有争议的同人小说，比如《布雷克七人组》的同人小说《几近珍爱/流氓》或是《CI-5行动》的同人小说《后果》（*Consequence*）中，粉丝们指责作

220

者浪漫化了强奸行为，另一些人坚称围绕性暴力的强烈情感必须在没有如此紧迫的威胁状态下进行。（两个作者都让我在这里说清楚她们没有浪漫化强奸的意图。她们对其他粉丝对故事的接受情况感到惊奇和警觉。我在这本书里引用了这几篇故事不是为了声讨它们的作者［我事实上很喜欢她们的作品］，而是为了显示耽美同人在能接受它的群体内部一样会引起激烈的争议。同人小说和原电视剧一样是完全对各种阅读方式开放的，同人作者对她们作品意义的掌控权并不会比原电视剧制作方对他们作品的掌控权更大。）有些粉丝担忧百合同人的稀少数量，以及一些耽美同人粉丝近乎强迫症似的反复重申自己的异性恋身份，还否认了耽美同人圈中女同性恋的存在。有些粉丝担心很多耽美同人对于女性角色（比如安·霍利或者安娜·格兰特）的对待方式就是厌女症，这些同人故事一般以男性角色之前和女性的失败浪漫关系来反衬男性同性关系的理想。像《双倍速》和《地下的泰拉·诺斯特拉》（*The Terra Nostra Underground*）的粉丝出版物为讨论这些问题提供了空间。同人作者们正在开始书写新型的叙事关注这些问题，在了解性政治的基础上重新定义耽美同人这个文类。

221

就像这些讨论所示，耽美同人为同性恋、双性恋和异性恋的女性之间的沟通创造了渠道，为性政治相关对话提供了基础词汇，并提供了更多机会以更大的公开度和自觉性讨论社会性别的构建过程。这种明显构建男性同性社交欲望连续区间的文学也可以补足女性同性社交连续区间内的缺口，认识到所有不同的群组不过同样是男权规范强令分开的而已。随着群体内部对自己写作的意义的检视，耽美同人粉丝正在不断地被同性恋团体拉到同一个政治立场上去；一般认为中产阶级的女性对耽美同人的兴趣仅仅来自于她们对柯克和斯波克的兴趣，所以信件同人志和其他同人出版物中看来遥不可及的同性恋文化起到了很好的教育作用。并非所有的耽美同人都是政治自觉的，并非所有耽美同人都是进步的，并非所有耽美同人都是女性主义的，但是人们不应该彻底忽略它的进步可能性，耽美同人作为流行文化中少有的几个可以在两极化性别之外质疑传统性身份的地方，也有其意义所在。

尽管提供了更加细致地观看原剧中角色关系的方式，耽美同人仍然代表了对原剧内容的一种尤其戏剧化的意识形态断裂。它使我们看到了文本盗猎的政治意义中尤为生动鲜明的一面，读者以自己的方式在重制"借来的东西"时将它们彻底转变，试图将其变为自己的所有物。耽美同人对女性性欲的天性、情色幻想以及其与媒体叙事的关系提出了复杂而迷人的问题；耽美同人是书写和阅读它的女人们清楚的个人表达。耽美同人作为一种文学类别使女性自由地研究她们对另类男性气质的欲望，以及她们对当代社会性别关系局限性的恐惧。

　　然而，所有这些常规套路的存在也表现了粉丝写作的群体智慧，反映了同人读者的品味。一种基本叙事套路的存在、一些固定的身体描写的套话、叙述模式、对于角色和人物关系的基本认识，同样反映了个体读者的个人欲望是如何在同人作者大社群已经固定下的语汇基础上成形的。而且，耽美同人的意义除了呈现在书页上，同样也建立在交换故事、八卦共享以及身份游戏所结成的社会纽带之上。

222

第七章

"分层的意义"：同人音乐视频和盗猎的诗意性

米歇尔·德塞杜（1984）告诉我们，消费的艺术，在于"古老的'因陋就简'（making do）艺术"。德塞杜常在他关于日常生活行为的讨论中使用美学的譬喻，将消费者说成诗人，将消费风格类比为文学风格，将读者描述为作者。这些类比，就像他其他许多引人深思的文字一样，是华美修辞的一部分。然而，读者们不禁要提问，他对挪用的美学意义的说法是否有更落到实处的意义，"因陋就简"的艺术是否真的存在。德塞杜集中关注消费的战术性本质，而消费者文化的游牧特性使美学层面阅读读者的艺术品成为不可能；"消费的记号"是"不可见"而转瞬即逝的，流动且不可抑制的，并不接受直接的检查与复制，因此，德塞杜的理论主要依赖隐喻激发的灵感而非民族志记录。

就像这本书一再强调的那样，粉丝文化是游牧性的，不断扩张的，似乎可以包容一切，然而同时也是永久性的，有能力维持牢固的传统，且能创造持久的作品。作为盗猎者的粉丝保留着掠夺物，成为建造另类文化社群的基础。正如第六章对耽美同人小说的讨论一样，粉丝们的同人文本并不能简单地理解为解读行为的物质表现，而应该视作文化艺术品，以其自身为观照重点。它们是具有美学价值的物品，不仅依赖粉丝群体的艺术传统，而且依靠消费者／艺术家个人的创造性和洞察力。如果说存在一种"因陋就简"的艺术对立于简单的战术词汇集合或个人瞬时行为的重组的话，那么这种艺术的重点在于将"借来的内容"从大众文

化转化为新文本的过程。粉丝的美学注重把制作完毕的图像和话语进行选择、变
换、并置和再循环。简而言之，盗猎的文化需要特定的美学概念，在原创和艺术
创新之外，同样强调或更加强调借用和重组。

"一半一半的东西"

　　米哈伊尔·巴赫金（Mikhail Bakhtin）关于"众声喧哗"（heteroglossia，1981）
的重量级著作为同人艺术家将"借来的东西"变为新文本的创造原料一事提供了
极好的观察方式。巴赫金拒绝原创作者的独特性，将作者看作历史概念，永远面
对着前人作者组成的集体背景："语言已经被彻底地占领了，被目的和语调彻底
射穿了……每一个字都带着语境的味道，这语境就是它过着社会生活的地方。"
（Bakhtin，1981，p.293）在他的论述中，作者和读者一样都是盗猎者，因为他们的
字词不来自字典，而是"其他人的嘴里"。作者从文化词汇中选择的每一个词都
已带上了从前的关联和意义："语言中的词有一半是他人的。它最终只可能因为
说话者以自己的目的、自己的语调重新繁育这个词而成为说话者'自己的'，说
话者必须以自己的语意和表意意图改动它……使用它、让它屈从于自己的意志和
腔调，这是一个艰难而复杂的过程。"（Bakhtin，1981，pp.293－294）

　　作者对自己使用词汇的掌握远非轻易得来，旧的意义在没有斗争的情况下是
无法轻易剥离的，而作者们也绝不可能将词汇的使用历史永久性地擦除，也不能
阻止读者在复杂的联系网里联想这个词汇。作者至多只能希望使某些现存的意义
活跃起来，同时并不完美地压制另一些意义。有些词能够轻易地向作者的要求让
步，然而另一些则顽固地拒绝"同化"。最终完成的**文本**（我们仍然沿用其本义，
即编织起来的东西）[1]，则代表作者组织编排挪用的不同材料的努力，以重新引发
或者擦除之前的意义，加入连贯性和持续感。巴赫金的词汇"众声喧哗"，指的
就是这种所有作者都必须面对的状况，即在特定语境下具体化某个词汇的含义的
斗争。

---

[1]　英语中的文本 text 一词来自中古英语，含有"编织"的意义。

225　　　　同人音乐视频极为生动地展现了众声喧哗的美学规范。同人艺术家们使用家庭录像机和廉价的录像机线将广播电视中"发掘出来的原片"重新剪辑，将电视剧中的影像配上同样也是从流行文化中拣取的音乐，以表达他们对电视剧的特殊偏好。视频艺术家 M. V. D（个人交流，1991）将这些视频描述为"一半一半的东西"，既不是"我们所爱电视剧的读者文摘"也不是"我们听心爱歌曲时播放的悦目图片"。同人音乐视频是一种独特的形式，理想地衬合了粉丝文化的需求，依赖细心拼合图像和语言产生的意义以对电视剧的叙事做出自我评价。正如 M. V. D所言："图像带出了文字，强调了文字，就像文字也强调了图像一样。如果我的视频做得够好的话，那么我就可以描画出一种情绪，我用歌曲维持同样的情绪。通过我的图像，我能将这种情绪带到崭新的深度，我可以让你用完全不一样的方式思考原电视剧。"（视频艺术家们在这章里出现时只会用名字的缩写代称，因为有几个人担心他们使用媒体图像以及有版权保护的音乐会遭到法律制裁。其实我本来也没能找到很多视频艺术家讨论他们的作品，因为他们的地址在粉丝圈里也并非广为人知。）

　　　虽说有些视频使用了粉丝制作且在粉丝圈内部流传的歌曲，但大多数的同人艺术家原创的视频中并没有艺术家本人的身影或者声音。在大多数场合下，制作者最大的贡献是将他人的语言和图像创造性地并置在一起。K. F 的一个视频使用了《抛下正直生活》（"Leaving the Straight Life Behind"）[2] 作为背景音乐，以游戏性地评论斯塔斯基和哈奇之间的关系。视频中包含的镜头有：两个男人穿着浴袍下棋，斯塔斯基抓住他的搭档紧紧拥抱，警察们一起在迪斯科舞厅里跳舞，甚至两个男人同时跳上床。新加的影像背景与这首吉米·巴菲特（Jimmy Buffet）的歌产生联系之后获得了崭新的意义，直接指向了耽美传统。反过来说，这首歌也通过接触借来的图像而获得了新的联系意义，由从俗世限制中逃脱出来的流行幻想转为对"出柜"的庆祝。每次"抛下正直生活"的歌词重复一遍，视频中就出现斯塔斯基和哈奇二人间充满暧昧色彩的镜头，提供了抛弃"直男生活"的准确

226　图像。歌曲和图像都保留有原本语境信息的痕迹，而此语境在此处受到同人艺术家塑造，并塑造着普通观众观影经验。粉丝观众有可能识别它们并觉得有趣，因

---

[2]　原歌名意为"抛下寻常生活"，此处故意将 straight 译为"正直"，含有"直男"之意。

为它们在原来的电视剧剧情中的意义显然更"纯洁"。斯塔斯基虽然看起来像是在把哈奇拉入怀中，但实际上他只是把他拉离狙击手的子弹而已。粉丝们同样觉得 K. F 在这首"黄金老歌"的歌词中发现同性爱因素非常有趣，虽然"俗世"听众绝不会对此感兴趣。

有时候，歌曲的来源成为了新语境的核心组成部分。J. E 使用了约翰·丹佛（John Denver）的《卡利普索》（"Calypso"）以配合"进取号"及在柯克舰长、皮卡德和派克手下的各船员奔向"最后的新边境"，而这首歌本就是叙述法国探险家雅克·库斯托（Jacques-Yves Cousteau）[3] 的航行与探险的。《星际迷航》对科学探索的理想描画很好地配合了丹佛对卡利普索在海底"寂静世界"行动的浪漫想象。两处的船员都"为生命和生活而服务，寻找未言说的问题的答案"，两者都经历着极少有人（如果真的有的话）经历过的奇异探险。这种对比不仅由于《星际迷航 IV》中船员们帮助鲸鱼的片段而强化，更有《下一代》中海洋生物般生物的出现，包括那些像巨大的在星际间游动的水母一般的生物，而得到进一步的加强。

K. S 发现费根在《奥利弗！》（Oliver!）[4] 中演唱的一首名叫《评价状况》（"Reviewing the Situation"）的歌能妥帖地描述维拉（《布雷克七人组》）的欲望和顾虑，这首歌描述了一个贼被困于既不了解也无法控制的情境的心境。这个视频极好地概括了他的人物性格，表现了维拉考虑友情和工作关系（"所有我最亲爱的伙伴都是恶棍和盗贼"）、他的爱情、他逃走的梦想和他对经济成功的渴望。每一段副歌的重复都配合着一个愈发放浪颓废的形象，他喝着酒直到失去知觉，想象不出离开同伴的正常生活。每一句歌词都引发了一系列汹涌而来的原电视剧画面，比如"我不知道下一个老板是谁"这句，就显示了维拉从布雷克处接受指示，从埃冯处接受命令，被塔朗特欺凌，每一个领导人物都蚕食着他越发稀薄的自尊心。随着歌曲不断继续，场景的选择也慢慢进行到第四季中的黑暗事件。K. S 的视频

---

[3] 雅克·库斯托（1910—1997）是著名法国海洋探险家、生态学家、摄影家和电影制片人，他和路易·马卢合作制作的纪录片《寂静的世界》在戛纳电影节上获得金棕榈奖。卡里普索号是一个英国富商赠送给库斯托的旧潜水艇，他将其改造成一个活动海洋实验室，并以此深入深海拍摄。

[4] 《奥利弗！》是由查尔斯·狄更斯（Charles Dickens）名著《雾都孤儿》（Oliver Twist）改编的音乐剧。费根是拐骗奥利弗的盗贼团伙的头目。

最终停留在这个人物死去几秒前的镜头上，到这个时刻已经没有第二个选项存在。

227　就像费根一样，维拉花了太多的时间"评价状况"，他从来没能行动起来改变自己的命运。

　　有时候，从原先的叙事语境中借出的图像被重组起来，可以讲述完全不同的故事：P. F. L 用《布雷克七人组》的原片重讲了儿童故事《彼得兔》（"Peter Rabbit"）。她让布雷克扮演充满冒险精神的彼得兔，特拉维斯是麦克格雷格先生，珍纳、埃冯和凯利是待在家里的蹦蹦、蓬蓬和棉球尾巴。P. K 的《大坏李洛伊·布朗》（"Big Bad Leroy Brown"）将《星球大战》的未来主义图景重新制作为当代都市犯罪与爱情的歌谣：死星成了"芝加哥南部"，维达的钛战机则是"订做的大陆车"，他的光剑是一把"剃刀"，各种外星生物则成了"垃圾场的野狗"。卢克和达斯为了莱亚的青眼而斗，《帝国的反击》中两人的搏斗被重新剪辑，暗示着天行者的胜利。P. F. L 和 P. K 都没有彻底地将借用的图像从原始的意义中脱离。他们的视频让读者能将这些图像视作新叙事的一部分，并同时回忆它们在完全不同的背景语境下的意义。

　　歌曲的歌词强调、批评或者反讽原剧中某方面内容是最常见的状况。这样图像就包含了双重意义，一方面联系歌曲的内容，一方面联系粉丝社群对剧情内容的集体认知。C. C 将伊利亚·库尔雅金和拿破仑·索洛定义为《幸福地在一起》（"So Happy Together"）的时候，她也评论了这两个人物在《秘密特工》和同人小说中塑造的不同之处。这首歌的 60 年代摇摆风曲调也和电视剧的波普意象十分相合，而歌词（"你和我，我和你，不管他们说什么，就是这样"）也描绘了两个"特工"之间轻松的关系。

同人视频 / 同人写作

　　如果说同人作者从电视节目中借用了人物和概念，那么顾名思义，同人视频制作者使用了电视节目的图像和流行歌曲作为自己原创作品的物质基础。这种艺术创作形式的乐趣核心在于看着熟悉的影像从原先的语境和固定的意义选择上解脱出来，加上另类的意义。这种乐趣来自在人物口中放入新的字句，并让电视剧

反映那些通常来说会被制片方严厉压制的潜文本。耽美视频,比如 K. F 的《抛下 *228*
正直生活》或者 C. C 的《幸福地在一起》就极其明显地表现了粉丝在已经播出的
剧集**之内**所发现的同性社交欲望符号。

表演中的非语言层面(例如互换的目光、手势以及演员露出的表情等等),
都成了同人视频制作者的兴趣核心所在,因为电视剧人物的"隐藏"一面就是由
这些脱离了语境的动作行为表现出来的。就像同人视频作者 M. V. D(个人采访)
所解释的:"关上了声音,你才能发现一些东西。如果重新配上原先配音播放,
你根本没办法以同样的方式看待我的视频。"男性主人公长时间含义深远地互相凝
视,动作整齐划一地行动,碰触并互相拥抱,甚至一起爬上床;这些内容以一定
的顺序播放出来,就剥离了它们原先的叙事环境,脱离了原有的对白,因而获得
了崭新的意义。浪漫的流行歌曲将人物互相的欲望拉到了表层,并集中着眼于传
统男性行为符号所掩盖的感情。这种视频强化了粉丝对人物关系的理解,并为同
人作者将电视剧人物构建为同性情色叙事中的主角提供了视觉基础。有些"耽美"
视频会将长相相似的男同性恋色情片演员的原片加入剪辑(当然一般都带着玩笑
意味,因为粉丝观众理应能认出这些镜头并不来自原电视剧)。尽管如此,这些
内容一般都不必要,甚至也没人想要,因为视频的可信度来自艺术家能用电视剧
的图像中说明人物之间"特殊亲密"之处,而非原电视剧以外的新加内容。

很多同人视频作者有同人志编辑或者作者的经验,所以她们在视频中运用同
样的套路也就毫不稀奇了。音乐视频中能找到同人写作的大部分类型,从耽美到
混合同人。D. C. B 和 K. L 的《今晚我们要赢》("We're Going to Score Tonight")
就非常聪明地将《警界双雄》和《CI–5 行动》的原始素材拼接在了一起,完全遵
循传统的无痕迹连戏剪辑(classical continuity editing),尤其常用视线匹配(eye-
line match)手段,剪辑出了本不可能出现的来自两部电视剧的两对搭档之间的保
龄球比赛。有一个场景尤为有说服力:博迪和道尔脸上写满了失望与妒忌,看着
他们的美国同行和自己的搭档相携离开。M. B 利用演员马丁·肖(Martin Shaw)
同时出演《CI–5 行动》和《辛巴德航海记》(*The Seventh Voyage of Sinbad*)两部
片子这一点,在另一个音乐视频中取得了类似效果。这部视频中的绝大部分时间
里,她的关注点都在拉契德——即肖在这部神话冒险电影中扮演的较不起眼的角 *229*
色身上。但是在一个关键的时刻,辛巴达通过他船边的望远镜中看到了博迪——

《CI-5行动》中肖扮演角色的搭档，而博迪正划着小舟横穿水面。这个视频由此指向了《CI-5行动》同人写作中的混合同人传统，将这两个完全不可能在同一个世界、时间和设定中出现的人物并置在一起。

　　这种作品在粉丝圈里另有一个名称——"构建现实视频"（constructed reality videos）。创作者借用多个媒体宇宙观构造原创叙事，为借用的影像重新确立语境。"加州船员"（California Crew）的《匈牙利狂想曲》（"Hungary Rhapsody"）这一视频就证明了"构建现实视频"具有的复杂潜力。这个小组通过一个六分钟长的视频显现了他们对洛杉矶地理的丰富知识，也表现了他们对粉丝喜爱的媒体故事设定的熟悉度，视频中的片段来自《斯蒂尔传奇》《私家侦探马格农》《激流》《蓝色月光》《神探亨特》《西蒙和西蒙》以及其他的流行电视剧。这些电视剧主角在各自电视剧的共同拍摄地喜来登环球大酒店集结，参与一个侦探同人展。就在斯蒂尔准备对一群人说话的时候，汤姆·马格农接了一个电话，得知制片人史蒂芬·J.卡奈尔被谋杀（他的影像是从他在《私家侦探马格农》电视剧中的客串镜头中截取出来的）。随之而来的是一段绝妙的蒙太奇，大约由189个镜头组成，众多人物试图解决罪案，并在整个饭店追逐嫌疑犯。"加州船员"将叙事发展的多条线索交叉穿梭：马格农试图从一栋房屋跃到另一栋房屋之上，但直到视频末尾我们才看到他受伤躺在医院的病床上。里克·西蒙锁定了嫌疑犯的身份，而最终得到奖赏的是斯蒂尔。劳拉·霍尔特看到了这一事件的电视新闻报道。加州船员的这个视频内容来自不同电视剧"发掘出来的原片"，交织拼接在一起，构建了一个令人信服的完整无缺的混合同人。这个视频制作组的发言人（个人采访）将他们的成功归因于成员的广泛性，这个组由十五个背景迥异的人构成："我们每个人都录下了我们自己最喜欢的剧集，所以我们合起来就差不多什么都有了。我们中间的几个人有800多盘录像带，因为他们自从70年代开始就已经在收集录像带了。我们手头有极好的资料图书馆，如果我想知道《西蒙和西蒙》到底是什么时候在喜来登环球拍摄的话，我立刻就知道我该和组里的哪一个人联系才能找到合适的镜头。"

《挂毯》

就像在同人写作中一样，视频艺术家有可能选择性忽略电视剧中优先表现的男主角，转而关注次要角色，将多集中出现的配角镜头和场景剪辑起来，衡量他们对剧情的贡献。"王者之剑"组合（The Excalibur collective）为《布雷克七人组》的每一个人物都制作了视频，用了皇后乐队（Queen）的歌《再一次的轰轰烈烈》（"Another One Bites the Dust"）。这些视频的动作场面分别显示了黛娜、塔朗特或者其他主要人物将瑟维兰的人一个接一个地驱走（"另一个倒下了，另一个倒下了，……"），直到他们自己在高德一号面临死亡，"另一个人坠入尘土"。这些画面告诉粉丝这些次要角色对剧情做出怎样的贡献。"地狱兔子"（The Bunnies from Hell）的《破旧的照片》（"Tattered Photograph"）则以一个多次客串电视剧《世界之战》的人物，1953年火星入侵地球的幸存者西尔维娅·范·布伦为中心。这个人物盯着老照片沉思的镜头衔接了这个人物（以及演员）在1952年的电影和1989年电视剧之间的转换。这一视频尖锐有力地呈现了一个长年和外星人斗争并因此步入疯狂的女性，她为失去的爱情而痛悼终生。（"她在心中深爱着他，尽管多年前他早已死去。"）闪回中是她在50年代电影中和未婚夫共舞的镜头，而当代的场景中她却是独自一人在昏暗的公寓中枯坐，因恐惧而畏缩。歌词不仅讲述了人物的凄凉晚景，而且也抓住了观众们对演员安·罗宾逊（Ann Robinson）的两个角色之间增长的年岁而感到的心情。（"她曾是多么可爱的姑娘，多么耀眼的笑脸。"）

在电视剧中隐藏着的剧情暗线以被压制的叙事的身份被重新构建出来。M. V. D 的一个视频以卡罗尔·金（Carole King）的《挂毯》（"Tapestry"）为基础，检视了《星际迷航：下一代》中雅尔和达塔之间的爱情故事。虽然说这两个人物在《赤裸的现在》（"The Naked Now"）中正式地做了爱，而且《人类的尺度》中我们看见达塔在书房中放着一张雅尔的全息照片，但是电视剧制作方在公开场合一直试图阻止粉丝关注这一人物关系（曾经公开宣布他们只是"一夜情"），并坚持否认生化人存在任何感情。这些断言一直受到粉丝的坚决反抗，他们认为电视剧集中反映的是一种彻底不同的人物互动关系。M. V. D 深受这种观念的影响，在电视剧的前两季中专心寻找雅尔和达塔间关系的蛛丝马迹。这个视频就包括了他们俩犹犹豫豫的性爱（"他带着犹疑动作着，好像他不知自己存在的理由，不知他该去向何处"），提到了性爱后的尴尬后续，也着重表现了雅尔的死亡和葬礼，以及达塔之后对着她的全息照片沉思的样子，这些都是电视剧叙事中明显提到这段关系的片段。视频也包含之前剧集中暗示爱情关系可能性的片段，比如两人一起工作时互相充满爱意的眼神，或者雅尔看着达塔的滑稽表演开心欢笑。已经相当了解这些剧集的粉丝对这种支线剧情只有回头重看时才能有所发现。就像 M.V.D 所解释的那样，"《挂毯》传达的是一种至深的哀伤，为这段已经逝去的爱情可能的结局，也为这个并非人类的生化人仍然爱着她，尽管她已经死去"（个人采访，1990）。

就像同人视频重新安排文本以重点表现次要人物或者支线剧情一样，这种形式也为探究流行电视剧的类型常规套路起到了很好的作用。V.B 围绕着这部电视剧的类型分类问题为《侠胆雄狮》创造了一系列视频。一个视频戏仿了广告，将文森特的动作场景剪接起来，看他追逐恶棍、跳过窗户、砸碎墙壁、躲避子弹、挥舞、嚎叫、撕咬、毁坏一切不幸挡了他的路的东西。这虚构的预告片结尾反讽地出现了 CBS 最初为这部电视剧制作的宣传口号《侠胆雄狮》。你能感到它的浪漫。"V.B 的第二部视频则关注这部电视剧的浪漫一面，包括文森特和凯瑟琳坐在阳台上看着月光照耀下的城市，两个人一同走过隧道，在雨中起舞，或者彼此拥抱。两个视频一起观看的话，我们就能清楚地感觉到粉丝们对这部电视剧的期待和制作者试图吸引更多男性观众所造成的紧张情绪，除了文森特和凯瑟琳两个人物以外，几乎看不出这两个视频的素材源自同一部电视剧。

同人视频常以游戏性态度提及电视剧的常用套路，就像一个视频将道尔脱衣服的场景和《荡女泪》（"The Stripper"）剪辑在一起，另一个将《CI-5 行动》中臭名昭著的"鼠蹊部镜头"[5] 和《我是磐石》（"I am a Rock"）配在一起。在其他的场合下，比如在 V.B 的视频中以及在另一个表现电视剧中演了无数遍的邪恶

---

[5]　《CI-5 行动》这部电视剧中的角色经常身着紧身裤子，将鼠蹊部位包得很紧，使得男性生殖器官在镜头中极度明显。而《我是磐石》中的"磐石"（rock），是俚语中对男性生殖器官的俗称。

孪生兄弟情节套路的视频中，粉丝们都批评了电视剧的常规套路。但是视频也会让我们以全新的眼光看待熟悉的要素。M. V. D 的《很长很长的路要走》（"Long Long Way to Go"）就用菲尔·科林斯（Phil Collins）极为尖锐的歌曲来强调柯克对死去船员的悲伤反应。死去的"红衫"和麦考伊亘古不变的一声宣告"他死了，吉姆"是无数笑话的重点。但是她的视频却没有和人类的苦痛保持喜剧距离（"别人的儿子在阴沟中死去了……我们还有很长很长的路要走，我不能忍受下去了"）。这一视频告诉我们柯克每次对船员死亡的敏锐感受。柯克试图"关闭"他的感受，退入自己的房间，或者在朋友群中寻找慰藉。但他最终还是不能将众多年轻男女的痛苦"锁在门外"。无情重复着的死亡逼迫观众们重新自问为何能将这些人类的逝去场面看得如此淡漠。

同人视频和MTV

同人艺术家们坚持认为他们的作品和 MTV 的商业音乐电视之间极少或完全没有直接关系。就像 M. V. D（个人采访，1990）解释的那样：

> MTV 是美术动了起来。它并不真正具有一种模式。故事几乎全是随机的。大多场合下 MTV 首先注重的是表演者，然后才是埋藏其中的故事。我们的视频不能归于美术行列，它们更应该归类于文学。我音乐视频之下埋藏的结构和短篇小说的结构相仿。你通过音乐视频分析人物的方式和通过小说分析人物的方式一样。它有目的，也有结果。人物在过程中发生了变化，你必须向你的读者们解释清楚。你想要制造的是认同感和情感共鸣。

就像 M. V. D 一样，学术批评者如 E. 安·开普兰（E. Ann Kaplan, 1985, 1987）、约翰·费斯克（1987）、大卫·泰茨拉夫（David Tetzlaff, 1986）和劳伦·拉比诺维茨（Lauren Rabinovitz, 1989）强调了商业音乐电视的非叙事层面，将它们或者直接联系到先锋艺术的美学传统，或者联系到后现代社会的新感受上："德国表现主义、法国超现实主义和达达艺术（弗里茨·朗 [Fritz Lang]、布努埃尔

［Buñuel］、马格里特［Magritte］和达利［Dali］）混杂在一起，再加入从黑色电影、黑帮电影和恐怖电影中攫取来的东西，所有的一切以完全抹消不同点的方式混合起来。"（Kaplan，1985，p.150）

按照这种后现代的阅读方式来看，MTV 将借来的画面和重复使用的手段混杂混合起来，宣扬的是拒绝解读文化环境的倾向以及模糊艺术范式边界的意愿。波普艺术将高雅艺术全数吞下，而广告和电视节目之间的界限也就完全消失了。这些批评家们认为，MTV 有关风格和感受，而非意义；有关感情影响，而非认知；有关表演和奇观，而非叙事。就像约翰·费斯克（1987）所言，"视觉上的图像和歌词中的语句往往完全不存在有意义的连接，但是图像的剪辑是完全跟着音乐的节奏走的……其风格就是回收利用原语境中分离出来的图像，让它们重新获得意义，并简化为漂浮的能指（signifier），而意指（signification）则只有一个：它们是自由的，在通常感受和控制以及通常的意义解读过程之外，因此它们可以进入纯快感的领域"（p.250）。大多数批评家们都认为，摇滚粉丝在观看 MTV 时基本从不指望看到线性叙事，而是完全臣服于图像的迅速流动以及音乐的节奏之中。形式的完整性并非来自图像的逻辑，而是表演者的中心地位，他／她的存在和外观是持续不断强调的重点。撇去它们所有的艺术性不谈，这一系列图像的主要存在目的是为了将专辑销售出去，为特定的音乐家建立公众认同。图像上欠缺的连续性使得音乐和明星的持续形象得以突出显示。

粉丝的同人音乐视频则从根本上大不同于这一叙述。首先，如果说 MTV 让批评家们如此着迷的是拒绝叙事以及似乎拒绝任何引用和典故的话，那么同人视频则首先就是一种叙事艺术。不仅因为选择的图像从它们之前身处的叙事中获得意义（当然，按照丽莎·刘易斯 1990 年的文章的说法，这一点在 MTV 重新使用图像的形式上可能也是成立的），而且因为这些视频完全仿造了原电视剧戏剧性的结构，并且以特定人物的视角组织剧情。通常这包括构建框架叙事结构（framed narrative），一部分图像可以当成回忆或幻想插入其中。《异形帝国》的一个同人视频《不能停止爱你》（"Can't Keep from Loving You"）的开头和结尾都是马特·塞克斯沉思地望着下着雨的窗外。电视剧粉丝第一眼就认出了这是电视剧最后一集他和凯西分手后的反应。接下来的图像梳理了两个人关系的进展过程，完全可以视作塞克斯的回忆，看作他回想和凯西一起度过的时光，并试图应对这一

巨大损失。另一些视频则从原文的叙事发展中借用结构，就像 P. K 的《等待一个 *234*
英雄》（"Holding Out for a Hero"）就将《夺宝奇兵》（*Raiders of the Lost Ark*）中
的情节按顺序拼接了一遍，并为博妮·泰勒（Bonnie Tyler）这首歌的复杂歌词配
上了相应的图像。

如果说 MTV 是后现代的拼贴（pastiche）艺术，将图像从原本的语境中孤立
出来，从原先的联系中割断出来，那么同人视频就是一种引用的艺术，将图像
牢牢固定在其典故出处上，或引自粉丝圈对电视剧人物及其世界观的元文本理解
（比如《不能停止爱你》），或者将其置入完全原创的新叙事之中（比如加州船员
的"构建现实视频"或者 P. K 的《大坏李洛伊·布朗》）。在 MTV 中，挪用的图
像是作为**图像**本身使用的，是漂浮的能指；而同人视频中的图像则是原电视剧叙
事中更大一块的缩略版本。《不能停止爱你》中的每一幅图像都指向《异形帝国》
中可辨识的某集，也指向宽广的叙事模式（即马特和凯西之间不断发展的爱情关
系）。一个粉丝可能辨认不出全部的具体图像，也没有时间去辨认所有这些图像
的联系。但是观看这一视频的经验仍将粉丝拉回原剧，并邀请他们重新考虑原剧
的叙事发展。在这种情况下，视频就成了记忆宫殿，充满了复杂的叙事分割成的
大量有高度辨识度的镜头。

正如约翰·费斯克（1987）所言，商业音乐视频的过度性拒绝叙事可能，即使
在《迈阿密风云》这种叙事故事中穿插着的视频。费斯克认为，电视剧的音乐开场
"极少推进叙事，或者增进我们对人物、情节或设定的理解，也不会为推进剧情的
解谜过程提供任何线索"，它仅仅提供了风格和奇观上的乐趣来源（pp.255—258）。
这些场景注重"呈现了前沿时尚、高科技、商品化的男性气质"，有光鲜流丽的汽
车在满是霓虹灯的街道上行驶，有放在方向盘上的手，在街道的"感觉"上和城市
的"外观"上："这种叙事中的碎片与观众文化经验中的其他碎片（尤其是流行音乐
的标志性特点上）相连，而非与叙事中的其他部分相连。"（p.257）

相对应的是，《迈阿密风云》的粉丝用音乐视频的形式探索作为他们对电视剧
兴趣核心的男男之间的关系。例如 L. B 的《孤寂夜晚》（"Lonely Is the Night"）
就表现了克洛科特和塔布斯搭档关系中遇到的危机。和电视剧与消费以及男性力 *235*
量的联系完全不同的是，这一视频关注人与人之间的亲密度和信任感，压力迫使
两个男人分开，而感情又将他们俩拉近。克洛科特把塔布斯送走（"真的以为我

没有你也可以活，真的以为我自己也会很好"），但是在这个视频的大多数时间里他都不得不在孤独与寂寞中煎熬，沿着海滩行走，坐在船上钓鱼。空气补给者（Air Supply）的歌词虽然完全唱着异性恋的爱情，但是却令克洛科特坦白了他对男性陪伴的需要（"现在我没有你，我是多么迷惘"）。塔布斯不在身边，迫使克洛科特重新思考自己的感情。虽说人物本身已经表达了和解的欲望，但是直到视频结束的时候他依然非常孤独，走在大街上寻找他失去的朋友。

说出人物的想法

　　如果说 MTV 将表演者的声音视作中心组织机制，那么叙事空间之外（non-diegetic）的表演者在同人视频里几乎起不到任何作用。粉丝观众们一般对原歌手毫无兴趣，相反，将音乐的表演视作虚构人物想法、感情、欲望和幻想的呈现。在一部《侠骨柔情》的音乐同人视频《上一次我有这个感觉的时候》（"The Last Time I Felt Like This"）中，L. B 运用二重唱以表达两个主人公之间的爱情。在视频刚开始的时候，她首先选择李·斯泰特森和阿曼达一同说话走路的镜头，以配合男性歌声的切入（"你好，我甚至还不知道你的名字"），然后紧接着切入阿曼达回视，以确立女性的回复（"我微笑并且走远了吗？"）。接着，L. B 就可以依靠男性和女性声音的交替在两个人物间转换，而歌词也将他们俩融合为一对恋人。歌手的声音仿佛就从人物的口中流出，说出他们和原歌曲相似的爱情发现之旅（"上次我有这个感觉的时候，我陷入了爱情"）。

　　L. B 充分考虑到表演者的性别，这点是比较罕见的。一般说来，视频制作者对原歌曲表演者的身份全不在乎，男性声音完全可以讲述女性人物的心理活动，反之亦然。就像加州船员的一员（个人采访，1990）所说："一般来说这种状况算不上让人不舒服，因为你听的是内容。你不会在乎说话的人是谁……从思想活动上而言，你只是将词和图像拼接起来。"表演者的个性必须被完全抹杀，才能更加有效地为虚构人物代言。原电视剧为粉丝们提供了人物的可见外表，而他们的内在必须通过言语表白和行为才能终获理解。粉丝批评为屏幕上人物的行为赋予了动机和心理活动解释；而同人视频则更进一步，将表层图像与讲述情感深层的音

236

乐连接起来，将人物所思所想而不可说的一切付诸言语。

J. E《独自一人的男人》（"This Man Alone"）就研究了麦考尔（《平衡者》）的孤立心理，寻求他没有和生命中来来往往的这么多人形成长期关系的原因。这首歌运用了第三人称视角，询问他的感情和动机（"没有人知道他灵魂里的东西……他有什么事需要赎罪吗？"）而图像则为这些谜题提供了可能的解释（包括一系列童年创伤的镜头，以及他和失去了的爱人共处的一些瞬间）。视频的结尾显示麦考尔在公园里和一个美丽的女人并肩行走，暗示着他最终可能找到办法不再坚持做"独自一人的男人"。（这里，表演者的声音和人物的声音关系尤为复杂，因为唱歌的人是爱德华·伍德华德［Edward Woodward］，就是扮演麦考尔的演员，但是这首歌原先指向的是另一个相似的虚构人物卡兰，是伍德华德在一部英国电视剧中扮演的人物。我们对这一视频的欣赏并不需要我们认识伍德华德，也不需要我们了解这首歌来自《卡兰》［Callan］——我自己都没有意识到这一点，直到视频艺术家告诉我——然而，这一信息将这作品引发的联系场域进一步扩张。）

歌者的声音并不直接和一个特定的人物联系时，比如在混合同人视频中，视频图像往往来自多个不同的电视节目，歌者的声音此时一般代言的就是某个粉丝或广阔的粉丝社群。L. B.的《等待一个英雄》这一视频就汇集了几十部电视剧中的英雄场景，从《兰博》（Rambo）到《乱世佳人》（Gone with the Wind），从《致命武器》（Lethal Weapon）到《虎豹小霸王》（Butch Cassidy and the Sundance Kid）。将这些图像组织架构起来的是演唱者在生活中寻找血肉丰满的爱人的过程，以此满足她对银幕上俯拾皆是的高于生活的偶像形象的想象（"好男人都去哪儿了？"）。这一视频记录了浪费和沉迷于电影或电视剧中的无数个小时，而这无数个小时的时间不可能被凡俗生活的经历所复制（"我一整个晚上都在坚持，等待我的那个英雄"）。

侧重主观经验的倾向由于视频制作者对软性摇滚和流行歌曲的喜爱而得到了加强，相对的，MTV一般与硬摇滚、说唱和重金属音乐更加匹配。虽然视频制作者宣称他们的艺术取材于广泛的音乐风格（比如他们运用民谣、电视剧音乐以及古典音乐），但是最常使用的歌曲还是险峻海峡（Dire Straits）、西蒙和加芬克尔（Simon and Garfunkel）、空气补给者、比利·乔尔（Billy Joel）、老鹰乐队（The Eagles）、吉米·巴菲特和琳达·朗斯塔特（Linda Ronstadt）的歌曲，总体而言，这些歌曲的歌词倾向于书写人际关系与感情。如果说就像 E. 安·开普兰（1987）所言，MTV 充斥着叛逆的青少年和自恋的爱情，那么粉丝的同人视频则倾向于叙写男性间的羁绊、爱情的觉醒与群体的投契。这些主题不仅反映了粉丝八卦、批评以及同人小说的中心关注点，而且也直接指向了将人们带入粉丝社群的集体归属欲望。这些视频可能会在展会上展示给一整个展厅的人，或者在某人家里的起居室里放给一群朋友，它们构成了一种可能共享的情感经历，成员们共同的对歌曲和图像产生共鸣的联系。舒缓而情感亲切的歌曲也让视频艺术家能将剪切速度放慢，以展开整体叙事背景，大异于商业视频中的快速剪辑。而且，这些歌曲严重依赖歌词视觉和听觉上的可辨识性，因此要求歌词和意义具有立时的辨识度。

开始有意义

可能最重要的一点是，如果说 MTV 对于观众的作用是去中心化和去秩序化，邀请他们暂停评价，拒绝先入为主的期待，那么同人视频则引发文化的潜力，分享粉丝团体的知识。如果说像一些批评家所言，商业视频鼓励观众在"停止发现意义"的决定中获得享受，那么同人视频则以观众的积极参与为先决条件，让迅速而有逻辑的图像秩序生发意义。大多数音乐视频关注已在粉丝圈中获得经典地位的电视剧（比如《星际迷航》《布雷克七人组》《CI–5 行动》），或者至少是正在建立起粉丝群的剧作（比如《量子跳跃》《黑街福星》［*Wise Guy*］、《异形帝国》等等）。这些视频直击观众已经建立的对这些人物的迷恋，依靠他们对核心叙事的熟悉程度为一系列镜头的意义理解构建语境。

艺术家们的一大贡献是将富有说明意义的画面连接起来，以显示粉丝阅读方式的普遍性。很多学术论述都将后现代观众视作商业音乐视频的理想观众，对于这种观众来说所有的图像都不再包含意义；而对于粉丝们来说，他们则被已充满意义的影像吸引，希望艺术家们能够细化视角，专攻语境下一些有意义的连接。同样的影像，同样的镜头在不同的视频中不断地反复出现，在每一个新的语境中获得新鲜却彼此相联系的意义。迷人处往往在于观看不同的艺术家如何将自己的意义赋予共同的原材料之上。音乐视频带来的是一个以辨认为目标的谜题，让观

238

众来决定在图像以极快的速度流逝过去时每一幅所匹配的意义。

毫不令人吃惊的是，这些视频不仅要求粉丝熟悉电视剧的世界观，也要求他们对同人视频的种种套路有相当的认知。我采访的大多数艺术家都承认观众必须学会如何阅读他们的视频，当然也有一些人也同时坚持声称他们的视频的设计目的就是让即使不熟悉原电视剧及其粉丝传统的人也能够辨认出视频中的某些重要信息。一个加州船员的成员（个人采访，1990）和我讨论了《斯蒂尔传奇》的一个视频，她认为这个视频为电视剧的热情爱好者提供了最大限度的享受，而一个新入门的粉丝也可以理解："你要试图让想法简单起来。你要显示劳拉和雷明顿在一起非常和谐，但是他们也有问题。前一个镜头里他们俩吵架，一个人愤怒地甩手就走，而下一个镜头里他们俩就亲密地互相拥抱。他们在一起度过了很多快乐的时光。你希望你能让观众感受到这个人真的已经丧失了一些东西，尽管说他们并不真正了解这些人物和他们特定的情况。"有经验的《斯蒂尔传奇》粉丝则能凭借他们之前对人物的了解以及他们将每个场景对应到特定剧集中的能力解读视频，而且能够达到相当的复杂程度。（确实，粉丝乐趣部分就源于迅速辨认并回想原本场景语境的能力。）

M. V. D（个人采访，1990）将展会视频和"起居室视频"做了分门别类的讨论，前者需要吸引更大范围粉丝的即时辨认，而后者则是为更小众且深入的观众设计，这些观众一般都对粉丝团体的阐释套路有所了解：

239

> 他们不能把那种复杂的视频带到大场合去。带去大场合的必须是热血沸腾的那种。不能过度集中于深刻度。他们想要一起欢笑，或者分享他们的感受。所以一切都必须足够明显，这样周围的人才可以分享彼此的情绪……起居室视频本身就设计得非常复杂，你最好了解电视剧相关的一切，不然这种视频对你来说就基本没意义。这些视频是为非常小的人群设计的，这些人一般已经了解你想表达的意思。这和同人写作是一样的。你不需要架构起整个世界。你完全可以依靠某些已存信息。

当她的视频在同人展会上播放的时候，M. V. D 就站在房间的最后，对观众的反应做着笔记。她针对特定人群的兴趣将自己的视频做了适当重构。她也将

图 7-1　M. V. D 的音乐视频《我需要你》中,《星际迷航》中失去原语境的同性社交羁绊图像预设了同性爱的可能性。

图 7-2　M. V. D 的《我需要你》中，柯克安抚着斯波克。

图 7-3 M. V. D 的《我需要你》中的一次心灵融合。

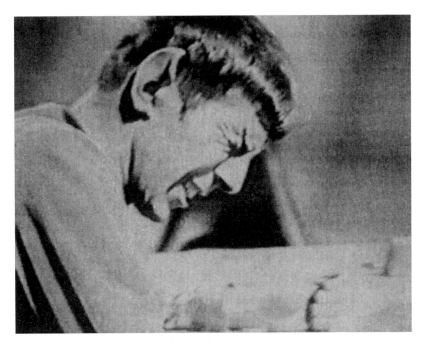

图 7-4 "我流下了泪水": M. V. D 的《我需要你》。

图7-5　"你握住了我的手"：M. V. D 的《我需要你》。

图7-6　"我不敢相信这是你／我不敢相信这是真的"：M. V. D 的《我需要你》。

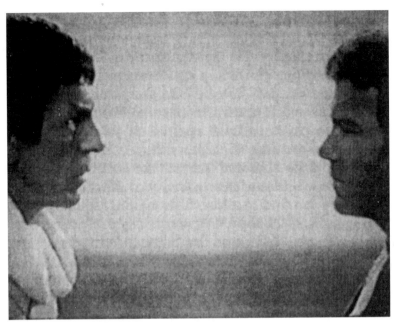

图 7-7 "你甚至称我为朋友": M. V. D 的《我需要你》。

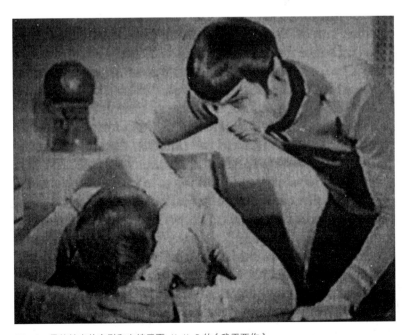

图 7-8 最终结束的安慰和友情画面: M. V. D 的《我需要你》。

自己的"起居室视频"按照特定粉丝的品味而作出相应改动，如果说观众不能接受耽美的话就将有这类倾向的歌拿掉，针对不同圈子集中制作各自可能喜欢的视频。

盗猎的诗意

M. V. D 所描述的"起居室视频"是这一正在萌芽发展的艺术形式中最复杂的作品，它们也为描述粉丝团体评价这种艺术形式的美学标准提供了很好的参照。首先，同人艺术家所力求获得的，是家用视频装置很难达到的纯熟技术。刚起步的视频制作者往往依赖数目有限的长镜头，依赖"内部剪辑"（这里指的是原视频中已有的剪辑）来达到视觉上的趣味性。某些早期的同人视频几乎只有随手拿来的一些剧集内容搭配人们喜欢的歌曲；这些所谓的"歌曲磁带"往往高度依赖词句和图像的偶然性重合，而非将材料以高度的艺术控制结合起来。例如一部同人视频就将保罗·达罗（Paul Darrow）在《罗宾汉传奇》（*The Legend of Robin Hood*）中的洗澡镜头和《芝麻街》（*Sesame Street*）的经典歌曲《橡皮鸭子》（"Rubber Ducky"）结合起来，所以诺丁汉郡治安官看起来就像在对约翰王解释"洗澡时间为什么特别有趣"一样。另一个例子达到了并非事先控制但是好得让人战栗的结果，在这个视频里，《小丑进场》（"Send in the Clowns"）被拿来配合《布雷克七人组》里的最终结局。

更多有经验的视频艺术家，就像 M. V. D 一样，都喜欢利用快速剪辑和词语图像之间的紧密联系制作蒙太奇段落。这种效果在家用机器上极难做到，因为家用机器经常在按下暂停键后倒带几秒钟，并且在暂停几分钟之后就会自动关机。这种机器只给艺术家留下了极少时间标记和复制视频段落，并且这么做很容易在剪辑处留下所谓的"彩虹线"。很多同人艺术家都使用了他们能找到的最复杂的设备，以便对视频图像达到最佳掌控。有一些人，比如 M. V. D 越来越依赖镭射碟作为来源材料，这样才可以达到最高的灵活度和更清晰锐利的图像。

同人艺术家对自家录像机的所有特殊功能都有所实验。L. B 的一个《哈德卡斯尔和麦考米克》视频，《爱不能急》（"Can't Hurry Love"），就大量使用了快进录影，而 P. K 则将达斯·维德和卢克·天行者之间的光剑打斗场景放慢到芭蕾舞的节奏，以配合古典音乐的节奏。另一些同人艺术家则控制他们的录像机达到停格效果、跳剪效果、动作逆转、重复动作以及其他特定的视觉效果。然而大多数艺术家则还是将音乐和动作图像之间的紧密结合视作第一要务。

有些同人视频只从很少一部分剧集中抽取图像，极端例子中他们可能只用一集的图像。M. V. D 的"起居室视频"则运用了更加广泛的媒体内容。一个长约三分钟半的《星际迷航》同人视频《我需要你》（"I Needed You"）使用了 55 个镜头（其中不到一半是由内部剪辑连接起来的）；这些图像是从电视剧的许多集以及四部电影中挑选出来的。剪辑的时间点都是精确计算过的，这样每句歌词结束的时候镜头也随之转换，在几处地方，她在同一句歌词中剪切了几次镜头。

M. V. D 经常选择直接映照歌词意义的图像，不需要语境也可以看出联系。（比如"我流下了泪水"对应的是斯波克哭泣的镜头，而"你握住了我的手"则显示柯克和斯波克手牵手）。但是大多数语言 – 图像的对应来源于观众对电视剧叙事的熟悉度。比如这句歌词"我出卖了我的灵魂 / 而你买回来还给了我"，配合的就是《珍兽园》（"The Menagerie"）这一集中的图像，这一集的内容是斯波克将自己的事业置于危险而不顾，去尽力营救他之前的舰长克里斯托弗·派克，而最后完全靠柯克在军事法庭审判时的抗辩词获救。"我不敢相信这是你 / 我不敢相信这是真的"则对应的是《狂暴时间》这集的结尾处柯克重新出现而斯波克面露笑容的镜头，之前斯波克已经确信他因为受瓦肯人的交配热影响而误杀了舰长。虽说这些图像对于没有预备知识的观众来说无法立刻辨识，但是对于《迷航》的粉丝来说，这些场景对他们都有特殊的意义，因为它们标志着柯克和斯波克关系之间的转折点。这一论断对此视频后半的图像衔接尤其准确，比如这句歌词"当我迷路的时候 / 你带我回家"就专门提及了斯波克在《星际迷航》电影中的死亡与重生，而"你甚至称我为朋友"则对应着斯波克重生之后第一次表示认出了柯克。

除了词句和图像之间的细节联系之外，M. V. D 也建构起了整体的表述和叙事结构。这一视频追溯了柯克和斯波克之间"伟大友谊"的历史，这是电视剧粉丝们关注的中心主题，并在粉丝批评和同人小说中获得了反复深入的讨论阐释。图像大致是按照时间顺序排列的，前一半的歌词对应的是电视剧中内容而后一半的对应着电影中的内容。最重要的转折点出现在这句歌词："我不会离开 / 为什么会离开？/除非我是个傻瓜"，跨越电视剧与电影之间的空白，从柯克和斯波克在《共感》（"The Empath"）一集中在一起的场景剪切到斯波克"愚蠢"地抛弃了星际舰队，独自一人在瓦肯星上试图维持科里纳仪式的秩序，这一段来自《星际迷航：影院版》。接下来的歌词，"我终于找到了在乎我的人"，则重新强调了两个人之间的关系，桥接了斯波克在瓦肯星的镜头和他重新在"进取号"上出现的镜头。而接下来的一段则重述了《星际迷航 II》中斯波克死亡，《星际迷航 III》中他被救出并复活，以及《星际迷航 IV》开头他决心重回岗位等一系列事件。这首歌最终副歌只是一直在重复一句话"你需要我"，而同时对应着贯穿整部连续剧中两人被互相的需求被一再拉到一起的时刻。这部视频的最终收尾在《玛土撒拉安魂曲》（"Requiem for Methuselah"）中的一个场景上，斯波克正在运用他的心灵融合（mind-meld）能力来缓解他好友的痛苦。

这个视频的故事只有很粗略的外观，但是却包含了《星际迷航》整体的发展脉络。故事的讲述者是斯波克，这是 M. V. D 从歌曲的第一句歌词就认真建立起来的。开放的歌词包括一系列在斯波克独处（"我很迷惘"）和两个男人共处（"你让我清醒"）的镜头之间的切换，极好地配合了歌曲的第一人称叙事，也确立了叙述者声音的身份。每一句歌词都指向斯波克在原剧中没有出口的需求，以及柯克充满感情的回应。随之而来的，这首歌也可以从柯克帮助斯波克的画面移向斯波克帮助柯克的画面，建立了二者互相帮助的中心主题，这一主题不仅在歌曲的歌词中占据核心位置，也在粉丝们对这一关系的理解中占据统治地位。M. V. D 仔细向观众显示了斯波克的视角，让观众们有一个持续恒定的角度观看这一系列迅速流动的场景。

这一视频的结构看起来极其简单，但并非真正如此。它表现了艺术家将众多借来的图像结合起来组织成为一个完整形式的能力，达到了 M. V. D 看来非常重要的密集"意义层级"。这个故事以一种平铺直叙的方式讲述出来，并非粉丝的普通观众也可以立刻理解，他们会立刻读懂这两个人物之间的关系，虽说可能只能在最广义的层面上看懂。的确，M. V. D 的视频可以向新粉丝介绍粉丝社群的特定主题和兴趣："这些音乐视频给了你这个世界的大致观感，关于场景来源的剧集的那么一些差不多的信息，会让你产生兴趣多看一些电视剧内容。"（M. V. D，个人采访，1990）对于更加资深的观众来说，这些视频有更重要的作用，直指并分析剧中主角复杂关系中的许多关键时刻。这种视频鼓励重复观看，并保证重复观看后有新发现，也鼓励细读，并容易引发粉丝讨论。

　　M. V. D 估计这种视频一般需要六到八个小时才能制作出来，而这种预计是建立在艺术家已经深谙电视剧中所有可用的图像的基础上，对应该到哪里去寻找她需要的场景一清二楚。考虑到制作这些音乐视频所需要的时间投入，很多同人艺术家的多产简直令人瞠目结舌。比如 M. V. D 就已经创作了超过 14 小时的音乐视频，范围涵盖了从《星际迷航》《布雷克七人组》《CI–5 行动》以及她最早开始制作的《警界双雄》同人视频，到更边缘的一些粉丝爱好。很少有艺术家能像她一样多产，但是有很多视频制作者，或者个人或者群体，如加州船员、自由电视（LTV）、王者之剑和地狱兔子也都创作了一大批作品。

视频艺术与粉丝社群

　　就像其他同人艺术家一样，视频制作者和大范围的粉丝社群都有密切的联系。粉丝圈模糊了媒体制作者和媒体观众之间原本清晰明显的差距，因为任何观众都是潜在的新艺术品制作者。大多数艺术家进入圈子的时候都没有受过大量严格的技术训练，也没有经验，一般只是看了其他人在同人展会上播出的视频才受到启发想要自己动手制作。这些艺术家在粉丝圈里有时候能获得全国性甚至有时是国际性的认同，他们的视频会参加竞赛并得奖。有些人已经把他们从同人视频制作获得的技术转化为一种专业技术，并以此谋生。他们的名声巩固了他们对粉丝社群的认同感和忠诚心，而不是将自己从社群中孤立出来。

　　比起同人志的流通，同人视频的流通更需要人与人的直接交流。同人艺术家们会亲自出面在同人展会上播放他们的视频，并常在放映过程中和观众交流。视频的磁带不会商业售卖，也不会大规模制作，严格限制同人视频的流通不仅反映了技术上的限制，也反映了版权法规的压力。一般说来，人们都必须从艺术家那里亲手获得视频，以此为前提的是消费者必须首先提供一盘空白的录像带以便翻录。有些同人展会专门有翻录设备供应，参与者可以自己录制喜爱的视频。有一些比较受欢迎的艺术家需要朋友帮助作为地区性的翻录中心，以便广泛传播他们的作品；虽说这样一来艺术家常常惋惜于不能和受众直接沟通，但是亲自给朋友翻录的时间就是浪费了在录像机上制作新视频的时间。

很多最早的视频制作者是自学成才，通过对自家录像机的实验，自己发现想要达到的效果。但是现在越来越多的同人艺术家会在同人展会上开办研讨班，教其他粉丝自己技艺里的一些秘诀，但是很多人都坚持认为每一台录像机都有自己的特点，所以新入门者需要学会自己琢磨出技艺。就像地狱兔子组的一个成员在西部媒体同人展的一个研讨班上所说："你必须了解自己，你必须了解你自己的反应速度还有你自己的机器。如果你的机器有四秒的倒回，你必须首先适应这一点。你需要了解你的机器在暂停状态可以停留多久才会自动关机……我的技术可能对你和你的设备来说完全没用。"在其他场合下，视频技术常用非正式的方法教授，新的同人艺术家在和老视频制作者一起工作的时候可以顺便偷师。这一过程在粉丝们集体以一个组的形式工作时特别明显，也就可以便捷地定期培养新人。

当粉丝们受到激励试图达到更高的技术完美性，或者更深刻地了解这种形式的潜力，或者更熟练地掌握他们手中的机械设备的时候，也有很多人表达日益增强的专业化程度有可能会吓住新粉丝，让他们不敢试水。就像在同一个西部媒体同人展的研讨班上，一个加州船员的成员所言："我们真诚地希望其他人也参与制作视频。我们不想把人全吓住。我们花了八年的时间才走到今天这一步。你一开始制作的时候绝对做不到加州船员这个水平。如果你嫌自己第一个视频不够有震撼力的话千万不要灰心……你会从自己的错误中获得经验的。"这些艺术家们一直急切地希望同人音乐视频成为一种社群性的艺术形式，源自粉丝圈，也讲述粉丝圈内部人士的兴趣，而不是变成一种少数熟练技术人员掌握了形式和复杂技术后向大众展示的手段。

家庭录影的实质在于同人艺术家们最终也不能完全控制他们的录像带的流通和展示。他们小心地为朋友们用慢速翻录下来的拷贝有可能轻易地重新翻录无数次，并在粉丝圈更加广泛地流传。好几次我收到了完全没有制作者和制作时间地点标记的视频。同人艺术家缺乏能够标识自己贡献的技术。视频流传得越广，作者的身份就会随之消失或者误导。我自己在本章中追溯同人艺术家遇到的困难特别大，而且成功率比起其他章节里要低得多。虽然大多数我采访的艺术家都对他们视频的广泛接受度感到欣慰，但是他们对多次翻录的拷贝质量如何普遍表示怀疑，而且他们常常忧心人们看到自己的视频的时候都已经是技术上有缺陷的拷贝了。他们自己制作的时候花了大量的功夫避免"彩虹线"和其他卡壳，但是他们的很多观众可能看到的版本就已经是不可接受的质量了。就像媒体制作人不能够控制同人艺术家挪用他们的图像一样，同人艺术家们也不能监控他们视频的流传。一旦视频脱离了他们自己的手掌，视频就属于粉丝社群，按照它的爱好为标准而流通。

　　同人艺术是评论原电视剧的重要手段，但同样重要的是，它也是一种具有自我审美标准和传统的文化创作方式。同人艺术在巩固并维持粉丝团体方面也起到了核心作用。创作、展览并交换视频为这个社群艺术形式创造了条件。这一艺术形式与它源头的商业文化形成了鲜明对照，因为它拒绝从中牟利，并希望与其他看中这种艺术形式的人共享。同人视频是值得骄傲的源泉，不仅是创作了它们的艺术家的骄傲，也是它们发源的粉丝圈的骄傲，因为它们是无数个花费在收集录像带和观看电视剧集的小时里产生出来价值的真实可感的证明。视频中表达出来的东西也就是粉丝们所共有的东西：共享的理解，共有的兴趣，集体的幻想。虽然这些视频是由有线电视播放的材料中组合而来，但是这些视频可以在很多方面满足粉丝们的欲望，以一种它们在商业文化上的对应物往往没能够做到的方式，因为它们注重的是叙事中整个社群想要发掘的那部分内容。我在下一章中将更密切地关注文化生产在构建并维持粉丝社群中所起到的作用。

第八章
"不再是陌生人，我们一同歌唱"：
同人音乐、民俗文化和粉丝团体

我和中西部的众人一起

站成绵延街道的队伍。

我为"信赖号"的末日 [1] 欢呼

我为斯波克而落泪

我们讨论了整整三天的时间

关于可汗怎样追逐他的运气

我被拯救了！

我被拯救了！

我被拯救了！

(Julia Ecklar，《重生的迷航》["Born Again *Trek*"]，1984a)

朱莉亚·艾克拉这首激情洋溢的歌曲《重生的迷航》表达了粉丝社群中很多人对《星际迷航 II：可汗的震怒》这一电影首映的感情。第一代《迷航》粉丝已经等了将近二十年，希望看到最爱的媒体宇宙得以复兴，通过一遍一遍重复播放原

---

[1]　信赖号 (the Reliant) 是电影反派可汗手下的一艘飞船，摧毁这艘飞船是可汗被打败的重要标志之一。

电视剧，通过一系列剧集回归的流言（不管是以电视剧的形式还是院线电影的形式），通过一部看来很有希望但最终还是令人失望的动画连续剧，通过良莠不齐的官方小说，也通过第一部反响平平的电影，他们等待了二十年。艾克拉的歌曲所精准地抓住的，是粉丝们看到《星际迷航 II》这部广受迷航粉称誉的电影后巨大的如释重负感和欢愉心情，并将此视作对电视剧兴趣重燃的契机："已经有十六年了 / 但迷航终于重生 / 我自豪，我是一个重生的迷航粉。"

这同时是单个粉丝对电影的个人反馈和整个粉丝圈所共有的感情和经验，《重生的迷航》是重建《迷航》粉丝文化和招募新粉丝的动员令（"现在这就是我们庄重的义务 / 见证所有人都被拯救"）。艾克拉的歌指向了粉丝们共享的文化知识和能力，通过她不断的内部援引（苏拉克、IDIC、大鸟[2]），她诉说了粉丝对电视剧文本的占有感（"为**我**的船和她内部的所有人而自豪"；"**我们**仍然有全发的相位枪"），甚至对制作方令粉丝们不满的事情大加挞伐（"**我们**知道斯波克没有死！/ 如果**他们**不让他活回来 / **我们**就自己拍可汗的电影"）。艾克拉游戏性地运用了宗教意象，将《迷航》粉丝圈视作一种"信仰"，呼吁她的粉丝伙伴们"将神谕传遍整个大地"，并最终下了断语，说"这个传说会永远地持续下去"。

艾克拉的歌曲明显点出了许多先前的章节中已经讨论过的主题（将电视剧内容翻译成为全新的文本以适应粉丝们的兴趣和利益，粉丝们对喜爱的媒体产品感到的强烈的占有欲，对激烈感情投入的赞许，以及粉丝圈与它最终根源的宗教狂热的联系）；这首歌似乎是一首令人信服的《星际迷航》粉丝文化的优秀创作作品。但是艾克拉的歌词已经从单一的粉丝 – 文本关系中移开了视线，看向了《迷航》在广泛的粉丝兴趣中的位置。艾克拉将柯克上将和巴克·罗杰斯相比较（当时正出了相关电视剧并风头正劲）并宣称："现在是让那帮绝地武士看看我们站在哪里的时候了"，借机提到了《星球大战》的粉丝。她将其他媒体文本视作和《星际迷航》争夺粉丝经典中优先地位的竞争对象。不管是将它视作艾克拉在同人展会上的表演，还是放在她半专业的磁带专辑《创世纪》（Genesis）中，《重生迷航》

[2] 这三个词都是《星际迷航》设定中或者粉丝圈俗语中的概念。苏拉克是瓦肯星最著名的哲学家。IDIC 是 "Infinite Diversity in Infinite Combination"（无限组合中的无限多样性）的首字母缩写，这也是瓦肯人的重要哲学信条之一。"大鸟"是《星际迷航》粉丝圈对编剧吉恩·罗登伯里的昵称。

都需要和不少纪念其他科幻、奇幻和恐怖文本的歌曲放在一起联系阅读（比如《鹰狼传奇》[Ladyhawke]、《纽约大逃亡》、《凶火》[Firestarter]、《安德的游戏》[Ender's Game] 等等），甚至可以和那些建立在高雅文化基础上的歌曲联系起来阅读，比如她表演的莱斯利·费什改编的吉卜林的诗歌，或者一首改编自威廉·福克纳（William Faulkner）的《给艾米莉的玫瑰》（"A Rose for Emily"）的歌曲。

就像许多其他的同人创作者和表演者一样，艾克拉的大杂烩歌曲不像很多学者定义的媒体粉丝，它拒绝只局限于单个固定的电视剧范围之内。艾克拉不仅是以迷航粉的身份在唱歌，而且是以广义的粉丝的名义在唱歌，这是由游牧式整体劫掠大众文化的行为所决定，而非由特定文化爱好所定义。粉丝文化的文本间性贯彻此书始终，在我对吉恩·克鲁格绘画作品的阅读中（第一章），在我对粉丝批评和经典形成过程的分析中（第三章），在我对混合同人故事和多媒体同人志的讨论中（第五章），在我对"构建现实视频"的解读中（第七章）。粉丝的同人音乐制作（或者按粉丝的说法"同音"[filking][3]）展示了另一种进入粉丝圈文化逻辑的方式，理解粉丝团体的本质与结构，及其与主导媒体内容的特定关系。

同人音乐和同人小说一样，是在现有的媒体文本基础上自我构建或者进行评论的利器，一种将边缘化的人物和情节支线重新拉回表层的方式。粉丝常从虚构人物视角写作，以他们的语气歌唱，表达他们个性的种种方面。就像一个同人作者可能会以乌胡拉这个角色为中心创作一个故事，一个同人歌手也可以以查培尔或者雅尔为中心写一首歌，这些女性角色的声音很少能在公映的剧情中听见。艾克拉的《最后一课》（"One Final Lesson"，1984b）就深入发掘了莎维克对她的导师斯波克之死的反应。艾克拉深入发掘了这个神秘的人物，以她的视角说出了许多她内敛的瓦肯人性格所压抑的东西，还有那些漠不关心的制作者们不允许她在《星际迷航 II》中表达的东西。银河无垠（The Great Broads of the Galaxy）的《你的太阳诞生》（"Born of Your Sun"，无日期）则检视了查培尔对斯波克无望的恋情所带来的痛苦。以角色的名义歌唱让同人音乐制作者可以探索原文本中未得到解决的问题，同时也挑战其官方意义。以角色的名义歌唱也能让他们尝试

---

[3] 同人音乐一词在汉语粉丝圈很常用，相对来说，简称的"同音"虽然存在，但很少使用，所以在下文中，我还是主要用"同人音乐"而非"同音"一词翻译"filk"。

在现有的社会范畴内转换，以便从不同的角度看待这个世界。拉切的《公道人》（"A Reasonable Man"，无日期）从诺丁汉郡治安官的视角重新考虑了《舍伍德的罗宾汉》故事，这种道德转换方式我们在特定的同人写作中也能看到（Jenkins，1990）。

并且，同人音乐在文本盗猎活动中又增加了另一层面，因为从大众媒体中取出的常见母题（motif）和主题又加上了从流行音乐和民间音乐中攫取来的曲调，必先对两者并置的意义有深思熟虑。有些歌曲，比如《赛隆人之声》（"Sound of Cylons"，《太空堡垒卡拉狄加》[*Battlestar Galactica*]）或者《制造乌奇人》（"Making Wookie"，《星球大战》），都对原作的题目玩了双关[4]，同时对他们之前的语境联系进行了游戏性的颠覆。有些《布雷克七人组》的歌曲借用了猫王金曲的音乐，这是一个内部的笑话，因为电视剧中的演员扮演埃冯的保罗·达罗在一部英国的舞台剧《你今夜孤独吗？》（*Are You Lonesome Tonight?*）中扮演了猫王的角色。另一些歌曲则从电视剧主题歌中借用了曲调（玛丽安妮·怀亚特[Marrianne Wyatt]的《吉利根的解放者》["Gilligan's Liberator"]，阿雅·卡兹[Aya Karz]的《布雷克一伙》["The Blake Bunch"]都是由《布雷克七人组》主题歌重新填词而来），因此也就把电视剧本身也嵌入了更加广大的流行文化语境的框架中。即使这种联系并非明显提出，同人音乐对于已有音乐资源的依赖也有未来社会对当下的"已阅"感。同人音乐的艺术和同人视频艺术相似，都含有技巧性地管理众声喧哗，点明并转变原先已在流通的材料的过程。 *253*

同人音乐和前面几章中研究的其他同人文化形式有几个重要不同点。同人音乐比同人写作或者同人视频有更加广泛的包容性，包括了许多没有在粉丝群体中获得稳定经典地位的作品。虽然同人写作和同人视频制作整体上代表了女性对媒体的反馈，但是男性和女性在同人音乐中的贡献都相当明显。他们有时会合作创作歌曲，在其他场合下会分别深入一些各自性别有兴趣的话题或者主题。如果说

[4] 《赛隆人之声》的题目Sound of Cylons和其所用原歌曲名《寂静之声》（"Sound of Silence"）是谐音，赛隆人是《太空堡垒卡拉狄加》中的反派。《制造乌奇人》的题目Making Wookie则戏仿了30年代艾迪·坎特（Eddie Cantor）的《寻欢》（"Making Whoopie"）。"Making Whoopie"是一个旧俗语，意为欢乐地庆祝，另一层含义是做爱。乌奇人是《星球大战》中的一种高大的猿猴形外星人，主要人物之一的乔巴卡就是乌奇人。

同人写作和同人视频制作还主要在文本阐释和挪用的层面上理解的话，那么同人音乐则直接讲述了粉丝圈作为独特社会群体的性质。这一章中，我将着重关注同人音乐的这最后一点性质，即它文化上表达同人圈子的理想、观点和活动的角色，其表述另类社会身份的作用，以及其作为将群体芜杂的兴趣统合起来的重要资源的作用。

"所有的元素都在那里"

　　同人音乐含有多种形式：歌词发表在粉丝歌曲簿上，或者作为很多元素的一种发表在同人志上；同人音乐俱乐部每个月都有集会，同人音乐展会每年都要举办好几次，同人音乐以磁带的形式流传，或者走不正式途径（即朋友间的物物交换）或者走商业路径（通过几个半专业的同人音乐磁带发行商）。但是我们必须首先强调同人音乐歌曲最早最原始的存在语境：它是设计来在科幻同人展上供粉丝们集体且不正式合唱的。

　　超过六十年时间内，科幻同人展是粉丝和他们最喜爱的作家或者表演者们沟通互动、结识其他有相同爱好粉丝、交换意见以及展示自己创造性作品的十字路口。同人展不仅是前面几章所说的同人艺术世界的中心，同时更是粉丝的另类社群的中心。对有些粉丝来说，同人展是首次将他们带入粉丝文化并指出走向其社会秩序的入口。对另一些人来说，同人展是他们重新和粉丝圈中结交的老朋友建立联系的机会。很多粉丝每年只参加一到两次展会。有些人只去得起家乡或者本地区召开的展会。更少一些粉丝每年会花很多个周末从一个城市到另一个城市参加展会，构成巴里·查尔兹 – 海尔顿（Barry Childs-Helton，1987b）在一首歌中描述的"飞行岛屿"："他们着陆并歌唱 / 现在他们飞走了 / 在下一个村子，下一天和你再见。"这些旅行中的粉丝们经历着一种奇特的连续感，因为他们从一个展会移动到另一个展会的时候，遇到的是同样的脸庞（粉丝、嘉宾、商户），同样的活动，以及同样的态度。这对于粉丝来说恐怕是粉丝圈作为另类社会群体最深切的感受。

　　虽说有些同人展会是围绕着特定的粉丝兴趣展开的，比如围绕着同一个剧作

（《星际迷航》），或者同样类型的剧作分类（比如间谍剧专门、英剧专门或者耽美同人专门的同人展会），或者特定粉丝活动（同人音乐、游戏、武器），但是一般来说，科幻小说同人展会将横跨大量不同同人兴趣的粉丝聚集在一起。同人展会的大多数时间和空间依特定目的而预留：座谈小组房间，画展展厅，角色扮演游戏和电脑游戏的游戏厅，化装舞会大厅，邪典电影、电视剧、日本动画、粉丝自制的电影和视频的播放室，粉丝们购买商品和粉丝自制的同人制品的跳蚤市场大厅。这些专门化的活动常常从它们本来专属的空间中溢出，在走廊中和展会的套间中汇合，这些共有的空间令许多不同兴趣的交汇而成为一个交叉点（McEwan，1990）。

于是，同人音乐的合唱就可以理解成一种特殊活动，一种供想唱歌的粉丝们歌唱的时间和空间。但把它看作拥有不同兴趣的粉丝们来到一起的地方更为合适，在这里他们重新确认共有的身份：身为粗略归纳的粉丝社群的一部分。尽管仅有很小比例的同人展参与者会参与同人歌曲合唱，但是合唱通常在大粉丝社群中占据一个交叉点的位置，吸引着男人和女人、年轻粉丝和更加成熟的粉丝、还有相当比例的少数派粉丝们。同人歌曲合唱一般都会安排在深夜，这样可以避免和大多数其他展会活动产生冲突。有些粉丝们无疑只是为了参加同人歌曲演唱来到同人展会的，但是更多的人是在看完最喜欢的电影、玩完一局游戏、参加完化装舞会或者在嘉宾演说完毕后随意晃悠过来的。就像同人音乐制作者马克·博德曼（Mark Boardman）向我解释的那样："粉丝圈就像一个周期表。什么元素都在里面。"（个人采访，1989）同人歌曲演唱的结构必须将不同的粉丝兴趣都考虑进歌曲全集，鼓励参与，并兼容不同音乐品味、风格和能力。

布伦达·辛克莱尔·萨顿（Brenda Sinclair Sutton）的《不再是陌生人》（"Strangers No More"，1989）很好地概括了粉丝社群中同人音乐的位置，萨顿指出它主题的多样性，并指出粉丝音乐如何将拥有各自专门不同兴趣的陌生人聚拢来，并在其中创造共通点。这首歌从一对夫妻准备出发参加科幻同人展开始，写到他们从"俗世"的普通工作日的世界进入激动人心的他们自己选择的度过业余时间的方式，这首歌跟踪了粉丝社群以一个人接一个人的方式建造起来的过程，就像这音乐本身从很多人的声音中产生，"一层叠一层"：

　　　她开卡车

　　　他用计算机

　　　那个人是学校教师

　　　唯一制约我们的

　　　就是并没有什么规则

　　　有些爱虐歌，有些爱奇幻

　　　有些爱立论坚强的科幻

　　　将我们联合在一起的唯一

　　　是我们对和谐与歌声的爱……

　　　不再是陌生人，我们歌唱

　　　歌唱和歌唱和歌唱

　　音乐将这个群体聚拢在一起，将分割他们的不同处弥合，为互动提供一个共同的基础："我星期五晚上还不认识你 / 但星期天结束时我们就成了朋友……不再是陌生人，我们歌唱。"（在《不再是陌生人》中，"ose"这个词指那些严肃的情绪低落的歌曲，就像在粉丝的双关语中的体现那样："ose, ose and more-ose."[5]）

个案分析：费城展，1989

　　我在这里将提供一个同人歌曲歌唱的个案（1989 年费城展［Philcon］周五晚上的活动），以对同人音乐过程中的文化包容与社会结合做出更为具体的分析。费城展在费城举办，是比较典型的东海岸同人展，展会项目包括角色扮演游戏，内容混合着多种文学和媒体。这次同人歌曲演唱安排在夜里十一点举行，但是实际上晚开始了半个小时，因为有冲突，还有人没有搞清房间安排。但最后一直持续到了凌晨四点。在最高峰时段，同人歌曲演唱吸引了四十个参与者，大多数时间稳

[5]　译者此处将 ose 译为"虐歌"。英语中这个特别的称呼针对的是情绪低落的歌曲，more-ose 可以指"更多虐歌"，同时也是"morose"（忧郁的）的谐音。

定在二十到三十个左右的粉丝，有时候会减少到只有六七个人。

参与者们都被随意安排在酒店的会议室里，有的坐在地板上，有的把椅子仓促地摆成一个不规则的形状环坐。同人歌曲演唱不严格区分表演者空间和围观者空间。确实，同人歌曲演唱的安排确保兴趣可以在整片场地上自由流动。这次同人歌曲歌唱是用"中西部混乱"（Midwest chaos）的原则安排的，意即任何想开始一首歌的人都可以在音乐串出现停顿的时候开始。有时候，因为没人准备好演唱而出现停顿，更常见的状况是几个粉丝同时开始唱歌，这时需要调停的介入。最终，所有想要唱歌的人都会有机会（不过粉丝们有很多幽默调笑，描述必须等待强势的朋友唱完才能开唱自己歌曲的磨人心情）。另一些同人歌曲演唱是以粉丝们所谓"游吟诗人圈"（bardic circles）的形式组织起来的，这种过程又叫做"选择、放弃或者唱歌"（pick，pass or perform）。在这种方式中，每个坐在房间里的人轮流得到机会，有机会开始唱歌，挑选一首歌让别人唱，或者放弃选择。这就保证了更广泛的参与。还有一些同人展会上会发给参与者一本特别的歌曲簿，而领唱者会以"合唱排练"（choir practice）的方式带领演唱。

音乐的提供方式都很仓促，谁如果恰巧知道某个旋律就会加入进去，有些歌以无伴奏人声合唱的形式唱出来。一些参与者会携带吉他，有一些会用口琴伴奏。同人歌曲严重依赖"借来的"旋律，或者是广为人知的歌曲或者是传统民歌，这保证了伴奏者和演唱者对演奏的音乐一般都很了解。同人音乐就像传统的民间音乐一样，会有重复的合唱段落，这即使对最"菜鸟"的同人歌曲演唱者都很容易掌握，因此也就鼓励了所有与会者参与进来。不唱歌的人会哼唱或者吹口哨，用脚打节奏，在椅子上用铅笔敲击。有些特别复杂或者感人的歌曲会由个人独唱，但是起码在这次同人歌曲演唱会上，一般趋势是大多数的歌曲都是由集体演唱的，起码在合唱段落如此。

虽然有些同人音乐家嗓音很好，甚至有些是靠职业表演赚钱的，但是同人音乐演唱会是令人舒适的业余气氛。歌唱时有暂停，等待新吉他调音，或者让演唱者找准音调。有些时候唱歌会破音，有时候会跑调跑得很远，尤其是在夜渐渐深了的时候，演唱者有时候会停下来绞尽脑汁想歌词。人们都以幽默的态度对待这些插曲，并以言语表示支持与谅解。"如果现在调子不对，那就永远对不了了"，一个女人开玩笑道。另一个人答道："我们这么说好了，这和创作同人音乐蛮近的了。"一个吹口琴的人不确定他吹的传统民俗曲调在这个场合下是否合适，于是得到了旁人的肯定："没关系的，你觉得我们平时都是从哪里偷曲调的呢？"

　　虽然有些同人歌曲需要关于粉丝文化或者流行文本的特殊知识才能了解，所以对新手来说比较难懂，但是围绕着同人歌曲演唱的语言环境为新粉丝提供了信息以欣赏演奏的内容。"谁需要我解释一下上一首歌词？"一个歌手唱完一首满是粉丝俗语的歌之后询问四周。非职业化和持续的言语鼓励创造了充满支持和鼓励的环境，鼓励那些之前几乎没有音乐天分的粉丝参与。

　　有些歌曲是原创的，是表演者自己写的，在同人展会上首次"试演"，另一些是较老的为人喜爱的作品，或者是演唱者的个人收藏，或者是从同人音乐"赞歌集"[6]中挑选出来，从其他展会上听来，或者和特定的粉丝音乐家相关。新歌经常会受到语言上的肯定赞许，在整个房间内传阅，想把新歌加入自己笔记本的人会立刻匆忙誊抄下来。有些粉丝唱了没有完全完工的歌曲，请求其他同人歌曲演唱者提出建议以完成它们。

　　同人音乐给人的感觉一直就是同步进行的众人创作的过程，这是一个建立在群体传统上但是同时也持续对个人贡献和创新保持开放态度的过程。有些传统的同人歌曲已经有了多达数百首歌词填词，新手们常常会用这些歌曲试手加入同人音乐的大集合中。在另一些场合下，流行的同人歌曲会被戏仿或者盗版无数次。

258 这些戏仿对于同人音乐家来说是一种恭维，因为这标志着同人歌曲在粉丝群体中深受欢迎。在同人歌曲之夜，好几次一首传统的同人歌曲或者民间歌曲刚一结束，圈子里就另有人唱起一首或者多首其戏仿版本。同人歌曲从来不是封闭的或是完全完成的，它是开放的，流动的；相较个人表达而言，更应该说是集体的财产。粉丝圈的"飞行的岛屿"保证了一个展会上唱的歌曲能极快地加入歌曲总集，传播到散布在全国各地的其他展会上，有时候会根据新的语境和条件重新改写。我有时发现，那些在其他地方演唱同一首歌的人根本既不知道原作者，也对原语境毫无了解。

　　歌曲是由自由的联想结合组织起来的。一首歌引发了另一个演唱者的回忆或者回复，并开始一轮歌曲对唱。罗伯塔·罗格将群体引入了一首对《侠胆雄狮》

---

[6]　赞歌集，原文作"hymnal"，即基督教教堂的赞歌歌曲集簿。

的恶搞歌曲——《地道里的人们》（"The People in the Tunnel World"），立时就有另一个同人歌曲演唱者回击以一首对电视剧更加认可宽容的《住在深深的地下》（"Living Down Below"）。一首关于科尔·埃冯的歌匹配的是一首关于拉杰·布雷克的歌。在其他情况下，这个群体会演唱自己在各处同人展会之间旅行的辛劳，向"挑战者号"航天飞机上遭受厄运的宇航员致敬。当粉丝们已经想不出别的关于这个主题的歌曲或者对这个主题失去兴趣的时候，就有人加入一个新话题，歌唱就往另一方向进行了。

部分是因为这种流动性，部分是因为同人歌曲演唱的接受氛围，一整晚的歌唱过程最终会触及一系列宽泛得近乎不可想象的文本和主题。在这一歌唱过程中，演唱了超过 80 首歌。很大一部分和粉丝对媒体文本的兴趣紧密相连，包括那些追随者众多的（《星际迷航》《布雷克七人组》《星球大战》《侠胆雄狮》《印第安纳·琼斯》），还有很多异想天开的选择（《变蝇人》[*The Fly*]）或者正在崛起的粉丝圈（《量子跳跃》）。另一些歌曲是建立在文学话题上的，包括戈登·迪克森（Gordon Dickson）的《多赛》（*Dorsai*）小说，罗伯特·海因莱因（Robert Heinlein）的《地球的绿山》（*Green Hills of Earth*），安妮·麦卡弗里（Anne McCaffrey）的《佩恩》（*Pern*）系列，玛丽恩·季默·布拉德利的《暮临》（*Darkover*）系列，以及 C. J. 切利（C. J. Cherryh）的作品。这些粉丝们唱了一些主流歌手的歌曲，这些歌曲由于风格和题材的原因特别适合改编为同人歌曲，比如加里森·基勒（Garrison Keeler）、斯马瑟斯兄弟（The Smothers Brothers）、汤姆·雷尔（Tom Lehrer）、马克·罗素（Mark Russell）和艾伦·舍曼（Allan Sherman）的歌曲。那些歌唱鼓励太空探索的歌曲，即宣扬美国国家航空航天局及其目标的歌曲是粉丝圈中的一个长寿传统，在这次同人歌曲演唱环节中也得到了体现。更令人惊叹的是大量向其他时事致敬的歌曲（包括旧金山大地震、伊朗门事件、柏林墙的倒塌等等 [7]），这也显示粉丝圈同样也为更加具体的政治意见

259

---

[7] 旧金山大地震，指 1989 年 10 月 17 日发生于旧金山的大地震，是 20 世纪美国本土发生的仅次于 1906 年旧金山大地震的第二大地震。伊朗门事件是 80 年代中期的美国政治丑闻，指美国里根政府向敌国伊朗秘密出售武器被披露后造成的严重政治危机事件。柏林墙倒塌指 1989 年 11 月 9 日分割东西柏林长达 28 年的柏林墙被东德开放，这标志着东西冷战的结束和两德统一的开始。

表达提供了工具。

　　材料的多样性使得同人音乐出名地难定义。它的边界持续扩张，包容进越来越多新同人音乐家和粉丝圈各自的贡献。丹佛"匿名同音者"（Filkers Anonymous）中的一名成员，索尔多·杰克逊（Sourdough Jackson，1986）就在为这一问题而挣扎：

> 　　同人歌曲是粉丝圈的民间歌曲。同人歌曲涵盖了科幻和奇幻的全部领域，但是并不只局限于此。你可以听到关于空间计划的同人歌曲，描述粉丝圈自己的歌曲，有关电脑和历史上各种事件的歌曲。有些歌曲会从熟悉的传统曲调取材，或者流行歌曲，或者百老汇以及吉尔伯特与萨利文（Gilbert and Sullivan）[8]，或者完全原创曲调。有些歌短小简单，另外一些则长且复杂……旋律、歌词和演唱水平的质量包括了所有的可能性。风格也是同样。（p.5）

　　同人音乐的混杂性拒绝简单的分析、描述和定义。但是，正是由于其标志性的不固定性，同人音乐为粉丝文化的"游猎"性质提供了很好的观照角度。

　　同人歌曲演唱会中歌曲的多样性可以比照为擦写板，多样的兴趣将粉丝们集中到一起，歌曲既反映传统的硬科幻也反映奇幻，既反映技术文化也反映神话冒险，既有政治也有业余的娱乐，既有战争也有爱情。早期的粉丝认为大多数最早的同人歌曲都围绕着科幻文学而作，这一传统可以上溯到 20 世纪 40 年代的粉丝圈。当粉丝圈扩大其原作的范围并包含了媒体文本、游戏和电脑之后，同人音乐也吸纳了这些新的题材。同人音乐能同时吸引男性和女性的原因之一，是歌唱环境相对更加开放，允许各种不同视角和兴趣的存在；相对的，不管是传统的文学同人志还是新的媒体同人志，其视角都偏狭窄，兴趣以及文本解读方式相对都比较固定专一。同人音乐家马克·布莱克曼（Mark Blackman，个人采访，1989）预测：随着同人音乐愈发普及，有可能会进一步分裂为更加专门的亚粉丝圈，而如今作为同人音乐标志的多样性也会让路给性别或者某个节目的专门性，就像现在

260

---

[8]　吉尔伯特与萨利文指英国维多利亚时代幽默剧作家威廉·S. 吉尔伯特（W. S. Gilbert，1836—1911）和作曲家阿瑟·萨利文（Arthur Sullivan，1842—1900）的合作。他们一同创作了 14 部喜剧。他们对戏剧内容和形式的创新影响了 20 世纪音乐剧的发展。

的同人志发行社群一样。但就现在而言，同人音乐仍然代表了更大的粉丝群体的一个缩影，有很多围绕着科幻与奇幻的不同兴趣。

《科学老学究、胆小鬼和书呆子》

迄今为止，费城展最常见的一类歌曲既不是关于媒体的也不是关于文学的，而是关于粉丝文化本身的，这些歌纪念或者哀悼过去的展会、同人志出版、角色扮演比赛，还抱怨和这个移动中的社群保持联系是多么困难。如果说其他的歌曲反映的是个别兴趣，就算追随者再多也只是个别的兴趣的话，这最后一种歌曲坚持叙述的则是整个社群的集体身份，指向其共同兴趣。这些歌经常触发在场的粉丝们讨论交流共有经历中的个人回忆。

这些歌中最为有力的是颂歌（朱莉亚·艾克拉的《重生的迷航》[1982]，洛城同音谐波组 [L. A. Filkharmonic] 的《科学老学究、胆小鬼和书呆子》["Science Wonks，Wimps and Nerds"，Fletcher，Robin and Trimble，1985]）；另一些是对童年回忆的深思，或者欢欣鼓舞地表达粉丝们对媒体产品、太空计划以及许多其他目标的深切的忠实追随。然而也许最常见的情况是，同人歌曲为粉丝圈提供了幽默漫画式的表现，建立在大胆的夸张基础上。幽默积极地表达了集体身份，表现了共同经历，创造了共同感情。就像同人音乐家梅格·盖雷特（Meg Garrett）解释的那样："如果说你'懂了'那笑话、梗或者致敬，和所有其他的粉丝听众们一起欢笑，那么就加强了归属感、'家族'感和共有的文化感。"（个人交谈，1990）这些歌曲都是粉丝大声自豪地唱出来的，经常以共同的笑声结束，这种笑声源于温暖的认同感，游戏性的挑战态度，充满爱意的戏仿或者尖锐的讽刺，但是这种笑声首要的功能是创造团队感。

同人歌曲可能会提到大众媒体中或者文化批评对粉丝的负面刻板印象，但是却把它们转向对这个群体更同情的立场上去——并不将刻板印象视作外界非难，而是将其推向夸张的极限，宣扬刻板印象的叛逆性，以宣告粉丝圈的乐趣与理想主义的形式将它们重新定义。洛城同音谐波组的《科学老学究、胆小鬼和书呆子》，就是为了回应 1982 年《洛杉矶先驱报》（*Los Angeles Herald*）对《星际迷航

261

II》电影的评论而作，大胆挑战了"所有的俗世以及仇敌群"的"刻板印象脑袋"强硬塞给粉丝们的条条框框，而将粉丝的形象描述为"先知、发明家和行动者"。这首歌中粉丝们的形象不再是消极被动的消费者，整日接受媒体文本硬塞的"荒唐激动"，而是主动积极的社会参与者，将自己的梦想努力翻译为"比语言更响亮的成就"的梦想家。和粉丝有关联的是"物理学家、学者、宇航员、程序员"，这些职业人员往往自己就是科幻粉丝，他们也有着粉丝一样的"抓住未来，把它变成我们的"企图。与之产生鲜明对照的是那些缺乏想象力无法理解粉丝文化的外行。

　　这首歌以战斗檄文一般的角度反对媒体刻板印象，然而有些人不仅完全接受了这些刻板印象而且还将它们推到了极为荒唐的极端，以粉丝自己的口吻大声地说出，拒绝情感克制与社会礼仪。同人歌曲表达了情色幻想（《视频情欲》["Video Lust", Davis and Garrett, 1989]）和失去身体情感控制（《最终埃冯垂涎曲》["The Ultimate Avon Drool Song", Lacey, 1989]，《哈里森·福特复仇之流口水歌》["Revenge of the Harrison Ford Slobber Song", Trimble, 1985]]毫无愧疚感的乐趣；粉丝们带着反讽的愉悦歌唱着损毁的生活和收集癖花光的腰包，还有塞满了同人志的屋子。银河无垠的《迷航者》（"Trekker"，无日期）某天醒来发现她的丈夫完全厌倦了她没完了地把时间和钱砸进她的粉丝圈，"带着孩子搬到了特拉华/再见，再见，再见"。罗伯塔的《我收到了同人志》（"I've Got Fanzines"，无日期）中的主人公同人产品多到了"没有住的地方"，被迫睡进了车库里。还有些其他的歌将媒体创作者视为神祇，请求他们完成未尽的史诗（《亲爱的卢卡斯先生》["Dear Mr. Lucas", Christy, 1985]），或者解决他们喜欢的文本中不那么讨人喜欢的部分（《罗登伯里》["Roddenberry", Ross, 1988]），或者收回取消某流行电视剧的决定（《一个愤怒的粉丝说》["An Irate Fan Speaks", McManus, 1989b]和《别丢下我》["Do Not Forsake Me", McManus, 1989a]，两首歌都是有关《布雷克七人组》最后一集的）。很多歌都表现出粉丝对某个特定文本制作者的极度尊敬，还混杂着迷恋和不满，而这正是粉丝创作的原动力。

262　　　然而，粉丝们对媒体文本的迷恋不能完全和主导媒体刻板印象中消费和尊崇的范畴联系起来观看，同人音乐也为粉丝创造力提供了最极端的形象，他们描述了完全锁定在出版同人志上的编辑，不能停下画笔的画师，还有选择用生命在各地同人展会之间蹦来蹦去的粉丝们。莎莉·查尔兹－海尔顿（Sally Childs-Helton）的《展会男蓝调》（"Con Man Blues"，1987a）中的主人公很可能是最终的粉丝英雄，他在"一堆 T 恤衫上／在一个小贩的车后座"受孕，是一个粉丝和一个同人音乐家的孩子，他在一个世界级的同人展会的化装舞会上出生，注定要在粉丝文化上穷尽一生。

对于某些媒体文本企图剥削某个类型的忠实粉丝群体，其他一些歌曲表达了欢快的拒绝。丹尼斯·德鲁（Dennis Drew）的《蓝精灵之歌》（"Smurf Song"，无日期）表达了演唱者暴力地想把这群小小的蓝色卡通人物的星球完全铲除的幻想。克里斯·韦伯（Chris Weber，1982）的一首歌抱怨道"你永远看到的都是渣滓"，当"电视上出现科幻"，而杜安·埃尔姆斯（Duane Elms，1985）则告诉那些不停循环着老想法的编辑们《把这书拿走扔了它》（"Take This Book and Shove It"）。罗伯塔·罗格的《电视台经理的哀歌》（"Lament to the Station Manager"，无日期）则抱怨地方小电视台不停地重播糟糕的《星际迷航》剧集，比如《斯波克之脑》，却把连续剧中的精华部分全都弃之不顾，比如《狂暴时间》和《永恒边缘上的城市》。粉丝占有性的宣告不仅针对单一的媒体或文学文本，而且直接针对科幻这一整个类型，有理有据地批评文化工业产出的卖科幻名头的伪劣商品。

"逃离尘世"

通过点明粉丝文化和尘俗世界的长期性区别，同人音乐家们从媒体制作人和文学掮客们身上看到的破产的价值观和丧失的想象力可以嵌入这种更大的社会秩序之中。这一区别一部分是粉丝和非粉丝的，这和新闻报道中粉丝文化（见第一章）里的正常－不正常二元对立形成了鲜明对照。粉丝圈成为了和消费文化对比衡量的标准，也同时既表达了粉丝们在粉丝文化中所寻求到的快乐，也表达了他们对自己日常生活的种种不满。这种高度批评性的角度在巴里·查尔兹－海尔顿的《尘世》（"Mundania"，1987a）中清晰地表现出来（用《西区故事》[West Side Story] 中莱昂纳德·伯恩斯坦 [Leonard Bernstein] 的《美国》["America"] 曲调演唱）：

263

　　　　　　我知道那个你能成真的地方

　　　　　　很多人都认为这是个好地方

　　　　　　你可以自由地做你自己

　　　　　　不必思考或者白日做梦

　　　　　　买下你所见，在尘世

　　　　　　别妄图驯服我，在尘世

　　　　　　随你同意什么，在尘世

　　　　　　无处可逃，在尘世

　　查尔兹－海尔顿尖锐讽刺美国消费社会，将"尘世"描述为过着"芭比和肯"的生活，住在市郊，观看肥皂剧，讨论《读者文摘》里的文章，吃麦当劳的巨无霸，说说邻居的八卦，并在单身酒吧里寻找快速性爱直到他们安定下来开始抚养他们的两三个孩子："一间填满了软垫的房间，在尘世／无聊得跟地狱一样，在尘世。"它生动地表述了粉丝们在这个世界里感受到的深刻的疏离感，因为世界的价值观和他们自己的价值观念完全不符，他们在微贱的工作岗位上创作力发挥的自由也是极受限的。尘世与社群感、创造力、紧张感等他们在粉丝圈里的感受产生了鲜明反差。

　　更普遍的是，同人音乐大力宣扬了快乐而非拘束、开放而非强加的道德准则，将负面的价值观统统归因于"尘世"。"尘世"不仅被简单地看作独立的文化领域，而且被视为粉丝寻求快乐的严厉反对者。在同人展会文化中，它即使并非明显在场也是暗示存在的反对力量。传统的扫兴人物在《迷航粉》和《我收到了同人志》里是消极反对的丈夫形象，在李·戈德（Lee Gold）的《记者才不听真爱粉说话》（"Reporters Don't Listen to Trufen", 1986）中是报道记者的角色——他完全无视了对粉丝文化的理性解释，转而散布挑逗俗世读者的猎奇刻板形象，在罗格的《阿尔戈的用场》（"A Use for Argo", 1989）中是误入同人歌曲演唱会现场的宾馆职员和安利推销员。粉丝们热情拥抱快乐，而"俗世人"则压抑或者否认它。

　　非常有趣的是，这种粉丝／俗人的对立在同人音乐家描述他们喜爱的媒体和文学文本中虚构人物的时候也一样存在。戈登·R.迪克森的小说中，多赛人有可能是勇猛无敌力大无穷的战士，但是在克里斯·韦伯的《多赛人都做些什么》

（"What Does a Dorsai Do"，1985）中，他们在工作之余遵照俗世的市郊生活方式起居，他歌中的多赛人会听着"多赛人汤米乐队"起舞，会带着他们的孩子去迪士尼乐园，在他"多赛学院风的衬衫上印着多赛的鳄鱼图"。这首歌反讽地逆转了同人音乐家自己的社会经历，因为同人音乐家们在工作之时遵照的是俗世的价值体系，但是在休闲的时候则享受粉丝文化，此歌中的多赛人则正相反。（同时很有趣的一点是，就像《逃离尘世》一样，韦伯的歌通过消费选择和文化爱好定义"俗世"，正如粉丝的品味和休闲活动定义了粉丝身份一样。）同样的，其他歌曲中，粉丝满溢的热情代入他们最爱的人物身上，将他们投入同人音乐家描述的同人展会生活相似的场合中去。莱斯利·费什的《禁止进入阿尔戈》（"Banned from Argo"，1977）中，"进取号"的船员在海滩星球发疯般地跑了大概"三天甚至更多"（因为通常一个同人展会就是这么长时间），导致了灾难性的丑闻后果。柯克和五个不同性别的外星人进行了集体性交。查培尔在斯波克身上用了瓦肯春药。司各提和七个太空舰长比试酒量并胜出，而契诃夫把一艘太空梭弄上了市政府的屋顶。乌胡拉在他们的通信系统上搞鬼，所有的扩音器都一副光秃秃的样子。宇宙海盗误入他们的娱乐活动，吓得魂飞魄散地逃跑了，而这也和其他同人歌曲中尘俗中人误入同人展会的反应一样。最终的结果是电视剧中的这些人物，就像常见的被旅馆拒绝住宿的同人展人士一样，"被阿尔戈永久性禁入，就是因为他们玩得太开心了那么一点"。

"为未知的英雄干杯"

如果说同人歌曲中粉丝的形象和俗世中人的区别在于他们情感的浓烈度和对乐趣追求的执着程度，那么他们也和俗世思考方式的短视有所区别。粉丝们自视为做梦的人，用想象和创造力建造他们的文化，并以想象力为他们的社会经验赋予意义。他们是技术乌托邦主义者，看到了人类进步的可能，而他们同时代的人却视而不见，因此在这个问题上他们和俗世人群不一样。但他们也像孩子，因为他们的纯真希望和充满想象力的幻想生活。很大百分比的同人歌曲都理想化地表现了童年，完全可以看作粉丝们的自我形象表达。

比尔·罗珀（Bill Roper）的《从彩虹之端吹来的风》（"Wind from Rainbow's End"，1986）就体现了同人歌曲中这种明显的自传倾向。这首歌开头描写了一个孤独的学龄男孩，因为和别人不同而被同学无故挑衅，最终他通过阅读奇幻和科幻小说得到了解脱。这些童年的幻想为他在"操场上的战场建造了一个强大的盾牌"，为他在不友好的环境中找到了逃避的地方。这首歌的结尾处，长大的男孩仍然保有对幻想的热爱，依然用它来对抗成人生活中的问题。这个孩子变成了一个粉丝，而他的俗世人同学们则从"莎莉、迪克和简"的故事移向了同样"俗世"的成人读物。但罗珀的歌曲以一个警告结尾，声称太过认同与幻想世界的话会有危险再也没法回到现实中来。这个例子说明，关于童年的同人歌曲也保持着粉丝和俗世人的对立，而这种对立常常转化为孩子与成人之间的对立，而在这个例子中，则是书呆子和欺凌弱小的恶霸的区别。

T. J. 伯恩赛德·克拉普（T. J. Burnside Clapp）的《罗宾汉》（"Robin Hood"，1988）中则出现了更为复杂的成人与儿童之间的互动。这首歌数次强调成人不可能回忆或者重新经历儿童想象的生动性，并认为成人羞于承认曾经有那么一段时间，他们自己的游戏可以"将后院的花园／变成 12 世纪的英格兰"，而歌曲作者接下来回忆了她自己童年的游戏经历，以玩耍的孩童的角色和口吻："我是罗宾汉／你是玛丽安／我们相爱吧。"就像这首歌宣称的那样，成人会"丧失他们的幻想"，但是歌曲的作者则将自己代入了既非成人也非孩童的角色，而是一个粉丝，她尽管生理上走向成熟，但是她仍然和想象力保持着紧密的联系。但是在最后一句歌词中，她仍然可以以孩子的口吻歌唱："他们永远不会懂我们的感受。"（这首歌的双重性原因可能在于，作者是十二岁的时候写这首歌的，但是在成人粉丝，如"技术困难"［Technical Difficulties］表演这首歌的时候，我们还是不能完全厘清这首歌各种复杂纠缠的意义。）

正如同人音乐家所宣称的那样，粉丝们并不是简单保留着童年时代的想象力和理想主义的梦想家，他们还是"行动家"，心目中存在一个更好的世界，并且努力工作把这些梦想变成现实："看希望和幻想把我们带向何方／让生活更好，这是我们努力的目标。"（就像在《科学老学究、胆小鬼和书呆子》中宣称的那样。）这些歌曲作者认为，正是这种愿意为了幻想而行动的精神将粉丝们和广大技术乌托邦主义者联系在了一起，科学家和宇航员们也是这个群体的一分子。粉丝们对空间计划充满占有欲的兴趣，就像他们对最爱的媒体和文学文本的态度一样。就像多丽丝·罗宾（Doris Robin, 1985）的一首歌所言，"挑战者号"也许曾"承载着全人类的梦想"，但是这些梦想对粉丝们有特别的意义，因为他们对美国国家航空航天局的目标仍然充满希望，即使"俗世人"已经无力想象梦想实现的一天。这种封闭性在许多歌中不断出现的"我们"这一人称代词得到了很好的体现（如"我们会触碰到星星"），表达了他们对空间计划的心理投资。同样的倾向也体现在同人歌曲的主角身份上，这些主角里常有非粉丝非宇航员但和两个群体都有共同之处的人物。正如宇航员，这些人积极地直接投入这一计划之中，但是和粉丝一样，在真正的空间飞行过程中只能是旁观者，而非参与者。迈克·斯特恩（Mike Stein）的一首尖锐讽刺的歌曲《最后一课》（"The Final Lesson", 1989）描写了克里斯塔·麦考利夫（Christa McAuliffe）的儿子和他的同学一起看着他的母亲被航天飞机送上天空却又立刻爆炸的情境，而小威廉·沃伦（William Warren Jr.）的《阿波罗十三号谣曲》（"Ballad of Apollo XIII", 1983）则描述了任务控制中心在等待损坏的飞船能否重新与他们建立联系时候的经历。莱斯利·费什的《为未知的英雄干杯》（"Toast for Unknown Heroes", 1983a）则赞美了普通工人，是他们无名的工作才能让宇航员飞翔，但是他们最终只能看着宇航员得到所有的荣誉。这类人物将宇航员的历史真实和粉丝的幻想参与建立起了跨越鸿沟的桥梁。

这些宇宙相关的歌曲反映了粉丝群体最深的意识形态投入——寻找科技乌托邦，以人类进步的幻想为指向，批评自己的当代环境。莱斯利·费什的《希望的雏鹰》（"Hope Eyrie", 1983b）虽有争议却被很多人公认为最受欢迎的同人歌曲，将太空探索的旅程表现为不断抛去逝去的时间和前来的死亡所带来的令人窒息的重量的过程：

> 旋转的圆圈
> 遥远的星星燃烧。
> 人类和行星一同老去。
> 生命的桂冠传递给年轻的土地。
> 时间将希望的尘土从他手上吹走
> 并翻过新的一页。

> 但是鹰降落了。
>
> 告诉你的孩子什么时候
>
> 时间不会将我们
>
> 再次堕入尘土。

　　费什的歌歌颂了人类永恒的对成就的追求和探索，它会经受住时间的考验，这是她从阿波罗登月中体会到的。这些歌曲让同人音乐家想象自己和未来的关系，这个问题对他们来说具有巨大的吸引力，因为他们对科幻的毕生不变的兴趣。对于同人音乐家来说，未来和过去是连续的，因为它建立在过去的基础上，也受到现在作出的决定的塑造。这些选择以不同的方式表现出来：对有些人来说，选择在于冷漠地接受人类的衰落还是向明天更好的世界前行；对另一些人来说，选择在于导弹还是火箭，战争还是和平探索。在一方面，通常归类于俗世的人，代表了后现代（postmodern）的愤世嫉俗和傲慢自大，而另一方则是粉丝们，拥抱着对人类进步的热情信仰。

　　就像许多在粉丝团体中流传的概念一样，这个群体对于美国国家航空航天局太空计划的热情接受在意识形态上是不纯洁的，既包含着启蒙哲学的概念，也包含着对消费资本主义和军事扩张主义的激进批判。如果说对很多人来说美国国家航空航天局的目标永远和军事利益紧密相连的话，那么同人音乐家经常将里根－布什所计划的"星球大战"计划视作对肯尼迪时代理想的空间"行动"的背叛，这是对"最终边境"的破坏，它完全没有对未来的信念，而且用破坏性的炸弹代替了乌托邦主义的宇宙飞船。如果说同人音乐家欢迎空间计划，那么他们也以同样激烈的态度反对武器的囤积。他们的很多歌曲都有力地支持了反战运动。费什将一首同人歌曲专辑磁带《火风暴》（Firestorm）献给了"我们现代科技文明的堕落与毁灭"，"描写独立的人民在曾经的大规模战争的恐怖中存活下来并不愿意再次犯下同样的错误"（火鸟目录的描述）。就像他们对媒体文本的占有欲使他们对文化产业（cultural industry）的批评显得有据可依，他们对美国国家航空航天局的密切投入也让他们道德上挑战其目标完成度显得顺理成章，为他们反对政府行为提供了基础。

　　关于粉丝有几个不同但相互关联的概念，在同人歌曲集合中不断地出现。对于媒体文化而言，粉丝们既是热情的忠实挚爱者，也是严厉的批评者。粉丝们是作为日常生活的价值和规范的反对面而定义的，他们可以比"俗世人"活得更丰富，感受更强烈，玩得更自由，思考得更深刻。粉丝被视作将童年的梦和幻想带入成年生活的人。粉丝的形象是技术乌托邦主义者，对地球在太空中的未来保持积极活跃的关注和希望。同人歌曲演唱的社群性使这种言论不仅视粉丝群体为演说对象，向粉丝群体致敬，还发出了粉丝群体自己的声音，让这些歌曲可以读作自省的艺术品，共同表现出创造它们的群体的理想、价值和生活状态。这些歌曲在表达并维持粉丝们的共同身份上起到了至关重要的作用，反映并结合了整个群体内部多样化的兴趣，并挑战了对粉丝的主导性的负面刻板印象。

"既不是鱼也不是鱼鹰"：同人音乐和民俗传统

同人音乐对粉丝文化的审美状态及其与更老的民俗传统之间的关系提出了有趣的问题。就像民族志音乐学家、同时也是同人音乐家的莎莉·查尔兹－海尔顿所言："这必然是一个真正的民俗群体的传统音乐，但是这个民俗群体是基于流行文化的。而音乐既是传统的也是流行的，既是类型音乐也是口耳相传的。同人音乐既不是鱼也不是鱼鹰，既不是纯传统也不是纯流行。"（个人对话，1990）同人音乐家从当代大众媒体中借用主题，从民间音乐传统和海量的电视剧音乐和流行金曲中借用曲调。这些"盗猎"来的材料重新组合成最终成品，表达粉丝对原文本或者作为社会文化群体的粉丝圈身份的阐释。同人音乐来自整个社群一同歌唱的音乐形式，它的乐趣不在于表演质量，而更来自于其产生的社群感。音乐学家们传统上定义民间音乐的很多特点都可以定义同人音乐：口头传播而非记录固定的书面文本，音乐传统的连续传承，表演中改动的自由度，还有群体抉择的歌曲存留决定。这种区别将民间音乐从商业音乐中区分开来，后者是为消费者量身定做的完成品，并一直保持不变。对很多学者来说，民间音乐的核心在于团体以定义集体身份为名的对音乐的改变和重新创造，这一步骤同时也是同人音乐的标志性文化行为。

同人音乐家明显通过将他们当代的音乐制作联系到古老的民俗传统中获得了

269

一种身份。有一个广为传播的笑话，称美国是很少几个用同人歌曲做国歌的国家之一。因为弗朗西斯·斯科特·基（Francis Scott Key）就像很多同人歌词作者一样，将他的词配上了现成的曲调 [9]。吟游诗人、宫廷歌者、行吟者和竖琴手的形象在同人歌曲中重现，很多同人音乐家以这些传统词汇自命。同人歌曲演唱是以"吟游诗人圈"或者"合唱排练"的原则组织起来的，而歌曲簿则被称为"赞歌集"。

梅格·盖雷特是洛城同音谐波组的一员，对同人音乐家自称与传统民间音乐之间的关系，她提出了自己的理解：

> 我把它（即同人音乐）视作民间音乐的现代对应体。一直到最近，如果说有人想要通过歌曲自我表达，而且不会自己作曲的话，那么你可以就用你自己或者你所在的文化群体了解的民间歌曲曲调（这事实上也属于你所有，因为你既知道它的歌词也知道曲调）。毕竟，直到比较晚近的年代，没有人靠写作歌曲谋生；可以靠演唱而生，但是光靠写作的话，那是不行的……而现在，因为版权的存在，拥有一首歌的曲调成为可能，而且也可以赚钱了。但我们对民间音乐的了解都及不上对当代流行歌曲的了解。而同人音乐家们就像以前一样，借用他/她认为合适的曲调，虽然说现在被借用的内容往往是有版权的……我认为人们一直在使用身边的事物，包括商业文化，所以我们也用商业文化的内容。如果说伐木场比森林近的话，你会去买木柴而不是自己去伐木。（个人谈话，1990）

盖雷特指出，同人音乐从商业文化中劫掠材料，就像早前的民间音乐使用传说、民间故事和八卦作为叙事内容。虽说由于如今音乐界愈发职业化，而所有权的界定更加严格，同人音乐必须将民间音乐表演带入新的背景加以改造，但是作曲家和演唱者一直以同样的逻辑联系自己和文化环境。同人音乐将商业文化重新编成民俗文化，成为两种音乐传统中间的调和者。它的原材料来自商业文化，而

[9] 弗朗西斯·斯科特·基（1779—1843）是律师，他在 1814 年目睹英美战争时写下了几段诗，得到赞赏后用当时一首流行的曲子——约翰·斯塔福德·史密斯（John Stafford Smith）所作的《给天堂的阿纳克里翁》（"To Anacreon in Heaven"）配成歌曲，并取名《星条旗之歌》（"The Star-Spangled Banner"）。这首歌 1931 年正式被确定为美国国歌。

它的逻辑来自民俗文化。

这种关系的复杂性已经由"同音"这个词汇点明了。粉丝们用它描述他们的音乐，其实是来自一个早期同人展上的一个打字手误，将 folk 打成了 filk。这个词汇于是便被粉丝群体采用了，因为它同时标志着同人音乐和传统民间音乐的相似之处与区别。同人音乐就像民间音乐，但又不是。一个字母的差距将它作为一种音乐范畴，与其所源自的传统区别开来。

同人音乐显示，商业文化虽然看起来无所不能，足以构建其接受大众的幻想生活，它也被民间文化的残留阴影所笼罩，后者的形式和传统即使已然边缘，却仍可能成为反抗文化活动的方式。我们并不需要把这种文化看成比商业文化更"原汁原味"，而应当视作一套文化使用和意义生产的传统战术词汇。这种活跃的民俗文化为文化创造和流通提供了模式，并为现代的盗猎者提供了强有力的集体身份。

我必须首先澄清我对民俗文化的定义，因为这个词本身也已经是争论的焦点。约翰·费斯克（1987，1989，1991）不断地重申，说粉丝必须从商业文化中汲取原料以创作自己的文化，因为除此以外没有别的可用原料了。费斯克对现代"流行文化"和传统民俗文化之间是否存在联系表示怀疑。我描述的民俗文化与费斯克拒绝的民俗文化并非同一个概念。它并不来自"相对稳定、具有传统的社会秩序、社会区别并不会产生冲突"的文化，相反，它是一种直接与早期大众对抗体制权威与文化等级制度运动相关联的文化。它并非原材料完全来自民间社群的民俗文化，而是从已在广泛流通的文化中挪用资源，那些已有资源一般来自其他地方，尤其是主导文化内部（Fiske，1989，pp.168—177）。费斯克拒绝的是对民俗文化不加排斥的浪漫化倾向，那种民俗文化在历史上并不真实存在，只存在于文化精英的乌托邦幻梦之中。这种"民俗文化"的神话极保守，尤其是当它在学界内部或者其他文化场合触发的时候；"民俗文化"被强硬地剥去了与社会斗争的历史连接，成了特定美国文化的普适遗产（而因此也就引起了民族性和超越性意义的神话）。

就像罗杰·查提尔（Roger Chatier，1984）所言，民俗文化中不存在未受污染的纯净时期，所有的流行创造都已经为更大范围的文化行为与社会体制所影响，都已经为精英或者大众文化材料所塑造。民俗文化一直是一种反抗、挪用和重新定义的文化，一种"因陋就简"的艺术，民俗文化一直都在使用之前流通的图像，并重新变换以服从于原本受压抑的兴趣。查提尔的写作和费斯克很相近：

　　　　"流行"之物既非特意为人民创造的文化，也并非无根之木，它是与文
　　　化物品的一种特殊关系。……寻找特定的单一的流行文化通常都会导向失望
　　　的结果，必须代以对同样材料的不同使用方式的寻找。区分不同的文化世界
　　　最终在于不同的使用方式和不同的改编策略。（Chartier，1984，p.235）

　　激进的民俗学家，比如乔斯·里蒙（Jose Limon，1983）、威廉·福克斯（William
Fox，1980）和路易吉·隆巴迪－萨特里阿尼（Luigi Lombardi-Satriani，1974）追溯
了民俗文化自我对立于霸权权威的传统。福克斯指出民间故事在当代大众的众目睽
睽之下仍然能坚强存留，可视作"间接或者直接的对社会秩序的挑战"，因为它为
不同的声音提供了空间，而且也强调了群体团结的概念（1980，p.250）。民间故事
拥有"对过去的不公与现在的希望，还有那些未被社会秩序实现的理想的积累与强
调的能力，隐喻和类比是常见的表现手段"（Fox，1989，p.250）。

　　乔治·利普希茨（George Lipsitz，1990）认为，民间故事能够实现这些作用，
不仅因为传统社群统治着民俗研究领域，而且因为媒体研究的关注核心有亚文化
群体："即使传统流行叙事特征（包括地域、职业、人种、民族和宗教）引发的
认同感已经大为降低，但是当代社会为身份认同提供了新的可能性，这些可能性
突出显示源于文化产业的沾沾自喜的政治性宣传口号和人们真正生活经验之间的
紧张关系。"（Lipsitz 1980，p.234）利普希茨自己对"印第安狂欢节"（Mardi Gras
Indians）[10] 的研究提供了极有利的例证，显示传统的民俗研究可以为当代流行文
化的理解提供帮助。利普希茨显示黑人亚文化从很多文化传统中借用了图像，包
括旧大陆的狂欢节，传统非洲的礼仪，世纪之交的牛仔戏等等 [11]，结合在一起发
展出了一套复杂的文化实践。这个群体就像很多其他民间社群一样，将自己的身
份和实践构建在创造性挪用并仔细重新处理非我所有的材料上，这是一种源自游

[10]　印第安狂欢节是一个基于美国路易斯安那州新奥尔良市的大型非裔美国人狂欢节。Mardi
　　　Gras 是法语，直译为"肥胖的星期二"，指基督教复活节前四十天的圣灰星期三（或称大
　　　斋首日）前的那个星期二。狂欢节从肥胖星期二之前两周开始，到圣灰日前结束，在这个
　　　狂欢节中，人们会穿上美洲印第安人风格的衣服参加游行。

[11]　牛仔戏指在美国和欧洲巡回旅行表演的杂耍表演，表现了一个经过想象极度浪漫化的美国
　　　西部的牛仔生活，宣扬了开拓新疆土的精神。牛仔戏在 20 世纪最初几年极受欢迎。最早
　　　的也是确立典型的牛仔戏是"野牛比尔"，这个表演团体成立于 1883 年，一直持续到 1913 年。

牧性劫掠的新文化。利普希茨仔细地将这些实践置入其自身的复杂历史,显示印第安狂欢节的音乐如何从劫掠商业和传统文化中发源,而最近又如何被商业音乐产业使用的。

就像查提尔讨论的"流行"文化的早期形式,也正如利普希茨记录下来的印第安狂欢节的礼仪,粉丝文化不是"纯净"或"原汁原味"的民俗文化,但是它和民俗文化传统有至关重要的联系,也拥有"不同的使用方式和不同的挪用策略"的历史(Chartier,1984,p.235)。粉丝文化来自新的文化社群,归属感的产生是完全自愿的,而其基础则建立在相同的消费模式、相同的阅读和体验流行文本的方式上,但是这种文化却能行使传统民俗文化的众多功能。同人歌曲创作者和表演者莱斯利·费什也做出了类似的议论:

> 从前的民俗文化最多是通过半自愿的方式形成的,或者基于地理(一个村庄当地),工作小组(船员、牛仔等等)或者教派(摩门教、阿米什人等等),个人本身几乎没有是否归属的选择权。离开自己的家乡、更换职业或者脱离教派就意味着受到孤立、经济困难,甚至是迫害,使其难于生存。现代的工业社会,虽有尤为无情的社会同质性和人与人的疏离,但事实上使人在物理上更容易离开出生长大的社群和教派,容易换工作,也更容易发现拥有相同品味和目标的人。这意味着比起过去来说,**自发形成的**亚文化在现在更易实现,而粉丝圈就是一个突出的例子。它开始是文学俱乐部,演化为文学/社会亚文化,通过展开其自身的附属经济、其赞成空间探索的政治态度并最终实现其广大的艺术和音乐范畴……粉丝圈就真正成为了一个完满的民俗文化。(个人交流,1990)

粉丝文化和费斯克(1989)指出的所有传统民俗文化中的特点都有相合之处。粉丝文化就像传统的民俗文化一样,建立了群体身份,表述了社群理想,并定义了其与外部世界的关系。粉丝文化就像传统民俗文化一样,是通过非正式的方式传播的,也并不严格区分艺术家和观众之间的界限。粉丝文化就像民俗文化,独立于正式的社会、文化与政治体制而存在,自身体制在法律以外,而且由于参与者的自愿性和即时性使其体制也处于非正式状态。同人文本就像很多民俗文本一样，不能达成一个"标准"的版本，而是永远处于过程中，永远对修改和再次挪用开放；为了更好促进粉丝社群的文化兴趣，同人歌曲一直在被重写、戏仿和修正。

同人文化将残余文化传统（residual cultural tradition）中不明显的潜力带入实践中，以民俗行为中的词汇重塑商业文化，使其与社群自身的兴趣更相合。正如早先表达工人的不满，民间音乐（folk music）现在可以表达消费者的不满，表达他们在粉丝团体中寻找到的团结力量以及他们对流行文化的失望，不仅从其支持的也从拒绝的理想中表达。大众文化形象不断地被提到，这并不因为这是粉丝们唯一可用的资源，而是因为对理想观众而言它最直接有效，并可以从身边人与人之间的环境拓展到以全国甚至国际为视野的文化。利用这些图像可以在愈发疏离和原子化的文化中加强人与人之间的交流。这些图像可以改编来为粉丝更加个人化政治化的观念代言。它们是粉丝乐趣的源泉，给他们提供了日常经验领域中不能获得的乌托邦主义可能性。

274 转化中的同人音乐

就像我们不应该将粉丝文化从更大的民俗文化实践历史中割裂出来一样，我们也不能以固定的形式讨论粉丝文化，认为它是历史之外的存在，一成不变。虽然说同人音乐是科幻文学粉丝社群里的一个长期传统，但是它在 20 世纪 70 年代末以前的同人展会中一般只有非常边缘的地位。同人音乐家罗伯塔·罗格回忆说："同人音乐曾经是一群互相认识的成年人躲在关起来的门后面搞的事情。"（个人采访，1989）同人音乐家非正式地聚集在宾馆的大厅中、空无一人的展会房间、走廊或者套间里。莱斯利·费什回忆说："我记得一次同人歌曲演唱最后是在巨大的升降梯中举办的，我们乘坐电梯从屋顶花园到地下室，然后又回来，纵贯整座宾馆的高度上上下下地歌唱，从天黑一直唱到黎明。我后来听说宾馆的安保人员找我们都快找疯了，因为他们到达最近一次客人抱怨的楼层的时候，我们早就消失了。"（个人交谈，1990）到 20 世纪 70 年代末，同人音乐开始在很多同人展会中正式占据时间表，整个 80 年代它一直在粉丝圈内部不断扩大其影响力。第一个同人音乐专门会展——湾区同音 I（Bayfilk I），1982 年春天举办于加利福尼亚的奥克兰，由离开半人马座出版社（Off Centaur Publication）主办。很快，由玛格丽特·米德尔顿（Margaret Middleton）在东南部举办的同音展（Filkcon）也出现了。在我写作这本书的时候，每年至少有四个常规同人音乐展会举行，虽然说整体出席人数比起其他一些同人展会来说要少得多，但是它们足以吸引到大量的追随者以保证展会的继续展开。我上文中描述的社团性同人歌曲演唱代表的是这种同人传统中的一个特别时刻：此时同人音乐已经获得了足够的尊重和流行度，能在展会上占据一个位置，并吸引不同粉丝兴趣群体中的一部分参与者，但此时的同人音乐仍然主要只在综合性的同人展会上出没，并没有出现以自己为中心的聚会。

　　同人音乐现今和粉丝社群的关系正在经历戏剧性的转化过程。半职业的录音公司录下了个体同人音乐"艺术家"的作品，向更广大的听众群体散布。个人的录放机已经成为同人音乐演唱和同人音乐俱乐部用于录制歌唱单元的必备品。个人的同人音乐家有时候会将自己的音乐录在磁带上广为传播：莱斯利·费什在60年代录制了两盘同人音乐专辑，《太阳水手》（Solar Sailors）和《为尚未在此的人们所作的民谣》（Folk Songs for Folks Who Ain't Even Been Yet），蒭藁增二五（Omicron Ceti Five）在同一时段发行了另一辑《星际迷航》同人音乐磁带《爱的颜色》（Colors of Love）。罗伯塔·罗格现在已经有五盘媒体内容相关的同人歌曲在市场上流传了，按她自己的话说，她的磁带是"电子同人志"。罗格的磁带第一次发行了200到300盘，并且是音乐家亲自售卖的。如果说这仍然保持了同人志印刷手工作坊规模的话，那么同人音乐的录制已经越来越集中在两个半专业制造商——火鸟艺术（Firebird Arts）和悲泣之歌（Wail Songs）的手中。他们的销售小有营利，并和一些同人音乐家签了专卖权，每次发行的磁带都大约有2000盘以上。每个公司现在都提供了50种以上的磁带，有些是在同人音乐展会上录制的现场版，而在录音室环境下录制的情况越来越常见，为单个"明星"表演者或者表演团队服务。每个公司都在积极地扩展其磁带名单，招募更多的演奏者并生产更多的录音室级别的磁带。

　　这种发展趋势有可能为同人音乐带来更多听众，扩散其影响力。已经有少量的广播节目开始采用同人歌曲。火鸟最近将它发行的新磁带《卡门·米兰达的幽灵》（Carmen Miranda's Ghost）和同名科幻选集的商业发行捆绑，而这本书的引言之中也写到了同人音乐磁带及其购买的地址。即使从未参加过同人展上的同人歌曲演唱，甚至没有参与过同人社群活动的人，现在也可以购买并享受同人音乐带来的快乐。半职业化的磁带生产发行方如今已对同人音乐传统造成一定的影响。明星系统已经开始出现，个人表演者开始从群体中被抽离出来出现在他们自己的磁带上。同人音乐本是建立在音乐民主的理想上，承认每个人不同的能力，但是由于职业化的推动，开始走向技术完美性。最终导致歌词越发复杂，歌曲也不再能让一整个歌唱团体迅速上口，而是需要大量练习，并开始炫耀表演者的优秀声音能力。有些同人歌曲磁带，比如凯西·玛尔（Kathy Mar）的歌曲，和流行音乐更加接近，而不太像民间音乐，她的歌严重依赖复杂的混音和采音技术，都只能在录音棚条件下做到。有几个同人音乐家告诉我他们最新的音乐磁带已经推迟发行了，因为他们缺乏某些当代同人音乐录制的完善技术，因此为了满足观众的期待，必须用录音棚返工。火鸟正在积极地寻找"突破性"的磁带以吸引更广大的同人音乐观众，将这种职业化方向视作对他们发行市场扩张的必要前提。这种半专业人士比起粉丝原作者来说更不愿意冒险侵犯版权，因此拒绝直接在歌曲中使用不在公共版权范围内的媒体人物形象。有些同人音乐家因此需要将他们为媒体相关的同人歌曲重新填词，以使其获得更加"原创"的素质。另一些则选择写作新歌，从科幻中借用类型套路，却不直接引用任何有版权的文本。同人音乐是建立在游牧性借用的其他媒体商品的碎片基础上的，现在它却也有成为另一种商品的危险（使同人音乐社群中部分人因每一首歌的归属和各位艺术家的提成比例而争论）。

276

虽然受到了不少批评，但是另一些人则指出半专业化的焦虑是深深植根于粉丝社群之中的。就像莱斯利·费什所解释的那样："在'职业'和'业余'同人歌曲演唱之间没有明显的分界，因为唯一为同人音乐磁带打广告的方式就是在粉丝的杂志上印广告，去同人展的同人歌曲演唱会，并在现场为观众们演唱。"（个人交流，1990）同人音乐扩散其影响力达到更多受众的能力和机会严重受制于其取悦粉丝社群专门知识的主题，和它的音乐惯例，强调充满感情的歌唱更胜于完美的声音。大多数同人音乐家强调说即便半职业的同人音乐公司会改变其经济基础，同人音乐也多少会一直坚持与其所源自的民俗文化联系在一起。同人音乐的未来就会像它的历史一样复杂，在它民俗文化传统中的根与它和商业文化材料的联系之间左右为难，在它起源于粉丝社群和最终作为商品售回粉丝社群之间抉择难下。

结 论
"在我仅限周末的世界……"：重估粉丝圈

在让人梦想实现的时间

在温暖的展会大厅

我的意识可以自由畅想

并深深地感受

一种从未发现的亲密

不似沉默的四墙环绕

不管一年两年或更多

不在他们所说的现实

在我仅限周末的世界

他们所谓的心想事成

是所有那些

看得见我所见的人

在他们的现实生活

他们告诉我的真实

他们关心的一切事情

对我都并非真实

（T. J. 伯恩赛德·克拉普《仅限周末的世界》，1987，
费萨略斯出版社 [Fesarius Publications]）

　　"回到现实生活中来吧"，威廉·夏特纳对《星际迷航》粉丝们说。"我已经有现实生活了。"粉丝们这样回答。这种生活按中产阶级文化的标准衡量算得上正常，同时也对这一标准有所偏离。这本书标注了这种"生活"的几个主要维度。如果说粉丝在大众媒体中的形象一向是反社会、头脑简单且痴迷成性，那我想要表现出的是粉丝圈作为亚文化社群的复杂性和多样性。

　　这本书中粉丝圈的概念包含至少五个层面的活动：

　　一、粉丝圈意味着某种特定的接受模式。粉丝观众以密切不分心的注意力观
278 看电视文本，既有情感上的接近也有审美批评上的距离。他们多次观看电视文本，利用录像机仔细检视有意义的细节，并将越来越多的电视剧叙事掌握在自己的控制之下。他们将接受过程翻译为和其他粉丝的社会互动。约翰·费斯克（1991）区别了符号生产力（semiotic productivity，即在接受时刻进行的流行性意义构建）和声明生产力（enunciative productivity，通过衣装、展示和八卦表达意义）。这种本应有意义的理论区分在面对粉丝时立刻崩解，因为粉丝接受的过程往往也就是发声的过程（我描述的集体观影就是如此）。创造意义的过程包含分享、表达和争论意义。对粉丝来说，观看电视剧是媒体消费过程的起点，而不是终点。

　　二、粉丝圈包含了一系列批评和解读实践。成为粉丝的一个步骤就是学会全社群偏好的阅读实践。粉丝批评是游戏性、审慎而主观的。粉丝关注文本细节的特殊性和准确性，并关注其贯穿整部电视剧始终的一致性。他们在自己的生活和电视剧中的事件间创造紧密的联系。粉丝评论家致力于解决剧情漏洞，发掘多余的细节和未充分发挥的可能性。这种解读模式让他们远远超越了明显展示出来的信息，并建造出比原电视剧更大更丰富更复杂有趣的元文本。元文本的构建是合作完成的，它的构造抹去了读者和作者的区别，将挪用电视剧的权利开放给观众。

　　三、粉丝圈为消费者的社会活动打下了基础。粉丝是对电视台和制作方提出反馈的观众，坚持自己对喜爱的电视剧的情节发展拥有评判和表达权。粉丝知道如何游说以防电视剧下线。《双峰》的粉丝用电脑网络为取消在即的节目呼唤支持，《侠胆雄狮》的粉丝直接向违反此剧基本假设的制作方提出抗议。粉丝圈的存在至少部分来源于面对强大文化生产传播体制时消费者相对弱势的现状。批评家
279 认为粉丝不过是商业广播市场逻辑的延伸，是由文化产业创造并维持着的商品型观众（commodity audience，Tulloch and Jenkins，即出）。这种态度能由粉丝的实

践证伪，当他们真正与文化产业系统产生接触的时候：媒体公司确实需要向粉丝营销，视之为节目销售的对象，创办官方粉丝组织，将观众的反馈组织起来，并向同人展会派出发言人推广新作品并打压不希望看到的解读方式。但是电视台的决策层和电视剧的制作者对于粉丝一直漠然不关注，有时甚至仇视粉丝，对粉丝不信任他们在制作过程的投入也持同样的态度。他们从不将粉丝的反馈视作大众观点，因此也就不能成为决策基础。媒体集团不想要会提要求的粉丝，因为他们对制作方的决定和观念总坚持自己的解读；他们想要的是普通的观众，会接受所有扔给他们的东西，买所有卖给他们的东西。官方的粉丝组织产生并维持普通观众的兴趣和利益，并将其翻译为更广泛的消费者购买行为，即周边产品、原声音乐、改编小说、续集等等。而粉丝圈，即非官方的粉丝社群则为粉丝们提供了一个良好的平台，可以为自己的文化偏好发声，并坚持对情节另类发展方式的愿望。

四、粉丝圈拥有自己文化生产的特定形式，有自己的审美传统和实践。同人画师、作者、视频制作人和音乐人都创作出了自己的作品，以表达粉丝群体的特殊兴趣。他们的作品挪用了商业文化中的原材料，作为当代民俗文化创作的基础。粉丝圈创造了自己的文艺类型，发展出了另类的生产、发行、展览和消费的机构。粉丝艺术的审美宣扬了现成文本图像的创意性使用，这种艺术同时指出并规范了电视文化的众声喧哗。

粉丝创作的根本特性挑战了媒体产业对流行叙事的版权。一旦电视人物进入更广泛的流通，侵入我们的起居室，在社会的社交网络中无处不在，它们就已经属于观众而不只是创作它们的艺术家。媒体文本因此可以也必须为观众重新制作，有潜力有意义的材料才能更好地传达观众们的文化兴趣，表达他们的愿望。

同人艺术和主流文化生产的自利动机同样也有重大区别。粉丝艺术家创作作品是为了和其他的粉丝朋友们共享的。粉丝圈生成的发布系统不仅拒绝营利，而且还扩大了创作的可及度。就像杰夫·毕肖普（Jeff Bishop）和保罗·霍格特（Paul Hoggett）所说，亚文化团体围绕着相同的兴趣和热情产生，"它们的价值观……和正式的经济中所暗示的有极大的不同，它们的价值强调互动性和互存性，这和商业文化的自利完全不同；其集体主义也对立于商业文化的个人主义；忠实的重要性以及'身份感''归属感'同计算、金钱及其他方面为基础建立的联系也有本质区别"（Bishop and Hoggett，1986，p.53）。同人志大多都按成本价销售，粉丝

280

圈中流通的同人小说可以随便复印，同人视频向来是一盘换一盘，同人歌曲传统上一直是口耳相传。有证据证明这些行为正在发生变化，而且未必是向好的方向。但正如我在前面章节所述，当半职业化的同人志出版商和同人音乐磁带的发行商出现时，我们必须了解即便是它们，也是从粉丝社群中萌生出来的，并反映了更好流通其文化产品的愿望。

粉丝圈中不存在艺术家和消费者之间划分清楚的界线，所有的粉丝都是潜在的作者，他们的才能只是尚需发现、培养以及提高而已，所有的粉丝都是可以对圈子做出贡献的人，即使再微小，也是对大社群文化财富的积累。我为这本书而研究时采访过的很多人都在粉丝圈内发现了进圈之前没有意识到的技术和能力，他们在粉丝圈内感受到的鼓励是在与其他体制打交道时从未发现的。在锻炼出这些技能以后他们也得到了后续的发展机会。

五、粉丝圈可以充当另类的社会群体。我在这章开始引用的歌词，就像我上一章中讨论的同人歌曲一样，抓住了粉丝圈中的一个核心点，即其乌托邦社群的身份。《仅限周末的世界》表达的是，粉丝圈的认同感与其说是逃避现实，不如说是另类现实，比起俗世社会来说，这里的价值观更加人性也更加民主。T. J. 伯恩赛德·克拉普将粉丝圈内的亲密感和社群主义与尘俗社会中人与人之间的疏离和浮薄进行了对比：

> 我每天都看到他们，一个月又一个月。
>
> 我看的都是外表。
>
> 他们也和我一样
>
> 在心里存着许多东西吗？
>
> 我们谈论房地产和体育
>
> 还有电视上的新鲜事
>
> 但我们从未更接近过
>
> 虽然时间一天天地过去。
>
> （T. J. 伯恩赛德·克拉普，《仅限周末的世界》，1987，费萨略斯出版社）

281

她和粉丝群体在一起的时间可能短得多，就在同人展会"仅限周末的世界"

里，但她却能"在这短短的却珍贵的几个小时里活过一生"，并和进圈前纯然的陌生人亲密地聚在一起。她以在粉丝文化中花费的时间获得能力和身份，粉丝圈让她能在不屑的目光和平日里人与人之间的冷漠疏离中保持清醒和冷静："它让我在周末之间长长的时间里一直安全度过。"

汉斯·马格努斯·恩岑斯伯格（Hans Magnus Enzensberger，1974）、弗雷德里克·杰姆逊（Frederic Jameson，1979）和理查德·戴耶（Richard Dyer，1985）都指出了流行文化的乌托邦一面，它对消费者的吸引力和它为现实世界中的问题提供象征性解决方式紧密相关。杰姆逊论述了大众文化文本如何必须点明并控制社会和政治上的不安和幻想。即使是在看起来反动的文本中，反主流文化（counterculture）的冲动痕迹依然很明显："原生的社会和历史内容必须首先经过一定微调并得到初步的表述，然后才能成为成功的处理和修改的对象。"（Jameson，1979，p.144）理查德·戴耶也做过相似论述，即相较日常生活经验来说，娱乐为我们提供了"某些更好东西的画面"，娱乐令人心满意足，因为它对想象的可能性保持开放，满足观众们事实上缺少并渴望的东西。戴耶宣称，娱乐教给我们"乌托邦可能的感觉"（Dyer，1985，p.222）。戴耶讨论了美国音乐剧，将流行娱乐和现实生活的问题做出对照：流行娱乐提供的是富余而不是缺少；流行娱乐里有力量而不是力竭，强烈而不是枯干，透明而不是阴谋，群体而不是碎片。科幻给读者的，是更好世界的图景，另类的未来，衡量当代生活的理想，也是从现实的苦难和限制中逃脱的避风港（Lefanu，1988）。

粉丝文化将流行文化的乌托邦一面视作构建另类文化的场所。这个社群对其成员被吸引到商业娱乐上的需求，尤其是对从属、友谊和社群的欲望特别敏感。大众文化中有很多例子：《侠胆雄狮》中的地下社会，"进取号"船员大家庭般的团体，"解放者号"的政治主张，无数警察剧中理想的搭档关系，舍伍德森林中快乐的人们，黑森林计划中专注着同心向前的成员们。这些电视剧中的人物都将他们的一生奉献给了值得追随的目标，并和那些将友情看得比自己生命还重要的朋友一直携手同心。粉丝们为这些电视剧所吸引，正是因为这些生动浓郁的人物关系，而这些人物一直都是粉丝们批评性解读和艺术创作的中心关注点。

然而生活往往在理想状况前相形见绌。粉丝们就像所有人一样住在现实世界，传统的社群生活正在解体，大多数的婚姻都以离婚告终，大多数的社会关系都短暂肤浅，物质价值凌驾情感和社会需求。粉丝们从事和自己良好教育完全不相称的工作，智力水平在事业生活中受不到有趣挑战。面对这些不满意的状况，他们力图建立"仅限周末的世界"，对创造力持开放态度，接受各种不同，更关心人类的福祉而非经济上的利益。粉丝圈面对自己的理想也往往极不相如，粉丝群体有时候也会内部争斗，也有个人冲突。在这里，一样有自私自利者，贪婪残忍者，但是不像俗世社会，粉丝圈一直保留着一块空间，致力于为更民主的价值而坚持奋斗。不顾集体的行为一直是受到谴责的，违反了将粉丝们结合在一起的社会契约，常引起集体的愤怒。

没有人能在这种乌托邦里永远生活下去，这个乌托邦只有在尘俗生活的背景之下才显得尤为明显。粉丝在粉丝圈里来来往往，在可能的状况下找到这个"仅限周末的世界"，尽可能久地享受，然后再被迫回到工作日的世界中去。每个月花短短几小时和其他粉丝们交流发现的，是比消费文化中的肤浅关系和庸俗价值更多的东西。他们发现了一个能让他们了解"乌托邦究竟什么样"的地方。

劳伦斯·格罗斯伯格一篇对后现代主义政治的有力批评中，他指出，我们一般都以否定的词汇考虑政治反抗——作为对现存状况的拒绝或者摒弃——但它同样具备正面和肯定的角度：

> 反对可以由生活方式构成。尽管人们往往意识不到他们的行为与现存权力体制的关系，但即使是短暂地以一种另类的行为方式、结构和空间生活，也可以成为反对。事实上，当人们在社会型构中获得一定社会空间，那么这空间必然会被他们热情喜爱的东西填满……欲望与欢乐的问题必须提出，而且不止是以次级现象提出。(Grossberg，1988，pp.169—170)

粉丝圈形成了一个空间，这个空间的定义方式是对俗世价值和行为的拒绝，它宣扬了深藏的感情并热情地拥抱了乐趣。粉丝圈的存在代表对消费文化俗套形式的批评。但是粉丝圈同样为粉丝们提供了空间，让粉丝们表达对性相、社会性别、种族主义、殖民主义、军国主义和强行一致化的特别关注。这些主题在粉丝们的讨论和粉丝的同人艺术作品中不断地出现。粉丝圈同时从正负两面为粉丝赋权。它的体制既允许粉丝们表达反对的东西，也能表达为之奋斗的东西，其文化产品表达了粉丝对日常生活的失望，也表达了他们对另类选择表示出的憧憬。

我做出这个结论的时候，并不宣称粉丝圈必然代表进步力量，也不认为粉丝提出的解决方式是内部逻辑自洽或一以贯之的。盗猎、游猎的文化也是拼贴文化，并不纯净，很多内容保持着半消化甚或完全误解的状态。就像格罗斯伯格所言，消费的政治：

> 并没有说人们必须斗争，也没有说斗争时必须采用我们喜欢的方式。但是它确实从理论和政治两个层面都说到了，人们永远不会安于消极被动的被压迫状态，永远不会完全被操纵，永远不会完全地被体制同化。在挪用手头的材料时，人们一直在直面有倾向性的力量和决定，与其做斗争，在其内部作斗争。因此，他们和特定行为和文本的关系通常复杂且矛盾：在反对性别歧视的斗争中获得一些的同时又在反对经济剥削的斗争中失去一些，或者在经济方面同时有得有失，又或者，虽然失去了意识形态阵地，他们可能赢得了情感力量。（Grossberg，1988，pp.169—170）

而反讽之处在于，粉丝们发现，正是令我们互相孤立的力量建构了理想基础让我们能跨过传统疆界建立联系；正是将美国人变成看客的力量提供了创造大众参与的文化的基础，而加强男性权威的力量包含着批评权威的工具。由此，粉丝们吸收了我们左派学者觉得审美上暧昧、政治上可疑的东西；我们不该为此感到惊讶。我们真正该惊讶的，是粉丝们发现了质疑并重塑他们据为己有的大众文化中支配意识形态的方式，而这五十年批评理论却一直在证明完全相反的结论。莉齐·博丹（Lizzie Bordan）的《生于火焰》（*Born in Flames*）中的一个人物将政治炼金术描绘成"一种将屎变成黄金的过程"，如果这种说法是真的，那么这个星球上就没有比粉丝们更好的炼金术师了。

我不宣称粉丝们据为己有的文本不包含任何为其赋权的成分。我的观点是，粉丝们在他们按照自己生活的细节将文本同化的过程中获得了一些权力。粉丝圈所宣传颂扬的并不是出类拔萃的文本，而是出类拔萃的阅读方式（虽然说它的阐释方式无法在二者之间保持清晰明确的区别）。

这本书是关于粉丝和粉丝文化的。它无关媒体工业，也无关流行文本。我不反对研究那些话题，而且在其他场合下我也做过此类研究。两者对于充分了解大众文化和媒体消费都是必要的。只有分析了原文本结构，我们才能够彻底了解粉丝阐释在挪用电视剧为己用的时候起到了什么作用（举例而言，我对《侠胆雄狮》的讨论指出了原电视剧的类型特点，制作历史，以及粉丝批评评价和阐释时使用的范畴）。只有准确发现阻碍粉丝进入大众文化生产的市场状况，才能了解他们和媒体关系的政治维度。我并不是因为想将文本带离中心地位，或者将消费置于生产之上而给粉丝特殊待遇的。确实，我希望粉丝的批评行为也许能为更具体深入更有探究性的媒体批评方式提供一种模式：仍然对文本的乐趣保持敏感，同时又对意识形态结构保持一定批评距离。我想要拒绝的是从文本的结构阅读观众的传统，拒绝将观众视为制作和销售的体制生发出的消费形态。我想要挑战的是创造虚构理论模式掩盖而非显示现实的观众与文本之间复杂关系的倾向。

　　媒体理论家一直在臆想观众。观众研究对这一辩论的贡献，并不在于对观众的关注，而在于重新考虑总结读者反应实质和特点的方式中最有讨论意义的一种。媒体学者不可避免会将观众和媒体文化联系起来讨论，问题是我们讨论的是哪一种观众，他们是否有自由回答。很多批评理论上可行的内容完全缺乏最基本的实证现实基础，关于观众的假设完全建立在个人的内省和借来的权威之上。最终结果是不能验证的新奇理论，而且只在盲目的信心下有效。而需要毫无质疑地接受等级森严的知识且只针对受过教育的精英的理论究竟能产生怎样的流行权力，我深表怀疑。

　　已在粉丝中厮混多年的我进入媒体研究时的问题，是关于电视观众的主导理念与我自己对媒体的经验几乎天差地别。意识形态批评几乎横扫一片，但其贬低流行读者被文本固定、不能抵抗其索取这一论调完全站不住脚。这种论调不能运用于同人志的书写和流通，也不适用于粉丝语境中流通着的混合着迷恋和不满的情绪。就像洪美恩所说：

　　　　民族志研究，在使用我们日常可见和可以亲身经验的场合下，获得了批评性质。因为它有时候能提醒我们，实际永远比我们的理论所能呈现的更复杂和多样化。世界上没有所谓可以一次性概括完毕的"观众"概念。民族志态度的批评性质在于，它塑造并保持我们对具体细节、对无法预知的内容、对历史的阐述敏感度……重要的不是确定无疑的关于观众的知识，而是我们不断以批评态度和智力角度参与其考量的、我们通过消费媒体的自我构建的多种方式。(Ien Ang, 1990, p.110)

换句话说, 民族志可能没有理论建构的力量, 但有证明其不准确或者至少挑战并细化理论的能力。当我使用理论作为理解粉丝圈的工具, 将其视为文化、社会和阅读实践的实体的时候, 我并没有将粉丝圈当作展开新的媒体消费理论的方式。将实际的、深植于文化背景中的粉丝行为以及进行中的观众与文本关系的时刻孤立出来, 转译为数据以支撑关于媒体观众的概括性理论, 我表示深切的怀疑。粉丝文化从根本上不同于许多人的媒体消费文化经验。不因为粉丝阐释更有利分析, 或者比起非粉丝出产的短暂意义更易观察, 而是因为参与粉丝圈从根本上改变了个人和电视的关系, 以及个人对电视内容得出的意义。粉丝观众根本不能代表全体观众, 我们也不能将对这个特殊亚文化的理解变成对**积极的旁观者**(the active spectator, 这个说法一直是一个理论假设而不是民族志的创造)的叙述。我甚至不能肯定我在这里讨论的粉丝, 即特定类型流行叙事的粉丝必然和其他粉丝一致, 如媒体名人粉丝、摇滚明星的粉丝、体育队的粉丝、还有肥皂剧粉丝。这些群体一定有一些共同经验, 但是一定也会由于文化等级制度上的不同位置和爱好的特殊性而表现出不同。

287

然而, 我觉得尤为反讽的一点是, 在文化研究开始研究粉丝文化之前, 粉丝一直因为偏执和消极被鄙为媒体观众中不典型的一类; 现在粉丝文化的民族志研究正在开始挑战这些既有的假设, 粉丝则因为活跃和反抗被鄙为媒体观众中不典型的一类。两种态度都将粉丝塑造为极端的"他者", 而不去理解粉丝文化和主流消费文化之间的复杂关系。我们付不起躲避这个问题的代价, 我们也不能将极端例子推广(最近一些文化研究传统中的著作发生过类似情况), 我们更不能忽视粉丝文化和其他媒体消费的联系。然而, 我们可以坚持这样的观点: 任何更普适的描述观众和文本之间关系的理论都不能排除此处记录的行为。我们甚至可以期待它们解释自己无视强烈反对的压力固执己见的原因。仅仅看到媒体影响消极观众的模型无疑是不合格的, 合格的理论必须允许各种互动的可能性, 并考虑到挪用文本内容嵌入个人经验这一主动活跃的关系。粉丝圈的存在不能证明所有的观众都是积极活跃的, 然而它显然证明了并非所有观众都是消极的。

《文本盗猎者》二十年后

——亨利·詹金斯和苏珊·斯科特的对话

正如大多数粉丝都能清晰地记得自己第一次看《星球大战》、第一次读漫画或者第一次写同人小说时的情景，几乎没有哪个当代粉丝文化学者不能以粉丝般的热情和精确性说出自己第一次读到亨利·詹金斯的《文本盗猎者：电视粉丝和参与式文化》时的心情。1998年我在纽约大学的电视研究课上第一次接触到《文本盗猎者》，就立刻在字里行间中找到了自己。非常诡异的是，《文本盗猎者》出版后的短短数年间，一切似乎都变了，但一切似乎又都没变。我开始用电子邮件群服务来和别人分享我写的《吸血鬼猎人巴菲》（*Buffy the Vampire Slayer*）的同人小说，我不再印刷同人志，而是自学 html 语言来建立同人网站；但是亨利描述的文化现象、粉丝圈的文本驱动力、分析和创作的乐趣依然没变，尽管如今它们已在虚拟空间扎根。作为一个初出茅庐的媒体学者，《文本盗猎者》为我提供了丰富的批评语言以供利用，新兴的研究领域以待探究。我们这一代粉丝研究学者从中获得了方法论，使我们能坚持自己混杂的 (hybrid) 学术身份，同时维持自己和研究的文本以及社群之间的联系。《文本盗猎者》是一块文本试金石，我们依然在以它四处呼朋引伴，而亨利则代言了粉丝文化中的合作精神，并在二十年间耕耘出一整片欣欣向荣多姿多彩的粉丝文化学者领域。

和同样出版于1992年的卡密尔·培根–史密斯的《进取的女人：电视粉丝圈和流行神话的锻造》（*Enterprising Women: Television Fandom and the Creation of Popular Myth*）、丽莎·刘易斯主编的文集《崇拜的观众：粉丝文化和流行媒体》（*The Adoring Audience: Fan Culture and Popular Media*）以及康斯坦斯·彭利的《女性主义、精神分析和流行文化研究》（"Feminism, Psychoanalysis, and the Study of Popular Culture"）一起，《文本盗猎者》被广泛视为媒体粉丝研究的滥觞。回头看来，《文本盗猎者》完全是一部变革性的作品，正如在詹金斯的研究中占据中心位置的变革性的同人文本。《文本盗猎者》挑战了对媒体粉丝的传统理解，改变了观众研究领域的整体走向，但是对我自己这样的学者来说，读到詹金斯的著作同样也标志着我职业的转折点。媒体粉丝深爱的是鼓励多次重复阅读并为自己的创作提供丰富原料的文本原料的作品，同样，学者们也一次又一次地回到《文本盗猎者》来，因为它是如此丰富的可以盗猎的经典性文本，慷慨地为我们留足了涂写的空间。

对我而言，在《文本盗猎者》二十周年时参与回顾反思这部作品，既是荣誉也是乐事。虽然下文中我们大部分的讨论都集中于此书初版后的科技、文化以及产业变迁，但是《文本盗猎者》中阐述的观点无疑将继续启发并指导接下来几代人的粉丝研究进程，以及对粉丝文化的流行理解。

苏珊·斯科特

2012 年 2 月

苏珊·斯科特（以下简称 **SS**）：你在《文本盗猎者》的引言里详述了你对粉丝身份的自我认同，某种程度上也是一种自我辩护，你还指出了这种身份在创造更具参与性的粉丝民族志研究中的作用。现在粉丝文化研究中学者写到自己对研究文本和群体的热情投入早已司空见惯，而且大多人都认为社群性的联系在研究中地位极为重要。虽然说"学术粉丝"（aca-fan）这个词从来没有出现在《文本盗猎者》中，但确实自此书之后，这个混合词就带上了混杂的学者身份以及您在文化研究中使用的方法论的意义。

亨利·詹金斯（以下简称 **HJ**）：虽然我在《文本盗猎者》中尽力表达了同时作为粉丝和学者的意义，但我从来没有使用"学术粉丝"这个词。我一直被"尊为"（当然如果角度不同的话也可以说是"贬为"）这个词的锻造者，但是很不幸的是，我根本不记得这是怎么发生的，又是在什么时候发生的了。就像很多含义丰富的概念一样，这个词汇是在长期与学生、同事与粉丝的交流中慢慢打造成型的。

培根－史密斯（1992）可能是粉丝研究先驱者中在粉丝社群里浸淫最深的一个，但是限于方法论和时代原因，她一直将自己放在"民族志研究者"的观察地位上，仅仅通过正规实验的方式来显示社群行为。就像是康拉德小说中的角色[1]，她书中的"民族志研究者"

[1] 此处指的是约瑟夫·康拉德（Joseph Conrad，1857—1924）的中篇小说《黑暗之心》（*Heart of Darkness*）里的叙事者角色。

在聆听粉丝圈的村庄长老慢慢向她揭露秘密时，一直企图找到这个社群的"心"。很多粉丝对这种猎奇化的叙述语气持抵触态度，而更容易接受我们这些乐于显露出同盟感的"学术粉丝"。

学术圈在粉丝研究之前就已经开始研究粉丝和粉丝圈了。之前的学术著作中有为数不多但地位显赫的文献，病态化了粉丝的热情和参与。粉丝在他们笔下都是表述不清、不能解释自己动机和行为的人。这些研究者号称的无力表述通常源于研究者自身不愿意和社群亲密共处（同时也就抛弃了民族志方法的价值）。他们更侧重于对邪典电视剧的文本和意识形态分析，而且一般关注的中心都是不重要的剧集，或者被粉丝唾弃的剧集。（对，《星际迷航》是用《斯波克之脑》和《谁为阿多尼斯哀悼？》这两集阐释的，我真没开玩笑！）在多数场合下，研究者不会带入自身分析，也不会为粉丝社群负责。因此，这本书的引言就是对这种远距离观察传统进行反叛。

文化研究中的自传倾向已经存在很久了。比如雷蒙德·威廉姆斯（Raymond Williams，1989）用自己拿奖学金在英国精英学校读书的个人经历，以及他出身于工人阶级的童年经历，写成《文化即日常》（*Culture is Ordinary*）。想想他少年时对图书馆和博物馆的热爱是如何与他在所谓高雅文化内的遭遇形成鲜明对立的，想想日常生活中经历的阶级偏见如何激怒了他并促使他质疑教师教给他的种种假设，又如何让他开启新理论以讨论英格兰工人阶级生活体验的。或者，让我们想想安吉拉·麦克罗比（1990）又是如何站起来挑战伯明翰学派亚文化研究中的男性主流的，她认为这些男性学者并不承认自己所研究的群体与自己利益切身相关。麦克罗比强调了她身为女人的个人知识的重要性，强调少女经验中的卧室情境而非街头表现。

当然，伯明翰传统只是我们在文化分析中主体转向的一处例子而已。正如哲学家琳达·阿尔科夫（Linda Alcoff，1992）所言，"从视角写作"是女性主义的重要课题。而简·汤普金斯（Jane Tompkins，1987）则强调了使用感情和幻想语言的权利，应用第一人称写作的权利，并认为她个人对文学文本的所知所识已被男性主导的批评行为和体制排除在外。在人类学领域，雷纳多·罗萨尔多（Renato Rosaldo）的《文化与真实》（*Culture and Truth*，1993）一书强调了学术距离和早期人类学家的殖民主义功用之间可能存在的联系。他认为，唯一前进的道路就是让民族志研究者描述自己的主观经验，并对他们研究的社群负责。

对我个人来说影响最深的是以理论范式形式萌生的酷儿研究，那些挣扎犹豫着是否要在职业生涯中出柜的学者给我影响尤深。我在麻省理工学院的办公室和大卫·哈珀林（David Halperin）^[2]在同一层楼。在同性恋研究的新兴著作上，他是我的导师，而他也在自己的研究中使用了我对耽美同人的见解。他向我示范了学者可以通过著作承认并肯定自己的欲望和幻想，同时保持学术热情和理论的复杂度。在媒体研究中，我同样受到亚历克斯·多蒂（Alex Doty，1993）、艾莉卡·兰德（Erica Rand，1995）、罗宾·伍兹（Robin Woods，2006）、理查德·戴耶（Richard Dyer，2003）以及其他坚持"将事物保持在其本真的酷儿状态"的学者的启发（多蒂的书名就是如此告诉我们的）。酷儿学者认为对自己所知所识的来历以及学术写作的动机一直保持诚实是道德义务。对我来说，这种态度也影响了我对粉丝圈的写作。

SS：我想你刚才所说的粉丝研究与女性主义和酷儿理论研究的联系非常重要，因为粉丝研究从这两个领域都获益良多。路易莎·斯特恩（Louisa Stein，2011）、朱莉·列文·拉索（Julie Levin Russo）及其他人都曾说过学术粉丝圈本质上是一个女性主义课题，不管学者的性别为何。您最近在您的博客上主持了一个系列，对持续使用"学术粉丝"这个词展开了讨论，对某些学者（很有趣的是基本都是男性）认为这个词已经不能反映当代粉丝研究不断跨学科跨领域化的趋势做出了相应回应。重读《文本盗猎者》的引言令我想到：这个词相关的争论是否也是因为其中残留的女性/感情因素，而非直接的女性主义指涉。《文本盗猎者》出版至今，有一件事一直没有发生显著变化，那就是对"女性化"大众文化的贬抑。您在《文本盗猎者》中记录的文化等级和主导品味在某种程度上构造了当代粉丝研究，并通常在性别化文本相关叙述中可见（例如："优质"邪典电视剧如《太空堡垒卡拉狄加》或者《迷失》（*Lost*）就是表达个人狂热迷恋的合适对象，而描述对《暮光之城》（*Twilight*）喜爱之情的学者则可能受到排斥甚至是公开的不屑）。

HJ：没错，学术粉丝圈从一开始就是一个女性主义课题。麦克罗比（1990）关于"流行少女"（teenybopper）^[3]"活跃"和"创造性"的文化参与调查开启了这个课题，促成女性占主体的一批学者强调并自证明显女性形式的文化消费，例如"阅读言情"和"观看肥皂剧"，因此在某种程度上构成了从总体观众（斯图尔特·霍尔"编码/解码"模式中的典型）到性别化观众，再到粉丝社群的转化（正如《文本盗猎者》中所定义的，粉丝是以女性经验和乐趣为首要定义标准的）。即使在粉丝文化以学科领域形式存在之前，乔安

---

[2]　大卫·哈珀林（1952—　），美国著名性别研究、酷儿理论学者，现任教于密歇根大学。

[3]　"流行少女"是一个出现于 20 世纪 50 年代的词汇，最早指追逐流行音乐和时尚的少年（通常是女性），后来成为一种亚文化的称谓，专指一种远离男性同辈视线的青少年女性亚文化。

娜·拉斯（1985）这样的女性主义作者都自豪地推崇耽美为"女性写作女性阅读的色情文学"。而且正如我上文所述，我认为表达我们学术粉丝的主体性（subjectivity）和女性主义课题是极为合拍的。新近女性学者在粉丝研究领域的著作，比如凯伦·海勒克森（Karen Hellekson）和克里斯蒂娜·布瑟（Kristina Busse）关于网络同人小说的论文选集就明显体现出女性主义方向的努力。

作为一个男性作者，我认为表达自己对研究对象的感情寄托更为重要，就像我在引言中所说，融入我所研究的这个社群对我来说并非易事。在这点上，比起大量在同一个领域做研究的男性学者来说，我发现自己和女性学术粉丝之间的同盟关系更为牢固。我当然很愿意将粉丝研究的领域扩大，涵括和男性粉丝联系更为紧密的那些活动，我希望这种文化相关的研究能够建立在对更具体而微的流行文化"男性乐趣"的阐释上，并发掘粉丝的主体性如何在掌握知识和熟习技能里构建特定男性气质，抗争至今仍萦绕在死宅文化上的"女性化污点"。当然已经有不少男性学者在比较大的主题上写到了自己的幻想和欲望，例如威尔·布鲁克（Will Brooker，2001）、斯科特·布卡特曼（Scott Bukatman，2003）和亚历克斯·多蒂（2002）。但是他们中间的一些人（尤其是布鲁克）也在这种类型的著作前倒退了好几步，表达了对学术粉丝写作自传一面的不适感。另一些人，比如康奈尔·桑德沃斯（Cornel Sandvoss，2005）、马特·希尔斯（Matt Hills，2002）和拉里·格罗斯伯格（Larry Grossberg）则急切地想建构起一种情感（affect）相关的理论，来解释粉丝圈的"心理"，但是在他们自己的写作中则会采用一种更加客观分析的语气。

我个人认为流行文化研究用外界向内窥视的方式是完全不可行的，更不用说粉丝文化这种文化。有一些问题我们只有通过检视自己对个人有情感牵系的文化形式的情感经验才能回答。这是我的另两本书《跳入流行：流行文化的政治与快感》（Hop on Pop: The Politics and Pleasure of Popular Culture，Jenkins，McPherson and Shattuc，2003）和《赞叹的高潮》（The Wow Climax，Jenkins，2006a）的中心主题。

我很喜欢你这个观点，特定文类更容易被学术粉丝欣赏，因为它们更适合学术世界的习惯。举例而言，早期女性主义学者公开自己对肥皂剧的热情时需要极大的勇气，因为当时那些文本还声名狼藉。相对应的男性版本可以是色情片和摔跤，这两种文本都是为日渐进步的学术圈所不容的男权社会乐趣，而在摔跤这类文本上还有联系着下层阶级品味，在配着奶酪喝红酒的上层社会里地位异常尴尬。我猜也许这也是关于真人秀节目（reality television）的学术写作大都持严厉批评立场的原因，然而事实上我却知道很多学者都很喜欢看真人秀。

SS：我认为"学术粉丝"这个词汇部分的价值（或者应该说关于其应用的持续争论的价值）是它出动了一种自省的学术范式，直面品味和学术身份问题。我们承认这个词汇两半之间的紧张对立，您上文中又说到研究粉丝圈和流行文化时采取外界旁观的角度是不可取的。当代网络粉丝社群比起您在《文本盗猎者》中写到的粉丝显然更易于见到和接触到，但他们同时也分散且去中心化了，研究者和社群之间的力量关系显得更为错综复杂。在您看来，当代粉丝研究学者对所研究的社群保持高度责任感有多重要？积极参与这些（虚拟的）社群是否依然有核心地位？

HJ：使用"学术粉丝"这个词汇至少有三点重要因素：承认我们在所研究的流行文化中的个人兴趣和投入，民族志作者对我们所研究的社群负有的责任，以及我们对身为研究核心的社群成员的归属感。对我来说这些因素至今都是极其重要的。

第一件事：主体性，如今在批评领域著作的出现频率不亚于民族志中出现的频率，我们也许应当扩展这个词以涵括个人在所关注文本中所起的作用。当杰森·米特尔（Jason Mittell，2010）在他的博客中发表了一篇文章表达他对电视剧《广告狂人》（*Mad Man*）的厌恶之情时，我们仍可以将它看作学术粉丝传统中的一部分，因为他公开将自己的情感投入视作知识和体悟的来源。我曾多次说起过我研究生生涯早期遇到的一个教师，他曾经说："我们应当永远只写那些我们讨厌的文本，因为这是唯一保持批评距离的方式。"其实厌恶并不是"批评距离"，米特尔在这篇文章中就非常明显地检视了他的不悦和反感究竟从何而来。

当然就像你指出的，当代粉丝研究学者中的很多人和自己研究的粉丝圈有着长期的复杂关系，但理想状况是在发表文章之前首先在大社群中测试一下自己的观念是否切合实际。对我来说，这远远超出了人类对象研究伦理委员会（Human Subjects Committee）[4] 所要求的合法性义务。伦理委员会一直还默认我们研究的对象是见不得人的活动形式，而非参与者自诩作家、评论家、画家和视频制作人的文化形式。学术粉丝承认我们付梓的东西至关重要，学术理论也有文化重量，也对我们写作中描述的人们产生影响，我们需要在将我们的文字公诸于世之前首先衡量这些理论的影响。当然，通过电子信息网络，粉丝们如今有更大可能性迅速公开回应学术和新闻中的描述，粉丝们现在也可以

---

[4]　人类对象研究伦理委员会，指西方学术机构中普遍设立的一种监察委员会机构，针对对象为所有研究中包含人类对象的研究项目，从医学、药学、心理学到政治学、社会学、人类学，所有在研究过程中需要以人类为对象的项目都需要向这个委员会提交研究计划，委员会认为不会损害参与研究的对象的权益的时候，方可通过计划。

自己发表关于粉丝活动的理论（所谓"元评论"［meta］[5]），但是这并没有消除我们必须和所研究的社群对话的道德义务。

同时，我认为我们必须承认粉丝圈在集体决策和行为中产生了自己的传统、价值和规范，并在此之上写作我们的研究。当我的导师约翰·费斯克（1992）自称"粉丝"的时候，他的意思仅仅是他很喜欢某部电视节目；但是当我自称粉丝的时候，我是在宣布自己是特定亚文化的一员。费斯克的写作中，意义往往产生自个人过程；但在我的写作中，意义产生则是深刻的社会过程。身处粉丝圈内部为其写作，将粉丝圈视作归属网络和行为网络的人，同只关注个体粉丝和个人意义生产的人之间一直存在核心区别，有时候也是最激烈的争论产生的地方。

"粉丝"这个词在流行使用中格外不稳定，并且有极为丰富的扩展性，从极为个人的与媒体产生联系的方式，到高度社会化的连结。我刚开始写作一本新书，是关于粉丝作为整体范畴的。但是正如我在本书正文第一段中所言，我越深入粉丝圈，越感到我所写作的是一种特殊的粉丝圈。我自己的粉丝背景相关描述在高度个人化经验和群体归属感之间漂浮，这表明我对自己书中描述的粉丝类型也不甚确定。

但是这本书当时是为了抓住粉丝圈的某个社会层面而作（我在本书结论中使用的语句是"仅限周末的世界"）。当然，这种非正式、地理上极度分散的群体在这二十年里已获得了愈发密切的关注，社会网络和群体智慧相关的词汇也随之增加，我在写作本书的时候是完全无法预料也无法得知的。

在粉丝研究中个人和社会化相关叙述之间的紧张关系反映了我们个人的经验，也反映了我们的理论偏好（心理学对阵文化研究，社会学对阵人类学）；他们反映了每个学者在自己研究对象面前所处的位置。我当然不鼓励为了研究粉丝圈而加入粉丝圈；无论如何，在每种特定场合下对于"归属感"的定义都是滑动不定的。但是，我并不认为完全显示个人的位置，并根据个人知识和经验选择分析研究的细致程度，是进入粉丝研究时人人必做的核心选择。

SS：就像很多其他第一波粉丝研究著作一样，《文本盗猎者》对于将粉丝视为"无脑的消费者"（p.10）主导性描述做了回应。在融合文化（convergence culture）中粉丝已经逐渐从边缘走向了主流，伴随着这一过程，我们在流行文化中也开始见到大量粉丝和死宅人物。这些形象很多仍然在为刻板印象买单，并向他们建议"回到现实生活中来"（例如《四十

---

[5]   元评论，是美国粉丝圈用语，指的是从故事以外的世界做出的评论等写作。现在指粉丝内部写作的评论性文章。

岁老处男》[*The 40 Year Old Virgin*]和《生活大爆炸》[*The Big Bang Theory*]），"粉丝圈"和"狂热"之间语源学的关系仍然在流行传媒中一次次地重复（如对《暮光之城》女性粉丝的报道），但是也有一些引人注目的例外。您认为这种将男性粉丝变身超级英雄（如《英雄》[*Heroes*]、《海扁王》[*Kick-Ass*]）或者动作英雄（《超市特工》[*Chuck*]、《一级玩家》[*Ready Player One*]）的行为已经减弱了主导文化表达了吗？即那些之前因粉丝和大众文化的紧密联系而将粉丝们视作女性化的表达方式？霸权的男性气质是否已经发生转变，开始尝试将男性粉丝作为一种人物原型和消费者身份融入其中？

HJ：苏珊，你在这方面研究上花的时间远比我多，但是我重读第一章的时候还是非常诧异当代文化中对粉丝的表现方式仍然在早先的刻板印象上打转，而没有尝试发现粉丝身份的其他意义。因此，《四十岁老处男》中主人公卖掉他的动作英雄模型手办收藏的时候，才最终向异性恋标准的"正常状态"踏出关键性一步。《老处男》可以理解为将"发展受阻"（arrested development）视作男性品德和特权的喜剧片原型，但是在这些电影中，越是具有男性气质的人，就越是喜欢运动或是摇滚，而不是科幻和漫画。男性粉丝总体上在尼克·霍恩比（Nick Hornby, 1996）、迈克尔·谢朋（Michael Chabon, 2000）、乔纳森·利森（Jonathem Letham, 2004）、或朱诺·迪亚兹（Junot Diaz, 2008）的文学呈现中得到了不少优待，但在媒体的呈现中却依然苛刻。

《生活大爆炸》这个文本更复杂一些，不是"回到现实中来吧"这么简单的速写，这有几点原因。但这部电视剧仍是从最核心的陈词滥调开场的：莱昂纳德有爱情生活，但是谢尔顿虽然看似和艾米·法拉·福勒之间有些牵扯不清的浪漫关系，但他在剧中总体上还是个无性的角色；霍华德虽然已经订了婚，却仍然住在他母亲家的地下室里；一直有戏谑言论把霍华德和拉杰什间的关系解读成同性情愫（当然这完全没问题）；有那么几集剧情围绕着伦纳德·尼莫伊签名照的价值展开，还有剧情将这些男孩的收集癖倾向展现得近乎疯狂。但是同时，剧情鼓励我们用这些粉丝人物的视角观察世界，我们也赞赏他们的友情和智力能力，在长达数季的剧情里，他们远远超出他们原先立足的刻板印象，成为非常复杂的人物。更重要的是，这部电视剧很是下了一番苦功夫确保宅向（geek）[6]

---

[6]　宅文化一词本来自日语的おたく一词（汉字可写作"御宅"），在中文粉丝圈已经通行了数年之久，但"宅"这一词近些年也用来翻译英文中的 geek 和 nerd 文化。Geek 另有一个译法"极客"较为少用，在粉丝群体中尤为罕见。日本御宅族文化和英语宅文化其实有相通之处。

典故使用正确，那些了解"frak"和"grok"词义的人 [7]、对这些人物买的漫画和电子游戏有自己话说的人、那些真的会玩"石头、剪子、布、蜥蜴、斯波克"游戏的人、那些会欣赏威尔·威顿、布伦特·斯派尔、凯蒂·萨克霍夫和萨摩·格拉 [8] 客串出场的人，都在这部电视剧期待的观众群里。

　　然而引人深思的是，虽然《生活大爆炸》在最近的几季中增加了女性角色，但这些女性角色基本都是粉丝圈外人：一旦女人走进漫画店就会引爆一场危机；博纳黛特和艾米都是女性科学家，但她们对科幻却基本没什么兴趣。《生活大爆炸》对男粉丝颇友好但对女粉丝则不然。

　　我没怎么看过《超市特工》，所以我没法做什么真正的评价，但是《海扁王》和《超级英雄》(Super) 在我看来仍在用病态化的方式表现粉丝人物（他们不是将无法实现的幻想带入现实，就是把个人失意转化为暴力的狂怒）。尽管这些粉丝不再是《喜剧之王》和《不死劫》(Unbreakable) 的时代，他们成了主人公而不是大反派，但病态化的表现方式并没有根本性的改变。我觉得我还是挺喜欢这些新型的表现方式的，至少他们直接跟我们粉丝对话，但是在流行文化里，经过了这么多年关于粉丝和粉丝圈的学术研究之后，我们仍然缺乏粉丝身份的别种选择。

　　非虚构性作品可能是个例外。越来越多的新闻记者自己就是粉丝，因此也就会大大方方地展示粉丝的专长和爱好。商业博客如 io9、Blastr 和《洛杉矶时报》"英雄情结"网站 [9] 都认真地对待粉丝，把他们视为正常人口组成部分，圣迭戈漫展 (San Diego Comic-Con) 在《娱乐周刊》(Entertainment Weekly) 能得到上封面的待遇，这完全是把读者群定义成了粉丝而不是"俗世"读者。类似《人民对阵乔治·卢卡斯》(The People vs. George Lucas) 的纪录片，就完全站在了粉丝一边，对抗制作者（不过自然，性别歧视依然存在，

---

[7]　"Frak"是英语粗口"fuck"的一种虚构变体，由原版 (1978)《太空堡垒卡拉狄加》首次使用，当时拼作"frack"，2005 版电视剧中改成现在的拼法。
　　　"Grok"一词来自罗伯特·海因莱因 1961 年的小说《异乡异客》，指一种浓烈的友情，以及心灵共通的感觉（详见第一章注释 3）。

[8]　威尔·威顿 (Wil Wheaton, 1972—　)，美国演员、作家，在《星际迷航·下一代》中扮演卫斯理·柯洛夏。布伦特·斯派尔 (Brent Spiner, 1949—　)，美国演员，在《星际迷航·下一代》中扮演达塔。凯蒂·萨克霍夫 (Katee Sackhoff, 1980—　)，美国演员，在 2005 版《太空堡垒卡拉狄加》中扮演卡拉·瑟雷斯。萨摩·格拉 (Summer Glau, 1981—　)，美国演员，最著名的角色为科幻电视剧《萤火虫》(Firefly) 中的里弗·塔姆。

[9]　Io9，网址：http://io9.com/。Blastr，网址：http://www.blastr.com/。《洛杉矶时报》"英雄情结"网站，网址：http://herocomplex.latimes.com/。

这部纪录片就完全没有提到女性粉丝对《星球大战》的抱怨）。并且就像你之前说到的，越来越多的电视片制作者和电影人开始使用博客、播客（podcast）和导演评论音轨等建构一种"男粉丝作者导演"（fanboy auteur）[10] 形象，证明自己和参与式观众的关系，而女性制作人至今仍未享有这种选择（Scott, 2012）。这就是正在发生的粉丝文化的主流化进程（并因此造成了例如《生活大爆炸》中更具同情性的因素，展现在广大观众面前）。

SS：《生活大爆炸》中的双重对象表达似乎能完美地抓住如今娱乐业的矛盾心态，一方面想要承认粉丝们日益增强的文化影响力，另一方面却仍在把粉丝们往肥皂剧常规套路上套。我同意最近大量涌现的虚构男粉丝人物有时候加深了旧的刻板印象，而不是挑战或质疑这些刻板印象。你还提到现在相对极少有表现女性粉丝的作品（《超级制作人》[30 Rock] 中的莉兹·莱蒙 [Liz Lemon] 除外），这证明业界虽然已经开始认真对待男粉丝，将他们视作人口组成的正常部分，但是女性粉丝则仍然是冗余观众。我自己是《洛杉矶时报》"英雄情结"网站的热心读者，但是我不能不注意到他们副标题里极性别化的用语——"致内行男粉丝们"。

HJ：我认为部分原因是圣迭戈漫展的特殊地位：它算是好莱坞和粉丝社群之间的最大的交叉路口（Jenkins, 2012a）。圣迭戈漫展是从漫画和科幻粉丝圈发展而来的，和媒体粉丝圈没什么关系。这一漫展就是由以男性为中心的粉丝传统、规则和假设所塑形的，直到最近，其与会者也基本都是男性。因此当好莱坞去和粉丝们交流的时候，或者当新闻媒体想做什么粉丝圈周年纪念的时候，他们见到的一般都是男人。这也就导致了如今媒体产业尤其有动力抓住年轻男性观众，所谓"失落的观众群"，因为他们正在抛弃电视，走向游戏和其他电子媒体。因此，即使粉丝研究早已说明女性在粉丝文化中的核心地位，但是媒体工业仍然对"谁是粉丝"坚持着某种过时的理解。在过去几年中，我们看到越来越多的女性粉丝来到漫展，部分原因是出于对《暮光之城》和《真爱如血》（True Blood）的追随，但这也是一种总体趋势，因此我认为业界以后可能会建立起对粉丝观众更多元化的理解。我们在《娱乐周刊》上看到了对女性"拉郎配爱好者"（shippers）[11] 较为同情

[10] "Fanboy auteur"，粗略译为男粉丝作者导演。"auteur"指电影研究中常说的"作者导演"。此处指身为粉丝的男性作者导演。

[11] "Shippers"粗略译为"拉郎配爱好者"，即喜欢在原电视剧或者其他媒体内容中将并非情侣关系的人物配成对的粉丝。中文粉丝圈并不存在这种对人物性别不敏感的笼统拉郎配爱好者的总体性称呼，在耽美圈中应当粗略可以对应"同人女"，但此翻译也不够严格，故新造翻译。

的叙述（Jensen，2012），同一篇文章里还有业界人士描述她们在塑造《灵书妙探》（*Castle*）和《识骨寻踪》（*Bones*）等过程剧（procedural programs）[12] 的接受方面的重要作用。因为地处圣迭戈，所以圣迭戈漫展上的种族和民族的多样化情形比其他漫展都强烈得多，因此，它也就成了少数族裔粉丝聚集起来抗议业界对有色族裔刻板印象化表现的重要场合。

此模式的另一个重要改变机缘是：女性制作人制作的邪典电视剧数量开始增加，当然很多情况下是夫妻档制作人，但是也有一些是女性电视剧制作人从男性前任手中继承一部电视剧（比如乔斯·威顿［Joss Whedon］、罗恩·摩尔［Ron Moore］和简·艾斯宾森［Jane Espensen］之间的关系[13]）。这说明所谓"男粉丝作者导演"在帮助女性在这一产业实现突破时确实贡献良多。当然你可以假设业界对男性粉丝的态度反映了男性制作者对粉丝想看的东西的直觉性反应，所以说媒体制作人的多样化应该也能使制作出来的媒体内容多样化。当然，我们还需时日来看看女性制作人能否和她们男性同事一样享有如今已司空见惯的宣告粉丝热情的自由，还是说她们仍然为了表示自己的"专业水准"而备受压力，无法承受"只是个女粉丝"的鄙夷视线。

SS："女粉丝作者导演"的人数正在不断增长，这相当鼓舞人心，虽然可以部分归因于行业中男性导师的提携，但我们也应该看到粉丝们的直接要求甚至资金支持，比如"Womanthology"[14] 最近支持女性漫画作家的资金启动行动。《文本盗猎者》中您写到的打压女性粉丝的表现在漫画领域维持得最久，最近 DC 漫画（DC Comic）启动的"新 52"计划[15] 就引起了不少批评，因为微不足道数量的女性创作人，以及女性超级英雄表现形

---

[12]　过程剧（procedural）此处指电视剧的一种类型，起初就是单纯指调查"过程"的电视剧。但是现在通常指一般一集一个小时，在同一集中提出问题并解决问题的警察、侦探、医疗和法律等调查过程相关的电视剧。

[13]　简·艾斯宾森（1964—　）曾经是《吸血鬼猎人巴菲》电视剧的剧作者之一，当时乔斯·威顿是电视剧的总制作人，在威顿的帮助下，艾斯宾森在业界取得了很大突破，最终也成了《巴菲》电视剧的总剧情编辑。而在另一部电视剧《太空堡垒卡拉狄加》中，总制作人是罗恩·摩尔，而艾斯宾森则是合作执行制片人之一，最终她成了《太空堡垒卡拉狄加前传：卡布里卡》的总制作人。所以说威顿和摩尔算得上是艾斯宾森在电视事业上的铺路人和导师，而艾斯宾森现在也是美国邪典电视剧中成就最高的女性制作人之一。

[14]　Womanthology 是美国一家漫画出版社，IDW 出版社出版的一套漫画选集，纯为慈善捐助出版，收录并展示了各年龄阶层和不同熟练度女性漫画作者的作品。

[15]　"新 52"计划指 DC 漫画于 2011 年推出的超级英雄漫画重启动计划，清除所有连载中超级英雄漫画的次序编号，在 2011 年 9 月陆续推出 52 种编号为 1 的超级英雄漫画，力图从根本上改变超级英雄的人物形象和世界观，令其更贴近现代社会。

式的各种问题。女性粉丝的抵抗虽然值得我们一直关注，但是这些例子是否有可能会掩盖粉丝参与和批评领域中其他更本质或更模棱两可的问题？

HJ：漫画行业拒绝以有意义的方式和女性粉丝达成交流，其实是自取灭亡。现在美系漫画和日系漫画在书店的销量上天差地别，因为女性在读者群中的比例不可忽视，而美漫专门店在某种程度上对女性顾客仍然持敌对态度。DC 和漫威（Marvel）的重发行和重包装努力在 2011 年取得的销售增幅依然乏善可陈，"主流"超级英雄相关作品的总体趋势一直呈下滑状态。在这种前提条件下，精心算计的更远离女性消费者的决定也就无据可依，即使他们能以愈发保守和男权内容的元素取悦最死忠的男读者也无济于事。毕竟，反正要重设这么多人物搞出个大地震，引起男粉丝反弹，还不如走到另一个极端，拥抱多样化，扩大读者群，引入具有完全不同视角和感触的新画家新作者。如果已经是背水一战，为什么不横下心来给女性超级英雄换个不那么衣着暴露的打扮方式？所以说 DC 在同一个决定上受到了来自男性读者和女性读者双方的抨击。女性粉丝们对此一役早有准备，例如"顺序挞"（The Sequential Tarts）[16] 很早就指出漫画出版商应该靠取悦女性读者以拓宽自己的支持面。Vertigo[17] 成功的部分原因就来自努力将女性的品位和兴趣加入自身发展方向之中。我觉得和你在上面所说的情况相反，仅仅研究粉丝同人写作或者反抗性的阅读方式很可能导致其他学术人士轻视粉丝圈相关的政治讨论，而研究消费者和公民们直接间接的粉丝政治活动一直在文化形式研究中处于在场地位。

即使我一直在深入研究以女性为中心的粉丝圈，视其为针对主流媒体的反抗中心，我对更多人看到粉丝文化的男性一面也感到非常高兴。一方面最早对女性粉丝文化为核心的讨论导致某些结论仓促且过分轻易，如粉丝阅读行为的方式仅仅和边缘化视角相关联。我们应当看到粉丝圈同样可以和男权主义和异性恋霸权（heteronormativity）的观念相处甚谐。另一方面，我们也应该避免把男性为中心的粉丝圈视为单纯的宣扬正统的性质，因为其中仍然有违抗和变型在以另类形式的文化生产表达出来，比如鲍勃·利哈克（Bob Rehak，即出）书中写到的物质文化；或者努力建立集体知识的社会层面，比如

---

[16]　顺序挞是一种关于美国漫画产业的网络同人志，网址为：http：//www.sequentialtart.com/ 主编均为女性。该网络同人志也有印刷物出版，刊登有独家采访等内容，主要探讨女性在漫画产业中的存在和影响问题。

[17]　Vertigo，此处指 DC 漫画公司旗下的图书品牌，专门出版一些面向较为成熟读者的漫画作品，作品内容中有相当的暴力和性以及其他一些有争议的话题。虽然本品牌下的作品多为幻想内容，但也有针对现实的讽刺批判。自其 1993 年创立起本系列就一直广受好评。

杰森·米特尔关于迷失百科 (Lostpedia) [18] (2009) 相关的研究。更有活力的男性粉丝文化研究能把我们对女性为中心的粉丝文化知识置于更有意义的背景之中——超越性别本质主义 (gender essentialism)，并以互相加强的形式理解社会性别准则，这种影响方式即使是在自视为主流文化边缘的群体，例如粉丝圈也很难摆脱。

SS：当我们承认粉丝阅读行为多样化的时候，您从米歇尔·德塞杜 (1984) 理论中修改使用的"文本盗猎"这个词汇仍然能有效地描述粉丝们观照媒体文本的方式，他们从文本中挖掘他们个人觉得有趣或者有用的元素，并用盗猎来的材料重建新文本。您将粉丝描述为盗猎者的部分意义在于粉丝们缺乏进入商业文化制作的渠道，他们用于影响媒体工业的资源也很少见 (p.26)。您觉得现在粉丝对技术手段的可即度是否使他们能制作并传播自己的文本？您认为这对"文本盗猎"这一词汇有什么影响？我们需要对其进行反思吗？或者您认为"文本盗猎"仍是描述媒体工业的战略思维和粉丝的策略思维之间关系的一个有效词汇吗？

HJ：我的很多读者似乎认为《文本盗猎者》描述的是当今媒体粉丝圈的状况，仿佛这个圈子二十年如一。然而这显然是不可能的。粉丝圈是个极有活力且具有创新意识的空间，媒体环境在这二十年来已经发生了巨大的改变，而我自己的思考（以及我可用的理论模型）也发生了巨大迁移。把这本书读作捕捉粉丝圈转型期某个特定时间点的时空梭可能更有用一些——在这本书写作的时候，是纸质印刷同人志时代终结的开始，是电子信息网络时代的开始（在本书中仍处于边缘地带）。如果很多东西现在读来仍然是对的，这说明了即使成员和技术手段在迅速地更新换代，社群内部传统和规则仍具有连续性。

自从这本书面世，很多学者都深入认真发掘了"盗猎"这一比喻。我当然没有否认这个概念，但我自己用这个词汇的场合已经越来越少。《文本盗猎者》源自 80 年代和 90 年代文化研究领域关于"反抗"的讨论。在当时讨论的背景下这个角度当然为解释粉丝圈提供了有效的机制，但是"反抗"向来不是进入粉丝研究领域的最合适的角度。就算粉丝的阅读方式并不是媒体制作人完全授权示意下的，但毕竟粉丝们对文本内容表现出了强烈的迷恋。我说到过迷恋和挫折感之间的张力，并认为粉丝一直在和版权所有人进行交涉和谈判，在可能的状况下寻求影响文本的能力（这个问题我在我和图洛克 1995 年的

---

[18]　迷失百科 (http://lostpedia.wikia.com/) 是一个基于维基百科模式构建的网络百科型网站，2005 年 9 月 22 日起开设。百科内容为美国电视剧《迷失》(2004—2010) 相关内容。

《科幻读者》一书中讨论得更详细，那本书中我的例子是 Gaylaxians[19]），但更重要的是，粉丝想要以自己的方式重述故事的权利。对我来说，盗猎的概念抓住了对文本意义的讨论交涉过程，并准确表达了他们和制作者之间的关系。挪用不仅包括从现有文本中使用元素，还包括改造它们以使其符合另类的快感和意义。但由于"反抗"的修辞学意义，"盗猎"概念里一些微妙的意义遗失了。

　　我觉得"参与式文化"能更好地描述制作者和消费者之间的复杂关系。《文本盗猎者》一书写作的晚期才出现了这个词，而且这个词在本书中可能没有得到应有的充分挖掘，虽然它在我之后的学术研究中起到了极为重要的作用。我最开始使用这个词是为了将粉丝视为参与者，把他们从更传统的观众概念中区分开来。但是当我们进入电脑网络时代，我们可以清楚地看到，粉丝只是更广大的参与式文化现象中一个例子而已——比如我在《融合文化》（Convergence Culture，Jenkins，2006b）一书中提出过，我们这个时代的核心问题是谁来定义我们的参与，我们正在看到形形色色日益增加的文化参与形式，更多群体开始宣称自己有能力控制文化生产和流传的过程（Jenkins 等人，2012）。从某种程度上说来，《文本盗猎者》《融合文化》和我最新的研究课题《可扩散的媒体》（Spreadable Media）是一个非正式的"三部曲"，以参与式文化这一概念为中心，我最新的这本书标志着我从开始的对接受和生产的关注转向对网络文化的草根文化传播形式的关注。在向更具参与性的文化操作模式转变过程中，我的每一本书截取的都是这个长达数十年之久的过程中的一个片段而已。

　　当历史学家将目光转向粉丝圈，文化参与概念以民俗文化传统的形式出现，与大众文化的体制进行碰撞的历史也得到了更好的呈现，我们会发现这种传统上可追溯到19 世纪中叶的业余印刷运动（Petrik，1992），或者如果我们将罗伯特·达恩顿（Robert Darnton，2009）写到的卢梭和他读者之间的紧密情感联系，或者维拉·凯勒（Vera Keller，2011）笔下的早期现代欧洲的"爱好者"和"业余者"也看作这类形式的话，那么这个日期还可以进一步上推。沿着业余无线电运动（Douglas，1989）、早期科幻粉丝世界（Ross，1991），战后 DIY 文化的各种形式，经历报纸和漫画、独立媒体运动（Indie Media Movement）[20]，最终到了最近的网上社群。这段努力确保大众群体参与文化生产和传播渠道的历史，也可以看作推动了参与式文化。

　　我们应该区分参与式文化（一种宽泛的运动，在历史上采取过多种不同的形式）、粉

[19]　Gaylaxians 指一群性少数派的粉丝，为了争取在《星际迷航》中添加性少数派的角色而展开大规模社会活动。详见第 300 页中詹金斯的介绍。

[20]　独立媒体运动指在反全球化背景下展开的个人电台、电视台、独立纪录片等媒体活动。

丝圈（一种特定的参与式文化，有自己的历史和传统）和 Web 2.0（一种商业模式，将参与式文化资本化且商品化）。清晰地保持这种区别，我们才能以粉丝圈为基地，批评 Web 2.0 企业资本化免费劳动或商品化粉丝间共享的礼物这一政策。粉丝一直是 Web 2.0 最激烈最响亮的批判者，正是因为他们早已享有长期稳固且有明确定义的参与式文化形式。

当我们将参与式文化视作一种概念，我们就能意识到粉丝和制作者之间的复杂互动关系，尤其是如今，连媒体工业都开始利用参与式文化的策略以取悦或者保持与粉丝们的联系，"结合性"（engagement）的逻辑塑造了很多政策与广告行为。关注参与性改变了我们所问的问题。我们**针对**某事提出反对，但我们**沉浸于**参与某事。所以，前者向我们提问：我们**针对**何事而战。后者问我们：我们**为何**而战。因此后者就要求我们对社会、法律和经济关系实现更具体而微的描述，因为如今媒体消费就是在这样的环境里发生的。另一个问题是：谁是参与者，谁被排除于参与过程以外？限制或扩大参与的因素有哪些？是知识产权相关的法律限制？经济上对媒体拥有权的限制？参与所需要的技术和能力所设下的教育限制？甚至有没有足够的时间追求爱好的限制？

SS：您上面说到的参与范围是很多当代粉丝研究学者都考虑到的一个问题。《融合文化》（Jenkins，2006b）和《可扩散的媒体》（Jenkins 等人，2012）都积极地在《文本盗猎者》写到的文化制作者和消费者之间的紧张关系的基础上，阐释变化的参与范围是如何由业界和观众双方同时探究和交涉的。虽说在文化合流中，粉丝已经不再彻底地"从文化边缘和社会弱势角度"行事（《文本盗猎者》，p.26），而且按照您参与式文化"三部曲"所示，我们正在走向对话性更强的关系，我们是否仍然需要注意由上而下的控制粉丝行为的企图？

HJ：我们必须摆脱这种走极端的逻辑，说要么电子媒体改变了媒体制作者和消费者之间的一切关系，要么就什么都没改变。事实是"电子革命"已经取得了媒体权力上真实确凿的改变，扩大了各种亚文化和社群进入媒体制作和传播的能力。每天，我们都能看到大众利用这种力量支持民主政治和文化多样性的新证据。粉丝只是这一过程中的较早一步，触及的也是最为复杂的几种挑战——我们如何创造一种可以容纳，甚至欢迎更广泛参与的流行文化？我们如何运用其资源和行为以保证传达和交换信息的多样性？

我们当然并没有将主要媒体集团请下神坛，因为它们同时已增强了对主流媒体频道的控制。创意产业在将我们算计入商业计划的时候动作已变得更隐晦曲折，以便更好地剥削这更具参与性的文化的创造力。我不断听到有人说大众媒体的制作越来越集中到极少数的公司手中（没错），但同时也有人说电子世界正在降低准入门槛，使得更多普通人可以进入制作渠道并相互分享媒体产品（这也没错）。《融合文化》（2006b）就讨论了这两种看来矛盾的趋势。

《文本盗猎者》所预设的世界中，媒体制作者和消费者之间尚有较为清晰的界限，大众想挤入媒体文化的唯一方式就是对大众媒体内容进行盗猎。米歇尔·德塞杜（1984）认为读者在"盗猎"的时候几乎无法留下任何可见可触的痕迹，而我则认为粉丝文化能生产文本与他人交流共享，并可以创造出社会设施支持这种交流。网络里充满活力的交流系统增加了粉丝产品运作的速度和规模，因此也就将粉丝"盗猎"行为的影响扩大到更大的文化范围中。

SS：您对跨媒体故事讲述（transmedia storytelling，Jenkins，2006b）或说在不同媒体平台上展开的叙事相关的研究，提出了非常有趣的框架，可以据此看待媒体工业如何适应（或者说采用）粉丝的盗猎行为。跨媒体叙事鼓励了粉丝的"游牧"倾向，需要观众成为叙事信息的"狩猎者和采集者"，但是这些故事也常会像粉丝一样行事，去盗猎某个原文本，在叙事的空隙和边角处使手段，在叙事的衍生过程中开发叙事的模糊点和次要角色的背景故事。有时候，跨媒体叙事的衍生甚至会出现在酷儿人物身上（虽说这些"耽美"表现形式一般在主文本中还是不被认同）。您认为跨媒体叙事和它所采取的粉丝式文本结合形式是业界批准的盗猎行为吗？

HJ：首先，要真正对跨媒体娱乐形式做出有意义的叙述的话，我们需要引入一个我没有在《文本盗猎者》中使用的概念——集体智慧（collective intelligence）。关于《侠胆雄狮》的一章中有一些关于集体解读和评价的内容，但是我们需要更有活力的概念框架，才能把粉丝圈视作集体知识生产的场所。粉丝社群是最早实验以各种方式汇集知识、互相利用各自所长，并在网状社群内部交换心得的社群之一。

粉丝们是以社会形式观看媒体的，他们需求更大的复杂性，需要困难的问题来解决，想要更多的信息来研究。你从《文本盗猎者》中一闪而过的网上《双峰》粉丝的解谜活动里能得窥一斑。跨媒体娱乐正是建立在满足这种需求基础上的。这些新型的故事形式是粉丝圈接受过程中的一大特点（而这些形式在使用过程中转向了对媒体工业更有利可图的方式）。它们同时也反映了从粉丝背景走向媒体工业的人开始按照自己希望的消费方式设计娱乐方式。将《文本盗猎者》中粉丝在同人小说中重写电视剧的种种方式拿来和如今跨媒体衍生的方式对比一定很有趣：两者会有相当程度的重叠，但是商业媒体愿意提供的故事形式还是会和同人有相当的距离。凯瑟琳·托森伯格（Catherine Tosenberger，2007）认为同人小说的强有力之处就在于其"不可发表"性。就是说，它完全不受商业媒体生产控制的塑形。但是可发表与不可发表之间的界限也在不停地发生变化。

业界对粉丝参与的重新评估产生了一个后果，就是对这本书中提到的粉丝同人创作行为的容忍度明显提高：如今我们看到的禁令和中止已经少多了，因为媒体公司已经开始意识到群体网络粉丝的重要性。有些公司可能并不喜欢粉丝们用他们的人物写作同性情色故事，但是如今他们已经越来越不可能去强令阻断这种活动。另一个后果是，他们开始想方设法提前预估粉丝的想法，创作诱发粉丝参与和同人创作的背景故事。当年激进的挪用行为如今已经不断受游戏性的潜文本和文本内部的典故所引诱，并赖以为生了。

你，还有其他一些人已经指出：跨媒体行为和其他公司行为是在讨好粉丝，这意味着某些粉丝阅读行为受到了鼓励，而另一些或者因为设定或者因为其他行为受到了边缘化。我不敢断言，但似乎如今女性粉丝的乐趣比起我写这本书的时候已经更加主流了，然而比起将男性聚集到跨媒体文本上来的信息收集和猎取倾向来说还是不够主流。

SS：您上文中说到的一些矛盾和马克·安德烈耶维奇（Mark Andrejevic, 2008）的论点有所共鸣。他认为粉丝"盗猎者"如今很大程度上是在塑造媒体工业，而不是"掠夺"。

HJ：我从马克·安德烈耶维奇对我论著的批评中获益匪浅。他是这么说的："对粮食作物的消费是排他性的（或者用经济术语来说是'竞争性'［rivalrous］的），对文本的生产型消费则不然（因为信息是'非竞争性'［nonrivalrous］的）[21]。这些 TWoP-er（"无情电视"［*Television without Pity*］粉丝[22]）的行为完全不是在'掠夺'原电视文本，而是在丰富它——不仅造福了他们自己，而且也造福了那些由观众劳动增加的价值获益的人。'盗猎者'通过自己的劳动为土地所有者耕耘了土地。"这种情况尤为符合现状，如今好莱坞的态度已将粉丝某些支持行为放在很高的地位，以鼓励粉丝们的参与。

但是这些土地所有者们并不都欢迎或者重视粉丝们的参与，甚至可能会视其为对自身创造力和经济控制方面的威胁（Mark Deuze, 2007，曾在《媒体工作》［*Media Work*］

---

[21]　"竞争性"在经济学中指的是，在消费意义上，一个消费者在消费该财产的过程中，会限制或避免其他消费者对该产品进行消费，大多数物品均是竞争性的。"非竞争性"则是指一种财产在被一人消费的过程中并不影响其被他人消费。非竞争性的物品有广播电视信号、空气、国防等，此处说到的文本也是非竞争性物品。

[22]　无情电视，常见缩写为 TWoP，现为美国 NBC 电视台旗下的一个网站，网址为 http://www.televisionwithoutpity.com/。这个网站常见的内容是特定电视剧的恶搞型重制视频，讽刺原电视剧的内容，这些视频已形成自己特定的体例和词汇。2007 年该网站为 NBC 电视台收购。

这本书中着重探讨的一个主题）。媒体企业会接受并支持某种形式的粉丝创作并不意味着所有粉丝都同等受欢迎。这些公司仍然企图为我们的参与设下条条框框，而整体说来粉丝们依然不愿意按照条条框框行事。这些公司也许会剥削粉丝的劳动，但是粉丝们可能在其他层面获益，不仅从媒体产品中而且从劳动过程中。安德烈耶维奇认为粉丝的"工作场所"同时"既是社群和个人的收获满足的地方也是经济剥削的地方"。确实，粉丝劳动可以因为"产权拥有者"的经济收益而受到"剥削"，但是粉丝们同时也能从创作中获益，虽然这种获益往往是非物质层面的。

　　学术界倾向于贬抑异化劳动者的劳动形式（如马克思描述中所言），但是正如理查德·塞内特（Richard Sennett，2008）在《手工艺者》（*The Craftsman*）一书中所言，围绕着劳动一直有处于矛盾和斗争的多种价值系统，包括强调专业能力的，和强调"做得好"的满足感的，这种价值系统的核心不在于经济回报而在于情感和社会的满足感。对于粉丝来说，创作和与大社群共享这一经历的满足感极其强烈，他们也许会为了达到传播作品的目的才愿意接受视频共享网站或者社交网站的种种规则，他们也许清楚地意识到他们做出的经济交易，但仍然会接受 Web 2.0，并同时依然对商品化逻辑保持批评态度，并不得不接受与选择这一道路伴随而来的对隐私的放弃。盗猎这个概念也许会过度强调这些关系中的对立面，并忽略粉丝的合谋形式，但是很多关于粉丝劳动的批评犯了恰恰相反的另一个错误——他们认为公司的经济利益能够践踏一切从参与中获得的其他益处。

　　SS：您关于同人音乐的讨论（第八章）相关的批评相对很少见。我觉得很不可思议，因为这一章非常有先见之明地指出了粉丝劳动相关的紧张关系。因为同人音乐是在同人展和粉丝集会上社会性地表演出来的，所以一些学者可能很难真正亲身参与进去，但是另一个原因可能是这一章的重点在于粉丝文化是一种民俗文化。您觉得为什么粉丝文化的这一方面没有受到相应的开掘？

　　HJ：说实话，我完全不明白为什么最近的粉丝研究彻底避开了"民俗文化"（folk culture）这一概念。在《文本盗猎者》一书写作的时候这个概念在文化研究中是一个热点词汇。这个概念在我最新的写作和思考中也非常有启发作用。常常有人问我是不是所有文化都是参与式的。民俗文化从历史上来说一直强调参与性，其技术和规范非正式地一代一代流传下来，并没有专家和新手之间的严格划分。民俗文化一直有对抗性的一面。在现代早期，民俗文化是作为精英文化的对立面存在的。但是，尤其是在美国的背景下，现代大众媒体的崛起给民俗文化带来了相当的危机。民俗文化行为依然在和大众媒体行为并行不悖地共存着，但是民俗文化愈发成了一种支流兴趣（niche interest），不再在文化运行中占据中心地位。如果我们考虑到非正式学习和社会互动互惠性等方面的话，我们仍能看到现代的参与式文化与传统的民俗文化之间的联系。但是它与大众文化之间的关系并不同于传统民俗文化与精英文化的关系。也许只有在对于观看和消费过分强调，而并不默认全民广泛参与的时候，"参与式文化"这个词才有意义。

我关于参与式文化的一些早期写作深受西摩·佩帕（Seymour Paper, 1975）关于桑巴舞团（Samba school）[23] 有关的文章的启发。他描述了新成员和专家肩并肩一同学习，在狂欢节的集体经验中互动合作的过程。狂欢节的存在使得民俗经验叙事在巴西人的文化生活中占据中心地位，但是这一情形在发达国家已经没有如此有力而具公众性的存在了。那么，在电子媒体进入巴西之后会发生什么事情？人们会把桑巴舞团中的经验转化为新型的网络参与行为吗？这会导致集体行为的新形式吗？比如安娜·多姆（Ana Domb, 2009）的研究对象就是 Technobrega 的生产和传播，这是一种"滥俗"的高科技舞曲（Techno）[24]，在巴西北部农村非常流行。

你和其他几个人都写到了巫师摇滚（Wizard Rock, Scott, 2011）[25]，视其为对同人音乐的民俗逻辑的某种悖离，创造明星系统，令群体合唱的机会更少见。我在写书的时候已经有这种发展趋势了，最著名的几个同人音乐歌手已经开始发行磁带，远离平等的群体，并成为支流市场的明星。他们开始以自己的声音为标准量身定做歌曲并销售。在线音乐服务 Napster[26] 发展巅峰期时曾经是向广大听众群体传播同人音乐的主要形式之一。

---

[23]　桑巴舞团指巴西与狂欢节文化紧密相关的桑巴舞表演的舞团，一方面是练习，另一方面是演出。这种舞团传统上和各居民区有直接关联，由社区的志愿者出面组织协调，每年这些舞团都会有定期的活动，最重要的内容是为重大节日活动彩排。

[24]　Techno 又译作铁克诺，是一种电子音乐。最早发源于 80 年代中期的美国底特律。它来自两种音乐的融合：白人的欧陆电子音乐，以及美国黑人音乐。这种音乐和美国晚期资本主义社会相关，充满未来感。Technobrega 是流行于巴西北部的一种高科技舞曲，brega 在葡萄牙语中就是"滥俗"的意思，所以这个类型的名称直译就是"滥俗高科技舞曲"，这一类型的音乐主要是用 80 年代音乐和当代流行音乐的混音和混接创作而成。

[25]　巫师摇滚产生于 2002 至 2004 年，源自美国，主要写作并演出《哈利·波特》相关的歌曲，一般都很幽默风趣。这种音乐最早先在哈利·波特粉丝圈中流行，现已成为一种摇滚乐的次类型。最早的巫师摇滚乐队是来自马萨诸塞州的"哈利和波特家的人们"（Harry and the Potters）。

[26]　Napster 最早由西恩·帕克创立，是第一个广泛应用的点对点音乐共享服务，当时大大影响了互联网的使用方式，使音乐爱好者可以便利地共享 mp3 音乐文件，但也因此遭到了音像界关于侵权的口诛笔伐。最终在法庭的责令下，该服务已经停止。如今 Napster 主要靠付费服务生存。

如今，他们会在 YouTube 上放音乐视频，通过 Facebook 传播 mp3 音乐文件。有些同人音乐已经能在 iTunes 商店上买到了。我们现在看到的状况堪称曾经的民俗文化行为的商品化，但我们也可以将这些状况看作粉丝们试图在整个文化圈子中扩大自我表达的行为。

SS：这一章同时也最公开且乐观地表达了对粉丝圈实现民俗理想的前景展望。同人音乐圈子的完全平等的结构将多样化的参与者包容进来，赋予每个声音以相同的权重。很多粉丝研究学者仍然在继续宣扬这种素质，但是如今越来越多的粉丝研究文献开始寻求对反粉丝（anti-fan）[27] 的研究（Gray，2003 和 2005，Sheffield 和 Merlo，2010），并关注粉丝群体中的矛盾冲突（Johnson，2007）。

HJ：我在这里用了民俗文化做类比，是为了表达粉丝文化中生产和传播过程的情谊和社会羁绊。这可能是本书中最虚无缥缈的抽象概念了，或许也是最理想化的。如今再让我描述粉丝圈的话，我可能会用"亲密空间"（affinity space）、"兴趣社群"（community of interest）、"联系性和集体性的联合"（connectivity and collectivity），每个词汇都能抓住我在本章中所表达意义的某些方面。当时我并不了解这些词汇，而只是在表达我自己生活经历的一部分，看人们在一个实体的空间中聚集，一起唱歌，表达共享的身份和同样的视角。

我对粉丝圈内部的争端没有太大的兴趣——性别、种族、阶级、宗教、政治、世代——我只是不太想把这个社群内部的家丑外扬而已。当粉丝相关的研究著作愈发壮大之后，这些内部的争端可能会在粉丝圈的表现中愈发显眼，我绝不会对这些真实的争端视而不见，但是粉丝圈自视为乌托邦社群的这点认识即使是在这种讨论中也不会遗失。也许这些乌托邦理想在解构并需反复强调的时候才显得尤为有力，但这是粉丝圈中特别的"感受结构"。也许我想表达的全部意思仅仅是：粉丝圈是一个想象的共同体，但如果这是事实，那么这个共同体是建立在集体想象基础上的。它的乌托邦想象是粉丝圈的精神动力，在粉丝们抵抗公司商品化其文化产品和交流的时候鼓舞着他们。如果我们极力淡化粉丝圈这一乌托邦性质的话，我们可能会损失其批评性的锐利边角。

SS：在《文本盗猎者》中，您曾经数次提到粉丝文本的商品化可能会危及粉丝圈"想

---

[27]　Anti-fan 一词并无定译，在中文粉丝圈粗略的对应词汇应该是"黑"，但"黑"多用于合成复合词，因此此处弃而不用。和热衷于某媒体和人物的粉丝相反，反粉丝指的是那些全力反对并诋毁他们所不喜欢的某种媒体产品和人物。和粉丝一样，他们也有自己的组织，创作自己的同人文章、视频等，并开展活动全力抵制该产品或人物。

象的共同体"的生存。当时同人志"盗印"（p.160）、"艺术家化发行"的专业化同人歌手，以及将同人文本作为商品重新返销回来源群体的行为都是如此（p.276）。这一争论在网络粉丝圈礼物经济背景下受到了更严峻的挑战，公司正在试图将粉丝的劳动金钱化，Fanlib[28]就成了最臭名昭著的失败典型。同样的，粉丝社群开始对自己的社会成本－收益分析进行研究。艾比盖尔·德·科斯尼克（Abigail De Kosnik）曾说过，对于粉丝来说，从自己的劳动中获得利润，"可能和参与社群的礼物文化具有相类的吸引力"（De Kosnik，2009，p.123）。您同意德·科斯尼克的观点吗？还是说您认为粉丝同人文本通过礼物经济传播的形式仍然是粉丝圈联系性和集体性不可动摇的核心部分？

HJ：《文本盗猎者》出版仅仅几年之后，我就开始在粉丝圈内部听到一种相反的观点，主张"女性主义创业"。也就是说，女性同人志的编辑强调在粉丝圈提供的支持结构下，自己有权利开创并管理自己的小本生意（包括粉丝文化内部的印刷和发行相关的生意）。德·科斯尼克提到的男性粉丝从粉丝圈中获利视作通向专业领域的垫脚石，而女性却拒绝"剥削"自己朋友的事例，这些女性粉丝们都准确地预言到了。

在谁可以从粉丝圈中以怎样的形式牟利这一点上，我很敬佩德·科斯尼克挑战性别政治的意识。我同样敬佩粉丝活动家的工作，比如二次创作协会（Organization for Transformative Works）[29]的创立者就认为，既然他们不能置身商品经济之外，他们就需要创立并维持自己的机构和系统以保证他们身处经济利益以内，可以从所创造的东西中获利。

但是，我依然认为我们将粉丝圈理解为创立于商品经济之中、建立在其提供的资源基础上的现代礼物经济会有更多收益。粉丝文化生产经常是由社会互动性、友情和善意驱动的，而非经济上的自利。媒体产业中的很多人一直在宣称"盗版"行为、"偷窃内容"的行为危及了原创动力。我认为必须强调，虽然人们从事创作的动机多种多样，但是只有少部分人是出于金钱目的，更多人则是出于社会目的，其中一部分人最终获得提升的方式在于共享而非出售。劳伦斯·莱斯格（Lawrence Lessig，2008）和约哈伊·本克勒（Yochai Benkler，2006）这样的法律学者认为，粉丝圈提供了一种强有力的模式，让我们

---

[28]　Fanlib 是一个商业化的同人小说档案馆型网站，在 2007 年 5 月 18 日到 2008 年 8 月 4 日期间运营，由于其商业化和营利性受到粉丝圈的强烈排斥和歧视，最终由于其母公司 2008 年被迪士尼公司收购而关站停止运营（其网站上的同人小说并未被收购）。

[29]　二次创作协会是一个非营利机构，宣扬粉丝同人创作本身是合法的，为同人作品寻求合法利益，最主要的关注点是保护同人小说、艺术、视频和其他二次创作远离商业利益的剥削。

理解广泛传播的草根创造力是如何在没有直接从劳动中获利的机会中坚持下来的，又或者说，正是因为没有获利机会才坚持下来的。并不是所有的文化交流都该被商品化。这不仅仅是谁可以从劳动中获利的问题，一些在商品逻辑中重建的关系会受到损毁。

SS：就像您刚才所提到的那样，这里的一个问题是有些粉丝将自己的地位定位在"业余"身份上，还有一些从传统来说则更倾向于寻求"专业"身份，而这一区别清晰地在性别界限上发生了重合。虽说这种本质主义的立场必须得到更复杂的考量，但是我同意克里斯蒂娜·布瑟的考虑：尽管媒体工业已经开始尝试性地包容某些形式的粉丝创作，但是"只有在粉丝群体遵循某些观念、不能太反叛、不能太色情、不能太故意曲解原意的时候才行"（2006）。

HJ：此处我基本同意布瑟，我在《融合文化》中批评卢卡斯影业对待粉丝电影制作人的政策时也表达了相似的观点（2006b）。但是总体上来说好莱坞的总体变化趋势是，更能容忍男性粉丝的兴趣，但对女性粉丝却远没有这么包容。

但是我觉得在这个问题的框架上仍然还有一些陷阱。如果我们看看美国电视剧叙事方式这几十年来的演化过程的话，我们能看到《文本盗猎者》中同人小说相当具有前瞻性。如今的电视剧产业在人物关系随时间发展的变化方面更加用心，比之《文本盗猎者》描述的80年代后期的电视剧来说有很大的变化。电视剧的设计和结构方面更多考虑到了女性观众的兴趣。批评理论必须注意区分究竟是谁的幻想被逐出商品，究竟是怎样的机制将他们排除在外，而又是怎样的群体有力量在文化主流中包容或者驱逐一些因素。但是我们也应当看到另一些有趣例子，从边缘进入文化主流的新思维同样能够改变主流。

SS：我找不到更好的契机把话题引向耽美同人了。培根－史密斯和彭利在90年代初的粉丝研究著作中提到了耽美的存在，而粉丝圈和粉丝研究中耽美的存在一直占有重要地位，我觉得我们应当重新审视一下您关于耽美的那一章，看看现在怎样的粉丝幻想已被试探性地包容进文化主流了，怎样的粉丝幻想仍然处于被排斥的状态。耽美同人总是不断地被拿出来当做粉丝"反抗性阅读"行为的原型例子，但是在您的第六章中，您却一直在揭示流行文化文本表面下的男性同性社交欲望，显示与大众媒体文本的意识形态限制间的妥协，而不是一种明显的断裂。同样的，很多耽美同人爱好者也宣称自己仅仅是在揭示并实现文本中隐藏的同性情色潜文本，而不是将文本彻底酷儿化（Jones，2002和Tosenberger，2008）。

HJ：我对这个问题的思考受到亚历克斯·多蒂著作的深刻影响。我、塔拉·麦克弗森（Tara McPherson）和简·苏阿图克（Jane Suattuc）将他论述《绿野仙踪》（*The Wizard of Oz*）中女性同性恋欲望的文章（Doty，2002）收进我们的选集《跳入流行：流行文化的政治与快感》中。我们也怂恿他多阐释在挪用儿童向文本作品时表达酷儿欲望的意义，尤其是在我们这个文化里，少数派性向的教师常常因为恋童的错误指控而在教学场合受到不公正待遇。他回应道，酷儿式阅读并不是单纯从外部强加在文本上的，并不是某种损害文本式的挪用。在《绿野仙踪》中，主流性向的阅读方式不能说比非主流性向阅读更"自然"或"有逻辑"，因为原文本中没有任何明显的异性恋情节支线，而原文本的制作者和演员中偏偏有相当数量的非主流性向认同的人。

同样情况也发生在 20 世纪前半叶的科幻文学粉丝圈中，酷儿人群大量存在，几个杰出的科幻粉丝协助创立了美国几种最早的面向同性恋社群的出版物（Garber and Paleo，1990）。如今大多数的科幻作家都是从粉丝圈里走出来的，所以我们认为酷儿意义和身份在这种文类娱乐中一直存在这点并不应该视作牵强附会。

粉丝一直在拒绝会影响阅读快感的压力——这种异性恋强权的压力在他们日常生活中无处不在，而且对于他们的阐释和创作行为，大众反馈里也充满了这种压力。从这种意义而言，我们可以说耽美式阅读是在对西方文化整体表面下流淌着的潜文本的反馈，也是对现代生活中最强大的力量的反抗。我对耽美的分析是基于伊芙·塞吉维克（Eve Sedgwick，1985）的理论基础上的，我认为这种文类传统建立了男性友谊的浪漫化呈现，但同时又极力将其与男男之间的情色联系撇清关系：这就是同性社交与同性恋之间的藩篱。耽美的一大任务就是将同性社交与同性恋之间牢不可破的墙壁移走。

我的一篇名为《星际迷航重播、重读、重写》的文章（1988）就描述了柯克/斯波克耽美小说最初在粉丝圈中遇到的抵触。但我在写《文本盗猎者》的时候，社群内部的争议已经淡下去了，K/S 已经进化为一个完整的耽美文类，包含了涵盖不同的电视剧和不同的同性恋欲望的表达方式。有些形式的耽美属于粉丝圈的"不可见人的小秘密"。当时有人特意嘱托我不要提到真人同人，我在分析中提到了最早的一些百合同人。最近一些关于耽美同人的研究主旨已经不再讨论为什么异性恋女性想要读写男性同性恋相关的故事了，"同人小说就是各种性相的女性之间流传的情色读物"这一认识已经相当深入人心，耽美读者中大量存在异性恋社会定义中的酷儿人群（Green，Jenkins 和 Jenkins，1998）。互联网把耽美从隐藏的角落里一步一步地拖了出来，学术圈日益浓厚的兴趣也起到了相同的作用。如果要我对现在的观众发言的话，我会发现越来越多的人是直接在互联网上接触耽美的；她们阅读、写作耽美，或者有认识的人有这一兴趣。这已经不再是惊人或者可笑的爱好了。也许依然是亚文化行为，或者只代表少部分人的品味，但是这不代表它有二十年前的激烈反叛性。

SS：一个相当有趣的当代个案应该是 CW 电视剧《邪恶力量》（*Supernatural*，2005 至今）。《邪恶力量》粉丝圈有一些争议性比较大的耽美同人，主要是 Wincest（电视剧主角温彻斯特兄弟的乱伦配对），但同时也有涉及电视剧演员的真人同人（RPS），还有男男生子（Mpreg）同人，而这部电视剧官方则公开在文本内部承认并接受了粉丝们写作耽美同人的行为。对于从书面上将耽美同人"出柜"一事各方面的反应相当复杂（Felschow，2010）。一些粉丝把官方承认兄弟两之间暧昧情愫的可能性视作粉丝阅读行为影响流行文本的明显例子，因为即使态度轻蔑也是官方的承认。另一些人则认为这种大方向的承认其实是想驯服或者甚至对抗耽美式阅读。虽然这只是个特殊个案，但是也代表了一些关于耽美的"激进挑战"的大问题。虽说创作者们大多数已经放弃控制读者，直面文本相关的粉丝社群，力图建立更融洽合作的群体关系，在这种氛围下，同性社交和同性爱之间的文本和意识形态坚壁是否仍然毫发无伤？或者，耽美已经"脱离躲躲藏藏的生活"（不管是文字上还是文化上）这一点是否意味着我们现在已经准备好直面耽美相关的问题了（比如，流行媒体中缺乏强势女性角色，传统男性气质的缺陷，以及死板社会性别角色的禁锢）？是不是耽美蕴含的进步政治因素已经部分实现了？

HJ：一口气说出上面所有话是不是有点不负责任呢？以静态的观点考虑这个问题是相当危险的，耽美显然早就不像 1992 年时那样激进或者犯忌讳了。面对现实吧：过去的几十年里，我们所在的社会对社会性别与性相的观念已经经历了多次戏剧性变化，我们已经不再争论同性恋参军时能不能公开性向，现在国家也已经开始从立法层面上承认同性婚姻。对酷儿人群的接受程度一代一代地变化着，就算很多保守主义人士还不愿改变法律容忍同性婚姻，也至少愿意改变法律容忍同性民事伴侣的存在。这并不是说性少数派如今争取尊严和平等地位时已经不再面临巨大挑战，但如今的形势确实和几十年前大不相同了。

你说到的这些争论有些是在流行文化内部展开的。流行文化有时是保守力量的代言（就算它已经没有那么恐同了，但依然拒绝直接表现酷儿人群的生活）。有时它有温和的进步性，能让传统视线之外的人成为主人公或者核心小组成员。所以，如果耽美在 90 年代还是彻底的主流圈外人的话，在如今流行媒体文本中它的存在已经越发可以想象了，尤其考虑到现在颇有些针对支流观众或者邪典观众的文本。

达纳厄·克拉克（Danae Clark，1993）和肖恩·格里芬（Sean Griffin，2000）等作

者曾经写到，从广告到迪士尼电影的主流文本都对酷儿观众做出了暗示性迎合，但同时也巧妙地没有排斥保守消费者。对于类型节目中迎合耽美的行为我们也可以看成类似行为——这些电视剧并没有真正把这些同性角色写成相爱并有身体关系的爱人。他们仍然把耽美处理成"误读"，视作内部笑话。有时候他们会刻意给粉丝们提供一些图象构建自己的幻想，但是制作方并不会跨过这条线：他们仍会坚持用暗示和潜文本的形式迎合耽美受众，永远不会把耽美受众的幻想带到明面上来。类似的情况显示了我们的文化是如何处理性相概念复杂转变过程的。

在边缘上，我们看到了向女性读者兜售男男配对的流行言情小说的崛起，我们能看到日本"BL"漫画翻译成英文，在连锁书店里销售。我们不能简单地假设耽美不可能被接纳入商业文化，我们的注意点最好还是放在如今主导文化究竟在何处规定性表达的"可接受"范围，而他们的线又是怎样画下的。

SS：您在《文本盗猎者》中提到的所有同人产品中，同人视频是这二十年来发展得尤其突出的一种形式。您当时写书的时候注意区分了同人视频和商业制作的音乐视频，指出商业音乐视频"将图像从原本的语境中孤立开来……而同人视频是一种引用的艺术，将图像牢牢固定在其典故出处上"（p.234）。当同人视频开始在同人展会上流传，或者到了网络上视频、混剪、混音文化中来时，我不禁联想到您对巴赫金众声喧哗理论的讨论，一种"所有创作者必须在特定语境下努力阐明词汇意义的状况"（p.234）。朱莉·列文·拉索（Julie Levin Russo, 2009）讨论过失去语境的同人视频所产生的问题：例如，某个同人视频被原作者以外的人上传到 YouTube 网站上，或者耽美视频和《断背山》（*Brokeback Mountain*）假预告片恶搞视频 [30] 混为一谈等等。同人视频原本的设计理念就是在具有特定阐释传统的社群内部流传的，那么如果我们将同人视频与其他种类的在线视频区分开来会有怎样的得失呢？

HJ：你这个问题的最后一部分让问题的回答难度降低了不少。我从来不认为让粉丝圈内部声音或者粉丝研究者脱离整体社会的文化讨论是个明智的做法，尤其是打着保持子虚乌有的"纯洁性"旗号之下。粉丝在这类讨论中可以做出很大的贡献。很长一段时间

---

[30] 《断背山》假预告片恶搞视频，指的是 2005 年李安导演的美国牛仔的同性恋爱情故事《断背山》电影引起轰动之后，很多粉丝（尤其是其他电影或电视剧的粉丝）模仿《断背山》电影预告片的构图、配乐和剪辑制作的一系列恶搞其他电影的视频，一般都针对另一部电影中两个男性角色之间的关系，暗示其男同性恋的可能性。但一般游戏性较强，明显能感到大多作者是在开玩笑，和普通耽美同人视频认真表现男性人物之间的感情很不一样。

内，我都觉得我已经在《文本盗猎者》中说尽了我对粉丝的见解，我想转移到其他话题上去了。但是我发现在讨论其他问题的时候，自己不断地回到粉丝文化这个问题上来，以此为灵感源泉。粉丝文化是如此富有生命力而多产，不断处于实验和创新过程。粉丝圈并不是需要我们保护的脆弱物件，它一直处于转变过程中，一直对社会文化有着阔大的包容力和渗透力。粉丝一直的关注中心就是创造力、合作、社群和版权。

我在一篇题为《YouTube 之前发生了什么？》（Jenkins，2009）的文章中写道，同人视频世界很早就讨论过通过视频分享平台进入公共视野时会有怎样的后果。如今浩如烟海的视频数目使 YouTube 具有无所不包的表象，好像人类做出的一切视频类制品或早或晚都会加入这个平台。粉丝们关于是否进入公众领域的挣扎是完全合理的，争论的核心就包括你在上文中提到的：当在亚文化语境中生产的材料剥离了语境后，当耽美视频进入完全没有耽美阅读经验的人视野的时候，会发生什么事情。同时，同人视频制作者还有另一重挣扎：他们会被遗忘在历史记录以外，就像历史上女性对文化的创新型贡献一样，再次被主流话语压制。他们也争论过作为礼物在社群内部制作出来的视频应该不应该被转化为他人牟利的手段，以商品形式在平台上流通。他们在这种矛盾挣扎中生活的时间比大多数人都长，政策决策者、业界领袖、学术界、社会活动家、教育者和新闻记者等不断讨论着 Web 2.0 时代网络参与的人都应该了解同人艺术家们的思考。

虽然这么说，我认为大多同人视频实现的文化意义远远不同于主流目光主要了解的混剪混音视频。主流关注的那些视频一般不是政治意味极强的（如《右翼鸭广播》[31]）就是专门制作来恶搞原作的（比如众多的《断背山》恶搞视频）。同人视频更擅长的是情感化或者浪漫化，而非喜剧化，同人视频制作者们想要更紧地贴合人物，而不是把文本放置在远处。当然也有很多例外：同人视频的一些分支已经变得愈发政治化，尤其是在性别相关（如《女人的工作》[32]）和种族问题上（《窗户里的那个艺妓多少钱？》[33]），有些

---

[31] 《右翼鸭广播》（Right Wing Radio Duck）在线播放网址（YouTube 网站，2013 年 5 月 31 日网址正常）：http://www.youtube.com/watch?v=HfuwNU0jsk0#!，作者为乔纳森·麦金托什。此视频以 30 年代到 60 年代的经典迪士尼动画为原文本，重新剪辑为一个时政讽刺视频，描述了由于经济危机而失业的唐老鸭偶然间听到了美国右翼广播人和政治评论员格林·贝克的言论，先为所动后意识到上当受骗的故事。

[32] 《女人的工作》（Women's Work）在线播放网址（Viddler 网站，2013 年 5 月 28 日网址正常）：http://www.viddler.com/v/1f6d7f1f。此视频为美国电视剧《邪恶力量》的同人视频，作者为 Luminosity 和 Sisabet，尖锐且率直地指出了这部电视剧在性别表现上的问题，或者进一步说来，是极度暴力的厌女症问题。

[33] 《窗户里的那个艺妓多少钱？》（How Much is the Geisha in the Window？）此视频在线播放网

同人视频用游戏性的态度对待原作材料，但一般他们会自称在表达粉丝社群的集体幻想和欲望，而不是用别人有版权的东西玩文字游戏。当耽美视频脱离了原语境，原本制作时表达铭心刻骨思念和失落的文本却会被观众读作戏仿和恶搞，比如某个恶名远扬的名为《靠近》[34] 的视频。在粉丝圈内部，这一视频讨论的是性暴力的问题，但是超出粉丝圈的范围，大量普通观众是头一次接触耽美这一类型，所以他们看视频的时候却被逗得略略直笑。

当然以亚文化内部的语言传播有效信息的同人视频是很有意义的，但是我认为制作视频向整个公众表达粉丝们对一些核心议题，包括对知识产权、性别政治以及种族平等的见解也是有必要的。我最新的一些论作（2012b）就以粉丝社会活动的概念为核心，流行文化典故在粉丝圈内部以及之间互相使用时和它们用来吸引媒体和公众视线时所呈现的形态有微妙的区别。

康斯坦斯·彭利在 1992 年得出的让人震惊的结论是，粉丝是一个女性占绝对主导的社群，积极主动地在自己的故事中重写男性气质相关的剧本，但却往往拒绝女性主义者这一自我认同方式，也不一定对参与更大规模的性别和社会性别平等运动感兴趣。她们只是为了自己的娱乐而写作。稍后，我写到了 Gaylaxians（Tulloch 和 Jenkins，1995）。这是一群性少数派粉丝，他们力图改变《星际迷航》核心文本，将同性恋、双性恋和跨性别认同者加入原文本多元文化的乌托邦社群中去。他们的提议有部分原因来自性少数派青少年上升的自杀率，不管是耽美同人还是恶搞拼贴，这个群体都不在亚文化挪用策略的惠及范围之内。

创作自己社群内部有意义的文化形式的欲望，和加入更大文化影响范围对话的欲望在粉丝这里一直处于紧张状态，两者都有价值。我们可以将此看作游戏和政治之间的对

址（YouTube 网站，2013 年 5 月 28 日网址正常）：http：//www.youtube.com/watch?v=fZr9wsZz_bk，下载地址（LiveJournal 网站，2013 年 5 月 28 日获取正常）：http：//lierdumoa.livejournal.com/310086.html。此视频是美国科幻电视剧《萤火虫》及其衍生电影《冲出宁静号》的同人视频，作者为 Lierdumoa，批评了故事剧情中大量使用了亚洲文化和艺术，但是剧中却几乎见不到任何有台词的亚洲人物的状况。

[34] 《靠近》（Closer）在线播放网址（YouTube 网站，2013 年 5 月 28 日网址正常）：http：//www.youtube.com/watch?gl=GB&v=3uxTpyCdriY&hl。此视频是《星际迷航：原初》的同人视频，作者为 TJonesy 和 Killa，配上了九寸钉乐团的歌曲《靠近》，内容为探讨原电视剧剧情中如果陷入生殖本能的斯波克没能及时到达瓦肯星而在飞船上强暴了柯克舰长的话，会是怎样的结果。虽然剧情如此，但视频的制作风格（包括泛黄的色调等）极力模仿了九寸钉乐团此歌的原 MV。此视频在 2004 年于同人展首次播映，2006 年在网络上被疯狂传播，现在常被用作失却原语境的同人视频传播最典型例子之一。

立。当然，这种驱动粉丝文化的游戏形式本身往往在极度个人的层面上又高度政治化（比如少年通过它表达自己的性身份，主妇通过它夺回一些自己社会和文化生活的控制权），就算粉丝的游戏是真正不牵涉政治的，也往往需要被迫自证合法性，因为它是在主导文化的知识产权概念以外活动的，同时也悖离了异性恋中心和男权社会的种种假设。

SS：直到非常晚近的时候，粉丝研究一直都以西方媒体内容和粉丝社群为中心。跨国界的销售和电子内容的全球流动又是如何影响美国以外的粉丝的，这值得粉丝研究开掘进入。塔玛·利维（Tama Leaver, 2008）用了"电子距离的暴政"这个词来描述粉丝们的沮丧心情，因为"理想中全球几乎同步的媒体发布由于地理而隔绝，而现在则完全由于经济和政治因素所人为阻隔"，这给参与全球粉丝社群的活动带来了重重困难。建立在这个想法的基础上，全球的粉丝圈可以视作生产力强大的空间，反映更广泛的工业、经济和政治领域问题，尤其是牵涉到盗版争论的问题。

HJ：《文本盗猎者》中你已经能看到我所谓"流行世界主义"（pop cosmopolitanism, Jenkins, 2004）的边角的萌生。经典模式的世界主义指的是人们逃离自身所处的当地文化本位主义（parochialism），转而接受从别处来的文化内容，一般都是高雅文化，如音乐、美术、诗歌、美食、美酒、外国电影等。然而我们越来越常见年轻人通过投入世界上其他国家的流行媒体文化来创造独特性。在《文本盗猎者》中，我们能看到这个趋势的兴起，包括英伦媒体粉丝和日本动漫粉丝。

电子时代将国际文化交流扩展到了极大的范围，人们开始（或者加速）利用非正式的法律之外的网络从世界各地获取媒体材料。这种行为微妙地将流亡群体重返家乡的思乡之举和流行世界主义人士从自己的国家脱离开的行为纠缠在了一起。但是区别与不同之间也萌生了对话，越来越多的人开始施压促进大众媒体的发布速度。为什么我们必须要等上半年才能让《神秘博士》和《神探夏洛克》（*Sherlock*）横渡大西洋？为什么美国人没法看到世界其他地方都很流行的拉美电视剧？为什么明明可以直接在网上观看的瑞典电视片必须在美国本土重新制作才能上映？

为了寻找本国不能合法购买的外国媒体内容，粉丝们和盗版资本主义网络产生越来越紧密的联系。比如李晓畅（2009）就东亚电视剧日益增长的跨国粉丝兴趣，描画了其背后支持的文化交流协调。伊藤瑞子（Ito, Okabi 和 Tusji, 2012）则记录了同人字幕组（fansub）的工作过程，这一过程使日漫宅文化在西方渐次发展起来。以日本动漫为研究主题的作者（Leonard, 2005）认为粉丝在拓展进口文化市场上起到至关重要的作用，粉丝的存在指明特定国家背景下可推广的类型，并教育整个公众如何欣赏那些原本不在他们视线兴趣范围之中的作品。当然，我们也看到粉丝们在某些作品开始合法引进之后就将盗版媒体从流通中撤出这种良好例子。

当然，文化产品跨越国界的流通远比真人要容易许多。所有跨国界的文本内容消费却都惊人地本地化。例如桑吉塔·施来什多瓦（Sangita Shreshtova, 2011）就描述了宝莱坞电影的歌舞场景从一个小环境拓展到另一个小环境时产生的完全不同的意义，而这种非正式的重新本地化往往阻碍而不是加强了"全球"粉丝文化的繁荣发展。语言、文化和意识形态的不同，以及对技术手段和科技方式的可即程度都严重影响跨文化理解。原语境下的流行文本在跨域国界之后往往会变成精英文本，有些戏剧化文本会被当成滥俗桥段（kitsch），而原语境下的神圣文本换了个环境就会被当成猎奇之物。

SS：说起这些本地化接受行为，最近将粉丝研究"去西方化"的工作也越来越常见。学者们开始将各个国家的粉丝群体和行为定位到本国文化中去。这也是将粉丝研究这一领域扩大化多样化的一种方式（类似的行为还包括，比如从原先领域中最重要的关注重心——性别这一议题移开视线，转而关注种族这一议题等），但同时这也给了我们一种极重要的角度，重新注意原本少有关注的粉丝群体，开始研究其历史和现状。但是您上面提到的一些例子表明，迄今为止这其中绝大部分的例子都在关注亚洲粉丝文化。

HJ：我现在在教一门课：粉丝圈、参与式文化和 Web 2.0，课程内容和参与的国际学生的经验大有关联，他们的存在让我深深地感到粉丝研究一向是多么的英美中心主义。粉丝研究著作一向默认读者都对美国的原文本非常了解，同时也清楚美国粉丝文化的特定历史。我认为将这个领域中一些理所当然的假设"去西方化"已经刻不容缓。

西方的粉丝文化研究和日本的宅文化研究其实一直处于互相映照齐头并进的过程，但是日本方面的资料很少有翻译成英文的，所以我们也就很难了解其研究全景。近些年来，东浩纪（Azuma Hiroki）的《动物化的后现代——御宅族视角下的日本社会》[35]（2009）被翻译成英文，伊藤等人编纂的《无边界的粉丝圈》（*Fandom Unbound*, 2012）论文选集出版，安妮·艾里森（Anne Allison, 2006）和伊恩·康德利（Ian Condry, 2012）等作者关于日本动漫的非常依赖日语文献和理论的研究作品出现，使得我们渐渐对日本方面的研究有所了解。阿什温·邦坦贝加（Aswin Punathambeker, 2007）为代表的研究者则将美国粉丝研究的成果和宝莱坞相关的粉丝文化联结起来。我们现在也开始得知

---

[35]　本书翻译成英语的时候题目被改为了 *Otaku: Japan's Database Animals*《御宅族：日本的数据库动物》，此处采用直接从日语原书翻译的标题。

一些韩国的粉丝行为（Jung，2012）。也有人开始写到中国日益扩大的参与式文化（Lin，2012），并且在中国，由于互联网的进入，参与式文化与西方化、现代化和民主化等等议题都紧密地结合在一起。我们对拉丁美洲和非洲的粉丝文化都知之甚少，唯一例外的或许是尼日利亚相关的研究（Larkin，2008），现在尼日利亚也已经成为邪典媒体（cult media）生产的重要场所。

粉丝研究的一大贡献，就是为我们提供了一些重要的例子，揭示人们在日常生活中如何在媒体情景变化的条件下适应下来，显示他们对大众媒体文本的反应如何在或绮丽或浪漫的幻想中塑造，并显示他们如何与管制和知识产权执行进行斗争，并探讨教育系统如何决定哪些人能接触到并参与进这种草根文化生产的过程。因此，粉丝文化也是了解当前全球化争论的一个关键点，可能会在笼统的文化帝国主义理论之外提出更加乐观的见解。

SS：您认为《文本盗猎者》中还有哪些因素在这二十年内没有受到足够关注？

HJ：我写完《文本盗猎者》的时候痛苦地意识到我只擦到了某个极度复杂的现象的表层而已。我写出的很多句子和段落都可以作为未来研究者的主论题。当时我希望其他人能在我写作的基础上继续深入下去。但在我最疯狂的梦想中我也没想到这本书会在出版二十年后重印，也没有想到粉丝研究这个领域会发展到如此广博而多样化的程度。这本书里受到后来研究者关注最少的应该是《侠胆雄狮》的那一章，主要是因为那一章很不幸关注的是一部很快就脱离文化流通领域的作品，而不像《星际迷航》《星球大战》和《双峰》。所以很多读者都会跳过那一章，也就因此损失了它的很多核心内涵。我听说现在已经有人在起步重拍《侠胆雄狮》，仍然是作为一部有线台的电视剧，我很好奇将来会不会有更多人开始关注这一章。

这一章的中心关注点在于粉丝在集体和个人两个层面上是如何从对一部连续剧的迷恋中抽身的，而在制作者将幻想带到粉丝不愿的地方时又会有怎样的后果。在表层的分析之下，我力图解释的是观众反馈的深层互动结构是怎样一周接一周，一集接一集累计起来的。现在互联网的存在使得研究粉丝反馈的起伏容易许多。但是，现在研究粉丝接受过程的文章仍然相对少见。

《侠胆雄狮》这一章建立在我粉丝"元文本"概念基础上（即粉丝社群内部共享的精神构造），另一个重要因素是文类概念可以更加创造性地使用，当作"阅读假设"而不是简单的文本性质。艾伦·麦凯（Alan McKee，2001）在粉丝社群内部评价这方面做了非常有益的工作，尤其是《神秘博士》的粉丝圈，这也让我们了解粉丝圈不断进行的对话中是如何产生集体性判断好故事的准则的。

　　这种"类型作为阅读假设"的观看方式也能让我们理解为什么粉丝们认为耽美或者"伤害－慰藉"这些文类是从流行文本中自然地生长出来的。这些类型实际上代表着粉丝们重新配置文本的方式，将特定场景重新放到社群经验的中心地位，某些表情、动作和语言对特定人群也会变得极度重要，远远超出某些普通观众的观感。这些年来有一个明显的研究趋势：忽略粉丝接受过程，转而开始文本细读同人作品。我个人以为这两种研究方式并非完全不相容：我关于耽美的那一章就是典型的文类分析，注重细读特定文本，并在社群构建故事的特定套路。但是如果我们把对同人小说的研究变成对文学生产的研究时，我们有时又会将文类看作文本特性，而不是集体性地协调文本意义过程的一部分。这些状况都说明我们还有很多工作要做。

　　《文本盗猎者》展现了互联网时代之前的媒体粉丝圈极为浓墨重彩的一个瞬间。在以上交流过程中您多次仔细考虑了本书内容广泛应用于当下粉丝文化的可能性。同时，我们的交流也反映出《文本盗猎者》中有一些方面需要更多关注。如果这本书是一个"时间胶囊"，那么它也是一个活着的时间胶囊，拒绝被封存，一直启示着学者和学生，告诉他们粉丝文化的诸多重要性，也不断汲取新材料。经过过去的二十年，粉丝文化已经变得惊人地多样化，但是《文本盗猎者》中如此多的核心概念和思考仍然在不断产生共鸣。这是这本书价值的最强大的宣言，也表现出这本书不断启发新应用和新问题的持久能力。

参考文献：

Alcoff, Linda, Ed. *Feminist Epistemologies*. New York: Routledge, 1992.

Allison, Anne. *Millennial Monsters: Japanese Toys and the Global Imagination*. Berkeley and Los Angeles: University of California Press, 2006.

Andrejevic, Mark. "Watching Television Without Pity: The Productivity of Online Fans." *Television and New Media* 9, no. 1 (2008): 24—46.

Azuma, Hiroki. *Otaku: Japan's Database Animals*. Translated by Jonathan E. Abel and Shion Kono. Minneapolis: University of Minnesota Press, 2009.

Bacon-Smith, Camille. *Enterprising Women: Television Fandom and the Creation of Popular Myth*. Philadelphia: University of Pennsylvania Press, 1992.

Benkler, Yochai. *The Wealth of Networks*. New Haven, CT: Yale University Press, 2006.

Brooker, Will. *Batman Unmasked: Analyzing a Cultural Icon*. New York: Continuum, 2001.

Bukatman, Scott. *Matters of Gravity: Special Effects and Supermen in the 20th Century*. Durham: Duke University Press, 2003.

Busse, Kristina. "Podcasts and the Fan Experience of Disseminated Media Commentary." Paper presented at Flow Conference, Austin, Texas, October 2006.

Chabon, Michael. *The Amazing Adventures of Kavalier and Clay*. New York: Random House, 2000.

Clark, Danae. "Commodity Lesbianism." In *The Lesbian and Gay Studies Reader*, edited by Henry Abelove, Michele Aina Barale, and David M. Halperin, 186–201. New York: Routledge, 1993.

Condry, Ian. *The Soul of Anime: Collaborative Creativity and Japan's Media Success Story*. Durham: Duke University Press, 2012.

Coppa, Francesca. "A Fannish Taxonomy of Hotness." *Cinema Journal* 48, no. 4 (2009): 107–113.

Darnton, Robert. "Readers Respond to Rousseau: The Fabrication of Romantic Sensitivity." *The Great Cat Massacre, and Other Episodes in French Cultural History*, 215–256. New York: Basic Books, 2009.

de Certeau, Michel. *The Practice of Everyday Life*. Translated by Steven Rendall. University of California Press: Berkeley, 1984.

De Kosnik, Abigail. "Should Fan Fiction Be Free?" *Cinema Journal* 48, no. 4 (2009): 118–124.

Deuze, Mark. *Media Work*. New York: Polity, 2007.

Diaz, Junot. *The Brief, Wonderful Life of Oscar Wao*. New York: Riverhead, 2008.

Domb, Ana. "'Fire, Lights, Everything!': Exploring Symbolic Capital in the Tecnobrega Dance Scene." Thesis, Comparative Media Studies, MIT, 2009.

Doty, Alexander. *Making Things Perfectly Queer: Interpreting Mass Culture*. Minneapolis: University of Minnesota Press, 1993.

Doty, Alexander. "'My Beautiful Wickedness': *The Wizard of Oz* as Lesbian Fantasy." In *Hop on Pop: The Politics and Pleasures of Popular Culture*, edited by Henry Jenkins, Tara McPherson, and Jane Shattuc, 138–158. Durham, NC: Duke University Press, 2002.

Douglas, Susan J. "Popular Culture and Populist Technology: The Amateur Operators, 1906–1912." *Inventing American Broadcasting, 1899–1922*, 187–215. Baltimore: Johns Hopkins University Press, 1989.

Dyer, Richard. *Heavenly Bodies: Film Stars and Society*. New York: Routledge, 2003.

Felschow, Laura. "'Hey, Check it Out, There's Actually Fans': (Dis)empowerment and (Mis) representation of Cult Fandom in *Supernatural*." *Transformative Works and Cultures* Vol 4 (2010). doi:10.3983/twc.2010.0134

Fiske, John. "The Cultural Economy of Fandom." In *The Adoring Audience: Fan Culture and Popular Media*, edited by Lisa A. Lewis, 30–49. London: Routledge, 1992.

Garber, Eric and Lyn Paleo. *Uranian Worlds: A Guide to Alternative Sexuality in Science Fiction, Fantasy, and Horror*. New York: G.K. Hall, 1990.

Gray, Jonathan, "New Audiences, New Textualities: Anti-Fans and Non-Fans," *International Journal of*

Cultural Studies 6, no. 1 (March 2003): 64−81.

Gray, Jonathan, "Antifandom and the Moral Text: Television Without Pity and Textual Dislike," *American Behavioral Scientist* 48.7 (March 2005): 840−858.

Gray, Jonathan, Cornel Sandvoss, and C. Lee Harrington, eds. *Fandom: Identities and Communities in a Mediated World.* New York: New York University Press, 2007.

Green, Sboshanna, Cynthia Jenkins, and Henry Jenkins. "Normal Female Interest in Men Bonking: Selections from *The Terra Nostra Underground* and *Strange Bedfellows.*" In *Theorizing Fandom: Fans, Subculture and Identity*, edited by Cheryl Harris and Alison Alexander, 9−38. Cresskill, NJ: Hampton Press, 1998.

Griffin, Sean. *Tinker Belles and Evil Queens: The Walt Disney Company from the inside Out.* New York: New York University Press, 2000.

Grossberg, Lawrence. "Is There a fan in the House? The Affective Sensibility of Fandom." In *The Adoring Audience: Fan Culture and Popular Media,* edited by Lisa A. Lewis, 50−65. London: Routledge, 1992.

Hall, Stuart. "Encoding/Decoding." In *Culture, Media, Language: Working Papers in Cultural Studies, 1972−79*, edited by Stuart Hall, Dorothy Hobson, Andrew Lowe, and Paul Willis, 128−138. London: Hutchinson, 1980.

Harris, Cheryl, and Alison Alexander, eds. *Theorizing Fandom: Fans, Subculture and Identity.* New York: Hampton, 1998.

Hellekson, Karen. "A Fannish Field of Value: Online Fan Gift Culture." *Cinema Journal* 48, no. 4 (2009): 113−118.

Hellekson, Karen, and Kristina Busse, eds. *Fan Fiction and Fan Communities in the Age of the Internet.* Jefferson, NC: McFarland, 2006.

Hills, Matt. *Fan Cultures.* New York: Routledge, 2002.

Hornby, Nick. *High Fidelity.* London: Riverhead, 1996.

Ito, Mizuko, Daisuke Okabe and Izumi Tsuji, eds. *Fandom Unbound: Otaku Culture in a Connected World.* New Haven: Yale University Press, 2012.

Jenkins, Henry. *"Star Trek* Rerun, Reread, Rewritten: Fan Writing as Textual Poaching." *Critical Studies in Mass Communications* 5, no. 2 (June 1988): 85−107.

Jenkins, Henry. "Pop Cosmopolitanism: Mapping Cultural Flows in an Age of Media Convergence." In *Globalization: Culture and Education in the New Millennium,* edited by Marcelo M. Suárez-Orozco and Desirée Baolian Qin- Hilliard, 114−140. Berkeley and Los Angeles: University of California Press, 2004.

Jenkins, Henry. *The Wow Climax: Tracing the Emotional Impact of Popular Culture.* New York: New York University Press, 2006a.

Jenkins, Henry. *Convergence Culture: Where Old and New Media Collide.* New York: New York University Press, 2006b.

Jenkins, Henry. "What Happened Before YouTube?" In *YouTube: Online Video and Participatory Culture,* edited by Jean Burgess and Joshua Green, 109–125. Cambridge, England: Polity, 2009.

Jenkins, Henry. "Performing Our 'Collective Dreams': The Many Worlds of San Diego Comic-Con," *Boom: A Journal of California,* 5, no. 2 (2012a): 22–36.

Jenkins, Henry. "'Cultural Acupuncture': Fan Activism and the Harry Potter Alliance," *Transformative Works and Cultures*, 10 (2012b). doi:10.3983/twc.2012.0305

Jenkins, Henry, Tara McPherson and Jane Shattuc, eds. *Hop on Pop: The Politics and Pleasures of Popular Culture.* Durham: Duke University Press, 2003.

Jenkins, Henry, Sam Ford and Joshua Green. *Spreadable Media: Creating Value and Meaning in a Networked Culture.* New York: New York University Press, 2012.

Jensen, Jeff. "Just Do It." *Entertainment Weekly,* February 17, 2012: 36–39.

Johnson, Derek. "Fan-tagonism: Factions, Institutions, and Constitutive Hegemonies of Fandom." In *Fandom: Identities and Communities in a Mediated World,* edited by Jonathan Gray, Cornel Sandvoss, and C. Lee Harrington, 285–300. New York: New York University Press, 2007.

Jones, Sara Gwenllian. "The sex lives of cult television characters." *Screen* 43 (2002): 79–90.

Jung, Sun. "Fan Activism, Cybervigilantism and Othering Mechanisms in K-Pop Fandom," *Transformative Works and Cultures* 10 (2012). doi:10.3983/twc.2012.0300

Keller, Vera. "The 'Lovers' and Early Modern Fandom." *Transformative Works and Cultures* 7 (2011). doi:10.3983/twc.2011.0351

Larkin, Brian. *Signal and Noise: Media, Infrastructure, and Urban Culture in Nigeria.* Durham, NC: Duke University Press, 2008.

Leaver, Tama. "Watching Battlestar Galactica in Australia and the Tyranny of Digital Distance." *Media International Australia* 126 (February 2008): 145–154.

Leonard, Sean. "Progress against the Law: Anime and Fandom, with the Key to the Globalization of Culture." *International Journal of Cultural Studies* 8, no. 3 (2005): 281–305.

Lessig, Lawrence. *Remix: Making Art and Commerce Thrive in the Hybrid Economy.* New York: Penguin, 2008.

Letham, Jonathan. *The Fortress of Solitude.* New York: Vintage, 2004.

Lewis, Lisa A., ed. *The Adoring Audience: Fan Culture and Popular Media.* London: Routledge, 1992.

Li, Xiaochang. 'Transnational Media Flows and the Online Circulation of East Asian Television Drama". Master's Thesis, MIT, 2009.

Lin, Cheuk Yi. "The Absence of Fan Activism in the Queer Fandom of Ho Denise Wan See (HOCC) in Hong Kong," *Transformative Works and Cultures* 10 (2012). doi:10.3983/ twc.2012.0325

McKee, Alan. "Which is the Best *Doctor Who* Story? A Case Study in Value Judgements Outside the Academy." *Intensities* 1 (2001). Available at: http://intensities.org/Essays/McKee.pdf (accessed July 8, 2012).

McRobbie, Angela. *Feminism and Youth Culture: From "Jackie" to "Just Seventeen."* London:

MacMillan, 1990.

Mittell, Jason. "Sites of Participation: Wiki Fandom and the Case of Lostpedia." *Transformative Works and Cultures* 3 (2009). doi:10.3983/twc.2009.0118

Mittell, Jason. "On Disliking *Mad Men*." *Just TV*, July 29, 2010. Available at: http://justtv.wordpress.com/2010/07/29/on-disliking-mad-men/ (accessed July 8, 2012).

Papert, Seymour. "Some Poetic and Social Criteria for Educational Design." Talk delivered at the HUMRRO Conference, Sept 16–18, 1975. Available at: http://www.papert.org/articles/SomePoetic AndSocialCriteriaForEducationDesign.html (accessed July 8, 2012).

Penley, Constance. "Brownian Motion: Women, Tactics, and Technology." In *Technoculture*, edited by Constance Penley and Andrew Ross, 135–161. Minneapolis: University of Minnesota Press, 1991.

Penley, Constance. "Feminism, Psychoanalysis, and the Study of Popular Culture." In *Cultural Studies*, edited by Lawrence Grossberg, Cary Nelson, and Paula A. Treichler, 479–500. New York: Roudedge, 1992.

Petrik, Paula. "The Youngest Fourth Estate: The Novelty Toy Printing Press and Adolescence, 1870–1886." In *Small Worlds: Children and Adolescents in America, 1850–1950,* edited by Elliott West and Paula Petrik, 125–142. Lawrence: University Press of Kansas, 1992.

Punathambekar, Aswin. "Between Rowdies and *Rasikas:* Rethinking Fan Activity in Indian Film Culture." In *Fandom: Identities and Communities in a Mediated World,* edited Jonathan Gray, Cornel Sandvoss, and C. Lee Harrington, 198–209. New York: New York University Press, 2007.

Rand, Erica. *Barbie's Queer Accessories.* Durham, NC: Duke University Press, 1995.

Rehak, Bob. "Materializing Monsters: Aurora Models, Garage Kits, and the Object Practices of Horror Media." *Journal of Popular Film and Television.* Forthcoming.

Rosaldo, Renato. *Culture and Truth: The Remaking of Social Analysis.* Boston: Beacon, 1993.

Ross, Andrew. "Getting Out of the Gernsback Continuum." *Strange Weather: Culture, Science and Technology in the Age of Limits,* 101–135. London: Verso, 1991.

Russ, Joanna. "Pornography By Women, For Women, With Love." *Magic Mommas, Trembling Sisters, Puritans and Perverts: Feminist Essays,* 77–99. Trumansburg, NY: Crossing, 1985.

Russo, Julie Levin. "User-Penetrated Content: Fan Video in the Age of Convergence." *Cinema Journal* 48, no. 4 (2009): 125–130.

Sandvoss, Cornel. *Fans: The Mirror of Consumption.* Cambridge, England: Polity, 2005.

Scott, Suzanne. "Repackaging Fan Culture: The Regifting Economy of Ancillary Content Models." *Transformative Works and Cultures* 3 (2009). doi:10.3983/twc.2009.0150

Scott, Suzanne. "Revenge of the Fanboy: Convergence Culture and the Politics of Incorporation." PhD diss., University of Southern California, 2011.

Scott, Suzanne. "Who's Steering the Mothership?: The Role of the Fanboy Auteur in Transmedia Storytelling." In *The Participatory Cultures Handbook,* edited by Aaron Delwiche and Jennifer Henderson, 43–52. New York: Routledge, 2012.

Sedgwick, Eve Kosofsky. *Between Men: Enlgish Literature and Male Homosocial Desire*. New York: Columbia University Press, 1985.

Sennett, Richard. *The Craftsman*. New Haven, CT: Yale University Press, 2008.

Sheffield, Jessica and Elyse Merlo. "Biting Back: Twilight Anti- Fandom and the Rhetoric of Superiority." In *Bitten by Twilight: Youth Culture, Media, and the Vampire Franchise*, edited by Melissa A. Click, Jennifer Stevens Aubrey, and Elizabeth Behm-Morawitz, 207–224. New York: Peter Lang Publishing, 2010.

Shresthova, Sangita. *Is it All About the Hips? Around the World with Bollywood Dance*. London, England: Sage, 2011.

Stein, Louisa. "Post-SCMS musing on the value of the term acafan." *transmedia,* March 17, 2011. Available at: http://lstein.wordpress.com/2011/03/17/why-the-term-acafan-matters-but-maybe-we-could-lose-the-dom-in-acafandom/

Tompkins, Jane. "Me and My Shadow" (1987). In *Feminisms: An Anthology of Literary Theory and Criticism,* edited by Robyn R. Warhol and Diane Price Herndl, 1103–1116. Rutgers: Rutgers University Press, 1997.

Tosenberger, Catherine. "Gender and Fan Studies (Round Five, Part One): Geoffrey Long and Catherine Tosenberger." *Confessions of an Aca-Fan: The Official Weblog of Henry Jenkins,* June 28, 2007. Available at: http://www.henryjen- kins.org/2007/06/gender_and_fan_studies_round_f_l.html (accessed July 9, 2012).

Tosenberger, Catherine. "'The Epic Love Story of Sam And Dean': *Supernatural,* Queer Readings, and the Romance of Incestuous Fan Fiction." *Transformative Works and Cultures* 1 (2008). doi:10.3983/twc.2008.0030

Tulloch, John, and Henry Jenkins. *Science Fiction Audiences: Watching Doctor Who and Star Trek*. New York: Routledge, 1995.

Williams, Raymond. "Culture is Ordinary." *Resources of Hope: Culture, Democracy, Socialism*. London: Verso, 1989.

Woods, Robin. *Personal Views: Explorations in Film*. Detroit: Wayne State University Press, 2006.

粉丝文本

梅格·盖雷特　编撰

粉丝们在自己的文化生产中利用了很多文本。这一指南为读者们提供了一些最常被引用的电视剧和电影的概要。这个名单并非巨细靡遗，如果读者们不了解《文本盗猎者》中讨论的某些特定文本的话可以在这个附录中寻找信息。

《异形帝国》 *Alien Nation*

1989—1990（美国）福克斯电视台

演员表

马特·塞克斯探员：　加里·格拉汉姆
乔治·弗朗西斯科探员：　埃里克·皮尔波因特
苏珊·弗朗西斯科：　米歇尔·斯卡拉贝里
凯西·弗兰科尔：　泰利·特里亚斯

由同名电影改编。洛杉矶警察局探员马特·塞克斯和一个"新来者"（即从一架失事的宇宙飞船中逃出来的难民）乔治·弗朗西斯科组成搭档。这些"新来者"已经完全适应了南加州的生活，并被同化了。马特一开始对"新来者"一无所知且抱有偏见，但是在和乔治的合作过程中学到了很多，也渐渐改变了自己的态度。剧情包括警察侦查牵涉"新来者"的案件，而支线剧情则包括马特和乔治之间日益加深的搭档关系、弗朗西斯科家族的家庭危机，以及马特和他的"新来者"邻居凯西之间日渐萌生的爱情。"新来者"的宗教和育儿行为也出现在剧情中。这部电视剧的涵盖范围比简单的科幻与警匪剧交叉点要广阔得多，但比起这种一小时长的严肃剧集来说，福克斯电视台更偏好半小时一集的喜剧，因而被取消。

《复仇者》　*The Avengers*

1961—1969（英国）ITV/ABC 电视台

西德尼·纽曼创作；1965 年起，制作人改为阿尔伯特·芬内尔和布莱恩·克莱门斯。

演员表

约翰·史蒂德：	帕德里克·麦克尼
大卫·基尔医生：	伊恩·亨得利（第一季）
凯瑟琳·盖尔夫人：	欧娜·布莱克曼（第二至第三季）
艾玛·皮尔夫人：	戴安娜·里格（第四至第五季）
塔拉·金：	琳达·索尔森（第六季）

　　从第一季基尔医生为他死去的未婚妻寻求复仇开始（这一季从未在美国播映过），《复仇者》这部连续剧就一直是充满着英伦式古怪笑料和间谍类型片常规套路的反讽喜剧片。在凯西·盖尔和艾玛·皮尔的戏份中，电视剧首次出现了独立而解放的女性主人公，以枪和空手道自我保护，身着皮制或针织的前沿设计时装。史蒂德是一个纯粹的绅士，头戴平顶帽，手持长柄伞，身着爱德华王时代风格的套装。这部电视剧的风格令其各方面都非常出众。凯西·盖尔相关的剧集中，情节符合典型的间谍类型片；在芬内尔和克莱门斯手下，艾玛·皮尔相关剧集则熟练地结合了间谍剧情、机智幽默、奇幻、科幻和戏仿。最后一季则更进一步走向了大胆的闹剧和幻想剧情。

《蝙蝠侠》　*Batman*

1966—1968（美国）AB 电视台

演员表

布鲁斯·韦恩（蝙蝠侠）：	亚当·威斯特
迪克·格雷森（罗宾）：	伯特·瓦尔德
阿尔弗雷德·彭尼沃斯，管家：	艾伦·奈皮尔
戈登警长：	尼尔·汉密尔顿
芭芭拉·戈登（蝙蝠女）：	伊冯·克雷格（第二季）

　　这个漫画英雄大战反派保卫哥谭市的故事被以一种刻意的坎普风表现出来。愚蠢的剧情、直接影像化的"砰""轰隆"等声音效果、过火或者面无表情的表演风格、视觉笑料、多次重复到可笑的语句（"天哪——，蝙蝠侠！"），以及两段式悬念等风格使这部电视剧取得了巨大轰动，很多知名演员客串扮演反派角色，比如企鹅人、猫女和小丑。但是当新鲜感过去之后，这部电视剧在两季之内迅速从收视率前十名跌到了被迫取消。第二季时蝙蝠女这个角色加了进来，一周一个小时的播放时间也减到了半小时。但是这些

改动令节目的粉丝们非常失望，或许也导致了它受欢迎度的下降。

《太空堡垒卡拉狄加》 *Battlestar Galactica*
1978—1980（美国）ABC 电视台
由格伦·拉森创作并制片

演员表

阿达玛指挥官：	隆恩·格林
阿波罗上尉：	理查德·哈奇
斯塔巴克中尉：	德克·本尼迪克特
布默中尉：	小赫伯·杰弗逊

这是一部宣传攻势巨大、高成本、特效众多的作品，制作人企图在电视上复制《星球大战》的成功。剧中刻画一小群散兵游勇的星际飞船试图躲避敌人赛隆战舰队，并最终在他们人民的传奇家园——地球上寻求避难的故事。父亲形象的阿达玛指挥着最后一艘幸存战舰，卡拉狄加；阿波罗、斯塔巴克和布默都是年轻气盛天资聪颖的飞行员。这部电视剧的特效极为优秀，是由《星球大战》的特效制作人约翰·戴克斯特拉所作，但是剧本只属二流，并没能开掘出剧情设定本应有的深度。

《侠胆雄狮》 *Beauty and the Beast*
1987—1990（美国）CBS 电视台
乔治·R. R. 马丁创作

演员表

凯瑟琳·钱德勒：	琳达·汉密尔顿
文森特：	罗恩·珀尔曼
父亲：	罗伊·多特里克斯
老鼠：	大卫·格林利

非常罕见的将浪漫奇幻和动作冒险结合起来的尝试。凯瑟琳被纽约的罪犯袭击并因此受伤。文森特发现并救了她，将她带入了地道世界，一个藏在城市街道之下的流亡者组成的神秘社群。由于缠着绷带，她不知道那个照料她的男人有着野兽的外形，只知道一个优美的声音在她康复的过程中给她读诗。他们坠入了爱河而不能在一起。文森特必须留在地下，不能被人看到，而她则必须回到地上的生活中去，继续她律师和之后助理地区检察官的工作。他们的爱情靠精神联结一直维持着，即使彼此远离，他们的生活也愈发互相交缠。剧情故事不仅描述了地道世界和底下的居民，也描述了凯瑟琳的工作、

她和她父亲的关系，以及她所面临的种种危险和困境。

《布雷克七人组》 *Blake's 7*

1978—1981（英国）BBC 电视台

创作人：泰利·纳逊，剧本审校：克里斯·布切

演员表

科尔·埃冯：	保罗·达罗
拉杰·布雷克：	加雷斯·托马斯
维拉·雷斯塔尔：	迈克尔·基汀
凯利：	詹·查培尔（第一至三季）
黛娜·梅兰比：	约赛特·西蒙（第三至四季）
奥列格·甘：	大卫·杰克逊（第一至二季）
珍纳·斯坦尼斯：	莎莉·尼维特（第一至二季）
瑟维兰：	杰奎琳·皮尔斯
苏琳：	格莱妮丝·巴伯（第四季）
戴尔·塔朗特：	斯蒂芬·佩西（第三至四季）
特拉维斯：	斯蒂芬·格里夫（第一季）
	布莱恩·克罗切（第二季）

这部科幻冒险电视剧设定于反乌托邦的未来世界中。故事主线是一组由拉杰·布雷克率领的反叛者企图推翻压迫百姓的联邦政府。因为反叛者谋划不断失败、反叛成员不断死亡以及总体来说黑暗的设定而使本片独树一帜，其黑暗设定尤其体现在布雷克和埃冯之间的对立上，两个人名义上是同袍战友，人生哲学则完全相异。布雷克是一个理想主义者，全身心投入自己奋斗的事业中，而埃冯则是个愤世嫉俗者，凡事先为自己考虑；维拉是个出身德尔塔阶层的人，惯于被支来遣去。他们从联邦的一艘监狱飞船中逃脱，掌控了一艘非联邦控制的飞船，命名为解放者号。凯利、珍纳、黛娜和苏琳都是坚强、独立而有能力的女性，但是她们在剧本中的角色并非前后一贯。总体而言，这部电视剧可以看作《星际迷航》的反转版，有着暴政统治的政府，掌权者腐败不堪，"英雄们"精神不正常乃至疯狂，整部电视剧中的事件都处于不断恶化的过程中，剧情转折处永远是背叛和失败。这部剧的剧情和《囚徒》形成了极有趣的对照，后者的人物同样受到了权力者的洗脑和精神控制，但仍然无惧地生存了下来。

《黑暗阴影》 *Dark Shadow*

1966—1971（美国）ABC 电视台

丹·柯蒂斯创作

演员表

巴拿巴斯·柯林斯：	乔纳森·弗里德
安吉利可：	拉拉·帕克
玛吉·埃文斯/约赛特·杜普雷：	凯瑟琳·李·斯科特
昆汀·柯林斯：	大卫·塞尔比
维多利亚·温特斯：	亚历山德拉·莫尔特克/凯特·杰克逊
伊丽莎白·柯林斯·斯托达德：	琼·贝内特
朱莉亚·霍夫曼医生：	格雷森·霍尔

这部哥特风的肥皂剧叙述了吸血鬼巴拿巴斯·柯林斯试图逃离诅咒找到爱情的过程。剧情多借用经典文学，例如《弗兰肯斯坦》《化身博士》以及《蝴蝶梦》。这部电视剧最早并没有超自然元素，但直到加上这些元素之后它惨淡的收视率才开始突飞猛进。第二季巴拿巴斯首次出现的时候，收视率再创新高，而且剧情越天马行空，电视剧就越受欢迎。很多中学生和大学生当时都准时回家收看这部电视剧，而这部电视剧也是很多粉丝小学时代的重要记忆。这部电视剧为白天档电视剧打开了新局面，不仅因为其哥特风的概念，也因为其真实的气氛感十足的布景、特效的运用和一人分饰两角形式的开创。（闪回故事——最早到 1795 年——包括了巴拿巴斯如何成为吸血鬼，以及现代人物的祖先曾经的生活。）《黑暗阴影》曾在 1991 年重新选角拍摄，但这次的电视剧甚为短命。

《神秘博士》 *Doctor Who*

1963—1989？（英国）BBC 电视台

演员表

博士：	威廉·哈特内尔（第一至第四季）
	帕特里克·特劳顿（第四至第六季）
	约翰·帕特维（第七至第十一季）
	汤姆·贝克（第十二至第十八季）
	彼得·戴维森（第十九至第二十一季）
	柯林·贝克（第二十一至第二十三季）
	西尔维斯特·麦考伊（第二十四至第二十六季）
	以及无数的伙伴。

这部科幻冒险剧在引入由特里·纳逊创作的邪恶的达雷克时首次成为大热门。达雷克是一种机械生物，是科幻电视剧中出现的外星人中首次不像套着橡胶服装的演员而像真正外星人的。博士是加里弗雷星人，是个时间旅行者，对地球有特别的爱好（"算是我最喜欢的星球"），并有着圣战般的意志和无穷无尽的好奇心，最终给他和他的众多任伙伴带来了许多麻烦。他是一个时间领主，因此每隔几年就会"重生"（即由新的演员扮演），但是他的时空飞船，"塔迪斯"（TARDIS）由于不完善的变色龙回路，永远都是一副老式警用电话亭的样子。这部电视剧在英国主要被视作儿童剧或者家庭剧，但在美国放映时因为其对年龄较长的观众的吸引力让 PBS 大赚一笔。博士和他的旅行伙伴之间的关系多是亲子式或叔侄式的，他的道德立场很少暧昧不清，他的目标从来不为爱情，而且不像很多科幻电视剧，这部片子经常会不严肃地把自己不当回事。这部剧现如今正在暂停状态，BBC 还没有决定它的未来命运。

《平衡者》 *The Equalizer*
1985—1989（美国）CBS 电视台

演员表

罗伯特·麦考尔：	爱德华·伍德华德
控制者：	罗伯特·兰辛
斯科特·麦考尔：	威廉·扎布克

在曼哈顿，人称"平衡者"的退休秘密特工发布广告，让遇到麻烦的人在需要时可以找他帮忙。大多数剧情都是他的独角戏，为委托人做侦探工作或保镖，但是有些剧情会有他的儿子出场。他对自己过去的职业已经完全心灰意冷，使他在个人层面上以单人的安全力量努力为善，即使遇到那些付不起钱的人也是一样。

《浪漫英雄》 エロイカより爱をこめて
（日本）少女漫画
作者：清池保子

古板专断的北大西洋公约组织情报将校克劳斯·海因兹·冯·德姆·耶贝鲁巴哈少校的行动任务被轻佻花哨（还是个同性恋）的多利安·雷德·葛罗利亚伯爵屡次介入的故事。多利安是个来自英国的艺术品大盗，化名"浪漫英雄"，他乐于与少校深交，却屡屡被对方抗议。该漫画风格轻松有趣，巧妙利用了两个主角之间的张力解决更大的间谍和动作情节。这部漫画正版渠道只有日语原文，但是粉丝圈内有翻译传播。在日本女性读者中这部漫画非常受欢迎，正如其他有同性恋角色的漫画一样。

《印第安纳·琼斯》 *Indiana Jones*

1981：夺宝奇兵；1984：魔域奇兵；1989：圣战奇兵

编剧：乔治·卢卡斯；导演：史蒂芬·斯皮尔伯格；制片：乔治·卢卡斯

演员表

印第安纳·琼斯：　　哈里森·福特

玛丽恩·雷文伍德：　凯伦·艾利恩（1981）

威莉·斯科特：　　　凯特·凯普肖（1984）

亨利·琼斯教授：　　肖恩·康奈利（1989）

这系列电影是卢卡斯由童年时代喜爱的周六下午日间电视剧启发创作而成的。三部曲设定于20世纪30年代，详细记述了考古学家和冒险者印第安纳·琼斯充满动作冒险的探险之旅。第一部电影中，他找到并收复了失落的约柜，抢在同时也在埃及寻找此物的纳粹前面。在第二部中，他从一群时母的崇拜者手中夺回了一块神圣的石头。第三部是追寻圣杯的旅程。他在第一部里的陪伴者玛丽恩是一个有能力且脾气暴躁的女主角。第二部中的威莉则没那么讨人喜欢，让她总是尖叫着歇斯底里的剧本为害甚多。印第安纳的父亲是极好的衬托角色，第三部中父子关系在个人方面和职业方面都得到了极好的开掘。这三部电影的技术水平都极高，其闪光、黏液和速度等特效技术都远远超出了早期的B级片，并戏仿嘲弄了它们。

《私家侦探马格农》 *Magnum, P. I.*

1980—1988（美国）CBS电视台

格伦·拉森和唐纳德·P.贝利萨里奥创作

演员表

托马斯·马格农：　汤姆·塞雷克

乔纳森·希金斯：　约翰·希勒曼

T. C.：　罗杰·E.莫斯利

瑞克：　拉里·马内蒂

托马斯·马格农是夏威夷的一个私家侦探。他在一个富有的（而且长期不在家的）作家的庄园里过着舒适的田园生活，为作家当安全顾问，以此换回了免房租的长期居住权和一辆法拉利的使用权。这份工作让他能有大量闲工夫帮美女们的忙，和朋友们厮混，游泳、跑步和日光浴。电视大部分情节都是标准侦探片的路子，因重复出现的有趣人物让情节活泼了不少。T. C 和瑞克都是老哥们儿，给他提供信息并帮他处理案件，希金斯是个军队意识很强的英国人，管理着整个庄园，一直觉得马格农懒散邋遢的生活作风非常碍眼。他们的相处有父亲和叛逆的喜欢找借口的青少年的气氛。

《秘密特工》　*The Man From UNCLE*
1964—1968（美国）NBC 电视台

演员表

拿破仑·索洛：　　　　罗伯特·沃恩
伊利亚·库尔雅金：　　大卫·麦卡伦
亚历山大·韦弗利：　　里奥·G.卡洛尔

索洛和库尔雅金是联合法律执行总部（UNCLE）的顶尖特工，一直致力于从各种邪恶大反派（尤其是敌方组织 THRUSH 手下的特工）手中拯救世界。他们在 UNCLE 位于纽约的北美总部工作，直接上司是韦弗利先生。索洛是个讨人喜欢的美国人，艳遇颇多，而库尔雅金是个安静的俄国人，金发，行事害羞。这部电视剧开始时是詹姆斯·邦德式的对间谍故事的恶搞，后来变成美式漫画的超能力，最后一季则试图改换到更现实的风格。库尔雅金一开始只是配角，属于索洛的跑腿小弟而非同伴，但是观众对他的反馈极佳，使得这个角色也得到了提升。

《迈阿密风云》　*Miami Vice*
1984—1988（美国）NBC 电视台

演员表

桑尼·克洛科特探员：　　唐恩·约翰逊
李嘉图·塔布斯探员：　　菲利普·迈克尔·托马斯
马丁·卡斯蒂洛中尉：　　爱德华·詹姆斯·奥尔莫斯

两个缉毒警察听命于上司卡斯蒂洛的要求在黑社会当卧底，听起来像是老套的警匪剧。但《迈阿密风云》的外观和听觉使它独树一帜。唐恩·约翰逊穿着浅色系的 T 恤衫和白色的裤子，留着短胡茬，成了 80 年代末期的性感标志和时尚风向标。这部电视剧的插曲风格类似 MTV，而且好用孔雀蓝和粉红这种艳丽的颜色。它的时髦点也包括各种特邀明星和友情客串，有摇滚乐人士（小理查德、菲尔·柯林斯、詹姆斯·布朗）、政治界人士（G. 戈登·利迪）、商界人士（当时的福特总裁李·艾柯卡）和体育明星（拳击手罗伯特·杜兰）。这部电视剧有群戏的一面，因为其他的警员也是剧情的长期成员，而且，克洛科特和塔布斯与卡斯蒂洛保持每人单独与上级之间的联系，同时也作为两人一组的搭档。卡斯蒂洛这个人物非常神秘且让人着迷，他为人寡言，但言语甚有力，有神秘的暗示指向他在美国缉毒局的背景。

《囚徒》 *The Prisoner*
1968（英国）ITC/CBS 电视台
帕特里克·麦古汉创作、制片

演员表

囚徒（六号）：　帕特里克·麦古汉

间谍辞职后会怎样？他在"村子"中醒来，发现"他们"给了他一个号码，并带走了他的名字。这部剧作在威尔士波特梅里恩拍摄，追踪了特工六号从圈套中寻找真相的经过，以及他抵御各种形式洗脑的过程。虽然他仍未能逃脱国家机器，但最终个人的力量获胜，不过最后一集没有明确表现出他是否成功逃离了"村子"。这部电视剧整体非常神秘且超现实，每一集中都有一个新的"二号"来试图摧毁六号的心智。六号没有搭档伙伴，是完全的孤独者，没有可以依赖的组织，也无法信赖任何向他施援的人。

《CI-5 行动》 *The Professionals*
1977—1983（英国）LWT 电视台
布莱恩·克莱门斯和阿尔伯特·芬内尔创作

演员表

雷·道尔：　马丁·肖

威廉·安德鲁·菲利普·博迪：　刘易斯·柯林斯

乔治·考利，CI-5 的领导：　戈登·杰克逊

这部电视剧在英国爆红，但在美国的人气一直不旺，授权播映非常稀少。这部剧并非人称的"英版《警界双雄》"，但二者确有表面的相似点。博迪（前空军特种兵）和道尔（前刑事调查部）是乔治·考利在刑事调查五处（Criminal Investigation 5）中的顶尖组合，这是一个特别的掌管都市恐怖主义问题的精英组织，专门处理同时在军情五处和警察双方辖界以外的特殊案件。剧情从时事新闻头条中取材，比起同时期的美剧来说选角更有暗色调而且基调更硬。这部电视剧多用街头实景拍摄，整体看上去有粗糙的现实感。编剧们一直将人物关系置于前景之中，辅以大量动作镜头，使这部作品多层次且丰富。

《量子跳跃》　*Quantum Leap*
1989—（美国）NBC 电视台
唐纳德·P. 贝利萨里奥创作

演员表

山姆·贝克特博士：	斯科特·巴库拉
阿尔·卡拉维奇：	迪恩·斯托克维尔

　　山姆·贝克特博士发现了一种通过"跳跃"到别人身体里在自己有生之年的随意年份时空穿梭的方法。因为如果没有成功迹象资金就会被砍，博士在量子跳跃计划的加速器试用之前就踏了上去，这个诺贝尔物理学奖得主成功证明了他的理论是正确的，但却有几个问题。他有部分失忆，一开始忘记了这个计划，甚至记不起自己的名字，但很快他就发现他没法跳跃回家了。这种跳跃被"上帝、天命、或者其他什么东西"控制住，专门为改善其他人的生活而行。阿尔是项目的目击者，他能以全息影像出现在山姆身边，给他提供信息，并在他的任务中以项目的超级电脑"齐吉"来协助他。这一精妙的前提假设使得编剧可以每周从 50 年代到 80 年代之间随意取材，整个剧集呈现为合集篇形式，但是演员却是一样的。例外时刻出现在山姆跳跃到他和阿尔过去的熟人身上，这时的情感处理非常出色。山姆和阿尔的关系让人联想到征程中的骑士和扈从的关系。剧情牵涉到民权问题、精神残疾者、性骚扰问题和越战。山姆跳进的人从事着各种工作，从平凡简单的工作到极为猎奇的：摇滚明星、家庭主妇、赏金猎人、秘书、拳击手、试飞员等等。

《红矮星号》　*Red Dwarf*
1987—　（英国）BBC 电视台
罗勃·格兰特和道格·耐勒编剧、创作

演员表

大卫·李斯特：	克雷格·查尔斯
阿诺德·里默：	克里斯·巴里
凯特：	丹尼·约翰－朱尔斯
霍利：	诺曼·洛维特（第一到第二季）
希利：	海蒂·海利吉（第三到第四季）

　　一部奇特而有趣的科幻与喜剧混合品。"红矮星号"是一艘巨大的空间采矿船，李斯特和里默是船上两个最低级的技师。李斯特因为违反不准养宠物的规定而被强制休眠，醒来后发现已经过了三百万年。他成了船上唯一的人类，说不定也是全宇宙唯一的人类。船上的电脑霍利为他提供了他死去的室友里默的全息投影作为陪伴，但是这两个人的相

处并不比从前更好，因为李斯特是个享乐主义的懒鬼，而里默则是个有洁癖的白痴。唯一存活的其他船员是凯特，一个拥有人类长相但是行为却是猫科动物的生物，是李斯特非法宠物猫的后代。他们三人经历一系列惊险的科幻冒险，包括时间裂隙、同质异象体外星人、使人上瘾的电子游戏等等，但是整部剧的重心一直在喜剧和人物间的矛盾上。

《斯蒂尔传奇》 *Remington Steele*
1982—1987（美国）NBC 电视台

演员表

劳拉·霍尔特：	斯蒂芬妮·金巴利斯特
"雷明顿·斯蒂尔"：	皮尔斯·布鲁斯南
墨菲·迈克尔斯：	詹姆斯·里德（第一季）
博妮斯·福克斯：	詹妮特·迪梅（第一季）
米尔德里德·克莱布斯：	多丽丝·罗伯茨（第二至第五季）

劳拉·霍尔特以自己的名字开着一家侦探事务所，但并不成功。但当她生造出一个神秘侦探上级雷明顿·斯蒂尔之后，生意火爆了起来，当然她永远不可能将顾客介绍给纯属想象的斯蒂尔先生。然后她遇到了一个迷人的英国骗子，并被后者成功说服，让他扮演斯蒂尔的角色。他用自己百科全书般的老电影知识弥补了他缺乏侦探训练的事实。斯蒂芬妮的父亲，小艾福兰·金巴利斯特扮演了骗子丹尼尔·查尔莫斯，这个时常客串的人物可能握有斯蒂尔过去的秘密。拌嘴、合作、时尚、幽默和性张力使混合了浪漫和推理的剧情极为引人。

《舍伍德的罗宾汉》 *Robin of Sherwood*（美国标题：《罗宾汉》 *Robin Hood*）
1984—1986（英国）HTV 电视台 （美国：Showtime 有线台，PBS 电视台）
主要编剧：理查德·卡朋特

演员表

罗宾汉（洛克斯利的罗宾）：	迈克尔·普雷德（第一到第二季）
罗宾汉（亨廷顿的罗伯特）：	杰森·康内利（第三季）
玛丽安：	朱迪·特罗特
吉斯本的盖伊：	罗伯特·阿迪
小约翰：	克莱夫·曼特尔
威尔·斯嘉利：	雷·温斯顿
纳西尔：	马克·赖恩

在这一版的经典民间故事重述里，罗宾汉抵御诺丁汉郡治安官和约翰王子的冒险故事里加入了巫术、魔法、预言以及古老的"猎手赫尔纳"宗教等因素。这个 80 年代版本将治安官描述为一个投机主义者，一个狡猾的政治家，盖伊是"公学出身的法西斯分子"，而威尔·斯嘉利则是个内心复杂的老兵。片中的魔法氛围因为在英国西部森林和城堡中的实景拍摄增色不少，克拉纳德乐队充满魔幻感的音乐也让人入迷。罗宾在这部电视剧里被刻画成夏之王，为自己的人民而死，之后重生——部分原因也是因为迈克尔·普雷德要离开剧组，但这和林地树神赫尔纳的神秘主义相得益彰。

《用沙袋治沙的人们》 *The Sandbaggers*
1979—1980（英国）Yorkshire TV
主要编剧：伊恩·麦金托什

演员表

尼尔·伯恩赛德：　罗伊·马斯登
威利·凯恩：　雷·罗宁
杰夫·罗斯：　鲍勃·舍曼
马修·皮尔：　杰罗姆·威利斯
劳拉·狄更斯：　戴安娜·金恩
迈克·华莱士：　迈克尔·凯什曼

尼尔·伯恩赛德领导着英国秘密情报机构下的一个三人特别行动小组。小组代号治沙者，处理政治敏感行动以及其他领域的特工无法掌控的行动。伯恩赛德个性火爆，与上司、特工以及美国中央情报局伦敦站头目杰夫·罗斯之间的工作关系相当紧张，人物刻画和秘密行动以及政治情节交织。这部电视剧情节紧凑，更倚赖对话而非动作，有很多需要再三思考的内容。政治机关和阴谋错综复杂，令这部电视剧结构紧密、情节紧张且极度复杂。

《侠骨柔情》 *Scarecrow and Mrs. King*
1983—1987（美国）CBS

演员表

李·斯泰特森（"稻草人"）：　布鲁斯·博克斯莱特纳
阿曼达·金：　凯特·杰克逊
多蒂·威斯特，阿曼达的母亲：　贝弗莉·加兰德
比利·梅尔罗斯：　梅尔·斯图尔特

　　阿曼达是个住在郊区的离婚单身母亲，有两个孩子，却因为美国政府的顶级特工"稻草人"递给了她一个包裹而意外卷入了一场间谍活动。她在打败间谍的活动中对政府特工助益颇多，让她最终被"机构"全职雇佣。她成了一个训练有素的特工，也成了李的搭档，并一直对她的母亲、儿子和前夫保密。两人间的浪漫情愫渐长，最终在最后一季秘密成婚。最早的几集表现了阿曼达的主妇经验和技能的重要性并不逊色于李的知识，而且她早在成为特工之前就经常能精到地指出解决问题的关键点。

《西蒙和西蒙》 *Simon & Simon*
1981—1988（美国）CBS 电视台

演员表

A.J.西蒙：　杰姆逊·帕克
里克·西蒙：　杰拉德·麦克雷尼

　　A.J.和里克是一对奇怪的兄弟。A.J.干净利落而保守，里克随意懒惰而且有点邋遢。他们在圣迭戈一家小且不景气的侦探事务所搭档，在工作中兄弟俩冲突不断。

《星际警察》 *Star Cops*
1987（英国）BBC 电视台
克里斯·鲍彻创作

演员表

内森·斯普林司令：　大卫·卡尔德
大卫·特茹总警司：　埃里克·雷·埃文斯
柯林·戴维斯：　特雷弗·库珀
帕尔·肯齐：　琳达·纽顿
亚历山大·克里文科：　乔纳森·亚当斯
安奈·初云：　稻场纱代

　　这部分成六部分的迷你系列剧围绕着内森·斯普林展开，他是个脾气火爆的粗汉子，是多国月球基地秘密部队的首领。这部电视剧时间设定于 2027 年，试图展现粗糙而真实的空间旅行与国际政治，对新近统一的欧洲内部合作提出了极为辛辣讽刺的设想。斯普林和他的手下固执地坚持解决罪案，但他们更多的时间却花在了解决外交问题、躲避官僚壁垒和对抗意识形态不同之上。斯普林的"星际警察"包括他的黑人副手大卫·特茹，一个种族不明的澳大利亚人帕尔·肯齐，一个肥胖的退休警员柯林·戴维斯，一个精明的俄国上司亚历山大·克里文科，还有一个年轻的日本科学家安奈·初云。

《星际迷航》 *Star Trek*

1966—1969（美国）NBC 电视台

吉恩·罗登伯里创作

演员表

詹姆斯·T.柯克舰长：	威廉·夏特纳
斯波克先生：	伦纳德·尼莫伊
莱昂纳德·"骨头"·麦考伊医生：	德佛瑞斯特·凯利
蒙哥马利·司各特工程师：	詹姆斯·督汉
苏鲁上尉：	乔治·武井
乌胡拉上尉：	尼谢尔·尼克尔斯
克里斯汀·查培尔护士：	玛吉尔·巴瑞特
帕维尔·契诃夫少尉：	沃尔特·寇涅格

　　《星际迷航》是第一部用长期角色严肃处理科幻内容的电视剧。它收视率不高，只吸引了儿童和年轻成年人观众。星际飞船进取号和船员的精彩冒险让电视剧一次一次地授权重播，并发展出了一系列剧场版电影和许多立时在全美平装书销售排行榜上称雄的原创小说。英雄气概十足的柯克舰长辅以斯波克的清晰逻辑以及麦考伊的同情心，做出了各种艰难决断。飞船的多文化背景船员包括来自苏格兰的总工程师蒙哥马利·司各特；非洲裔的通信官乌胡拉上尉，东方裔的舵手苏鲁上尉，以及对自己的俄罗斯背景极为自豪的契诃夫少尉。这部电视剧描绘了太空中的理想未来，女人和少数族裔也可以在飞船上一同工作——当然白人男性依旧占领着顶尖位置，而女性仍然在护士和秘书等传统职位上。斯波克试图调和来自人类母亲的情感遗传和来自瓦肯人父亲的自制控制，却困难重重，而且他一直都摆脱不了外来者的感觉，这引起了观众的兴趣和同情。

《星际迷航：下一代》 *Star Trek: The Next Generation*

1987—（美国）授权转播

吉恩·罗登伯里创作

演员表

让－吕克·皮卡德舰长：	帕特里克·斯图尔特
威尔·瑞克中校：	乔纳森·弗雷克斯
达塔少校：	布伦特·斯宾纳
乔迪·拉弗吉上尉：	拉瓦·伯顿
沃尔夫上尉：	迈克尔·多恩
塔莎·雅尔：	丹尼丝·克罗斯比（第一季）

蒂安娜·特洛伊顾问：	玛丽娜·瑟提斯
贝弗莉·柯洛夏医生：	盖茨·麦克法登（第一季，第三季至今）
卫斯理·柯洛夏：	威尔·威顿
普拉斯基医生：	戴安娜·穆尔道（第二季）
Q：	约翰·德·兰尼斯

这部电视剧设定于原《星际迷航》故事的八十年后。收视率相当不错。进取号的旅程在新的舰长和船员带领下继续着，布景和特效比前篇都大有改善。原剧的粉丝对此片褒贬不一，有些人真心喜爱，有些人则觉得剧本不及从前有力。人物之间的关系变得更和谐了。这艘飞船也更是一艘和平之船，比起原剧来说遇到的战斗和武装冲突少了许多。皮卡德是个年纪更长更有经验的舰长，比起柯克来说更少参与体力活动，瑞克继承了柯克这方面的特点，但还没有成长到能自己指挥一艘飞船。达塔是一个生化人大副，想要变成人类，或者至少学会尽可能多的人类行为的原因和结果。因为最新达成的克林贡－联邦和平条约，沃尔夫是第一个在星际舰队中任职的克林贡人。雅尔在较短时间内任职安全总监，但是其他女性的角色都不在指挥职位上，特洛伊是一个心理学家，柯洛夏和普拉斯基都是医官。

《星球大战》 *Star Wars*

1977：《星球大战》；1980：《帝国的反击》；1983：《绝地的回归》

乔治·卢卡斯编剧

演员表

卢克·天行者：	马克·哈米尔
莱亚·奥嘉纳公主：	嘉莉·费舍
汉·索罗：	哈里森·福特
本（欧比旺）·肯诺比：	亚历克·吉尼斯
达斯·维德：	大卫·普劳斯，詹姆斯·厄尔·琼斯配音
C3PO	安东尼·丹尼尔斯
兰道·卡瑞森：	比利·迪·威廉姆斯

乔治·卢卡斯这一大刷票房纪录的三部曲混合了神话、童话和男孩的成长故事，还有着西部片、空战片和科幻片的外观。故事的最高潮在于卢克·天行者艰难的道德抉择——究竟是拯救他邪恶的父亲还是杀了他，抑或是也向自己的黑暗面投降。电影中特效的数量和质量都远远超过了从前，但真正让这一系列成为经典的仍然是卢克和他的同伴——无畏的莱亚公主和佣兵气质的汉·索罗，以及卢克的死敌——直到死前才终获拯

救的邪恶的达斯·维德这几个角色。

《警界双雄》　*Starsky and Hutch*
1975—1979（美国）ABC 电视台

演员表

戴夫·斯塔斯基侦探：	保罗·迈克尔·格雷瑟
肯·哈钦森侦探：	大卫·索尔
哈罗德·多比上尉：	伯尼·汉密尔顿
哈吉·拜耳：	安东尼奥·法加斯

　　一部触动人心的 70 年代版常规警探搭档剧，以其语言上、身体上和情感上的感情外放而著称，表现了精明圆滑并有几分小聪明的纽约人斯塔斯基和平淡无奇的中西部人哈奇之间的感情和忠贞。从前警匪片里从没出现过如此感情丰富常哭泣拥抱的警察。他们开着斯塔斯基的红色都灵车在洛杉矶穿梭，一边就吃垃圾食品还是健康食品而拌嘴，一边通过他们的线人哈吉解决着警匪片里常见的罪案。

《双峰》　*Twin Peaks*
1990—1991（美国）ABC 电视台
大卫·林奇和马克·弗罗斯特创作

演员表

戴尔·库珀探员：	凯尔·麦克拉克伦
哈利·S.杜鲁门警长：	迈克尔·昂特金
奥德莉·霍恩：	雪莉琳·芬
劳拉·帕尔默 / 麦德琳·帕尔默：	谢丽尔·李
唐娜·海华德：	劳拉·弗林·鲍耶
皮特·马特尔：	杰克·南斯
乔西·帕卡德：	陈冲
凯瑟琳·马特尔：	派珀·劳瑞

　　《双峰》创新地混合了肥皂剧和推理剧，它有偏离常规的不断扩大的角色阵容和复杂但令人信服的情节，刚在 ABC 季中首映的时候就吸引了批评家们强烈的赞美。联邦调查局特工戴尔·库珀来到了西北小镇双峰，来侦破劳拉·帕尔默的谋杀案。她的尸体被冲上帕卡德锯木厂旁的河滩，全身用透明塑料布包裹着，指甲下嵌着一个字母。库珀在双峰镇发现了全世界最好吃的樱桃派，和当地警长建立起紧密的友情，并结识了一伙牙尖

嘴利时而玩世不恭的当地居民。批评家和一些观众对林奇一再推迟解谜，一直到第二季推进到一定程度才揭露劳拉真正凶手而感到沮丧，并且因为故事中引入了超自然因素而丧失兴趣。第二季最后几集中出现的库珀精神错乱的前搭档文多姆·厄尔再次引起了他们审慎的关注，而最后一集为粉丝的想象留下了很多空间。

《世界之战》 *War of the Worlds*
1988—1990（美国）授权转播
格雷格·斯特兰吉斯创作

演员表

哈里森·布莱克伍德医生：	杰拉德·马丁
保罗·艾恩豪斯中校：	理查德·查维斯
诺顿·德雷克：	菲利普·阿金
苏珊·麦库洛：	琳达·梅森·格林
黛比·麦库洛：	蕾切尔·布兰查德
约翰·金凯德：	艾德里安·保罗（第二季）

同名经典电影的续作。这部电影设想火星人侵略者在 50 年代并没有被完全打败，仍在地球上休眠着。现在他们醒来了，占据了人类的身体准备彻底奴役地球。虽然大多数人类都忘记了火星人的入侵，但布莱克伍德仍然记得，并一直在寻找证据。当休眠的火星人因为放射物质而复苏并攻占了一个军事基地时，他截住了外星人的广播信号，和他的副手——电脑技术宅德雷克，以及一个微生物学家麦库洛一起前往调查。在那里他们遇到了艾恩豪斯，很快他们四个成立了一个秘密小组研究并探测火星人的存在，对五角大楼总部汇报。艾恩豪斯和德雷克被杀后，金凯德加入了这一小组，在侵略军第一波胜利后和占领军队作战。

参考文献

Adams, Fanny (n.d.). "Noises at Dawn." Circuit Story.

Adorno, Theodor W. (1978). "On the Fetish Character in Music and the Regression of Listening." In *The Essential Frankfurt School Reader,* edited by Andrew Arato and Eike Gabhardt. New York: Urizen.

Airey, Jean and Laurie Haldeman (1988). *The Totally Imaginary Cheeseboard.* Aura, Il: Fanfun Publications.

Allen, Robert (1985). *Speaking of Soap Operas.* Chapel Hill: University of North Carolina Press.

Almedina, Patricia (1989). Letter. *The Whispering Gallery* 8: Unnumbered.

Altman, Rick (1986). "Television/Sound." In *Studies in Entertainment: Critical Approaches to Mass Culture,* edited by Tania Modleski. Bloomington: Indiana University Press.

——. (1987). *The American Musical.* Bloomington: Indiana University Press.

Amesley, Cassandra (1989). "How to Watch *Star Trek,"* *Cultural Studies* 3 no. 3.

Andrew, Dudley (1987). *Concepts in Film Theory.* Oxford: Oxford University Press.

Ang, Ien (1985). *Watching Dallas: Soap Opera and the Melodramatic Imagination.* London: Methuen.

——. (1990). "Wanted: Audiences. On the Politics of Empirical Audience Research." In *Remote Control: Television, Audiences, and Cultural Power,* edited by Ellen Seiter, Hans Borchers, Gabriele Kreutzner, and Eva-Maria Warth. London: Routledge.

Arat, Andrea (1988). "Tranquilized Dreams," *Resistance* 2, edited by Wendy Rathbone. Poway, CA: Self-Published.

Arellanes, Denetia (1989). *U.N.C.L.E. Affairs.* Alhambra, CA: Self-Published.

Auster, Albert (1989). *Actresses and Suffragists: Women in the American Theatre, 1890–1920.* New York: Praeger.

Bacon-Smith, Camille (1986). "Spock among the Women." *New York Times Book Review,* November 16 1986.

Bakhtin, Mikhail (1981). *The Dialogic Imagination.* Austin: University of Texas Press.

Barry, Natasha (1989). "A Suspicious Commodity," *Dyad* 2, edited by Doyna Blacque. Poway, CA: MKASHEF Enterprises.

Barthes, Roland (1957). *Mythologies*. New York: Jonathon Cape.

——. (1975). *S/Z*. New York: Hill and Wang.

Bates, London (1986). "Nearly Beloved/Rogue," *Southern Lights 2.5* Altamonte Springs: Ashton Press.

"The Beastie Girls," *Gentleman's Quarterly*, December 1989.

Beckett, Terri (n.d.). "Consequences." Circuit Story.

Becker, Howard (1982). *Art Worlds*. Berkeley: University of California Press.

Belle (1988). "He Who Loves." In *Exposures,* II, edited by Kandi Clarke. Traverse City, MI: Otter Limits Press.

Benjamin, Walter (1969). "The Work of Art in the Age of Mechanical Reproduction." In *Illuminations,* edited by Hannah Arendt. New York: Schocken.

Bennett, Tony (1983). "The Bond Phenomenon: Theorizing a Popular Hero." *Southern Review* 16 no. 2.

Bennett, Tony and Janet Woolacott (1986). *Bond and Beyond: The Political Career of a Popular Hero.* London: Routledge, Chapman and Hall.

Berman, Ruth (1976). "Visit to a Weird Planet Revisited." In *Star Trek: The New Voyages,* edited by Sondra Marshak and Myrna Culbreath. New York: Bantam.

Bianco, Margery Williams (1983). *The Velveteen Rabbit or How Toys Become Real.* New York: Holt, Rinehart and Winston.

Bishop, Jeff and Paul Hoggett (1986). *Organizing around Enthusiasms: Mutual Aid in Leisure.* London: Comedia.

Blaes, Tim and Bill Hupe (1989). *The Hellguard Social Register.* Hendersonville, NC: Rihannsu Press.

Bleich, David (1986). "Gender Interests in Reading and Language." In *Gender and Reading: Essays on Readers, Texts, and Contexts,* edited by Elizabeth A. Flynn and P. P. Schweickart. Baltimore: Johns Hopkins University Press.

Bordwell, David (1989). *Making Meaning: Inference and Rhetoric in the Interpretation of Cinema.* Cambridge: Harvard University Press.

Bourdieu, Pierre (1979). *Distinction: A Social Critique of the Judgement of Taste.* Cambridge: Harvard.

——. (1980). "The Aristocracy of Culture," *Media, Culture, and Society 2.*

Boylan, Susan (1989). "Deliverance." In *Southern Seven 5,* edited by Ann Wortham. Altamonte Springs: Ashton Press.

Bradley, Marion Zimmer (1983). *The Mists of Avalon.* New York: Knopf.

——. (1985). "Fandom: Its Value to the Professional." In *Inside Outer Space: Science Fiction Professionals Look At Their Craft*, edited by Sharon Jarvis. New York: Frederick Ungar.

Bright, Lynna (1983). "A Place to Hide." In *Who You Know, What You Know, and How You Know It,* edited by Elaine Hauptmann and Lucy Cribb. Self-Published.

——. (1986). *Murder on San Carmelitas.* Baltimore: Amapola Press.

Brown, Mary Ellen and Linda Barwick (1986). "Fables and Endless Genealogies: Soap Opera and Women's Culture." Paper delivered at the Australian Screen Studies Association Conference, Sydney, December 1986.

Brown, Roberta (1978). Letter. *Alderaan* 3 (September 15, 1978): 7.

Brunsdon, Charlotte (1981). "*Crossroads*: Notes on Soap Opera." *Screen* 22 no. 4.

Brunsdon, Charlotte and David Morley (1978). *Everyday Television: Nationwide.* London: British Film Institute.

Bryant, Danni (1989). Letter. *Interstat* 144 (October): 7.

Buckingham, David (1987). *Public Secrets: EastEnders and Its Audience.* London: British Film Institute.

Budd, Mike (1990). *The Cabinet of Dr. Caligari: Texts, Contexts, Histories.* New Brunswick: Rutgers University Press.

Budd, Mike, Robert M. Entman, and Clay Steinman (1990). "The Affirmative Character of U.S. Cultural Studies." *Critical Studies in Mass Communication* 7.

Burchill, Julie (1986). *Damaged Gods: Cults and Heroes Reappraised.* London: Century.

Burke, Vicki (1988a). "Chamber Music." *The Whispering Gallery* 5: Unnumbered.

———. (1988b). "What's Missing." *The Whispering Gallery* 6: Unnumbered.

———. (1989). "Notes from the Editor." *The Whispering Gallery* 10: 1—7.

Burke, Vicki and Janet Dunadee (1990). *A Collection of Memories: The Beauty and the Beast Phenomenon.* Grand Rapids: Whispering Gallery Press.

Burns, Anne (1988). Letter. *Interstat* 131—132 (September-October): 8.

———. (1989). Letter. *Interstat* 141—142 (July/August): 9.

C.P. (n.d.). "The Janus." Circuit Story.

Carlson, Timothy (1990). "*Beauty and the Beast*: The Show that Wouldn't Die ... and the Fans Who Wouldn't Let It." *TV Guide* (January 13): 2—4.

Camall, Jane (1987a). "Mental Health." *Southern Lights Special 3.5.* Altamonte Springs: Ashton Press.

Camall, Jane (1987b). "Civilized Terror." *Southern Lights Specil 3.75.* Altamonte Springs: Ashton Press.

Carr, Anne (n.d.). "Wine Dark Nexus." Circuit Story.

Carter, Paul A. (1978). *The Creation of Tommorow: Fifty Years of Magazine Science Fiction.* New York: Columbia University Press.

Caruthers-Montgomery, P. L. (1987). Letter. *Comlink* 28: 8.

Cesari, Julie (1989). Letter. *Interstat* 137 (March): 4.

Chalbram, Andie (1990). "Chicana/o Studies as Oppositional Ethnography." *Cultural Studies* 4 no. 3: 228—47.

Chartier, Roger (1984). "Culture as Appropriation: Popular Cultural Uses in Early Modern France." In *Understanding Popular Culture: Europe from the Middle Ages to the Nineteenth Century,* edited by Steven L. Kaplan. New York: Mouton.

Childs-Helton, Barry (1987a). "Mundania." In *Escape from Mundania!* Indianapolis: Space Opera

House, available through Wail Songs.

Childs-Helton, Barry (1987b). "Flying Island Farewell." In *Escape From Mundania!* Indianapolis: Space Opera House, available through Wail Songs.

Childs-Helton, Sally (1987). "Con Man Blues." In *Escape From Mundania!* Indianapolis: Space Opera House, available through Wail Songs.

Christy, Jo Ann (1985). "Dear Mr. Lucas." In *Return of Massteria!: Star Wars and Other Filk Songs.* Los Angeles: L.A. Filkharmonics: 67.

Clapp, T.J. Burnside (1988). "Robin Hood." In *Station Break.* Wakefield, MA: Fesarius Publications, available from Wail Songs.

Clemens, Brian (1986). "The A Squad." In *The Complete Professionals: The Cast, The Characters and the 57 Episodes,* edited by Dave Rogers. London: Queen Anne Press.

Clifford, James (1983). "On Ethnographic Authority." *Representations* 1: 118–46.

Clifford, James and George Marcus, eds. (1986). *Writing Culture: The Poetics and Politics of Ethnography.* Berkeley: University of California Press.

Cox, Carol (1990). Letter. *Newcomer News* 1 (May): 6.

Cranny-Francis, Anne (1985). "Sexuality and Sex-Role Stereotyping in *Star Trek.*" *Science Fiction Studies* 12: 274–83.

Cubitt, Sean (1988). "Time Shift: Reflections on Video Viewing." *Screen* 29 no. 2 (spring): 74–81.

D'Acci, Julie (1988). *Women, "Woman" and Television: The Case of Cagney And Lacey.* Ph.D. dissertation, University of Wisconsin-Madison.

Davis, Anne and Meg Garrett (1989). "Video Lust." In *Hip Deep in Heroes: A* Blake's 7 *Filk Song Book,* edited by Meg Garrett. Los Angeles: Meg Garrett: 80.

De Certeau, Michel (1984). *The Practice of Everyday Life.* Berkeley: University of California Press.

Del Rey, Lester (1979). *The World of Science Fiction.* New York: Ballantine.

DeLeon, Gloria M. (1990). Letter. *Once Upon a Time ... Is Now* 18: 3.

Diane (1990). "Teddy Bears' Picnic." In *Dyad* 5, edited by Doyna Blacque. Poway, CA: MKASHEF Enterprises.

Dickholtz, Daniel (1990). "April in Turtleland." *Starlog* 154, (May): 17–19.

D'neese (1990). "If I Reach Out, Will You Still Be There?" *To Boldly Go* 1. Canoga Park, CA: Starlite Press.

Doane, Mary Ann (1987). *The Desire to Desire: The Woman's Film of the 1940s.* Bloomington: Indiana University Press.

Drew, Dennis (n.d.). "Smurf Song." *The Final Reality.* Joplin, MO: Self-Recorded, distributed by Wail Songs.

Dyar, Allyson (1987). Editor's Introduction. *Comlink* 28: 2.

Dyer, Richard (1985). "Entertainment and Utopia." In *Movies and Methods, Volume II,* edited by Bill Nichols. Berkeley: University of California Press.

Ecklar, Julia (1984a). "Bom Again *Trek.*" *Genesis* (El Cerrito, CA: Off Centaur.

———. (1984b). "One Final Lesson." *Genesis* (El Cerrito, CA: Off Centaur.

Eco, Umberto (1986). *Travels in Hyperreality.* London: Picador.

Ellis, John (1982). *Visible Fictions.* London: Routledge and Kegan-Paul.

Elms, Duane (1985). "Take This Book and Shove It." *Mister Author.* Oakland, CA: Wail Songs.

Enzensberger, Hans Magnus (1974). "Constituents of a Theory of the Media." *The Consciousness Industry.* New York: Seabury.

E. T. (n.d.). "They Don't All Wear Green on Thursdays." Circuit Story.

F. J. (n.d.). "Starlight, Starbright." Circuit Story.

Faiola, Ray (1989). Director, Audience Services, CBS. "Dear Viewer" Letter (July). Reprinted in Vicki Burke and Janet Dunadee (1990). *A Collection of Memories: The Beauty and the Beast Phenomenon.* Grand Rapids: Whispering Gallery Press.

Fetterly, Judith (1978). *The Resisting Reader: A Feminist Approach to American Fiction.* Bloomington: Indiana University Press.

———. (1986). "Reading about Reading: 'A Jury of Her Peers,' 'Murders in the Rue Morgue,' and 'The Yellow Wallpaper'." In *Gender and Reading: Essays on Readers, Texts, and Contexts,* edited by Elizabeth A. Flynn and P. P. Schweickart. Baltimore: Johns Hopkins University Press.

Feuer, Jane (1983). "The Concept of Live Television: Ontology vs. Ideology." In *Regarding Television,* edited by E. Ann Kaplan. Los Angeles: American Film Institute.

Feyrer, Gayle (1986). *The Cosmic Collected.* Self-Published.

Fiedler, Leslie (1975). *Love and Death in the American Novel.* New York: Stein and Day.

Finch, Mark (1986). "Sex and Address in *Dynasty.*" *Screen* 27: 24–42.

Finity's End: Songs of the Station Trade (1985). El Cerrito, CA: Off-Centaur, available from Firebird.

Fish, Leslie (1977). "Warped Communications." *Warped Space 25* (May): 13–14.

———. (1983a). "Toast for Unknown Heroes." In *Minus Ten and Counting.* El Cerrito, CA: Off Centaur.

———. (1983b). "Hope Eyrie." In *Minus Ten and Counting.* El Cerrito, CA: Off Centaur.

———. (1984). Letter. *Not Tonight Spock* 2: 5–6.

———. (1988). *The Weight.* Lansing, MI: T'Kuhtian Press.

Fish, Leslie and Joanne Agostino (1977). "Poses." In *Obsc'zine* 1, edited by Lori Chapek-Carleton. East Lansing: T'Kuhtian Press: 78–100.

Fish, Leslie and the DeHorn Crew (1977). "Banned from Argo." In *Solar Sailors.* El Cerrito, CA: Firebird Arts and Music.

Fish, Stanley (1980). *Is There a Text in This Class?: The Authority of Interpretive Communities.* Cambridge: Harvard University Press.

Fiske, John (1987). *Television Culture.* London: Methuen.

———. (1989). *Understanding Popular Culture.* Boston: Unwin Hyman.

———. (1990). "Ethnosemiotics: Some Personal and Theoretical Reflections." *Cultural Studies* 4 no. 1:

85—99.

——. (1991). "The Cultural Economy of Fandom." In *The Adoring Audience,* edited by Lisa Lewis. New York: Routledge, Chapman and Hall.

Fletcher, Robin, Doris Robin, and Karen Trimble (1985). "Science Wonks, Wimps, and Nerds." In *Return to Massteria!: Star Wars and Other Filksongs.* Los Angeles: L.A. Filkharmonics: 4.

Fluery, Gail P. (1988). Letter. *Interstat* 131—132 (September-October): 9.

Flynn, Elizabeth (1986). "Gender and Reading." In *Gender and Reading: Essays on Readers, Texts, and Contexts,* edited by Elizabeth A. Flynn and P. P. Schweickart. Baltimore: Johns Hopkins University Press.

Flynn, Elzabeth A. and P. P. Schweickart, eds. (1986). *Gender and Reading: Essays on Readers, Texts, and Contexts.* Baltimore: Johns Hopkins University Press.

Formaini, Peter J. (1990). The Beauty and the Beast *Companion.* Ithaca: Loving Companion Enterprises.

Fox, William (1980). "Folklore and Fakelore: Some Sociological Considerations." *Journal of the Folklore Institute* 17: 244— 61.

Frayser, Tim (1989). Letter. *Interstat* 144 (October): 2.

Freeman, Camila W. (1990). Letter. *Once Upon a Time... Is Now* 18: 3.

Gallagher, Diana (1984). "Monsters in the Night." In *Bayfilk II Concert 1.* El Cerrito, CA: Off Centaur.

Gaines, Jane (1990). "Superman and the Protective Strength of the Trademark." In *Logics of Television: Essays in Cultural Criticism,* edited by Patricia Mellencamp. Bloomington: Indiana University Press.

Garrett, Maureen (1981). "Open Letter to *Star Wars* Zine Publishers." August, Informally Circulated.

Garrett, Meg (1985). "VCR Song." In *Return to Massteria!: Star Wars and Other Filksongs.* Los Angeles: L.A. Filkharmonics: 19.

Garrett, Susan M. (1989). *The Fantastically Fundamentally Functional Guide to Fandom for Fanzine Readers and Contributors.* Toms River, NJ: Self-Published.

Genovese, Eugene D. (1976). *Roll Jordan Roll: The World the Slaves Made.* New York: Random.

Germer, Alicia (1989a). Letter. *Interstat* 135 (January): 14.

——. (1989b). Letter. *Interstat* 144 (October): 2.

Gerrold, David (1973). *The World of Star Trek.* New York: Ballantine.

Gilbert, Debbie (1989). Letter. *Interstat* 136 (February): 7—8.

Gitlin, Todd (1983). *Inside Prime Time.* New York: Pantheon Books.

Glasgow, M. Fae (1988). "The Things We Do for Love." *Oblaque.* Los Angeles: GBH Productions.

——. (1989). "There Is None So Blind..." In *Different Destinies 1,* edited by Brendon O'Cullane. Chicago: Xenon Press.

Goodwin, Joseph P. (1989). *More Man than You'll Ever Be: Gay Folklore and Acculturation in Middle America.* Bloomington: Indiana University Press.

Gold, Lee (1986). "Reporters Don't Listen to Trufen." In *Filker Up.* Oakland: Wail Songs.

Gordon, Howard (1988). "In the Belly of the Beast." *Starlog* (June): 26.

Gray, Ann (1987). "Behind Closed Doors: Video Recorders in the Home," In *Boxed In: Women and Television,* edited by Helen Baeher and Gillian Dyer. New York: Pandora.

Great Broads of the Galaxy (n.d.). "Trekker." In *The Cosmic Connection.* Lawrence, Kansas: Audio House, currently distributed by Wail Songs.

——. (n.d.). "Born of Your Son." In *The Cosmic Connection.* Lawrence, Kansas: Audio House, currently distributed by Wail Songs.

Grossberg, Lawrence (1987). "The Indifference of Television." *Screen* 28 no. 2: 28–45.

——. (1988). "Putting the Pop Back into Postmodernism." In *Universal Abandon?: The Politics of Postmodernism,* edited by Andrew Ross. Minneapolis: University of Minnesota Press.

Grosse, Edward (1990). "Season of the *Beast." Starlog* (November): 53–54.

H. G. (n.d.). "Emerging from the Smoke." Circuit Story.

Hakucho (1990). "Just Say No." In *Southern Comfort 5.5,* edited by Ann Wortham. Altamonte Springs, FL: Ashton Press.

Hall, Stuart (1980). "Encoding/Decoding." In *Culture, Media, Language,* edited by Stuart Hall, Dorothy Hobson, Andrew Lowe, and Paul Willis. London: Hutchinson.

——. (1981). "Notes on Deconstructing 'The Popular'." In *People's History and Socialist Theory,* edited by Robert Samuel. London: Routledge and Kegan-Paul.

——. (1986). "Introduction." In *Family Television: Cultural Power and Domestic Leisure,* by David Morley. London: Routledge, Chapman and Hall.

Hall, Stuart and Tony Jefferson, eds. (1976). *Resistance through Rituals.* London: Hutchinson.

Hartley, John (1985). "Invisible Fictions: Television Audiences and Regimes of Pleasure." Paper quoted in John Fiske (1987). *Television Culture.* London: Methuen.

Hartwick, Sue-Anne (1990). Letter. *Newcomer News* 1 (May): 16.

Hebdidge, Dick (1987). *Subculture: The Meaning of Style.* London: Methuen.

Heilbrun, Carolyn (1979). *Reinventing Womanhood.* New York: W. W. Norton.

Herbert, Marguerete S. (1990). Letter. *Once Upon a Time... Is Now* 18: 5.

Hillyard, Denise (1990). Letter. *Newcomer News* 1 (May): 11.

Hobson, Dorothy (1982). *"Crossroads": The Drama of a Soap Opera.* London: Methuen.

——. (1989). "Soap Operas at Work." In *Remote Control: Television, Audiences and Cultural Power,* edited by Ellen Seiter, Hans Borchers, Gabriele Kreutzner, and Eva-Maria Warth. London: Routledge, Chapman and Hall.

Hodge, Robert and David Tripp (1986). *Children and Television.* Cambridge: Polity.

Holland, Norman (1977). "Transactive Teaching: Cordelia's Death." *College English* 39: 276–85.

Huff, Laurel (1990). Letter. *Newcomer News* 1 (May): 13.

Hughes, Karene (1989). "Letters to the Editor." *The Whispering Gallery* 6 (January): 3.

Hunt, Berkeley (1989). Letter. *Interstat* 135 (January): 2–3.

Hunter, Kendra (1977). "Characterization Rape." In *The Best of Trek 2,* edited by Wauren Irwin and G. B. Love. New York: New American Library.

Issacs, D. M. (1988). Letter. *Interstat* 133 (November): 6.

Jackson, Sourdough (1986). *Starship Troupers: A Filkzine.* Denver: Virtuous Particle Press.

———. (1987). *Filk Index.* Fairlawn, NJ: Other World Books.

Jameson, Frederic (1979). "Reification and Utopia in Mass Culture." *Social Text* (winter): 130–48.

Jane (n.d.). "The Hunting." Serialized Circuit Story.

Jenkins, Henry (1988). "Going Bonkers!: Children, Play, and *Pee-Wee.*" *Camera Obscura 1* (May): 168–93.

———. (1991a). *"Star Trek* Rerun, Reread, Rewritten: Fan Writing as Textual Poaching." In *Close Encounters: Film, Feminism, and Science Fiction,* edited by Constance Penley, Elisabeth Lyon, Lynn Spigel, and Janet Bergstrom. Minneapolis: University of Minnesota Press.

———. (1991b). " 'If I Could Speak with Your Sound': Textual Proximity, Liminal Identification, and the Music of the Science Fiction Fan Community." *Camera Obscura* 23 (May): 149–76.

Jewett, Robert and John S. Lawrence (1977). *The American Monomyth.* Garden City, NY: Anchor Press.

Jones, Deborah (1980). "Gossip: Notes on Women's Oral Culture." *Women's Studies International Quarterly* 3: 193–98.

Junius, Kimberley (1989). Letter. *Interstat* 135 (January): 9.

Kaplan, E. Ann (1985). "A Post-Modern Play of the Signifier?: Advertising, Pastiche, and Schizophrenia in Music Television." In *Television in Transition,* edited by Phillip Drummond and Richard Patterson. London: British Film Institute.

———. (1987). *Rocking around the Clock: Music Television, Postmodernism, and Consumer Culture.* New York: Methuen.

Kirkland, Lee (1990). *Quantum Beast: All's Well that Ends Well.* Commerce City, CO: Self-Published.

Kloer, Phil. *"Beauty and the Beast." Atlanta Constitution* (November 22–28, 1987): 4.

Knight, Sylvia (1988). "Descending Horizon." In *Resistance* 2, edited by Wendy Rathbone. Poway, CA: Self-Published.

Kopmanis, Gretchen (1990). Letter. *The Whispering Gallery* 18–19: unnumbered.

Kulikauskas, Jane (1988). Letter. *Interstat* 134: 5.

L. H. (n.d.). "A Momentary Aberration." Circuit Story.

Lacey, Jenny (1989). "The Ultimate Avon Drool Song." In *Hip Deep in Heroes: A Blake's 7 Filk Song Book,* edited by Meg Garrett. Los Angeles: Self-Published.

Lamb, Patricia Frazer and Dianna L. Veith (1986). "Romantic Myth, Transcendence, and *Star Trek* Zines." In *Erotic Universe: Sexuality and Fantastic Literature,* edited by Donald Palumbo. New York: Greenwood.

Land, Jane (1986). *Kista.* Larchmont, NY: Self-Published.

———. (1987). *Demeter.* Larchmont, NY: Self-Published.

Landers, Randall (1989). Letter. *Comlink* 38: 8.

Landman, Elaine (1990). Letter. *The Whispering Gallery* 18–19: unnumbered.

Larkin, Katrina and Susanne Tilley (1988). *Log of the Hellhound,* Book I. Altamonte Springs, FL: Ashton Press.

Leerhsen, Charles (1986). *"Star Trek's* Nine Lives." *Newsweek* (December 22, 1986).

Lefanu, Sarah (1988). *Feminism and Science Fiction.* Bloomington: Indiana University Press.

Levine, Lawrence W. (1977). *Black Culture and Black Consciousness: Afro-American Folk Thought from Slavery to Freedom.* Oxford: Oxford University Press.

———. (1988). *Highbrow/Lowbrow: The Emergence of Cultural Hierarchy in America.* Cambridge: Harvard University Press.

Lewis, Lisa (1987). "Consumer Girl Culture: How Music Video Appeals to Women." *OneTwoThreeFour: A Rock 'N' Roll Quarterly* 5: 5–15.

Lewis, Lisa A. (1990). *Gender, Politics and MTV: Voicing the Difference.* Philadelphia: Temple University Press.

Lichtenberg, Jacqueline (1976). *Kraith Collected.* Detroit: Ceiling Press.

Lichtenberg, Jacqueline, Sondra Marshak, and Joan Winston (1975). *Star Trek Lives!* New York: Bantam.

Limon, Jose E. (1983). "Western Marxism and Folklore: A Critical Introduction." *Journal of American Folklore* 96 no. 379: 34–52.

Lipsitz, George (1988). "Mardi Gras Indians: Carnival and Counter Narrative in Black New Orleans." *Cultural Critique* (fall): 99–122.

———. (1990). *Time Passages: Collective Memory and American Popular Culture.* Minneapolis: University of Minnesota Press.

Lombardi-Satriani, Luigi (1974). "Folklore as Culture of Contestation." *Journal of the Folklore Institute* 2: 99–121.

Long, Elisabeth (1989). "Feminism and Cultural Studies." *Critical Studies in Mass Communications* 6 no. 4: 427–35.

Lorrah, Jean (1976a). *Night of Twin Moons.* Murray, KY: Self-Published.

———. (1976b). *Full Moon Rising.* Bronx: Self-Published.

———. (1978). *NTM Collected,* Vol. I. Murray, KY: Self-Published.

———. (1979). *NTM Collected,* Vol. II. Murray, KY: Self-Published.

———. (1984). *The Vulcan Academy Murders.* New York: Pocket.

———. (1988). *Trust, Like the Soul.* Murray, KY: Empire Books.

Lorrah, Jean and Willard F. Hunt (1968). "Visit to a Weird Planet." In *Spocknalia* 3, edited by Devra Langsam and Sherna Burley. Brooklyn: Self-Published.

Marc, David. *Demographic Vistas: Television in American Culture.* Philadelphia: University of Pennsylvania Press, 1984.

Marcus, George and Michael Fischer (1986). *Anthropology as Cultural Critique.* Chicago: University of Chicago Press.

Mamie, ed. (n.d.). *Vila, Please.* St. Louis: 4–M Press.

——. (n.d.). *Avon, Anyone.* St. Louis: 4–M Press.

Martin, Joan (n.d.). "Slash (Read This First)." Informally circulated introduction to slash fiction.

Matthews, Susan R. (1983). *The Mind of a Man Is a Double-Edged Sword.* New York: Strelsau Press.

——. (1985). *Mascarada.* New York: Strelsau Press.

——. (1988). *Shadowplay.* Rochester, NY: P. I. Press.

Meehan, Eileen R. (1990). "Why We Don't Count: The Commodity Audience." In *Logics of Television: Essays in Cultural Criticism,* edited by Patricia Mellencamp. Bloomington: Indiana University Press.

Mellor, Adrian (1984). "Science Fiction and the Crisis of the Educated Middle Class." In *Science Fiction and Social Change,* edited by Colin Pawling. London: Macmillan.

Menefee, Christine (1989). *Meet Spotlight Starman.* Self-Published.

Metz, Christian (1977). "Trucage and the Film." *Critical Inquiry* (summer): 656–75.

McEwan, Emily (1989). *Power.* Wheaton, IL: Green Cheese Press.

McManus, Vickie (1989). "An Irate Fan Speaks." In *Hip Deep in Heroes: A* Blake's 7 *Filk Song Book,* edited by Meg Garrett. Los Angeles: Self-Published.

McManus, Vickie (1989). "Do Not Forsake Me." In *Hip Deep in Heroes: A* Blake's 7 *Filk Song Book,* edited by Meg Garrett. Los Angeles: Self-Published.

McRobbie, Angela (1980). "Settling Accounts with Subcultures: A Feminist Critique." *Screen Education* 34.

——. (1982). "The Politics of Feminist Research: Between Talk, Text, and Action." *Feminist Review* 12: 45–57.

——. (1984). "Dance and Social Fantasy." In *Gender and Generation,* edited by Angela McRobbie and Mica Nava. London: Macmillan.

——. (1991). *Feminism and Youth Culture: From Jackie to Just Seventeen.* London: Macmillan.

McRobbie, Angela and Mica Nava, *Gender and Generation.* London: Macmillan.

Mike, Jan M. (1989). Letter. *Interstat* 143 (September): 6.

Modleski, Tania. (1982) *Loving with a Vengeance: Mass-Produced Fantasies for Women.* Hamden, CT: Archon Books.

——. (1983). "The Rhythms of Reception: Daytime Television and Women's Work." In *Regarding Television,* edited by E. Ann Kaplan. Los Angeles: American Film Institute.

Moore, Henrietta L. (1988). *Feminism and Anthropology.* Minneapolis: University of Minnesota Press.

Morley, David (1980). *The Nationwide Audience: Structure and Decoding.* London: British Film Institute.

——. (1986). *Family Television: Cultural Power and Domestic Leisure.* London: Routledge, Chapman and Hall.

Moscowitz, Sam (1954). *The Immortal Storm.* New York: ASFO Press.

Nava, Mica (1981). "Drawing the Line." In *Gender and Generation,* edited by Angela McRobbie and Mica Nava. London: Macmillan.

Nelson, Jenny L. (1990). "The Dislocation of Time: A Phenomenology of Television Reruns." *Quarterly Review of Film and Video* 12 no. 3: 79–92.

Nolan, Khrys (1984). "The K/S Completist." *Not Tonight Spock* 3: 15–18.

Oney, Steve (1987). "Is Prime Time Ready for Fable?" *New York Times* (September 20): 37.

Osman, Karen (1982). *Knight of Shadows.* Brooklyn: Poison Pen Press.

Ostrow, Joanne (1989). "Will *Beauty and the Beast* Survive Retooling by CBS?" *Denver Post* (July 25). Reprinted in Vicki Burke and Janet Dunadee (1990). *A Collection of Memories:* The Beauty and the Beast *Phenomenon.* Grand Rapids: Whispering Gallery Press.

Palmer, Sharon M., L. C. Wells and A. Nea Dodson, eds. (1990). *CrosSignals 2.* Beltsville, MD: Self-Published.

Palmer, Patricia (1986). *The Lively Audience: A Study of Children around the TV Set.* Sydney: Allen and Unwyn.

Paredes, Americo (1977). "On Ethnographic Work among Minority Groups." *New Scholar* 6: 1–32.

"Paula" (1990). "Comfort." In *Southern Comfort 5.5,* edited by Ann Wortham. Altamonte Springs, FL: Ashton Press.

Penley, Constance (1989). "The Female Spectatrix." *Camera Obscura* 20–21: 256–59.

———. (1991). "Brownian Motion: Women, Tactics, and Technology." In *Technoculture,* edited by Constance Penley and Andrew Ross. Minneapolis: University of Minnesota Press.

———. (forthcoming). "Feminism, Psychoanalysis, and the Study of Popular Culture." In *Cultural Studies: Now and in the Future,* edited by Lawrence Grossberg, Cary Nelson, and Paula Treichler. New York: Routledge, Chapman and Hall.

Prather, Anne (n.d.). "Editorial Soapbox." *Denver Filk Anon-y-mouse.* 4–5.

Rabinovitz, Lauren (1989). "Animation, Postmodernism, and MTV." *The Velvet Light Trap* 24 (fall): 99–112.

Rabinowitz, Peter J. (1985). "The Turn of the Glass Key: Popular Fiction as Reading Strategy." *Critical Inquiry* (March): 418–31.

Rache (n.d.). "A Reasonable Man." In *Bright Forests: Songs about Robin of Sherwood.* Albion.

Radway, Janice (1984). *Reading the Romance: Women, Patriarchy, and Popular Literature.* Chapel Hill: University of North Carolina Press.

———. (1988). "Reception Study: Ethnography and the Problem of Dispersed Audiences and Nomadic Subjects." *Cultural Studies* 2 no. 3: 359–76.

Raymond, Eunice (1989). Letter. *Interstat* 138 (April): 3–4.

Reece, J. D. (1990). "A Friendly Drink." In *Southern Comfort 5.5:* 39–47, edited by Ann Wortham.

Altamonte Springs, FL: Ashton Press.

Resch, Kathleen (n.d.). Flier, *The Dark Shadows Storyline*. Temple City, CA: Self-Published.

Rhodes, Karen (1989). Letter. *Interstat* 143: 4.

Roberts, Helen, ed. (1981). *Doing Feminist Research*. London: Routledge, Chapman and Hall.

Robin, Doris (1985). "Rise Up, You Challenger." In *Return of Massteria!: Star Wars and Other Filksongs*. Los Angeles: L.A. Filkharmonics, 5.

Rogow, Roberta, (n.d.) "I've Got Fanzines." *Rogow and Company*. Self-Published, currently available through Wail Songs and New World Books.

——. (n.d.). "Lament to the Station Manager." *Rogow and Company*. Self-Published, currently available through Wail Songs and New World Books.

——. (1987). "A Use For Argo." *Rec-Room Rhymes* 5: 39.

Roman, Linda, Linda Christian-Smith, and Elizabeth Ellsworth, eds. (1988). *Becoming Feminine: The Politics of Popular Culture*. London: Falmer Press.

Roper, Bill (1986). "Wind from Rainbow's End." *Liftoff to Landing*. Milwaukee, WI: STI Studios, currently distributed by Wail Songs.

Rosaldo, Renato (1989). *Culture and Truth: The Remaking of Social Analysis*. Boston: Beacon Press.

Ross, Andrew (1989). *No Respect: Intellectuals and Popular Culture*. New York: Routledge, Chapman and Hall.

——. (1991). "Getting Out of the Gemsback Continuum." *Critical Inquiry* (winter): 411–33.

Ross, Jessica. "Roddenberry." *Rec-Room Rhymes* 6: 7.

Rosenthal, Leah and Ann Wortham (1986). "Season of Lies." *Southern Seven, 1:* 161–89, edited by Ann Wortham. Altamonte Springs, FL: Ashton Press.

Russ, Joanna (1985). *Magic Mommas, Trembling Sisters, Puritans, and Perverts: Feminist Essays*. Trumansberg, N.Y.: Crossing.

Russell, W. M. S. (1982). "Folktales and Science Fiction." *Folklore* 93 no. 1: 3–30.

Saiid, Kami (1988). "Lover's Quarrel." In *Resistance* 2, edited by Wendy Rathbone. Poway, CA: Self-Published.

Sankek, David (1990). "Fans' Notes: The Horror Film Fanzine." *Literature/Film Quarterly* 18 no. 3: 150–59.

Schatz, Thomas (1981). *Hollywood Film Genres*. New York: MacGraw-Hill.

——. (1986). "The Structural Influence: New Directions in Film Genre Study." In *Film Genre Reader*, edited by Barry Keith Grant. Austin: University of Texas Press.

Schnuelle, Shari (1987). Letter. *Sociotrek* 4: 8–9.

Schweickart, Patrocinio P. (1986). "Reading Ourselves: Towards a Feminist Theory of Reading." In *Gender and Reading: Essays on Readers, Texts, and Contexts*, edited by Elizabeth A. Flynn and P. P. Schweickart. Baltimore: Johns Hopkins University Press.

Schwictenberg, Cathy (1989). "Feminist Cultural Studies." *Critical Studies in Mass Communications* 6 no. 2: 202−08.

Sconce, Jeffrey Alan (1989). *Colonizing Cinematic History: The Cult of "Bad" Cinema and the Textuality of the "Badfilm."* Master's thesis, University of Texas-Austin.

Sebastian (n.d.). "On Heat." Circuit Story.

Sedgwick, Eve Kosofsky (1985). *Between Men: English Literature and Male Homosocial Desire.* New York: Columbia University Press.

Segal, Howard P. (1984). "The Technological Utopians." In *Imagining Tommorow,* edited by Joseph E. Corn. Cambridge: MIT Press.

Segel, Elizabeth (1985). "As the Twig Is Bent…': Gender and Childhood Reading." In *Gender and Reading: Essays on Readers, Texts, and Contexts*, edited by Elizabeth A. Flynn and P. P. Schweickart. Baltimore: Johns Hopkins University Press.

Seiter, Ellen (1990). "Making Distinctions in Television Audience Research: Case Study of a Troubling Interview." *Cultural Studies* 4 no. 1: 61−84.

Seiter, Ellen, Hans Borchers, Gabriele Kreutzner, and Eva-Maria Warth (1990). "'Don't Treat Us Like We're So Stupid and Naive': Toward an Ethnography of Soap Opera Viewers." In *Remote Control: Television, Audiences, and Cultural Power,* edited by Ellen Seiter, Hans Borchers, Gabriele Kreutzner and Eva-Marie Warth. London: Routledge, Chapman and Hall.

Selley, April (1986). " 'I Have Been, and Ever Shall Be, Your Friend': *Star Trek, The Deerslayer* and the American Romance." *Journal of Popular Culture* 20 no. 1: 89−104.

Sharratt, Bernard (1980). "The Politics of the Popular? From Melodrama to Television." In *Performance and Politics in Popular Drama,* by David Bradby, Louis James, and Bernard Sharratt. Cambridge: Cambridge University Press.

Sholle, David (1991). "Reading the Audience, Reading Resistance: Prospects and Problems." *Journal of Film and Video* 43 no. 1−2: 80−89.

Siebert, Catherine A. (1982). "By Any Other Name." *Slaysu* 4: 44.

Sobchack, Vivian (1990). "The Virginity of Astronauts: Sex and Science Fiction Film." In *Alien Zone: Cultural Theory and Contemporary Science Fiction Cinema,* edited by Annette Kuhn. London: Verso.

Solten, Natasha (1988). "The Conquering Touch." In *Resistance 2,* edited by Wendy Rathbone. Poway, CA: Self-Published.

Spacks, Patricia Meyer (1983). *Gossip.* New York: Alfred A. Knopf.

Spelling, Ian, Robert Lofficer, and Jean-Marie Lofficer (1987). "William Shatner, Captain's Log: *Star Trek V.*" *Starlog,* May .

Spigel, Lynn (1991). "Communicating with the Dead: Elvis as Medium." *Camera Obscura* 23: 177− 205.

Spigel, Lynn and Henry Jenkins (1991). "Same Bat Channel, Different Bat Times: Mass Culture and Popular Memory." In *The Many Faces of the Batman: Critical Approaches to a Superhero and His*

Media, edited by William Urrichio and Roberta Pearson. New York: Routledge, Chapman and Hall.

Stein, Mike (1989). "The Final Lesson," as performed at Philcon 1989.

Stevens, Suzanne and S. J. Nasea (1986). *Baker's Dozen.* Taylor, MI: Self-Published.

Stewart, Mary (1970). *The Crystal Cave.* New York: Morrow.

Stoltenberg, John (1989). *Refusing to Be a Man: Essays on Sex and Justice.* Portland: Breitenbush Books.

Strathern, Marilyn (1987). "An Awkward Relationship: The Case of Feminism and Anthropology." *Signs* 12 no. 2: 276—92.

——. (1987). "Out of Context: The Persuasive Fictions of Anthropology." *Current Anthropology* 28 no. 3: 1—77.

Streeter, Thomas (1988). "Beyond the Free Market: The Corporate Liberal Character of U.S. Commercial Broadcasting." *Wide Angle* 11 no. 1: 4—17.

Sutton, Brenda Sinclair (1989). "Strangers No More." *Strangers No More.* Santa Monica, CA; DAG. Available through Wailsongs.

Taylor, Helen (1989). *Scarlett's Women:* Gone With the Wind and Its Female *Fans.* New Brunswick: Rutgers University Press.

Taylor, Karla (1989). Letter. *Interstat* 143 (September): 7.

Tennison, Barbara (1990). "Strange Tongues." *Terra Nostra Underground.*

——. (n.d.). "Masque For Three: Night's Masque." Privately circulated story.

Terhaar, Rita (1988). "What They Didn't Tell Us." *The Whispering Gallery* 2: 5.

Tetzlaff, David (1986). "MTV and the Politics of Postmodern Pop." *Journal of Communication Inquiry* 10 no. 1: 80—91.

Thompson, Leslie (1974). "*Star Trek* Mysteries—Solved!" In *The Best of Trek,* edited by Wauren Irwin and G. B. Love. New York: New American Library.

Thorbum, David (1987). "Television Melodrama." In *Television: The Critical View,* edited by Horace Newcomb. New York: Oxford University Press.

Trimble, Karen (1985). "Harrison, Harrison or Revenge of the Harrison Ford Slobber Song." In *Return to Massteria!: Star Wars and Other Filksongs.* Los Angeles: L.A. Filkharmonics.

Tulloch, John (1990). *Television Drama: Agency, Audience, and Myth.* London: Routledge, Chapman and Hall.

Tulloch, John and Henry Jenkins (forthcoming). *The Science Fiction Audience:* Dr. Who, Star Trek *and Their Fans.* London: Routledge, Chapman and Hall.

Turkle, Sherry (1984). *The Second Self: Computers and the Human Spirit.* New York: Touchstone.

Uricchio, William and Roberta E. Pearson (1991). "I'm Not Fooled by That Cheap Disguise." In *The Many Faces of the Batman: Critical Approaches to a Superhero and His Media,* edited by William Uricchio and Roberta A. Pearson. New York: Routledge, Chapman and Hall.

Urhausen, Mary G. (1990). Letter. *Newcomer News* 1 (May): 9.

Verba, Joan Marie (1989a). Letter. *Interstat* 141−142 (July/ August): 1.

——. (1989b). Letter. *Interstat* 143 (September): 11−12.

——. (1990). Letter. *Interstat* 147 (January): 7−8.

Vermorel, Fred and Judy (1985). *Starlust: The Secret Fantasies of Fans.* London: W. H. Allen.

Vitti, Bonnie (1990). "Editorial." *Children of the Federation.* Self-Published.

Walkerdine, Valerie (1986). "Video Replay: Families, Films, and Fantasy." In *Formations of Fantasy*, edited by Victor Burgin, James Donald and Cora Kaplan. London: Methuen.

Warner, Henry (1969). *All Our Yesterdays.* New York: Advent.

Warren, Jr., William (1983). "Ballad of Apollo XIII." *Minus Ten and Counting.* El Cerrito, CA: Off Centaur.

Watts, Eric (1988). Letter. *Interstat* 131−132 (September-October): 15.

Weber, Chris (1982). "All You Get Is Drek." *Fan-Tastic: Filk Songs and Other Fannish Delights* 1 no. 1.

——. (1985). "What Does a Dorsai Do?" *I Filk: The Science Fiction Folk Music of Chris* Weber. Santa Monica, CA: DAG.

Werkley, Vicki Hassel (1989). "Making History—The Spotlight Starman Way." *Blue Lights* (fall).

Wenk, Barbara (1980). *One-Way Mirror.* Brooklyn: Poison Pen Press.

Weiskind, Ron (1989). *"Beautyful* Surprises." *Pittsburgh Post-Gazette* (May 29). White, T. H. (1939). *The Once and Future King.* New York: G. P. Putnam's Sons.

Williams, Linda (1990). *Hardcore: Power, Pleasure, and the 'Frenzy of the Visible'.* Berkeley: University of California Press.

Williams, Raymond (1974). *Television: Technology and Cultural Form.* London: Fontana.

Williams, Rosalind (1990). *Notes on the Underground: An Essay on Technology, Society, and the Imagination.* Cambridge: MIT Press.

Wilson, Alison (1990). Letter. *Newcomer News* 1 (May): 8.

Woman's Studies Group, eds. (1978). *Women Take Issue: Aspects of Women's Subordination.* London: Hutchinson.

Wood, Robin (1986). *Hollywood: From Vietnam to Reagan.* New York: Columbia University Press.

Wortham, Ann (1988). *Southern Lights* 4. Altamonte Springs, FL: Ashton Press.

Yardley, O. (n.d.). "Stand and Deliver." Circuit Story.

Zdrojewski, Ed (1988). "The Sixth Year" In *The Weight, Collected* edited by Lori Chapek-Carleton. Lansing, MI: T'kuhtian Press.

教学指南

路易莎·斯特恩

　　重新打开我早已卷了边的《文本盗猎者》，并为 21 世纪的教师书写教学指南，我不仅深感荣幸而且感到了其中非同寻常的意义。我自己的故事和苏珊·斯科特采访前的点评是一样的：在我自己最早的那本《文本盗猎者》中，我在页边上涂满了字，我画了圈、标了箭头、加了很多感叹号。正如苏珊所言，经过一段时间后回头看，《文本盗猎者》在我个人意义上是重要的转化者，标志我决心进入粉丝圈、流行快感和媒体应用等相关对话的开始。我还清晰地记得我的研究生导师将《文本盗猎者》放在我手中时的情形。我这本书原来就是她的。直到现在我仔细观察的时候都能看见，在我层层的涂写之下有她整洁的笔记。因此这本《文本盗猎者》也包含了我与粉丝研究、与粉丝圈、与学术圈网络的个人历史的一些痕迹。

　　我从《文本盗猎者》中发现把粉丝圈更加细微而复杂的生态系统表现出来的欲望。我一直认为粉丝圈对其自身的问题有着不可推诿的责任，但它绝非是不值得研究的无用之物。但是当我看着自己这本做满了笔记的《文本盗猎者》，知道一本崭新干净的二十周年重印版即将诞生的时候，我意识到在研究理解粉丝和粉丝圈这一任务上，与这本书刚出版时相比，我们所面临的问题已经改变许多。自从《文本盗猎者》出版，粉丝圈和粉丝研究都有了很大演化，媒体和流行文化也是一样，我认为四者的演化过程中都有《文本盗猎者》的影子。因此从各种意义上来说，这本书书页上写着的不仅是我的个人史，也是我们的集体历史。

　　就像亨利和苏珊在前面的对话中所示，《文本盗猎者》首次出版的时候，它代表了粉丝和粉丝圈研究领域的一次重要转折：在《文本盗猎者》之前，学者们发表关于粉丝圈的见解时都身处所研究的社群之外，他们关于粉丝圈研究的合法性来自民族志的话语，或者学术性的客观立场。《文本盗猎者》提供了另一种模式，将视角置于这个圈子之内，以个人主观知识佐证，协助以自知的学术策略。正如詹金斯在本书中所言："以粉丝的身份发言即承认了在文化等级制度内被标志为卑贱的位置，接受了一个被体制内权威们持续贬低和批判的身份。但是同时，这也是从一个群体集合的身份发声，与品味受人鄙视的社群结成同盟后，这种行为便不能被视作全然的悖离常理或异想天开。"（第23页）

　　常有人批评《文本盗猎者》对粉丝和粉丝圈采取的态度过于乐观昂扬，甚至于有些乌托邦色彩，这本书对粉丝参与的描写注重其反叛和活跃的一面，而回避了粉丝圈不那么"正面"的角度。但是时间证明了《文本盗猎者》是这个特殊历史阶段的有效干预策略，而这也是本书给我个人的最大启示之一。在与马特·希尔斯的一次采访中，詹金斯将自己定位于一整代学者之中，他们继承了"一种早已在四周形成的话语……主动/被动、反抗/合作的双刃剑"（2006，12）。在《文本盗猎者》初次出版时，通过援引"关于粉丝身份的内部知识"，代表着对粉丝圈（在学术界及之外）的主导观点的必要反击（2006，12）。詹金斯选择以粉丝的身份同时与粉丝和学术界对话，使《文本盗猎者》以很大的力度干预了学术界和流行文化界"粉丝不是消极就是过度消费的观众"这一假设。并且更重要的可能是：这种方法论角度刻意模糊了学术界和流行文化界之间的界限，学术观点和粉丝观点之间的界限。

　　《文本盗猎者》的遗产部分就在于承认了粉丝的投入活动并非禁忌、过度或者消极（当然，我们在苏珊和亨利的对话中看到，这些刻板印象在媒体表现、流行文化和学术界中仍占不小的分量）。但更重要的是，《文本盗猎者》告诉我们在学术界有粉丝自我表达的位置，甚至可以同时对粉丝和学者们说话，甚至对话。确实，就像亨利在他和苏珊的对话中所言，《文本盗猎者》利用了学术研究中的主体性，直接关联到酷儿研究、女性主义理论和性别研究。这些领域都认为个人因素有学术价值，个人的就是政治的。因此，《文本盗猎者》同样也协助开启通晓流行媒体知识和学术媒体研究之间的对话。《文本盗猎者》中的很多观点都在书外生根发芽，并在学术圈的藩篱之外找到立足之地，成为个人或社群的表述者，启发了粉丝的创造性，并成为下一代的粉丝和学术粉丝一套直接鲜活的意识形态（lived ideologies）。

　　本文意欲检视的问题是：将《文本盗猎者》和粉丝研究在如今的课堂中教给学生意味着什么？重读这个文本，并将其传递给下一代的媒体研究者、媒体粉丝和文化公民，我们能从中得到怎样的获益？或者说，《文本盗猎者》究竟能为你们/我们做些什么？我自己提供了一些答案，每一种我都结合了比较晚近的粉丝学术研究，努力将1992年和今天之间的空白弥合。这些答案和所附的书目并没有涵括全部，主要由我自己在从入门到专门的讨论班课程中教授粉丝研究的特定经历所启发而来。

Jenkins, Henry, and Matt Hills. Excerpts from "Matt Hills interviews Henry Jenkins." In *Fans, Bloggers, and Gamers*, edited by Henry Jenkins, 9—36. New York: New York University, 2006.

文本盗猎者（和粉丝研究）能为你做什么

一、告诉我们媒体意义的复杂性

《文本盗猎者》介绍了粉丝解读和同人文本写作的多彩世界，为更广泛地整体思考媒体提供了选择。尤其在入门阶段的课程里，《文本盗猎者》和粉丝研究可作为一种表达媒体意义复杂性的有益工具。《文本盗猎者》对粉丝在媒体中参与的长期性关注，使学生能了解到电影和电视剧对不同的观众来说可能有不同意义，而且没有一种解读必然"谬误"。第四章对《侠胆雄狮》的分析显示不同文类符码何以能在同一个文本中同时并存，观众对文类的反应会如何发生变化，有时又会如何因自己在文类方面的知识而产生抵触感。第六章对蔓延整个媒体粉丝圈的酷儿式阅读行为做了介绍。越来越多学生对这种阅读方式多少有所了解，而一般学生都曾在 YouTube 上见过《断背山》预告片恶搞等网络视频，但耽美粉丝圈的复杂度和宽广度可能是很多学生未曾预料过的。将耽美读作一种文化和文学传统，可以挑战学生对流行媒体的异性恋霸权认知，也能挑战他们对参与酷儿意义建构的人群的认知，还能引发他们对其中原因的思考（并连带着挑战他们思考社会性别和性相如何影响观众的视角）。虽然学生们很可能完全不知道混合文类的原《侠胆雄狮》电视剧，也很可能从没看过诞生"耽美"这一词汇的《星际迷航》原电视剧，但他们一般能很快将这些文类和另类阅读方式重新投射在他们了解的时兴文本上，从《星际迷航》的 2009 版电影到《哈利·波特》到《X 战警》。

由于这本书中的例子已经较老，所以我在此处给出讨论同一文本中的共存意义的一些新近文章，可资替代：

Aubrey, Jennifer Stevens, Elizabeth Behm-Morawitz, and Melissa A. Click. "The Romanticization of Abstinence: Fan Response to Sexual Restraint in the *Twilight* Series." *Transformative Works and Cultures,* 2010. doi: 10.3983/ twc.2010.0216

Doty, Alexander. *Flaming Classics: Queering the Film Canon.* New York: Routledge, 2000.

Jones, Sara Gwenllian. "The Sex Lives Of Cult Television Characters." *Screen* 43 (2002): 79–90.

Kustritz, Anne. "Slashing the Romance Narrative." *Journal of American Culture* 26 (2003): 371−84.

二、告诉我们观众参与的复杂性

这是第一点的自然延伸：了解流行媒体内在的多种意义可能性也就让我们了解到观众参与流行媒体互动的复杂多样的方式。《文本盗猎者》中重点关注的社群可能只在特殊历史和文化情境下具有代表性，但是他们的确表现出粉丝参与的多样性和复杂性。我发现学生们通常会低估这一点。确实，选我的课的学生往往已经准备好将自己对媒体文化的投入视同草芥，不值得带进课堂，有些人甚至已经自以为耻了。《文本盗猎者》这本书非常熟练地处理了早已内化的开初抵触情绪和贬抑。从第一章开篇中对粉丝刻板印象的描述到第七章中的同人视频收集的描述，《文本盗猎者》尽力传达了一点信息：粉丝的参与是值得思考的；它有自己的历史，或说这本来就是观众参与的多重历史，也是丰富的生机勃发的当代文化。以《文本盗猎者》为基础，辅以粉丝和学者的最新著作，共同构成粉丝参与的多样图景。非营利的二次创作协会（Organization for Transformative Works，OTW）"由粉丝运营，专为粉丝文化和同人作品提供进入渠道和保存历史记录"，为我们提供了历史上和如今最综合全面的入口（http://transformativeworks.org/）。OTW 协助管理着一个同人作品的综合档案类网站，"我们自己的档案馆"（Archive of Our Own，简称 AO3）。除此之外，OTW 也参与创办并维持着一份粉丝研究的学术刊物：《二次创作作品与文化》（*Transformative Works and Cultures*）。如下书目是进入粉丝研究的历史性记录的一个入门，涵盖过去现在跨社群和文本的粉丝参与活动：

Baym, Nancy. *Tune In, Log On: Soaps, Fandom, and Online Community.* Thousand Oaks, CA: Sage, 2000.

Gray, Jonathan. "New Audiences, New Textualities: Anti-Fans and Non-Fans," *International Journal of Cultural* Studies 6, no. 1 (March 2003): 64−81.

Gunnels, Jen. "'A Jedi Like My Father Before Me': Social Identity and the New York Comic Con." *Transformative Works and Cultures* 3 (2009). doi:10.3983/twc.2009.0161

Mittell, Jason. "Sites of Participation: Wiki Fandom and the Case of Lostpedia." *Transformative Works and Cultures* 3 (2009). doi:10.3983/twc.2009.0118

Turk, Tisha and Joshua Johnson. "Toward an Ecology of Vidding." In "Fan/Remix Video," edited by Francesca Coppa and Julie Levin Russo, special issue, *Transformative Works and Cultures* 9 (2012). doi: 10.3983/twc.2012.0326

三、为 Web 2.0 时代的"巨变"话语提供更复杂的历史背景

　　《文本盗猎者》的第七章介绍了同人视频的形式，也介绍了其特殊的创作群体。这个群体有自己的历史，在电视影像配合音乐混剪以获得新意义上有悠久的美学传统。同人视频的历史挑战了流行想象中混剪美学与电子技术及制作软件的扩散紧密相关的假设。这里我借用弗朗西斯卡·科帕（Francesca Coppa）在几个发言中的相关论述。我相当推荐她在 DIY 视频峰会上的发言《同人视频的渊源》，下文的书目列出了这篇。她指出了同人视频的历史，反对所谓"自从有了 YouTube，人们就开始制作混剪"的说法，流行话语中更准确的表述是"自从有了 YouTube，男人们就开始制作混剪"。对科帕来说，需要言语干预拯救同人视频的历史，不然会使其沦落为电子媒体和 Web 2.0 影响的沾沾自喜话语中的一部分，而其诞生历史也会因此而模糊。将参与式文化全部归功于 Web 2.0 会带来一定风险，可能会导致我们完全无视之前的参与式文化历史、传统和美学范式。这个问题的反面也同样重要：我们同样会因割断历史而无法更好理解电子文化，无法了解变化，比如同人视频粉丝圈和混剪文化会因此混为一谈。因此《文本盗猎者》和粉丝圈的历史向我们展示了重要的前历史，许多学生会在流行文化中听到"Web 2.0 彻底改变了一切"，这一说法无所不在；而前历史能将他们的认识复杂化许多。另一些发掘并重构粉丝圈历史的资源有以下这些（此书目并不全面）：

Coppa, Francesca. "A Brief History of Media Fandom." In *Fan Fiction and Fan Communities in the Age of the Internet,* edited by Karen Hellekson and Kristina Busse, 41–69. Jefferson, NC: McFarland, 2006.

"Geneaology of Vidding." Screening curated by Laura Shapiro and Francesca Coppa. 24/7 a DIY Video Summit. Available at: www.video24-7.org/video/vidding.html (accessed July 9, 2012).

Jenkins, Henry. "What Happened Before YouTube." In *YouTube: Online Video and Participatory Culture,* edited by Jean Burgess and Josh Green, 109–125. Cambridge, England; Malden, MA: Polity Press, 2009.

Lee, Regina Yung. "Textual Evidence of Fandom Activities: The Fanzine Holdings at UC Riverside's Eaton Collection." *Transformative Works and Cultures* 6 (2011). doi: 10.3983/ twc.2011.0271

Versaphile. "Silence in the Library: Archives and the Preservation of Fannish History." *Transformative Works and Cultures* 6 (2011). doi: 10.3983/twc.2011.0277

四、教我们体验（历史上的）共感

在课堂中和当代粉丝研究的著作（比如保罗·布斯［Paul Booth］的《数码粉丝圈》［Digital Fandom］）和当代电子媒体文化（如克雷格·瓦特金斯［Craig Watkins］的《年轻的和数码的》［The Young and the Digital］）的同时教授《文本盗猎者》，能让学生们以"变化的现代性的鲜活经验"的角度观看过去，而不是当作和他们当代媒体体验中完全没有关联的东西。第七章中强调了录像带同人视频制作的一些技术挑战。我发现自己用iMovie 或者 Final Cut 等电脑软件剪辑视频的学生尤有共鸣。学生们也会碰到自己的技术挑战，他们读到过去同人混剪者的技术挑战的时候不仅获得了不少历史上的知识，而且让他们与过去的人产生了共鸣（也许也从整体上教会了他们共鸣感）。

而且，当我们先以流行文化中粉丝形象的表达这一话题开场，以著名的（也许该说臭名昭著的）《周六夜现场》中的《回到现实中来吧！》短剧展开讨论，《文本盗猎者》从一开始就点出了粉丝文化和对媒体文化的投入所产生的文化不适感，这种不适感往往在本科学生自身对媒体研究的兴趣产生时无所不在地出现。从媒体表现粉丝圈的手段（representation）开始，并进一步点出它们仅仅是"表现手段"的实质之后，我发现学生们会积极反思自己对媒体文化的投入，并且能在媒体研究的课程中将这些材料视作和自己的生活紧密相关的材料。对任何研究流行文化和 / 或粉丝文化的课程来说，我相信我们都有必要把整个课堂都心照不宣的东西指出来：社会公认流行媒体以及在其中的浸淫和投入没有什么文化价值。高雅和低俗文化之间的分野也强烈地塑形了学生最初对媒体研究的反应，对我来说《文本盗猎者》是一种无价的资源，它成功而彻底地揭示了这些默认假设其实是意识形态建构。

有关粉丝和媒体参与的表现方式中的意识形态，其他相关阅读有：

Click, Melissa. "'Rabid', 'obsessed', and 'frenzied': Understanding *Twilight* Fangirls and the Gendered Politics of Fandom." *Flow TV* 11 (2009). Available at: http://flowtv.org/2009/12/ rabid-obsessed-and-frenzied-understanding-twilight-fan-girls-and-the-gendered-politics-of-fandom-melissa-click-university-of-missouri/ (accessed July 9, 2012).

Felschow, Laura. "'Hey, Check it Out, There's Actually Fans': (Dis)empowerment and (Mis)Representation of Cult Fandom in *Supernatural*." *Transformative Works and Cultures* 4. (2010). doi:10.3983/twc.2010.0134.

Johnson, Derek. "Fan-tagonism: Factions, Institutions, and Constitutive Hegemonies of Fandom." In *Fandom: Identities and Communities in a Mediated World,* edited by Jonathan Gray, Cornel Sandvoss, and C. Lee Harrington, 285–300. New York: New York

University Press, 2007.

Stanfill, Mel. "Doing Fandom, (Mis)doing Whiteness: Hetero-normativity, Racialization, and the Discursive Construction of Fandom." In *Race and Ethnicity in Fandom,* edited by Robin Anne Reid and Sarah Gatson, special issue, *Transformative Works and Cultures* 8. (2011). doi: 10.3983/ twc.2011.0256

五、介绍坚持的积极的主观视角，并鼓励学生发掘自己在媒体参与方面的历史

在《文本盗猎者》的前几页里，詹金斯写道："我发现以粉丝的身份观看流行文化让我对媒体产生了很多深刻的见解，让我从学术批评狭隘局限的范畴和假设中解放出来，并让我能更自由地运用文本材料。……以粉丝的身份写粉丝文化对学术批评者提出了可能的风险，但同时也提供了其他立场不可能实现的理解和观察形式。"（第5—6页）。最终，"自居和粉丝们一样的身份并不能抹消其他笼罩着所有民族志研究的权力关系"（第6页）。因此，从最开始，《文本盗猎者》就坚持为积极主观视角正名，并以自身为这种视角做出了实例，引入了作者的个人声音和人生经历，并进一步指出了这种做法的独特视角和得益。同时，《文本盗猎者》也承认了主观分析的限制，因此它不仅示范了主观研究，更是自省的学术研究，对自己的不足之处有清晰认识。诚然，让粉丝们阅读《文本盗猎者》的草稿时，詹金斯对粉丝圈的表现手段和解读方式在粉丝圈内遇到的反馈有支持，也有抵制。詹金斯在书中写到了粉丝们对他作品的批评，这并不会颠覆评论本身，相反却显示了视角问题的重要性（第130—132页）。因为《文本盗猎者》并不自居客观，也不想为整个粉丝圈勾勒全局，所以它更大的贡献在于鼓励引导粉丝、学界和学术粉丝之间以及各群体内部的对话。

最近名为"学术粉丝圈以及更多"的网络对话将多个领域的学者和学者／艺术家／从业者集中到一起，囊括了粉丝研究、游戏研究、种族研究、表演研究、酷儿研究和性别研究等各个领域。参与者们三人一组探讨了主观批评的价值和挑战。这一对话强调了学者和从业人员持续从主观角度上获益的方式。对于首次遇到脱离"客观"分析的学生来说，从《文本盗猎者》开始到"学术粉丝圈以及更多"，显示了这些问题的一贯价值。学生进入相关讨论时能得到赋权，能审视自己在媒体文化圈浸淫的历史，也可以考虑自我历史和主观角度是如何塑造自己的假设和洞见的。

诚然，我在教授《文本盗猎者》这本书的时候最宝贵的发现是：对粉丝社群提供如此严谨的观照，并同时对作者和这个群体之间的关系保持如此的近距离，可以强烈地鼓励学生开始探究自己和媒体文化间的历史，并开始关注个人和社群的媒体参与史。学生们可能从来没看过《星际迷航》，甚至可能连录像带也没有见过，但是詹金斯书中的例子可

资参考，指导他们思考省悟在多样化的参与式社群中的经历，从（当下的）即时电子游戏社群到回响贝斯的世界到 YouTube 上的时尚"教主"（fashion "guru"）群体[1]。《文本盗猎者》和粉丝文化研究为学生们提供的毋宁说是可资参照的模式，让他们深刻地思考检视自己的个人历史和当下活动。

下列参考资料中提供了粉丝研究中的一些其他模式，示范如何结合主观投入和思考。这里列出了"学术粉丝圈以及更多"讨论中最亮眼的几篇文章，但这次讨论的全体内容我都强烈推荐：

"Acafandom and Beyond: Alex Doty, Abigail De Kosnik, and Jason Mittell." *Confessions of an Aca-Fan: The Official Weblog of Henry Jenkins,* September 28, 2011. Available at: http://henryjenkins.org/2011/09/acafandom_and_beyond_alex_doty.html (accessed July 9, 2012).

"Acafandom and Beyond: Will Brooker, Melissa A. Click, Suzanne Scott, and Sangita Shersthova." *Confessions of an Aca-Fan: The Official Weblog of Henry Jenkins,* October 21, 2011. Available at: http://henryjenkins.org/2011/10/acafandom_and_beyond_will_broo.html (accessed July 9, 2012).

Brooker, Will. *Batman Unmasked: Analyzing a Cultural Icon.* New York: Continuum, 2001.

Hills, Matt. *Fan Cultures.* New York: Routledge, 2002.

六、告诉我们学术话语可以是（或者经常是）策略性的，而且可以触及到学术圈以外

"《文本盗猎者》是在媒体研究领域中一个特定历史时期的策略性介入，"我在开头就提到我们可以用这种理解方式看待《文本盗猎者》这本书。《文本盗猎者》的开头结合了詹金斯的个人历史（也正是我在第三点和第四点里提到主观框架的原因），学术观念从个人主观立场和历史以及更广阔的文化及学术争鸣的交汇点脱胎而成。因此《文本盗猎者》将很多学术话语概念具象化，变成对话，这种视角对首次接触学术对话并正在学习接触并进入学术争论的学生来说尤为有益。因此，《文本盗猎者》可以结合一本指导学生进入

---

[1]　回响贝斯（Dubstep）是一种源于英国伦敦南部的电子音乐，诞生于 1998 年，在 2001 年开始在伦敦的一家名为 Forward 的夜店播放和宣传。渐渐扩大影响力，2007 年后开始影响流行音乐。

　　YouTube 上的时尚"教主"群体指的是在 YouTube 网站上上传自己的时尚攻略视频的人，一般是一些教别人如何化妆衣着等方面的内容。

学术领域的辅助书籍一起使用，比如《他们说 / 我说：学术写作里有用的步骤》(*I Say/ They Say：The Moves that Matter in Academic Writing*)。并且，由于粉丝研究领域中自省意识非常重要，新近关于粉丝研究的著作都仔细研究了粉丝研究在学术圈内外所起的作用，尤其关注粉丝学者如何并且为何在某些特定历史时刻会做出相应论断。因此《文本盗猎者》之后的粉丝研究为学术界的自省性提供了丰富的范本。如下书目中仅举数例，皆讨论了粉丝研究如何作为特定语境产生的话语，而能够产生超越学术圈的影响：

Busse, Kristina and Karen Hellekson. "Work in Progress." In *Fan Fiction and Fan Communities in the Age of the Internet,* edited by Karen Hellekson and Kristina Busse, 5—32. Jefferson, NC: McFarland, 2006.

Gray, Jonathan, Cornell Sandvoss, and C. Lee Harrington. "Introduction: Why Study Fans?" In *Fandom: Identities and Communities in a Mediated World,* edited by Jonathan Gray, Cornel Sandvoss, and C. Lee Harrington. New York: New York University Press, 2007.

Pearson, Roberta. "'Good Old Index' or The Mystery of the Infinite Archive." In *Sherlock and Transmedia Fandom,* edited by Louisa Stein and Kristina Busse. Jefferson, NC: McFarland, 2012.

Scott, Suzanne. "Who's Steering the Mothership? The Role of the Fanboy Auteur in Transmedia Storytelling." In *The Participatory Cultures Handbook,* edited by Aaron Delwiche and Jennifer Henderson, 43—52. New York: Routledge, 2012.

Tulloch, John. "Conclusion: Cult, Talk and their Audiences." In *Watching Television Audiences: Cultural Theories and Methods*, 202—248. New York: Oxford University Press, 2000.

另参见：

Graff, Gerald and Birkenstein, Cathy. *They Say, I Say: The Moves that Matter in Academic Writing.* W. W. Norton & Company, 2009.

七、介绍学术研究和作者身份的道德问题

教授粉丝研究和《文本盗猎者》同样能让我们讨论学术研究中的道德问题。因为作者不仅需要考虑自己在学术对话中的影响，而且更需要注意他们指向或直接为研究对象的群体中的影响。在引言中，詹金斯描述了自己对"所述群体的责任与义务"（第 7 页）并认为，这种责任和义务可以并且应该和粉丝研究并行。詹金斯的责任感在《文本盗猎者》之后的粉丝文化研究中一再地出现。粉丝研究中的核心问题依然是：如何引用、如何表现、应该表现谁。这些道德问题也影响身处学术界和粉丝圈交界处的粉丝们，他们

必须选择是否将自己的作品公开，这牵涉的不仅是对学术圈的暴露，也有法律风险。以下例子就选自粉丝研究分析中的道德问题争论的相关讨论：

Green, Joshua and Henry Jenkins. "The Moral Economy of Web 2.0: Audience Research and Convergence Culture." In *Media Industries: History, Theory and Method*, edited by Jennifer Holt and Alisa Perren, 213－225. New York: Wiley-Blackwell.

Hellekson, Karen and Kristina Busse. "Identity, Ethics, and Fan Privacy." In *Fan Culture: Theory and Practice,* edited by Katherine Larsen and Lynn Zubernis with Cambridge Scholars. Forthcoming.

Hills, Matt. "'Proper distance' in the Ethical Positioning of Scholar-Fandoms: Between Academics' and Fans' Moral Economies?" In *Fan Culture: Theory and Practice,* edited by Katherine Larsen and Lynn Zubernis with Cambridge Scholars. Forthcoming.

Lothian, Alexis. "Living in a Den of Thieves: Fan Video and Digital Challenges to Ownership." Dossier on feminism and fandom. *Cinema Journal* 48, no. 4 (Summer, 2009): 130－136.

八、开启关于原创性、知识产权和观众劳动中的公司利益相关的讨论

当学生们第一次在课堂场合中遇到粉丝圈和粉丝作者这种话题的时候，他们常常会提出创造性、原创性和知识产权的问题。粉丝作者的作品能视作有创造性吗？利用已经存在的流行文化元素重新创作是否还能认为是创作？同人作品是合法的吗？对学生来说这些问题一直都很重要，但是最近我发现学生的答案出现了变化。以前，我的学生们激烈地反对同人作品的合法性；尤其是想成为媒体从业者的学生，特别认同于媒体产业而非观众，想要保护官方创作者对自己作品的权利。然而越来越多的学生开始改变观点，挑战现有的"原创性"定义，强调转化和挪用的意义，并越来越仔细地考虑知识产权的法律争论而不急着下价值判断。如今的学生是电子文化的参与者，就算他们不知道，他们在日常生活中下载、上传、分享文件时，就已经遭遇了知识产权相关的争斗。加上继《文本盗猎者》出版之后，商业制作者已经开始主动地向粉丝参与伸出橄榄枝，同时也创造了电子副文本（paratext）以指引粉丝们的参与（Ross，2008，5）。这些参与的邀请已经渗透入学生的生活和媒体文化的参与经验之中，他们也很急切地想知道粉丝的劳动进入商业利益的合谋和驱遣之中究竟又有怎样的意义。如今的学生已经越来越倾向于质疑"原创性"这一概念的理所当然，开始视其为意识形态构建，并考虑这种意识形态力量又是怎样塑造了创造性、作者意识和知识产权的文化与法律观念，这也许是学生们自己参与数码时代的混剪文化的结果，也许是混剪文化已经进入主流商业文化的结果。关于粉丝

活动的法律地位以及商业框架内的粉丝活动相关资料，请看：

Ross, Sharon Marie. *Beyond the Box: Television and the Internet.* Malden MA: Blackwell Publishing, 2008.

Russo, Julie Levin. "User-Penetrated Content: Fan Video in the Age of Convergence." *Cinema Journal* 48, no. 4 (2009): 125–130.

Stein, Louisa and Kristina Busse. "Limit Play: Fan Authorship between Source Text, Intertext, and Context." *Popular Communication* 7, no. 4 (2009): 192–207.

Tushnet, Rebecca. "User-Generated Discontent: Transformation in Practice." *Columbia Journal of Law and the Arts* 31 (2008): 497–516.

九、提出一个进入混剪艺术和参与式文化逻辑的入口

《文本盗猎者》和粉丝文化是电子文化的重要前历史，同时，他们也是我们接近当代参与式文化的一个极为有用的接入口。诚然，在劳伦斯·莱斯格所谓"阅读/书写"文化中浸淫已深的学生来说，在电子环境中他们一直就处在成为作者创作自己作品的角度上，不去研究《文本盗猎者》中描述的粉丝盗猎行为和他们自己当代的文化经历之间的关系是不可能的。学生也许会自我认同为粉丝社群中的参与者，即《文本盗猎者》描述的粉丝的直系后代，即粉丝研究的参与主体。也许学生也会自视为当下混剪/阅读/书写文化中的栖居者，是这个文化中不断参与塑形粉丝文化的人。学生可将粉丝行为和自身在社交网络平台如 Facebook 和推特上的自我创作联系起来研究双方之间的关系，他们甚至可以探讨课程管理系统如 Blackboard 和 Moodle[2] 上的创作和粉丝行为的关系。研究粉丝圈及其历史能鼓励学生主动用批评的眼光探寻日常和媒体的投入和互动，思考他们是如何经历莱斯格所谓的混合经济的（莱斯格此词的意义一般是指参与式文化和商业利益互相交错的一种经济形式）。关于参与式文化和阅读/写作文化，以及两者之间关系的资源，请参看：

Booth, Paul. *Digital Fandom.* Peter Lang Publishing, 2010.

Jenkins, Henry. *Convergence Culture: Where Old and New Media Collide.* New York: New York University Press, 2006.

Lessig, Lawrence. *Remix: Making Art and Commerce Thrive in the Hybrid Economy.* New York: Penguin Press, 2008.

Pearson, Roberta. "Fandom in the Digital Era." *Popular Communication* 8 (2011): 1–12.

Watkins, S. Craig. *The Young and the Digital: What the Migration to Social-Network Sites,*

[2]　Blackboard 和 Moodle 都是美国的网络教学软件平台。

Games, and Anytime, Anywhere Media Means for our Future. Boston: Beacon Press, 2009.

关于教授粉丝圈的网上资源与案例：

Code of Best Practices in Fair Use for Online Video. Available at: www.centerforsocialmedia. org/ fair-use/related-materials/codes/code-best-practices-fair-use-online-video (accessed July 9, 2012).

Organization for Transformative Works, Fan Vidding Series. Available at: http://18.9-60.50/vids/1251-otw-fanvid-ding-series-why-we-vid (accessed July 9, 2012).

"Participatory Cultures and Vidding." Available at: http://lstein. wordpress.com/2010/06/03/ participatory-cultures-and-vidding-a-virtual-rendition-of-our-digital-media-and-learning-2010-workshop-2/ (accessed July 9, 2012).

Russo, Julie Levin, and Francesca Coppa. "Fan/Remix Video (A Remix)." In "Fan/ Remix Video," edited by Francesca Coppa and Julie Levin Russo, special issue, Transformative Works and Cultures 9 (2012). doi: 10.3983/twc.2012.0431.

Syllabi Resource. Available at: fanlore.org/mini/Syllabi (accessed August 17, 2012).

十、为课堂中将理论和实践结合起来提供一种实用教学路径

我在教授"活动图像的美学"或者"混剪文化"的时候，选课的学生都怀着学习创作工具的愿望，以此可以更充分地参与到快速变幻的媒体图景中去。在当今语境下，文化参与的资格不仅要求对媒体具有基本读写能力，而且更在于身为作者的自我表述和参与电子对话的技术，如果我们不给学生一定的工具让他们对如今的参与式文化有所贡献的话，是一种不负责任。粉丝研究对如今的参与式文化来说是前历史，也是进入参与式文化的入口。但同时，如果他们自己也曾在粉丝和参与式文化传统的创造性活动中投入大量时间的话，学生就可以更好地理解创造性地投入商业媒体的意义。在课堂内部让学生参与实践有多种方式，有些需要技术手段支持，有些却只需要笔记本和一支笔。有实际效果的作业有很多，比如网络论坛上按粉丝讨论方式组织起来的集体分析活动；100字超短小说写作练习，以此体会在全社群固定下来的限制之下进行创作的动力；或者一些更需要技术手段的任务，如制作混剪视频、视频散文、或者跨媒体衍生作品。一旦学生尝试过创作这些阅读/写作作品之后，他们对粉丝创作过程中所需要的劳动和技术都会有更清楚的认识，也会更深地了解到在流行媒体的边缘"涂写"和批评意味着什么。将原创活动带入课堂也把粉丝研究的带语境理解顺理成章地引向下一步。让学生创作原创作品也就引向了某些道德问题：如果说粉丝创作活动传统上是在体制以外的边缘，那么在课

堂环境下创作类似作品意味着什么？这些道德问题可以进一步延伸到自省性的讨论，关于粉丝研究的目的、价值以及代价。另外，让学生们在课堂内部创作二次创作作品，可以让本来抽象的同人作品的公平使用（fair use）和合法性问题彻底具象化，学生因此成为活跃的参与者，并在课堂内外都能自己积极思考关于公平利用的争论。

最后，我想列出一些著作，表现中等和高等教育中进行粉丝圈相关教学的可能性以及挑战。这些著作考量了在课堂内外研究粉丝圈的重要性，不仅可以让学生在学习过程中意识到主体能动性，并且能提高他们对媒体的了解度。在我们将媒体了解度带入学术学习的同时，这些著作还提出了许多新的教学和方法论问题。另外，我也提供了一些粉丝研究教师可以利用的网上资源，包括有关公平使用的信息，一系列由二次创作协会协助制作的新媒体读写能力（New Media Literacy）相关的视频，还有混剪文化、参与式文化和粉丝研究相关教学大纲的集合。

Black, Rebecca. *Adolescents and Online Fan Fiction.* New York: Peter Lang, 2008.

Booth, Paul. "Fandom in the Classroom: A Pedagogy of Fan Studies." In *Fan Culture: Theory and Practice,* edited by Katherine Larsen and Lynn Zubernis with Cambridge Scholars. Forthcoming.

Jenkins, Henry. "Why Heather Can Write." *Convergence Culture: Where Old and New Media Collide.* New York: New York University Press, 2006.

Lachney, Micheal. "Students as Fans: Student Fandom as a Means to Facilitate New Media Literacy in Public Middle Schools." In *Fan Culture: Theory and Practice,* edited by Katherine Larsen and Lynn Zubernis with Cambridge Scholars. Forthcoming.

结语

也许这幅拼图完成的过程是最重要的：在我的经历中，《文本盗猎者》和粉丝研究可以塑造学生对流行媒体观众的种种假设。而反过来，粉丝研究也证明，媒体认知和对媒体的批评性阅读可以在课堂之外发生，在学生的日常生活和流行媒体文化的空间中。

"粉丝是过度投入的没有生产性可言的媒体文化"，这种文化假设今天仍在持续，而《文本盗猎者》和粉丝研究结合起来起到了至关重要的干预作用。一旦学生接触到了媒体粉丝圈为代表的另类历史，他们会发现对媒体的投入也可以是有价值的复杂活动，并且在众多话题，如社会性别、性相和种族等所塑造的领域之内不断演化着。例如，当我们看到对媒体表现的性别或种族方面提出批评的同人视频时，我们可以以此打开批评的话题，并展示粉丝参与活动的复杂性。因此学生可以与粉丝文化产品进行对话，无论这产品是在现在还是过去，并可以轻易地打碎学术界和粉丝话语之间的间隔，而这一间隔正是学术粉丝学者多年来想要挑战的。

　　我的好朋友和合著者克里斯蒂娜·布斯（我们俩的友谊无疑部分必须归功于《文本盗猎者》）喜欢说一句话：粉丝圈里无论和谁说话，你一般都可以默认对方有极强的技术水平，可能是职业上的，也可以是自学的。我发现这个观点极为重要，因为这就是《文本盗猎者》教给我们并不断提醒我们保持的谦逊态度，我在学术和教学中不断履行着，而且相信这一态度也能教育学生们。粉丝研究和《文本盗猎者》显示粉丝圈的许多领域和角落里都藏着专家和创造者。他们的证书并不一定是学位。他们的技术可能是游戏或者批评的技术，或者创造美轮美奂的图像和令人深深沉浸其中的文字的能力。确然，我们的学生身处的也是这一空间，他们也会在这里进行创作。在每一个空间，每一个角落，他们和我们都在将自己与媒体文化缝合在一起，以每一声宣言将它们归为己有。有些宣言在学界看来可能比其他更有价值，但其实所有宣言都有价值，只是某些细微之处需要我们进一步发掘。如果这听起来过分乌托邦，那么这也是我从《文本盗猎者》中学会的策略性乌托邦主义，我相信这种精神能为创造出更会思考的学生和学者做出贡献。

讨论问题

路易莎·斯特恩

引言

在引言中，亨利·詹金斯认为以粉丝的身份写作不但提出挑战，而且同时也提供洞见，利于实现"其他位置所不能实现的理解和进入方式"（第 6 页）。詹金斯描述了他自己在粉丝圈中的投入，以及他个人的粉丝历史，以解释他写作《文本盗猎者》的部分动机，以及书中观点的部分来源。

- 读完这本书以后，你如何描述你自己与媒体文本的关系？你认为自己是一个媒体粉丝吗？如果是，那是为什么？如果不是，又是为什么？
- 你自己参与过媒体的社群性投入吗？如果不是以直接的粉丝圈形式，那么在其他平台上呢？比如 Facebook, Tumblr, YouTube 或者博客圈？
- 你认为你自己与媒体或者粉丝圈之间的互动历史能怎样启发你对粉丝和粉丝圈的想法和视点？

第一章

《文本盗猎者》的第一章里描述了对粉丝热情投入的长期禁忌——人们普遍将粉丝圈视为过度、狂热、幼稚的男性气质和过火的女性感情。

- 这些监控着粉丝圈的言论在当今的流行文化中还存在吗？
- 在当下媒体对粉丝圈和粉丝行为的表现中，你能想到什么强化这些刻板印象的表现形式？那么挑战并超越粉丝圈相关刻板印象的表现形式呢？

● 为什么粉丝圈至今仍然常常被表现为社会禁忌？为什么当下的表现形式同时又力图重新塑造粉丝圈的形象，视为可以和其他社会活动相抗衡甚至是值得赞赏的？

第一章中詹金斯写道："粉丝明白自己与文本的关系很薄弱，他们的乐趣往往只能处于原文的边缘地带，且与媒体制作方约束规范文本意义的努力处于正相对的位置"（第24页）。

● 近几十年来，由于电子媒体的兴起，粉丝阐释的社会可见度越来越高，粉丝们是否仍然将自己的视角看作"边缘"，和制作人控制的意义唱反调？

● 以 BBC 电视剧《神探夏洛克》为例，耽美粉丝致力于"盗猎"挖掘剧中约翰·华生和夏洛克·福尔摩斯之间的关系，但在原剧中同性恋潜文本已经多次明显浮出水面。在此情况下，我们是否仍将耽美粉丝视作"盗猎者"？福克斯电视台的电视剧《欢乐合唱团》，从"官配"的科特和布莱恩到小众的蕾切尔和昆恩，众多人物配对都招徕了自己的拥趸，这种情况我们如何用边缘性和反抗模式来具体分析？

● 关于电视剧努力管制或者鼓励（或者同时管制和鼓励）粉丝解读的情况，你能想到其他当代实例吗？

第二章

第二章中，詹金斯写道："对粉丝的美学快感来说，重读起着核心作用"（第69页），价格亲民的录像带技术让粉丝能"拥有"文本，协助粉丝反复重新演练解读仪式。通过录像带的流通，粉丝们可以和其他潜在的粉丝共享喜爱的媒体文本，也影响了他们对这些文本的阅读方式。很明显，DVD 和电子文档共享的出现和散布已经将粉丝对媒体文本的可及性和"所有权"提升了好几倍。

● 粉丝历史上录像带技术的重要作用是否会改变我们对媒体"盗版"和 p2p 下载的看法？如何改变？

● 你认为云存储的扩散和合法网络视频是否会威胁到粉丝（如第七章所述）通过分享文件，制作混剪视频以表达自己喜爱之情的解读方式？

第三章

第三章中主要写媒体粉丝将自己的"文化权威"凌驾于媒体文本之上，这同时也就意味着他们对电视剧或者改编的方向做出了自己的负面判断。粉丝的文化权威概念也将粉丝内部各个派别对立了起来，因为每个人对媒体文本都有自己的解读。第四章中就写到了某些粉丝对《侠胆雄狮》一片的发展方向极不满意。

- 你在当下的文化环境中遇到过粉丝或者其他观众批评或拒绝电视剧或其他改编文本所取的方向吗？
- 你会用自己的"文化权威"说话，来判定你所熟悉的文本的改编文本，比如《哈利·波特》、《暮光之城》或者《饥饿游戏》吗？如果答案是肯定的，那么是怎样的过程？
- 观众运用自己的文化权威并造成粉丝群内部的尖锐对立这种情况，你们能想到一些当下的例子吗？比如，《暮光之城》电影的接受过程中，反暮光之城的"死忠暮光粉"话语[1]？
- 你认为为什么人们如此热衷于争论流行文化文本的价值，比如《暮光之城》和《哈利·波特》？

第四章

第四章描述了《侠胆雄狮》在文类上玩的花招，以不同角度取悦不同（性别）的观众，并描述了粉丝对整部电视剧历史中的文类迁移产生的多变反应。

- 文类混合如今仍然是吸引多种观众的手段吗？
- 你认为现在文类是否还和性别化观众紧密相关？与此相关，观众／粉丝社群仍是以性别划分的吗？或者这种区分是否主要还是一种业界逻辑？
- 一部电视剧的文类设定中途改变导致的观众和粉丝的不适，这种情况你经历过吗？

---

[1]　死忠暮光粉 (twihard)，是由 Twilight（《暮光之城》的英语标题）和 die-hard（死忠）的组合词，一般作贬义使用。同样贬称还有很多。"死忠暮光粉"话语指的是狂热的《暮光之城》爱好者通常被视为具有一系列令人侧目的行为的粉丝，将此系列书籍和电影视为最高，疯狂地想见到演员和作者等人。也在某种程度上被视作美学和智力等方面均不够格的人。

● 如果我们对当下（即我写作的当下）的电视剧，比如《复仇》和《权力的游戏》
等，用社会性别和文类进行检视的话，应该如何进行？

第五章

第五章主要关注粉丝在同人小说上的活动，以及同人小说通过同人志流通的过程，将同人小说视作一种过程，粉丝通过这些文本转换媒体叙事，使其直接与（女性）粉丝的欲望对话。如今，二次创作的同人小说已经变得可即度很高，通过谷歌搜索或者在同人小说档案网站比如 fanfiction.net 和 archiveofourown.org 查找就能很容易找到。

● 这些二次创作的转化机制（不管是个人化、情色化还是文类转变）在我们可见的粉丝文化以外的领域是否存在？
● 我们能将"模因"[2]（比如喵星人语录、《帝国的毁灭》/希特勒戏仿视频、"希拉里的短信"[3] 或者任何现在流行的段子）视作二次创作的盗猎形式或者页边上书写的行为吗？
● 你平时用 facebook、Tumblr、推特和现在其他一些电子网络的时候会参与盗猎和页边上书写的活动吗？

---

[2]　模因（Meme）指"文化中人与人之间传播的一种概念、行为或风格。这个词是 1976 年理查德·道金斯（Clinton Richard Dawkins）在《自私的基因》(*The Selfish Gene*) 一书中的创造，将文化传承过程以生物学的演化规则作类比。模因即文化的遗传基因，也有复制、变异和选择的过程，在此基础上实现演化。互联网模因一般是指通过网络传播的模因，体现为互联网上的种种流行风潮。

[3]　LOLCats 这个词是将网络缩写语 LOL（Laugh out loud，大笑出声）和猫的组合。在中文里尚未见严格对应词，译者此处译为"喵星人语录"。这种模因事实上早于互联网时代，但现在一般指将一张可爱的猫的图片和一段文字组合在一张图片里的形式，文字大都内容怪异，且有语法错误，力图逗人一笑。这些图片通常在图片网站上流传。

　　《帝国的毁灭》/希特勒戏仿视频在中文宅圈通常称为"元首的愤怒"系列视频。这类视频将德国电影《帝国的毁灭》(*Der Untergang*，奥利弗·西斯贝格导演，2004 年）中希特勒召集手下开会，对他们大发雷霆的一个场景加以变型处理恶搞，表达种种愤怒感情，常见的有配字幕、空耳、音效扭曲等种种处理方式。中文宅圈中此类恶搞最为著名的莫过于其中希特勒的一句台词被听写为谐音的中文句子"我到河北省来"。

　　"希拉里的短信"，是 2012 年的一个网络模因。Tumblr 网站上的一些人将希拉里·克林顿一张戴着墨镜用手机发短信的照片和其他政治名人（或手拿手机，或无手机）并列，并写出希拉里给他们所发短信的内容，多数图片幽默逗趣。此模因在 Tumblr 上流行一时。

第六章

　　第六章中所描述的耽美同人依然是粉丝圈中一种无所不在的模式，现在已经非常常见，并且早已越出本源的《星际迷航》柯克 / 斯波克粉丝圈的范畴，当然，《星际迷航》重启确实也激发了新一批的《星际迷航》耽美同人。

- 当今媒体已经大量在媒体文本中包含"兄弟爱"[4] 内容，在广告材料中也使用这些内容，而且性少数派的爱情叙事已经包含在官方媒体文本之中，例如《吸血鬼猎人巴菲》、《美少女的谎言》(Pretty Little Liars) 和《欢乐合唱团》。在这种情况下，为什么耽美同人仍然是一种广受欢迎的粉丝话语模式？
- 你在日常与媒体文化的投入过程中接触过耽美吗？如果你遇到过，你认为耽美日益扩大的可见度是否改变了它在《文本盗猎者》中所述的文化功能？
- 你是否认为耽美永远是一种进步话语，一直挑战着社会性别和性相的正常化结构？

第七章

　　从第七章中写到的录像带同人视频剪辑时代开始，同人视频传统得到了迅猛的发展，尤其是电子剪辑工具比如 iMovie、Final Cut、Windows Movie Maker 和 Adobe Premiere 的加入，使得挪用和重组这一过程变得更加便捷。加上 YouTube 一类的界面平台使得粉丝视频的传播和可见度都增加了不少。之前从事"起居室视频"制作的制作者现在转向了 YouTube、LiveJournal 或 Tumblr 这样的电子起居室，而同人视频也和其他形式的电子混剪文化产品一同流传，互相影响。Luminosity 所作的《时尚》[5] 就是一部在粉丝圈之外获得了极大关注的同人视频。

---

[4]　Bromance，粗略地翻成"兄弟爱"，也有翻译成"兄弟情"、"兄弟罗曼史"的，但以网络用语最准确的译法理应为"基情"。指的是男性之间同性交往中的一种亲密关系，感情暧昧，但不到性关系的亲密度，常用来指异性恋男性之间的亲密关系，但同性恋或者同性恋与异性恋男性间的无性感情也叫"兄弟爱"。

[5]　《时尚》(Vogue) 在线视频地址 (Viddler 网站，2013 年 6 月 2 日网址正常)：http://www.viddler.com/v/cc25449d，是由 Lumosity 用《斯巴达 300 勇士》的电影原文本配合麦当娜的歌曲《时尚》剪辑成的同人视频，将男性的肉体和战场美化地呈现在屏幕上。此视频作于 2007 年，并立刻受到了病毒式传播，传出了同人圈，并被报刊杂志报道。

- 为了表达对《斯巴达 300 勇士》的评论，《时尚》是怎样将音乐和图像结合起来的？
- 我们能否将《时尚》读作对女性视频剪辑和混剪艺术社群的权力所作的评论？

制作和发布的电子工具日益增加，使得粉丝的同人视频制作艺术获得了更广泛的基础，同人视频制作者社群（有 Vividcon 这一年度集会的举办地）将自己看作挪用和重组传统美学的直接继承人，上承正文第七章中的视频制作个人或团体的 M. V. D 和加州船员。

- 出于实用考虑，我们能不能把当代的同人视频制作从更广义的混剪文化中抽离出来视作一种不同的传统？
- 你认为同人视频制作是否影响了 YouTube 等平台上的混剪文化的发展？
- 你认为混剪文化这一更加宽泛的领域是否会改变或者吸收同人视频这一粉丝独有的传统和美学？

第八章

乍看之下第八章的关注重点在于一种正在消逝的粉丝文化，"同人音乐"。然而，同人音乐在粉丝文化中仍然在起重要的作用，更广义地说来，音乐文化对粉丝圈"共享社群"这一自我认同仍然是极为重要的。

- 面对近期一些变化，比如《哈利·波特》粉丝圈中相对更专业的亚师摇滚，或者 MySpace 网站中层出不穷的业余音乐家，和最近的在线音乐分享平台 SoundCloud 等等，我们应该如何看待从早期同人音乐到现在的这一转化？
- 我们能否在 Tumblr 和 LiveJournal 上无处不在的同人混剪或者 YouTube 上流传着的歌曲戏仿以及宅核嘻哈[6] 中找到同人音乐的一些维度？
- 如果答案是肯定的，这种扩散是粉丝在媒体文化中进一步结合的标志吗？这是否表示粉丝文化从独特的粉丝民俗文化移开了重心？或者其实正相反，同人展会上的同人音乐演唱现在持续着的文化生活不断地提醒着我们线下粉丝圈的价值，因此可以反对所谓粉丝圈已经完全电子化并被吸收入主流网络文化的说法？

---

[6]　宅核 (nerdcore) 本无中文定译，此处暂译作"宅核"，是嘻哈音乐的一个次类型，因其题材和主题受宅圈（如前文译注中所述，"宅"一词在中文现运用中已不单指日本御宅族文化，也用来指代欧美的 geek 和 nerd 文化）的喜好而得名。这种类型是一种次级兴趣类型，通常坚持 DIY 原则，并在网络上免费放送作品。

结语

当同人展会成长为粉丝社群的实体化地点的时候，我们可以说电子媒体的介入已经改变了粉丝圈"仅限周末的世界"这一定位，和这本书的结语中所说已有明显区别。

- 你认为"仅限周末的世界"概念在网络粉丝圈增长到如此阶段时是否仍然有用？
- 粉丝圈和粉丝的参与活动被综合吸收到我们的日常电子经验中，完全嵌入 Facebook，YouTube 等电子交互网络中的时候，我们得到了什么？又失去了什么？
- 粉丝圈在和我们的日常生活和流行文化经验如此紧密结合的今天是否仍然有赋权和改变的力量？

这本书的封面是一幅同人画作，作者将不同世代的粉丝圈及媒体文化的代表性人物集结一堂。这是当代粉丝常见的电子照片改制的一例，而事实上改动照片以将粉丝形象和粉丝圈之间的互动关系影像化的传统已经存在了好几十年。

- 封面运用照片改制和《文本盗猎者》中引用的传统手绘同人艺术相比有什么关系？
- 封面对照片改制的使用是如何评论或者改编原材料中运用的流行文化元素的？
- 封面集合了各种粉丝形象，却是通过文类传统，即黑色电影的符号和美学观念表现出来的。这幅封面是如何运用我们对文类的集体知识并转变了西娜、巴菲、斯波克和达斯·维德的形象的？这幅封面是否用黑色电影对所表现的人物形象和所代表的叙事和媒体文本提供了新的阐释方式？
- 相对地，这幅封面通过选角和设计，戏弄我们对蛇蝎美人和私家侦探的性别角色所抱持的假设，是否刷新了我们对黑色电影的认识？

索　引

（索引页码为原著页码，即本书边码）

译后记

　　我第一次接触网络粉丝圈是 2004 年，在北京大学上本科的时候。我曾是一个不太上网的铁杆《魔戒》迷，第一次发现网上有一群人和我爱好相同，便从此一发不可收拾地投入到网络粉丝群体的互动。我第一次大规模接触网络同人小说是 2005 年，看完《银河英雄传说》小说后意犹未尽，被好友拖去当时同人文学主流发表渠道的网络小论坛。银英圈曾是世纪初华语三大网络同人圈之一，其同人写作之复杂多样令我耳目一新。这些从未有过的阅读体验也伴随我度过了本科时代最后的疯狂岁月。我第一次接触到亨利·詹金斯这本《文本盗猎者》是在爱荷华大学读硕士期间。当时一时兴起在一门有关"阅读与日常生活"的课上做了关于耽美同人的报告，师姐和朋友们觉得有趣有潜力，便鼓动我做了中国的网络耽美小说和同人女相关的研究。以此为契机，我把整个硕士毕业论文的选材和方向从四平八稳的"五四文学"转向了极前沿且剑走偏锋的网络文化研究。那是 2008 年。

　　第一次翻开《文本盗猎者》，便被其生动有趣和深入浅出的理论运用深深地迷住了。虽然我从没有看过《星际迷航》，虽然书中提到的媒体作品我唯一熟悉的只有《星球大战》，但詹金斯对粉丝文化和同人写作的描述令我产生了"吾道不孤"的感慨。从此我走上了媒体研究和粉丝研究的不归路，申请博士和读博士期间就决意在这个新鲜有趣的领域展开。从第一次读这本书起，我就满心盼望着有一天这本书能由熟悉这个领域的学者翻译成中文，介绍给中国的学生和学者们。没想到的是，最终却是我自己将它翻译了出来。将自己学术生涯中重要的书籍译成母语的机会着实少有，我也因此非常珍惜这个机会。

　　这本书非常难翻译。我个人的宗旨是：我要呈现活生生的文化生活和现象。所以在词汇翻译的选择上，我宁可先选择粉丝文化中流通着的词汇，再考虑对译的准确度。所以在 fan culture 一词上我选择了"粉丝文化"而非"迷文化"，fandom 的对应词我用了"粉丝圈"而非看似更简练但实际上在粉丝群体内部根本没人用的"粉都"。

　　这样做的问题在于：中国的粉丝圈受日本的宅文化影响极深，和欧美粉丝文化则颇多隔阂。当代意义的网络粉丝文化是日本经由港台传入的舶来品，因此不但是词汇，在更深的层面上，中国的粉丝圈也更偏近日本宅文化的组织和思考方式。美国的粉丝文化和日本的宅文化虽说有相近之处，在具体问题上是有相当差异的。用中文里最终源于日本的词汇翻译美国的文化现象，我其实颇多踟蹰。例如用"耽美"来翻译"slash"。Slash 一词源自美国粉丝圈，在英语里有一个文字游戏：这个词指斜线符号，在英文同人圈用于连接两个人名表示二者间的（同性）恋人关系，但同时也用作动词，是挥砍的意思，所以是个生动且有些微妙禁忌感的词汇。在日本，类似的流行文学写作和同人写作一般称为 *yaoi*（ヤオイ）或者 BL。"耽美"一词在日文中严格说来和这个类型只是搭点边，但却成了这个文类从日语进入汉语后最常用的文类名称。其本身是个日文汉译英文词，如同 19 世纪末以来的大量日译西文词汇一样进入中文语境，而此处却发生了有趣的转义：日本本土的唯美主义（即日语中的"耽美主义"）写作确实有时会写到"美少年之爱"，但唯美化的同性之爱并非唯美主义写作的唯一表达。于是进入中文时，"耽美"作为以女性为主要预设读者的男性同性爱这个文类的名称，不仅本身曲解了唯美主义，而且将在日本和欧美都并不重要的高雅文学联系直接带入了这个文类。综上所述，中国这个文类写作的主要影响来源是日本，却和日本有细节上的不同，而欧美同人写作对中国同人圈的影响不仅晚近而且一直呈支流状态，因此汉语的"耽美"、日语的"*yaoi*"和英语的"slash"，三者间在多大程度上可以画等号很值得再商榷。我个人选择这种译法主要是为了尊重粉丝圈公认的选择。虽然说"slash"这一英文词汇在汉语中最近越发常用于特指欧美媒体和文学相关的耽美同人作品，但在中文里"耽美"一词的地位在粉丝圈内部仍然无可取代。同时，我也清楚地意识到，这样做有可能模糊甚至抹消三个传统之间的历史差异。这便是翻译的两难境地了。

　　词汇的翻译选择必然不唯一，我认为其他翻译方法也有其合理性。中国的粉丝文化研究大量活跃的思考者都在民间。自从网络同人小说成为风潮，主动认真思索同人现象的非专业人士很多，近年来也多次见到论文讨论这个现象，蓬勃发展极有生机。然而从总体而言，粉丝文化研究作为一个领域尚未在中国学术界深深扎根，这就向我们提出了一个棘手的问题：如何在一个学科并未正式建立之时讨论它的内容；如何在一个现象本身仍在飞速地变化的时候规范专门词汇的使用。这个问题取决于词汇的创立和流行时间，更重要的是词汇在多年演化过程中是否有含义变迁。这本书中的翻译词汇选择一般都有特殊考虑，力图贴近本真的粉丝文化，但最终效果如何，还要看身处粉丝圈和学术圈中的读者们的反馈。

　　这本书还有一种难译：它非常坚固地根植于美国流行文化的土壤中，因此原文中熟极而流的文化偏见和论断到了对美国流行文化不熟悉的读者眼中，贴近生活的生动活泼却成了一头雾水。对未曾经历美国 60 年代科幻热潮，也不熟悉文中的科幻影视作品和相关粉丝圈氛围的中国读者，如何生动忠实地表现出原书语言中的随意和日常，也是一大挑战。

　　然而我觉得翻译过程中最引人深思的事情，出现在翻译 20 周年纪念版的增补内容时。如果说正文内容的最主要翻译难度在于查证 20 年前的电视剧细节的话，那么这篇以当下为背景的访谈的难度则大大出乎我意料。比如，如今电脑网络方面的一些术语在日常中就已通用英语，难于翻译；更引人深思的是，文中描述的美国流行文化现状给我带来了茫然无措的陌生感。"流行文化"所指涉的内容在网络时代呈爆炸式发展，不但粉丝文化所依托的原文本数量惊人，粉丝文化本身产生的文本也比 20 年前多了许多。这不仅是媒体粉丝文化从边缘日渐进入主流，更是电子时代创作和发表门槛进一步降低的结果，加上电子时代网络的通达与透明度远胜以往，同人作品的生产和消费，即使在跨国、跨语言的条件下都便捷许多。但就是在如此透明且无边界的当代流行文化中，我发现在美国待了七年的自己对现今美国流行文本的掌控度甚至不如正文中我不熟悉的《星际迷航》和《布雷克七人组》。如今在网络上流传的流行文本早已经超出了电视剧、电影和文学作品本身，还包含了病毒式传播的同人剪辑视频和网络模因等层面。像"元首的愤怒"这类世界性的流行并非常态，更多的网络流行现象是被国境线、语言和文化多重阻隔住的。在这种情况下进行粉丝文化研究等流行文化研究，其困难其实是增加而非减少了。

　　当然，在粉丝文化研究这个领域，英美中心主义也是长久以来的问题。这种英美中心主义将注意力放在英语的媒体作品上，完全忽视甚至是传统其他"西方"国家的媒体作品和粉丝活动。很多粉丝研究的文献中，大量同人文本的原作（有时候也包括一些太过著名的同人作品本身）被当做人尽皆知的知识随意地引用和讨论，而没有相关知识的非英语背景人士则常会看得不知所云。很多人已经意识到了此事：在本书20周年纪念的访谈中，两人都表示了去英美中心主义的意图——然而就在同一篇文章中，我个人却遇到了更加深刻的文化隔阂和翻译困难，这是否意味着研究者自觉的自我约束还是难于弥合实际中的文化鸿沟呢？作为一个粉丝文化研究者，我也常有这种疑问：所谓的"粉丝文化研究"经典文献，到底研究的是粉丝文化，还是只在研究欧美的粉丝文化？从美国特定的环境中得出的结论究竟有多大可能性拓宽到其他文化背景之下？而这些问题如何回答，其实却都落在了我们这些并非生长于《星际迷航》影响下的人身上。

　　西方流行文化研究学界还有一个趋势，就是把日本动漫文化入侵西方流行文化领域视作流行文化全球化实现的重要一步；为此欢欣鼓舞认为多元化即将实现的也大有其人。而这在我这样一个生长在大城市、从小看日本动画片、也读欧美流行文学的普通中国人看来，这种乐观精神多少有点莫名其妙——日本的流行文化在东亚地区的影响力几十年来一直无可匹敌，对东亚其他国家来说，日本和欧美一样，只是另一个优势文化中心而已；地域性的跨文化流行也有优势劣势之分，不会因为其在全球的相对影响力变化而有所改变。

　　流行文化的优势地区和劣势地区毋庸赘言一直存在，而短时间内妄谈其消失也并不现实。想要这个领域更关注边缘劣势，最根本最长久当然需要政治经济文化各方面的实力改变，但短时间内，在英美地区的研究者有意识地回避中心主义的同时，需要我们劣势地区研究者的介入。而将《文本盗猎者》这样一本粉丝文化经典研究作品翻译成中文，介绍给中国的读者和研究者，正是一个良好的契机。

　　根据北大出版社的审稿意见，还需要对第六章做一点说明，本章中的引文和描述中多有粗俗暴露之语，反映了美国性观念开放之甚。本书中类似描述在美国学术圈并不惊世骇俗，但还请中国读者注意批判性地阅读。

　　译书时正值刚过博士资格考试，开始写作博士论文期间。事务虽不及前几年繁忙，但也常常因此打乱步调，影响质量和速度，却阴差阳错地因此获益良多。谢谢我答辩委员会的老师们对我的理解和支持，谢谢 Jennifer Bean 教授和韩倚松（John Christopher Hamm）教授，并特别感谢我的导师柏右铭（Yomi Braester）教授对我毫无保留的支持与鼓励。感谢我的妈妈承禾和我的丈夫方博汉对我生活上和精神上的帮助。

我还想感谢在豆瓣上和我交流的编辑童祁，多谢给我这样一个圆梦的机会。特别感谢豆瓣上和微博上的几位友人，他们热心地给了我很多翻译上的帮助和意见。豆瓣"星际旅行"小站的海伦，她不厌其烦地给我核对《星际迷航》的种种设定和术语；还有在同人圈浸淫多年的神秘博士粉丝小蝶，给我提供了很多《神秘博士》中人物和术语的翻译方式。另一个神秘博士粉丝"守卫"（guardian）直接帮我审核了《神秘博士》相关的译文。谢谢你们。因为我自己兴趣主要偏奇幻而非科幻，所以书中涉及的影视剧作品里几乎没有我个人特别熟悉的作品。虽然尽力找了各剧作的粉丝核对，难免仍会有疏漏之处，在此诚心地请大家提出意见和建议。

我还要特别感谢本书的原作者詹金斯教授，在我去信时毫不犹豫地同意帮助我翻译，邮件往返大半年，详尽地解释了原文中部分难以核实的信息，包括一些老派的美国俚语和部分时效性极强的信息。不仅大大帮助了我的翻译，节省了我的查证时间，也让我对粉丝文化研究的本地性与时效性有了新的思考。

当然，我最该感谢以下网站：谷歌搜索，维基百科，IMDb，豆瓣电影和时光网。这本书翻译的难度不在语言而在琐碎的流行媒体文化知识，没有它们我才是真正的寸步难行。

能在博士阶段翻译这本书是我的自豪，将来继续在这个领域有所作为是我的目标。而如果能有更多国人因为这本书能对这一现象和领域有所关注，那将是我最大的荣幸。

谨以此译本献给北大未名 BBS 银河英雄传说版和豆瓣"中土红皮书"小站。

郑熙青
2014 年初于美国西雅图华盛顿大学